시작하세요!
Cocos2d-x 3.0
프로그래밍

시작하세요! Cocos2d-x 3.0 프로그래밍

지은이 **이재환**

펴낸이 **박찬규** | 엮은이 **이대엽** | 디자인 **북누리** | 표지디자인 **아로와 & 아로와나**

펴낸곳 **위키북스** | 전화 031-955-3658, 3659 | 팩스 031-955-3660

주소 경기도 파주시 문발로 115 세종출판벤처타운 #311

가격 35,000 | 페이지 672 | 책규격 188 x 240 x 31

초판 발행 2014년 03월 12일

ISBN 978-89-98139-46-9(93000)

등록번호 제406-2006-000036호 | 등록일자 2006년 05월 19일

홈페이지 wikibook.co.kr | 전자우편 wikibook@wikibook.co.kr

이 도서의 국립중앙도서관 출판시도서목록(CIP)은

서지정보유통지원시스템 홈페이지(http://seoji.nl.go.kr)와 국가자료공동목록시스템(http://www.nl.go.kr/kolisnet)에서

이용하실 수 있습니다.(CIP제어번호: CIP2014006829)

시작하세요!

Cocos2d-x 3.0 프로그래밍

Beginning Cocos2d-x 3.0 for iOS & Android Game Development 이재환 지음

위키북스

개인적으로 필요해서 정리했던 것들이 책으로 나왔던 것이 엊그제 같은데 벌써 이 책을 세 번이나 업데이트하게 됐다. 이번 업데이트는 특히나 바뀐 내용이 많아서 개인적으로 많이 힘들기도 했다. 교정을 위해 원고를 출판사에 보낸 사이에도 cocos2d-x가 업데이트되어 급하게 샘플코드를 다시 전부 작성하기도 했다. cocos2d-x가 그동안은 2.x대 버전과 3.x버전이 함께 버전이 올라가서 어느 정도 여유가 있었던 것이 사실이지만 이제는 여유를 부렸다간 새로 배우는 학생이나 개발자들이 잘못된 정보를 얻을지도 모른다는 불안감과 책임감에 이번 책은 코드도 3.0버전에서 디프리케이트(deprecated)된 함수를 모두 다 빼고 새로 작성하면서 조금이라도 정확한 정보를 전달하기 위해 노력했다.

또한 실무에서는 맥 환경에서 Xcode를 많이 사용해서 이전의 책은 코드나 화면 예제를 맥 환경을 기준으로 삼았는데 많은 분들이 어려워했던 점을 감안해 이번 책에서는 윈도우 환경에서 Visual C++ Express에서 개발하는 방법을 토대로 코드와 예제 화면을 만들었다.

2.x와 3.0 프리알파 버전에서 큰 변화가 있었다. 그리고 3.0 프리알파 버전과 3.0 베타 버전에서 또 큰 변화가 있었다. 지금은 3.0 베타2 인데 내부적인 약간의 버그 사항만 수정되고 있다. 그러므로 새로 시작하는 분들이라면 3.0 베타2 버전으로 시작하길 권장한다. 정식 버전이 나와봐야 알겠지만 내부적인 안정화 작업만 거칠 것으로 예상되므로 큰 차이는 없을 것이다. 이전 버전을 공부하는 것은 현재 버전을 사용하는 데 큰 도움을 주지 않고 혼란만 생길 수 있다. 그러므로 더는 이전 버전에 매달릴 필요가 없을 듯하다.

이제 예전 책의 서문에서 했었던 말을 다시 한번 하고자 한다.

많은 분들이 하나하나 인터넷에서 검색하면서 개발하는 모습을 보면서 뭔가 도움이 됐으면 하는 마음에 예전에도 정리해둔 내용을 책으로 펴낸 것이었는데, 이번에도 그렇게 이 책이 출간됐다.

이 책은 저자가 공부한 내용을 정리한 것이기도 하고 저자가 지금도 개발할 때 수시로 참조하는 내용이므로 처음 접하는 분들에게 적당한 순서와 구조로 구성돼 있다.

cocos2d-x를 이용해 개발할 때 무엇보다 좋은 점은 결과물이 멀티플랫폼을 지원하기 때문에 더 적은 노력과 비용으로 많은 플랫폼용 앱을 쉽게 만들 수 있다는 점이다. 그러므로 개발 언어가 C++이라고 두려워하지 않았으면 한다. 멀티플랫폼을 지원하는 것이 장점이라고 본다면 개발 언어가 C++라는 것은 개발자에게 약점이라고 볼 수도 있지만 저자가 느끼는 개발 언어는 단지 포장지일 뿐이다. cocos2d-x도 C++ 모양의 포장지로 된 메서드를 익히고 배워서 사용하는 것일 뿐이다.

이미 아이폰 및 안드로이드 개발 경험이 모두 있다면 어쩌면 이 책을 워크북처럼 훑어만 봐도 그냥 cocos2d-x를 이해하고 사용할 수도 있을지 모른다.

하지만 초보자라면 이 책의 내용을 익히고 반복해서 앱을 만들어봐야 할 것이다. 특히 안드로이드 개발환경 구축이 복잡하고 어려워서 이 부분을 진행하면서 cocos2d-x 는 너무 어렵다고 호소하는 분들이 많은데, 정확하게 말하자면 안드로이드 개발환경 구축이 어려운 것이다. 이 부분은 유니티를 사용해도 마찬가지다. 그러므로 섣부른 지식으로 편견을 가질 필요는 없다. 그리고 여기서 포기하면 안드로이드 개발 자체도 못한다. 그러므로 책 본문에도 써 놓았지만 안드로이드 개발환경 구축은 공부를 하는 과정에는 그다지 필요하지 않은 부분이므로 여기서 힘을 빼고 좌절할 필요는 없다.

그리고 순서대로 다 직접 만들어 보는 것이 중요하다. 본인이 초보자라고 생각한다면 더욱 그렇다. 중간중간 이해되지 않는 내용이 있더라도 그냥 만들어서 결과를 확인해 보자. 초보자에게는 실행 결과가 중요하다. 처음부터 모든 것을 알려고 하지 말자. 쉽게 지치는 지름길이다. 또한 모든 것을 다 알고 개발하는 개발자는 그렇게 많지 않다. 공부하는 사람들만 그렇다고 생각할 뿐이다.

그리고 이 책을 보고 끝까지 다 만들었다면 다시 처음부터 보자. 그러면 처음에는 몰랐던 내용이 이해되고 보이는 부분이 있을 것이다. 일단은 사용법을 배우고 익히고, 거기에 익숙해지면 원리도 쉽게 보일 수 있다. 이런 과정이 몇 번이고 반복된다. 만약 알아야 할 게 10가지라면 이러한 반복 과정을 통해 보통 5~6가지는 알게 된다. 이런 과정에 이 책이 도움됐으면 하는 바람이다.

이재환

01

Cocos2d-x 설치

02

Cocos2d-x의 기본 구조

[목차]

CONTENTS

07
메뉴 사용하기

08
액션 사용하기

CONTENTS

11
사운드 사용하기

12
트랜지션 사용하기

CONTENTS

16
타일맵 사용하기

17
파티클 저장하기

18
데이터 저장하기

19
사용자 입력 사용하기

CONTENTS

27
벽돌 격파 게임

cocos2d-x 설치

cocos2d-x는 멀티 플랫폼을 지원하는 2D 그래픽 프레임워크다. cocos2d-x를 이용해 개발을 시작하려면 먼저 각 플랫폼별로 cocos2d-x를 설치하고 서로 어떻게 코드및 자원을 포팅하는지 살펴볼 필요가 있다.

1장에서 다루는 내용

윈도우 환경에서 cocos2d-x를 설치하는 법

맥 환경에서 cocos2d-x를 설치하는 법

윈도우 환경에서 개발된 프로젝트를 맥에서 iOS 프로젝트로 포팅하는 법

iOS 프로젝트를 이클립스에서 안드로이드용으로 포팅하는 법

cocos2d-x는 멀티 플랫폼을 지원하는 2D 게임 프레임워크다. 즉, cocos2d-x를 이용하면 하나의 소스로 iOS용 및 안드로이드용 앱을 별도의 수정 없이 바로 만들 수 있다.

게다가 개발의 결과물만 멀티 플랫폼을 지원하는 것이 아니고, 개발 자체도 맥만이 아니라 윈도우 및 리눅스 환경에서도 진행할 수 있다. 다만 아이폰이나 아이패드용은 최종 컴파일이 맥에서 이뤄져야 하기 때문에 다른 플랫폼에서 개발이 가능하긴 하지만 최종적으로는 맥에서 컴파일하는 과정을 거쳐야 한다.

어찌됐건 여러 플랫폼에서 만들어진 소스를 변경 없이 다른 플랫폼으로 포팅할 수 있다는 것은 아주 매력적인 특징이다.

기존의 cocos2d는 개발 언어로 오브젝티브C(Objective-C)를 사용하는 iOS 개발 전용 게임 프레임워크로, 개발은 Xcode에서만 가능하다.
cocos2d-x는 개발 언어로 C++를 사용하는 멀티 플랫폼을 지원하는 게임 프레임워크로 Visual Studio, Visual C++ Express, Eclipse, Xcode 등 다양한 개발 툴에서 사용할 수 있다.

cocos2d-x의 장점

전 세계의 수많은 개발자가 cocos2d-x 프레임워크를 이용해 지금도 애플리케이션을 개발하고 있다. 단지 무료여서가 아니라 그만큼 장점이 많은 게임 프레임워크이기 때문일 것이다. 지금부터 cocos2d-x의 장점을 간단히 살펴보자.

- API가 배우고 사용하기에 쉽고 간단하다.
- 적은 용량으로 게임 개발에 필요한 거의 모든 기능을 제공한다.
- 오픈소스 프로젝트이므로 무료로 이용할 수 있다.
- OpenGL ES 1.1/2.0에 최적화돼 있어 빠르다.
- 멀티 플랫폼을 지원한다.

OpenGL ES는 강력한 그래픽 렌더링을 제공한다. 여러분의 게임이 2차원 공간이든 3차원 공간이든 그래픽 렌더링을 하려면 OpenGL ES를 사용하는 것이 최선의 선택일 것이다.

cocos2d-x는 모바일 환경에서의 그래픽 출력을 위한 OpenGL ES 및 사운드 출력을 위한 OpenAL 라이브러리를 손쉽게 게임 개발에 사용할 수 있게 래핑(wrapping)한 2D용 게임 프레임워크다.

cocos2d-x가 지원하는 플랫폼

이 책을 쓰고 있는 현재(2014년 2월) cocos2d-x 버전은 3.0 Beta2다. 그리고 현재 버전의 cocos2d-x는 다음의 표와 같이 다양한 플랫폼을 지원한다. 그러나 기본으로 제공되는 멀티 플랫폼용 프로젝트 생성기를 통해 생성되는 통합 프로젝트는 proj.android, proj.ios_mac, proj.linux, proj.win32로 5가지 플랫폼을 지원한다(iOS, Mac이 두 가지다). 이들은 별도의 설정이나 변경 없이 멀티 플랫폼에서 바로 소스를 공유해서 컴파일할 수 있다.

그 밖의 나머지 플랫폼으로 포팅하는 경우에는 공식 홈페이지에서 제시하는 방법을 통해 각 상황에 맞춰 적용할 필요가 있다.

	플랫폼	C++	루아	자바스크립트
모바일 플랫폼	iOS	O	O	O
	Android	O	O	O
	WindowsPhone8	O		
	BlackBerry	O		
	Marmalade	O		
데스크톱 플랫폼	win32	O	O	O
	Linux	O	O	
	Win8 Metro	O		
	Mac OS X	O	O	
	Native Client	O	O	

cocos2d-x에서 지원하는 플랫폼(2014년 1월 16일 기준)

개발 시 필요한 최소 사양

cocos2d-x를 이용해 개발할 때 필요한 최소 사양은 다음과 같다.

- Mac OS X 10.7+, Xcode 4.6+
- Ubuntu 12.10+, CMake 2.6+
- Windows 7+, VS 2012+

맥 환경에서 개발할 경우 2014년 2월부터는 Xcode 5 이상에서 컴파일된 것만 스토어에 올릴 수 있으므로 당연히 위의 조건을 만족시킨다. 다만 Windows의 경우 여전히 Windows XP가 많이 사용되고 있는데(회사나 학원에서), 더는 XP에서는 개발할 수 없다. cocos2d-x 3.x 버전은 Windows 7 이상을 필요로 하며, Windows 7에서는 현재 비주얼 스튜디오 2013만 지원된다.

컴파일된 결과물을 실행할 때 필요한 최소 사양

컴파일된 결과물을 실행할 때 필요한 최소 사양은 다음과 같다.

- 아이폰/아이패드용 게임 : iOS 5.0+
- 안드로이드용 게임 : Android 2.3+
- 맥용 게임 : OS X v10.6+
- 윈도우용 게임 : Windows 7+

여기서 한 가지 주의 깊게 봐야 하는 것은 Android 2.3+이면 API Level 9라는 것이다. 아울러 기본적으로 생성되는 통합 프로젝트 내의 안드로이드 프로젝트에서도 이미 그렇게 위와 같이 설정돼 있다.

cocos2d-x에서 제공하는 기능

cocos2d-x에서 제공하는 기능으로 어떤 것들이 있는지 알아보자. 여기서는 간단하게 제목 정도만 봐두자. 이후 2장에서부터 각 기능에 대해 예제를 통해 실제로 직접 다룰 것이다.

- 장면(Scene) 관리 기능
- 장면전환(Scene Transition) 기능
- 메뉴(Menu) 및 버튼 시스템 지원
- 스프라이트(Sprite) 및 스프라이트 배치노드(SpriteBatchNode) 지원
- 다양한 액션(Action) 지원
- 애니메이션(Animation) 지원
- 정지/플레이 및 좀 더 정교하고 사용법이 간단한 타이머 기능 지원
- 텍스트 렌더링(Text Rendering) 지원

- 사운드(Sound) 지원
- 파티클 시스템(Particle System) 지원
- 타일맵(TileMap) 지원
- 물리 엔진(Physics Engines) 지원 - Box2d & Chipmunk

보다시피 게임 개발에 필요한 거의 모든 기능을 제공한다는 사실을 알 수 있다.

cocos2d-x는 기존의 모바일 개발자라면 배우는 것도 쉬울뿐더러 사용법 또한 매우 쉽다는 특징이 있다. 따라서 훌륭한 아이디어만 있다면 그 아이디어를 구체화한 게임을 바로 개발할 수 있을 것이다.

> 사실 저자는 게임 개발보다는 cocos2d-x를 유아용 동화책을 구현하는 데 많이 사용하고 있다. 강력한 그래픽 프레임워크를 이용해 멀티플랫폼용 동화책을 구현하는 것은 게임을 개발하는 것보다 훨씬 쉽다.

cocos2d-x의 특징 중 하나는 OpenGL ES을 기반으로 하고 있다는 점이다. OpenGL ES는 OpenGL의 임베디드 시스템(Embedded System)용 3D API로서, OpenGL과 유사한 인터페이스를 제공한다. 처음부터 임베디드 시스템을 염두에 두고 개발됐기 때문에 스마트폰과 같은 휴대용 기기에 적합하다는 특징이 있다. 단, 이러한 특징은 기존의 OpenGL과 비교했을 때 갖가지 제약사항이 있다는 의미이기도 하므로 유의해야 한다. 즉, OpenGL에서 제공하는 것을 OpenGL ES에서도 모두 제공하지는 않는다는 의미다.

cocos2d-x 개발 환경 구축

cocos2d-x를 설치하기에 앞서 개발 환경을 점검해 보자. cocos2d-x 자체는 개발 툴이 아니고 개발 툴에 올라가는 게임 프레임워크이므로 먼저 각 플랫폼별 환경에 맞는 개발 툴이 설치돼 있어야 한다.

윈도우에서는 Visual Studio나 Visual C++ Express에서 개발할 수 있다. Visual C++ Express는 무료이며, 마이크로소프트 웹사이트에서 내려받을 수 있다. Windows 7에서 사용할 수 있는 버전은 2013 버전이다. 이전 버전을 찾기 위해 노력할 필요는 없다.

Visual Studio Express 다운로드 페이지: http://www.visualstudio.com/downloads/download-visual-studio-vs

맥에서는 Xcode에서 개발할 수 있으며 앱스토어에서 무료로 설치할 수 있다.

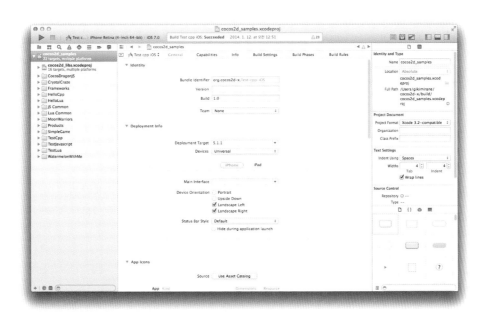

이클립스에서도 개발할 수 있다. 이클립스는 맥, 리눅스, 윈도우에 모두 설치할 수 있다. 그러나 이클립스에서 개발하는 것은 사실 좀 번거롭다.

http://www.eclipse.org/downloads/

각 플랫폼별 자세한 설치 방법이 궁금하다면 저자가 운영하는 카페(http://www.coco2d-x.kr)에서 제공하는 정보를 살펴보기 바란다. 각 개발 툴이 빠르게 업데이트되기 때문에 책으로 정보를 제공하면 금방 낡은 정보가 돼 버려서 카페의 게시물을 통해 설치 정보를 빠르고 정확하게 제공하는 편이 더 낫다고 판단해서 굳이 책에는 기술하지 않았다.

윈도우에서 개발이 가능하긴 하지만 iOS용 앱을 만들려면 맥에서 컴파일해서 앱스토어로 등록해야 하기 때문에 맥의 Xcode에서 개발하는 것이 가장 편한 방법이다.

이러한 환경을 구비할 수 없는 경우에는 윈도우의 Visual C++ Express 등을 이용해 공부하거나 개발할 수 있을 것이다. 또한 윈도우가 설치된 여러 대의 장비에서 Visual Studio나 Visual C++ Express 등으로 개발하고, 한 대의 등록용 맥을 보유하는 방법도 있을 것이다.

실제로 현업에서는 맥의 Xcode에서 개발해야 하는 상황임에도 많은 독자들이 기본적으로 윈도우 환경에 익숙하고, 맥을 구입해야 한다는 것에 약간의 거부감을 느끼고 있어서 그런지 윈도우용 개발 서적을 자주 찾는다. 그래서 이번 책에서는 기본적으로 윈도우 환경에서 개발한다고 가정하고 내용을 작성했다. 하지만 필요에 따라 맥 사용자를 위해서도 별도로 내용을 기술했으니 참고하기 바란다.

cocos2d-x 다운로드

cocos2d-x는 아래 사이트에서 내려받을 수 있다.

http://www.cocos2d-x.org

위 사이트로 이동한 후 메뉴에서 다운로드를 선택하면 다음과 같은 화면이 나온다.

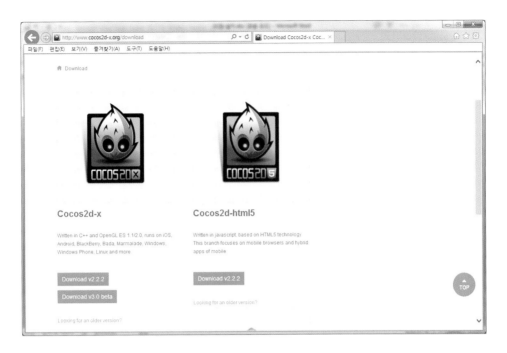

현재 저자가 내려받은 버전은 3.0 Beta2 버전으로, 이전 버전과 구성이나 구조에서 상당 부분이 달라졌다.

윈도우에서 cocos2d-x 설치하기

이 책에서는 윈도우 7 32비트 버전을 기준으로 한다. 군이 32비트 버전을 선택한 이유는 몇 가지 디바이스를 제외하면 여전히 대다수의 모바일 디바이스의 OS가 32비트 버전이기 때문이다.

앞에서 내려받은 파일의 압축을 풀고 C:\ 루트 디렉터리로 옮기면 다음과 같은 모습일 것이다.

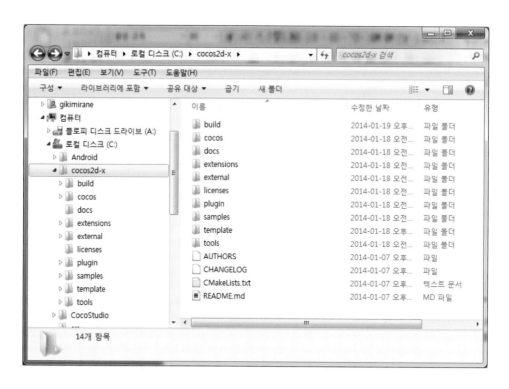

cocos2d-x를 설치할 때는 복잡한 설치 과정이 필요 없다. 내려 받은 파일의 압축을 풀고 적당한 디렉터리에 옮기면 끝이다.

저자의 경우는 버전이 올라갈 때마다 매번 환경 변수의 디렉터리 이름을 변경하기가 귀찮아서 버전이 올라갈 때마다 내려받아 압축을 푼 디렉터리의 이름을 앞의 그림처럼 cocos2d-x로 변경해서 항상 같은 이름으로 사용하고 있다.

NOTE 3.0 Beta2 버전은 이전 버전처럼 템플릿 설치 등의 과정이 필요 없다. 예전에는 윈도우용 플랫폼으로만 만들기 위해 템플릿 설치를 했는데, 이제는 모든 프로젝트를 기본으로 제공되는 통합 프로젝트 생성기를 이용해 멀티플랫폼용 통합 프로젝트를 만들어서 사용한다.

이제 설치된 cocos2d-x에서 기본적으로 제공되는 예제 프로젝트를 실행해 보겠다. 3.0 Beta2에서는 예제 프로젝트의 실행 파일이 맥용이나 윈도우용 모두 build 디렉터리에 있다. 개발 환경이 윈도우라면 cocos2d-x가 설치된 디렉터리의 하위 디렉터리인 build 디렉터리에서 cocos2d-win32.vc2012.sln를 선택해서 더블클릭하면 된다. 이전 버전인 2010용은 제공되지 않으며, 이후 버전은 Visual Studio나 Visual C++ Express 2013이 실행되면 자동으로 변환해준다.

저자는 Visual C++ Express 2013을 설치했으므로 cocos2d-win32.vc2012.sln을 선택해 실행하면 다음과 같은 화면이 나타나면서 2013 버전으로 변환할 것이냐고 물어본다.

확인을 선택하고, 변환을 마치면 다음과 같은 화면을 볼 수 있다.

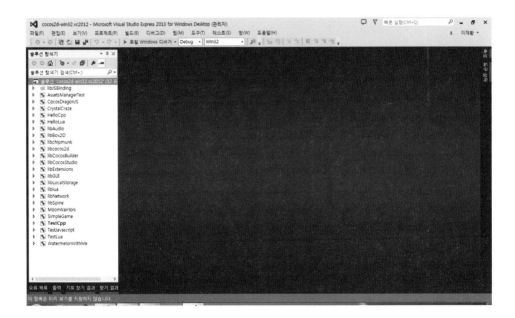

맨 처음 실행했다면 다음과 같이 전체 빌드를 한번 해준다. 즉, 화면 왼쪽에 있는 솔루션 탐색기에서 [솔루션 선택 → 솔루션 빌드]를 선택한다. 기본 예제 프로그램에는 많은 수의 프로젝트가 포함돼 있기 때문에 솔루션을 빌드하려면 꽤 많은 시간이 필요하다. 장비의 성능에 따라 차이는 있겠지만 솔루션 탐색기에 있는 모든 라이브러리와 프로젝트를 컴파일하는 데 약 15~20분 정도 걸릴 것이다. 또한 중간에 많은 경고(warning) 메시지가 출력되겠지만 느긋한 마음으로 컴파일이 끝날 때까지 기다리면 될 것이다.

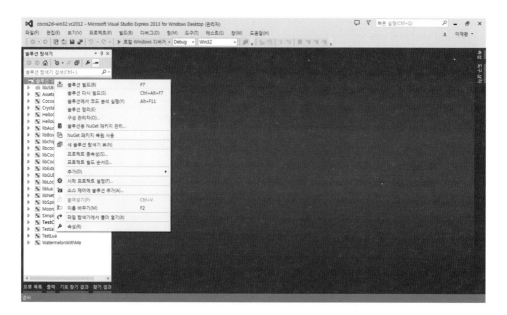

이제 샘플을 실행하고 싶으면 다음과 같이 좌측의 솔루션 탐색기에서 lib로 시작하지 않는 프로젝트를 선택하고 마우스 오른쪽 버튼을 클릭해 팝업 메뉴를 연 다음 원하는 프로젝트를 대상으로 [솔루션 탐색기 → 프로젝트 선택 → 시작 프로젝트로 설정]을 차례로 선택한다. 그런 다음 좌측의 솔루션 탐색기를 보면 선택된 프로젝트의 이름이 조금 진하게 표시될 것이다. 그러면 제대로 선택한 것이다.

이제 다시 마우스 오른쪽 버튼을 클릭해 다음과 같이 [솔루션 탐색기 → 프로젝트 선택 → 디버그 → 새 인스턴스 시작]을 차례로 선택한다.

저자는 TestCpp 프로젝트를 선택해서 실행했으므로 다음과 같은 샘플이 실행된다. 이 샘플을 보면 cocos2d-x에서 제공하는 거의 모든 기능을 사용할 수 있을 것이다. 하지만 처음 보는 사람 입장에서는 이 예제도 어려울 것이므로 이 책에서는 조금 더 쉽게 풀어서 설명할 것이다.

맥에서 cocos2d-x 설치하기

맥에서도 cocos2d-x를 사용하기 위한 복잡한 설치 과정은 필요 없다. 앞에서 내려받은 파일의 압축을 풀고 사용자의 루트 디렉터리로 옮기면 다음과 같은 모습일 것이다.

맥용도 이전 버전과 달리 별도의 템플릿을 설치하지 않고, 앞에서 내려받은 파일의 압축을 풀어 적당한 디렉터리로 옮기기만 하면 설치가 간단하게 끝난다.

이제 설치된 cocos2d-x에서 기본적으로 제공하는 예제 프로젝트를 실행해 보겠다. 3.0 Beta2에서는 예제 프로젝트의 실행 파일이 맥용이나 윈도우용 모두 build 디렉터리에 있다고 언급한 바 있다. 개발 환경이 맥이라면 cocos2d-x가 설치된 디렉터리의 하위 디렉터리인 build 디렉터리에서 cocos2d_samples.xcodeproj를 선택해서 더블클릭하면 된다. 그러고 나면 다음과 같은 화면을 볼 수 있다.

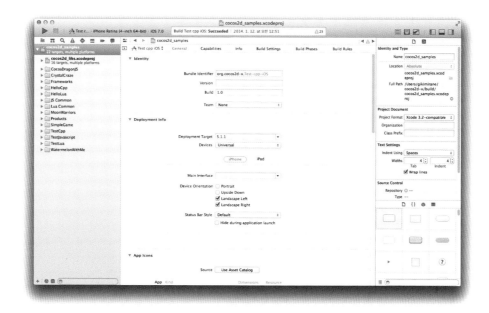

이제 예제 프로젝트를 실행하고 싶다면 다음과 같이 프로젝트 내비게이션의 바로 위에 있는 스키마(Scheme)와 데스티네이션(Destination) 선택창에서 적절한 값을 선택하고 실행하면 된다.

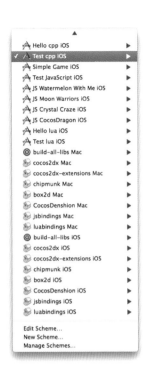

스키마와 데스티네이션을 선택했으면 단축키(Cmd+R)로 실행해 볼 수 있다.

실행   스키마   데스티네이션

프로젝트를 실행하면 다음과 같은 화면을 볼 수 있다.

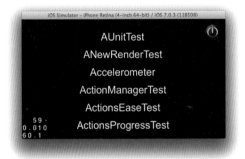

이때 화면에 비해 시뮬레이터가 너무 크다는 생각이 들면 시뮬레이터를 클릭해서 선택한 후 상단 메뉴에서 [iOS Simulator → Window → Scale → 50%] 등으로 화면의 크기를 줄일 수 있다.

iPhone Retina 시뮬레이터만 설치돼 있고 다음과 같이 iOS 6.0 Simulator가 설치돼 있지 않다면 예전과 같은 아이폰 3GS 모양의 시뮬레이터를 볼 수는 없고 앞의 실행 화면처럼 일반 윈도우 모양의 실행 화면만 보일 것이다.

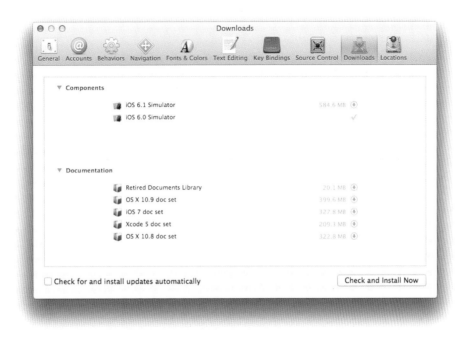

윈도우에서 첫 번째 프로젝트 만들기

예전과 달리 이제는 프로젝트를 개별 플랫폼의 각 개발 툴에서 만들지 않고, 제공되는 스크립트를 통해 멀티플랫폼용 통합 프로젝트를 기본으로 만들고 해당 플랫폼의 프로젝트를 선택해서 실행하는 방식으로 바뀌었다.

예전 버전에서는 통합 프로젝트를 만드는 것이 하나의 큰 과제였는데, 이제 이런 불편함이 없어졌다. 공부하는 입장에서는 프로젝트를 자주 만들다 보니 개발 툴 자체에서 프로젝트를 만들지 않고 외부에서 스크립트를 통해 만들고 개발 툴로 다시 돌아오는 것이 불편할 수도 있겠지만 현업에서는 프로젝트를 그렇게 빈번하게 만들지도 않을뿐더러 통합 프로젝트를 만들어 멀티플랫폼에 대응하는 하나의 소스를 관리하는 것이 더욱 중요하기 때문에 이렇게 바뀐 것에 저자는 매우 만족한다.

이후로는 cocos2d-x가 설치된 디렉터리를 $COCOS2DX_ROOT로 표시하겠다. 각자의 상황에 맞게 해당 디렉터리의 위치를 염두에 둔다.

본격적으로 프로젝트를 만들기 전에 추가적으로 해야 할 작업이 하나 있다. 통합 프로젝트를 만드는 데 사용되는 스크립트는 파이썬(Python)이다. 그래서 윈도우 환경이라면 먼저 파이썬을 먼저 설치해야 한다. 맥에는 파이썬 기본으로 설치돼 있어 별도로 설치할 필요가 없다.

파이썬은 다음의 사이트에서 내려받을 수 있다.

http://www.python.org/download/

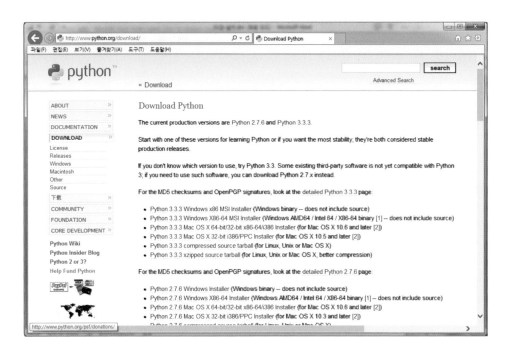

컴퓨터 환경에 따라 32비트, 64비트 버전을 알맞게 내려받으면 된다. 다만 사이트에 적혀 있듯이 서드파티 제품에서는 아직 최신 버전이 제대로 동작하지 않을 수도 있으므로 Python 2.7.6을 내려받기를 권장한다. 설치 파일을 다 내려받았다면 설치를 진행한다. 일반적인 윈도우 프로그램의 설치 과정과 차이점이 없으니 별도로 설명하진 않겠다.

설치가 끝나면 이제 다음과 같이 환경변수에 내용을 추가하면 된다.

[제어판 → 시스템 및 보안 → 시스템]에서 왼쪽 메뉴의 [고급 시스템 설정]을 선택한다.

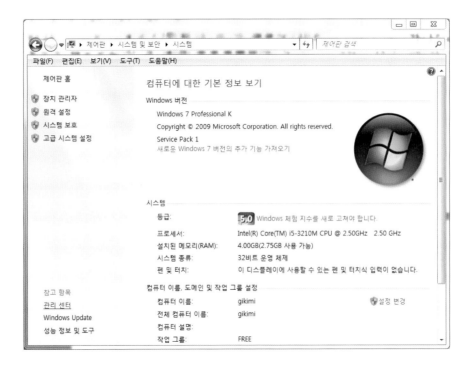

시스템 속성 창이 나타나면 [고급] 탭을 선택하고 아래의 [환경 변수]를 선택한다.

환경 변수 창에서 시스템 변수의 [Path]를 찾아 선택한 후 [편집]을 클릭한다.

변수 값에 다른 값들이 있다면 지우지 말고 마지막에 ;(세미콜론)을 적고 그다음에 Python이
설치된 경로를 추가한다.

확인 버튼을 눌러 변경사항을 적용한다. Path 환경변수에 파이썬이 설치된 경로를 추가했기 때문에 이제 명령 프롬프트의 아무 데서나 파이썬을 실행할 수 있다.

이제 본격적으로 cocos2d-x의 통합 프로젝트를 만들어 보겠다. 윈도우에서 좌측 하단의 윈도우 버튼을 클릭하고 다음과 같은 창이 나타나면 [프로그램 및 파일 검색] 창에 cmd라고 입력하고 엔터 키를 누른다.

그러면 다음과 같은 "명령 프롬프트" 프로그램이 실행된다. 다음과 같이 명령어를 입력하고 엔터 키를 쳐서 cocos2d-x가 설치된 디렉터리의 하위 디렉터리로 이동한다.

    cd c:\cocos2d-x\tools\project-creator [엔터]

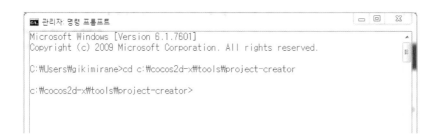

이제 다음과 같이 명령어를 입력해 프로젝트를 생성한다. 명령줄에서 모든 파라미터를 다 지정할 수도 있지만 이번 버전부터 GUI 환경에서 프로젝트를 만들 수 있게 바뀌었으니 그 방법을 사용해 보겠다.

    python create_project.py [엔터]

위의 명령어를 실행했을 때 나오는 창은 맨 앞으로 안 나오고 다른 창 뒤로 숨는 경향이 있다. 그러므로 화면에 여러 개의 창이 떠 있었다면 보이지 않을 수도 있다. 다음과 같은 화면이 나타나는 것을 확인하면 프로그램이 제대로 실행된 것이다.

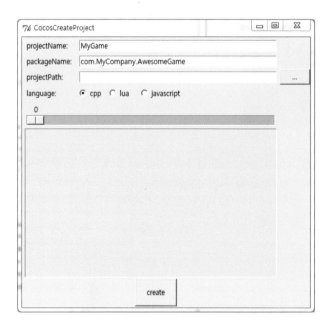

원하는 프로젝트명과 패키지명, 그리고 프로젝트가 만들어질 디렉터리를 지정하고 하단의
"create" 버튼을 클릭하면 프로젝트가 생성된다. 다음 그림과 같이 입력해 보자.

- 프로젝트명 : HelloTest
- 패키지명 : 예 − com.study.cocos2dx
- 프로젝트 경로 : 프로젝트를 생성할 디렉터리. 필요하면 생성
- 언어 : cpp

바로 이전 버전까지는 프로젝트가 cocos2d−x가 설치된 디렉터리의 하위 디렉터리인 projects 디렉터
리에서만 만들어졌다. 서로 다른 프로젝트 간에 라이브러리를 공유하고 그러한 이유로 일단 프로젝트가
만들어지고 나면 이동도 불가능했다.

하지만 이번 버전에서는 프로젝트를 개발자가 원하는 디렉터리에 만들 수 있게 다시 바뀌었다. 그러나
라이브러리를 공유하지 않고 개별 프로젝트마다 포함시켰기 때문에 프로젝트의 크기가 커졌다.

이제 통합 프로젝트가 만들어졌다. 탐색기로 보면 다음과 같은 모습일 것이다.

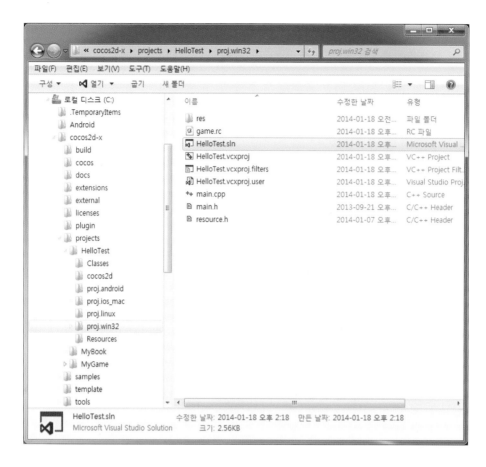

그림에서 볼 수 있듯이 HelloTest 통합 프로젝트 디렉터리에는 여러 개의 플랫폼용 프로젝트 디렉터리와 Classes, Resources, cocos2d 디렉터리가 있다.

- Classes : 앞으로 만들 프로그램의 소스가 들어갈 디렉터리(공용)

- Resources : 앞으로 만들 프로그램에서 사용할 자원이 들어갈 디렉터리(공용)

- cocos2d : cocos2d-x 라이브러리 디렉터리(공용)

- proj.android : 맥이나 윈도우 환경에서의 안드로이드용 프로젝트

- proj.ios_mac : 맥의 Xcode용 프로젝트

- proj.linux : 리눅스 환경의 프로젝트

- proj.win32 : 윈도우 환경의 Visual Studio용 프로젝트

한 플랫폼에서 개발을 마친 후 다른 플랫폼으로 이동할 때는 HelloTest 통합 프로젝트 디렉터리를 통째로 복사해 가면 된다. 그리고 추가된 소스와 리소스를 해당 플랫폼의 개발 툴에서 추가하기만 하면 된다. 기존의 통합 프로젝트를 만들던 방식에 비하면 엄청 쉽고 편해졌다.

일단 이 책에서는 윈도우에서 개발할 것이므로 proj.win32 디렉터리를 선택하고 우측에서 HelloTest.sln이라고 돼 있는 Visual Studio 프로젝트를 선택한다.

앞에서 기본 예제 프로그램을 실행할 때 본 것처럼 Visual C++ Express 2013을 설치했으므로 HelloTest.sln을 선택해 실행하면 다음과 같은 화면이 나타나면서 2013 버전으로 변환할 것이냐고 물어본다.

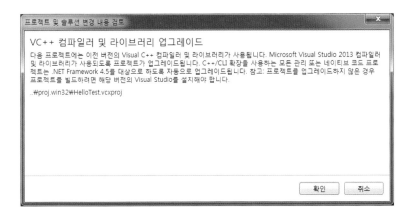

확인 버튼을 눌러 프로젝트를 업그레이드하고 나면 여러분이 최초로 만든 프로젝트가 완성된 것이다.

프로젝트를 만들고 처음 실행하면 [솔루션 빌드]를 통해 우리가 만든 프로젝트에 포함되는 라이브러리를 빌드하고, 이후 수정사항이 있을 때마다 우리 프로젝트만 빌드하면 된다.

맨 처음 실행했다면 다음과 같이 전체 빌드를 한번 해준다. 즉, 왼쪽의 솔루션 탐색기에서 [솔루션 선택 → 솔루션 빌드]를 선택하면 된다. 이 경우 좌측 솔루션 탐색기에 있는 모든 라이브러리와 프로젝트를 컴파일하게 된다. 이후에는 라이브러리를 수정할 일은 거의 없을 것이므로 수정사항이 있을 때마다 우리 프로젝트만 다시 빌드하면 된다.

처음에 솔루션을 빌드하면 엄청 많은 경고(Warning)가 출력창에 나타날 것이다. 하지만 마지막 결과에 다음과 같이 실패했다는 표시 없이 성공했다는 표시만 나온다면 경고는 무시해도 좋다.

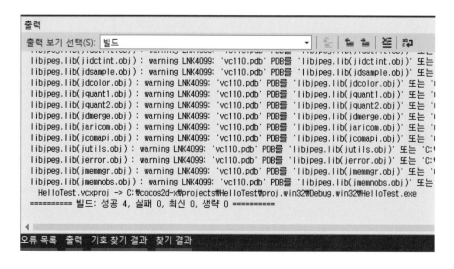

이제 우리가 만든 프로젝트를 실행하고 싶다면 다음과 같이 솔루션 탐색기에서 HelloTest 프로젝트가 시작 프로젝트로 설정돼 있는지 확인하고 실행한다. 시작 프로젝트로 설정돼 있는지 확인하려면 해당 프로젝트의 이름이 다른 프로젝트나 라이브러리에 비해 조금 진하게 표시돼 있는지를 확인하면 된다.

이 프로젝트는 프로젝트를 만들고 변경한 사항이 없으니 시작 프로젝트로 설정돼 있을 것이다. 그러나 혹시라도 시작 프로젝트로 지정돼 있지 않다면 HelloTest 프로젝트를 선택하고 마우스 오른쪽 버튼을 클릭한 후 [솔루션 탐색기 → 프로젝트 선택 → 시작 프로젝트로 설정]을 차례로 선택한다. 그런 다음 솔루션 탐색기를 보면 선택한 프로젝트의 이름이 조금 진하게 표시될 것이다. 그러면 제대로 선택한 것이다.

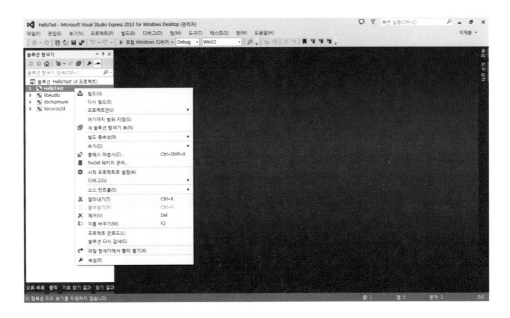

이제 다시 선택한 프로젝트를 대상으로 마우스 오른쪽 버튼을 클릭한 후 다음과 같이 [솔루션 탐색기 → 프로젝트 선택 → 디버그 → 새 인스턴스 시작]을 차례로 선택한다.

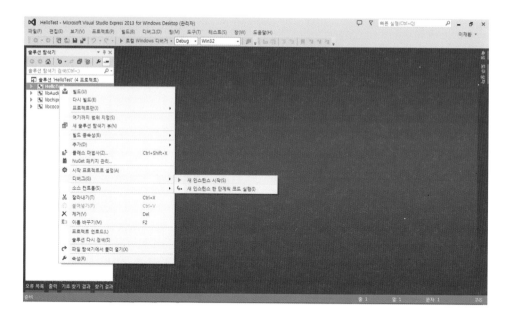

다음은 실행된 결과 화면이다.

자, 이로써 우리가 만든 첫 번째 프로젝트가 드디어 실행됐다.

윈도우 환경에서 추가 개발환경 설정하기

그럼 이번에는 앞에서 처음으로 실행한 프로젝트에서 화면 상단에 출력되는 "Hello World"를 "Hello 홍길동"으로 고쳐서 출력해 보겠다.

솔루션 탐색기에서 HelloWorldScene.cpp를 더블클릭해서 소스를 보이게 한 후 다음과 같이 수정하고 실행해 본다.

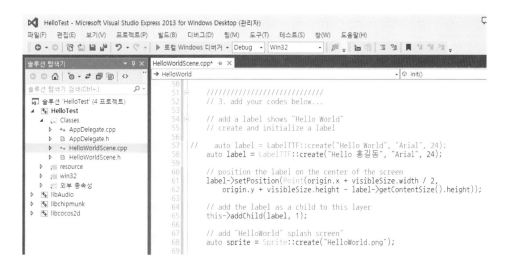

```
auto label = LabelTTF::create("Hello World", "Arial", 24);
auto label = LabelTTF::create("Hello 홍길동", "Arial", 24);
```

그런데 실행된 결과를 보면 실망스럽게도 한글이 제대로 표현되지 않는다.

솔루션 탐색기에서 [libcocos2d → platform → win32 → CCImage.cpp]를 선택한다.
그리고 drawText 함수 안에서 다음의 부분을 찾아 "CP_UTF8"에서 "CP_ACP"로 수정한다.

```
nLen = MultiByteToWideChar(CP_UTF8, 0, pszText, nLen, pwszBuffer, nBufLen);
nLen = MultiByteToWideChar(CP_ACP, 0, pszText, nLen, pwszBuffer, nBufLen);
```

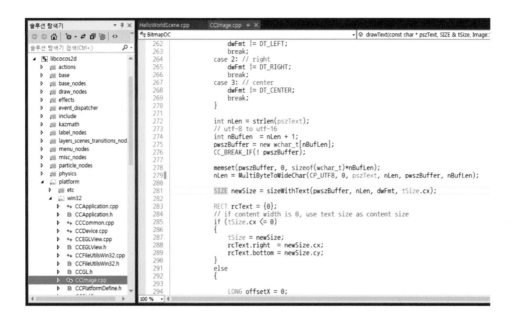

수정한 내용을 적용하려면 다음 그림과 같이 라이브러리를 빌드하기 위해 "프로젝트만 빌드"
를 선택하거나 또는 "프로젝트만 다시 빌드"를 선택한다. 이 과정을 진행하지 않으면 수정한
사항이 적용되지 않는다.

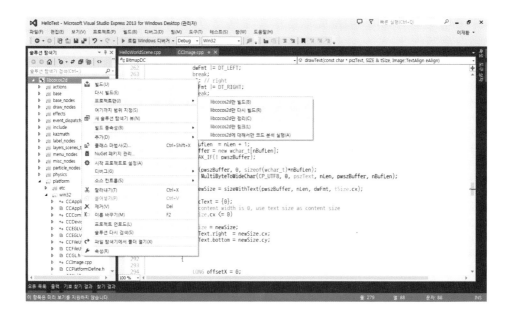

빌드가 끝나면 다시 HelloTest 프로젝트를 선택한 후 다시 실행해본다. 다음 그림과 같이 [솔루션 탐색기 → 프로젝트 선택 → 디버그 → 새 인스턴스 시작]을 선택하면 된다.

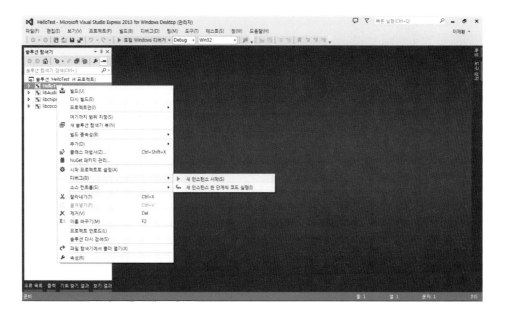

다음은 실행된 결과 화면이다. 이제 한글이 제대로 보일 것이다.

이제 프로그래밍할 때 유용하게 사용되는 로그를 출력창에 출력해 보자. HelloWorldScene.
cpp 코드를 다음과 같이 수정한다. 기존 코드에서 주석과 필요 없는 부분을 제거하고 로그 출
력 부분만 추가한 것이다.

[예제 1-1] HelloWorldScene.cpp - 로그 출력

```cpp
#include "HelloWorldScene.h"

USING_NS_CC;

Scene* HelloWorld::createScene()
{
    auto scene = Scene::create();

    auto layer = HelloWorld::create();

    scene->addChild(layer);

    return scene;
}
```

```
bool HelloWorld::init()
{
    if (!Layer::init())
    {
        return false;
    }

    Size visibleSize = Director::getInstance()->getVisibleSize();
    Point origin = Director::getInstance()->getVisibleOrigin();

    auto label = LabelTTF::create("Hello 홍길동", "Arial", 24);

    label->setPosition(Point(origin.x + visibleSize.width / 2,
                             origin.y + visibleSize.height - label->getContentSize().
height));

    this->addChild(label, 1);

    // 추가
    log("abcde");
    log("12345");
    log("홍길동");

    return true;
}
```

다음은 프로그램을 실행한 결과다. 여기서는 출력된 로그를 확인하는 것이 목적이므로 실행 창이 아니라 Visual C++ Express 2013의 출력창을 확인해 봐야 한다. 역시 한글이 제대로 표현되지 않고 있음을 알 수 있다.

```
출력
출력 보기 선택(S): 디버그                                    ⬚ | 🔍 | ⬚ | ⬚ | ⬚ | ⬚
{
    gl.version: 2.1 INTEL-8.18.29
    gl.supports_NPOT: true
    cocos2d.x.version: 3.0-beta
    cocos2d.x.compiled_with_profiler: false
    cocos2d.x.build_type: RELEASE
    cocos2d.x.compiled_with_gl_state_cache: true
    gl.max_texture_size: 16384
    gl.vendor: Parallels and Intel Inc.
    gl.renderer: Parallels using Intel HD Graphics 4000 OpenGL Engine
    gl.max_texture_units: 16
    gl.supports_ETC1: false
    gl.supports_S3TC: true
    gl.supports_ATITC: false
    gl.supports_PVRTC: false
    gl.supports_BGRA8888: false
    gl.supports_discard_framebuffer: false
    gl.supports_vertex_array_object: false
}

abcde
12345
??浪
◄
오류 목록  출력  기호 찾기 결과  찾기 결과
```

이번에는 솔루션 탐색기에서 [libcocos2d → base → CCConsole.cpp]를 선택한다. 그리고 다음처럼 "CP_UTF8"에서 "CP_ACP"로 수정한다.

[예제 1-2] CCConsole.cpp - 로그 출력

```
static void _log(const char *format, va_list args)
{
    char buf[MAX_LOG_LENGTH];

    vsnprintf(buf, MAX_LOG_LENGTH-3, format, args);
    strcat(buf, "\n");

#if CC_TARGET_PLATFORM == CC_PLATFORM_ANDROID
    __android_log_print(ANDROID_LOG_DEBUG, "cocos2d-x debug info", "%s", buf);

#elif CC_TARGET_PLATFORM == CC_PLATFORM_WIN32
    WCHAR wszBuf[MAX_LOG_LENGTH] = {0};
    MultiByteToWideChar(CP_UTF8, 0, buf, -1, wszBuf, sizeof(wszBuf));
    OutputDebugStringW(wszBuf);
```

```
    OutputDebugStringA("\n");

    WideCharToMultiByte(CP_UTF8, 0, wszBuf, sizeof(wszBuf), buf, sizeof(buf), NULL,
FALSE);
    WideCharToMultiByte(CP_ACP, 0, wszBuf, sizeof(wszBuf), buf, sizeof(buf), NULL,
FALSE);
    printf("%s\n", buf);

#else
    // Linux, Mac, iOS, etc
    fprintf(stdout, "cocos2d: %s", buf);
    fflush(stdout);
#endif

    Director::getInstance()->getConsole()->log(buf);
}
```

수정한 사항을 적용하려면 다음 그림과 같이 라이브러리를 빌드하기 위해 "프로젝트만 빌드"
를 선택하거나 또는 "프로젝트만 다시 빌드"를 선택한다. 이 과정을 진행하지 않으면 수정한
내용이 적용되지 않는다.

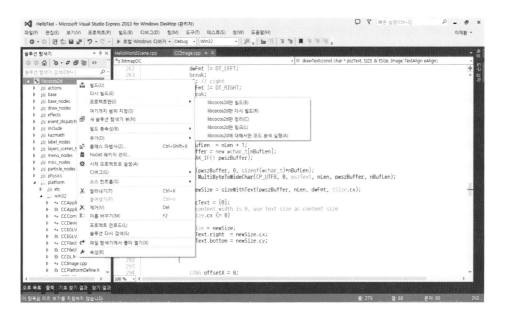

빌드가 끝나면 다시 HelloTest 프로젝트를 선택한 후 다시 실행해본다. 앞에서 한 것처럼 [솔루션 탐색기 → 프로젝트 선택 → 디버그 → 새 인스턴스 시작]을 선택하면 된다.

다음은 실행한 결과다. 이제 한글이 제대로 표시되는 것을 확인할 수 있다.

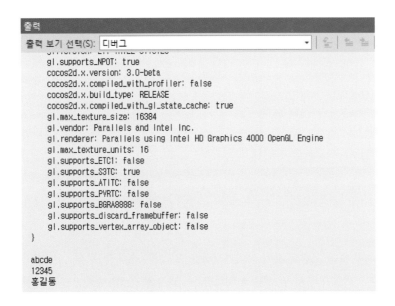

지금까지 설정한 사항은 HelloTest 프로젝트에 대해서만 적용된다. 이후로 매번 프로젝트를 만들 때마다 이 과정을 되풀이하고 싶지 않다면 원본 파일을 수정하면 된다.

즉, 다음의 파일을 에디터로 열어 앞에서 수정한 부분을 똑같이 수정하면 된다. 그러면 이후로 프로젝트를 새로 만들 때마다 수정된 파일이 새로 생성한 프로젝트에 추가될 것이다.

```
$COCOS2DX_ROOT\cocos\2d\platform\win32\CCImage.cpp
```

```
$COCOS2DX_ROOT\cocos\base\CCConsole.cpp
```

윈도우용에서는 한글 출력이 원활하지 않아 앞에서 설명한 과정과 같은 추가적인 설정이 필요하다. 그러나 맥의 Xcode에서 개발하는 경우에는 한글 출력에 대한 별도 처리가 필요하지 않다.

맥에서 첫 번째 프로젝트 만들기

맥에서 cocos2d-x의 통합 프로젝트를 만드는 과정은 윈도우에서 진행하는 과정과 별반 다르지 않다. 먼저 [응용프로그램 → 유틸리티 → 터미널]을 선택하고 다음과 같은 명령어를 입력해 디렉터리를 이동한다.

    cd $COCOS2DX_ROOT/tools/project-creator [엔터]

cocos2d-x가 설치된 디렉터리를 터미널에서 찾아 수동으로 이동하기가 힘들다면 다음과 같은 방법을 써도 된다. 터미널에서 먼저 cd와 스페이스바를 한번 눌러 공백을 입력해 놓은 상태에서 파인더에서 이동하고 싶은 디렉터리를 찾아서 터미널로 드래그 앤 드롭한다. 그러면 자동으로 경로가 입력된다.

이제 터미널에서 다음과 같은 명령어를 입력한다.

    $ python ./create_project.py [엔터]

윈도우에서와 마찬가지로 이 명령어를 실행했을 때 나오는 창은 맨 앞으로 안 나오고 다른 창 뒤로 숨는 경향이 있다. 그러므로 화면에 여러 개의 창이 떠 있었다면 보이지 않을 수도 있다. 다음과 같은 화면이 나타나는 것을 확인하면 프로그램이 제대로 실행된 것이다.

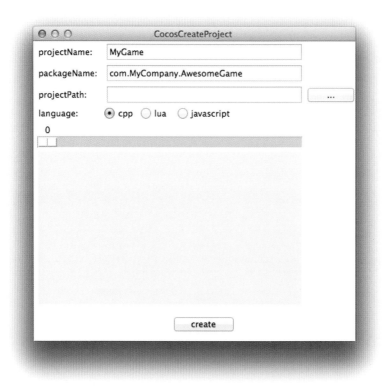

원하는 프로젝트명과 패키지명, 그리고 프로젝트가 만들어질 디렉터리를 지정하고 하단의 "create" 버튼을 클릭하면 프로젝트가 생성된다. 다음 그림과 같이 입력해 보자.

- 프로젝트명 : HelloTest
- 패키지명 : 예 – com.study.cocos2dx
- 프로젝트 경로 : 프로젝트를 생성할 디렉터리. 필요하면 생성
- 언어 : cpp

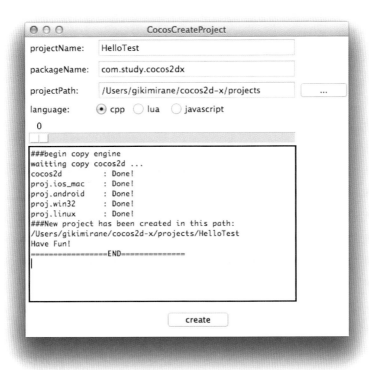

이제 통합 프로젝트가 만들어졌다. 파인더로 보면 다음과 같이 프로젝트가 생성돼 있을 것이다.

그림에서 볼 수 있듯이 HelloTest 통합 프로젝트 디렉터리에는 여러 개의 플랫폼용 프로젝트 디렉터리와 Classes, Resources, cocos2d 디렉터리가 들어 있다.

- Classes : 앞으로 만들 프로그램의 소스가 들어갈 디렉터리(공용)
- Resources : 앞으로 만들 프로그램에서 사용할 자원들이 들어갈 디렉터리(공용)
- cocos2d : cocos2d-x 라이브러리 디렉터리(공용)
- proj.android : 맥이나 윈도우 환경에서의 안드로이드용 프로젝트
- proj.ios_mac : 맥의 Xcode용 프로젝트
- proj.linux : 리눅스 환경의 프로젝트
- proj.win32 : 윈도우 환경의 Visual Studio용 프로젝트

한 플랫폼에서 개발을 마친 후 다른 플랫폼으로 이동할 때는 HelloTest 통합 프로젝트 디렉터리를 통째로 복사해 가면 된다. 그리고 추가된 소스와 리소스를 해당 플랫폼의 개발 툴에서 추가하기만 하면 된다. 기존의 통합 프로젝트를 만들던 방식에 비하면 엄청 쉽고 편해졌다.

일단 여기서는 맥에서 iOS용 프로그램을 개발할 것이므로 proj.ios_mac 디렉터리를 선택하고 우측에서 HelloTest.xcodeproj라고 돼 있는 Xcode용 프로젝트를 선택한다.

Xcode가 실행되면 다음 그림에서처럼 스키마와 데스티네이션을 iOS용 스키마와 iPhone Retina 3.5인치 시뮬레이터로 선택한다.

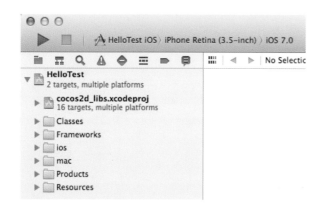

자, 이제 다음과 같이 코드를 수정해서 실행해 보겠다. HelloWorldScene.cpp 코드를 다음과 같이 수정한다. 기존 코드에서 주석과 필요 없는 부분을 제거하고 로그 출력 부분만 추가한 것이다.

[예제 1-3] HelloWorldScene.cpp - 로그 출력

```
#include "HelloWorldScene.h"

USING_NS_CC;

Scene* HelloWorld::createScene()
{
    auto scene = Scene::create();

    auto layer = HelloWorld::create();

    scene->addChild(layer);

    return scene;
}

bool HelloWorld::init()
{
    if ( !Layer::init() )
    {
        return false;
    }

    auto label = LabelTTF::create("Hello 홍길동 ", "Arial", 48);

    label->setPosition(Point(480,320));

    this->addChild(label, 1);


    log("abcde");
    log("12345");
    log("홍길동");


    return true;
}
```

Cmd+R로 실행해 보면 다음과 같은 결과 화면을 볼 수 있다. 맥에서는 한글에 대해 별도로 추가 설정을 해 주지 않아도 잘 나온다는 사실을 알 수 있다.

맥 환경에서 추가 개발환경 설정하기

맥에 추가할 추가적인 세팅은 다름이 아니라 480x320 해상도용 시뮬레이터를 설치하는 것이다. Xcode를 실행하고 상단의 메뉴에서 [Xcode → Preferences..]를 선택한다. 그리고 다음 그림과 같이 [Downloads] 탭을 선택한다.

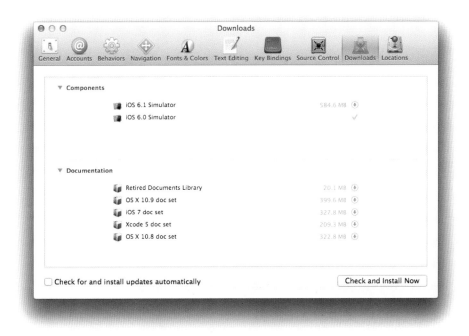

이제 iOS 6.0 Simulator를 설치한다. 위 그림에서처럼 우측의 버튼을 클릭하면 해당 시뮬레이터가 다운되어 설치된다. 설치가 끝나면 예전의 3GS 모양을 한 480×320 해상도의 시뮬레이터가 설치된다. 이후로 데스티네이션에서 다음 그림과 같이 선택하면 된다.

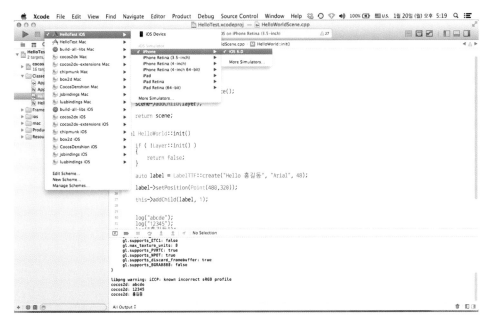

앞의 코드를 다음과 같이 수정해서 다시 실행해 보자.

```
auto label = LabelTTF::create("Hello 홍길동", "Arial", 48);
auto label = LabelTTF::create("Hello 홍길동", "Arial", 24);

label->setPosition(Point(480,320));
label->setPosition(Point(320,160));
```

다음은 실행한 결과다.

이 책의 모든 예제는 480x320의 해상도를 사용할 것이므로 항상 이 비율의 시뮬레이터를 선택해서 사용
하면 될 것이다. 그러나 실제로 개발할 때는 원하는 해상도의 시뮬레이터를 선택하면 될 것이다.

안드로이드 프로젝트 실행하기

여기서는 이미 이클립스를 이용해 안드로이드 개발을 하고 있다고 가정한다. 즉, Java SDK
+ Eclipse + ADT(Android Development Toolkit) + Android SDK가 설치돼 있다고 가
정한다. 이제 여기에 추가로 cocos2d-x 개발을 위한 설정을 추가하겠다.

기존에 안드로이드 개발을 하고 있지 않았다면 앞에서 언급한 각 툴들과 이후에 세팅할 NDK까지 설치하는 과정이 너무 버거울 수 있다. 혼자서 공부하고 있을 경우 이 부분에서 막혀 cocos2d-x가 너무 어렵다고 호소하는 사람들이 많은데, 사실 이 부분은 cocos2d-x 세팅이 아니고 안드로이드 세팅일 뿐이다. 안드로이드 개발 환경을 구축하기가 그만큼 어렵다는 뜻이다. 기존에 안드로이드 개발을 하지 않았고, cocos2d-x로 공부를 시작하는 분들이라면 이 부분은 cocos2d-x 공부를 다 끝낸 후에 천천히 해보는 것을 권장한다. 이 부분 없이도 cocos2d-x 공부는 충분히 할 수 있다.

모두 알다시피 안드로이드는 자바로 개발하게 돼 있다. 그런데 cocos2d-x는 C++로 작성돼 있다. 이런 자바와 C/C++ 간의 연동은 JNI라는 규약을 통해 이뤄진다. 그리고 이렇게 C/C++로 작성된 코드를 안드로이드 프로젝트에서 실행될 수 있게 컴파일하려면 안드로이드 NDK라는 것이 필요하다.

그러므로 우선 안드로이드 NDK를 설치해 보자. NDK는 아래 사이트에서 내려받을 수 있다.

http://developer.android.com/tools/sdk/ndk/index.html

다음 버전 중에서 본인의 플랫폼에 맞는 버전을 선택해서 내려받는다.

· android-ndk-r9c
· android-ndk-r8e

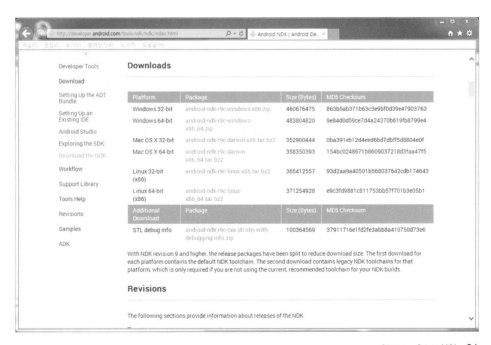

NDK는 별다른 설치 과정이 없다. 그냥 파일을 내려받아 압축을 풀고 적당한 위치에 옮기기만 하면 된다. 그리고 윈도우의 "명령 프롬프트"나 맥의 "터미널"에서 사용하기 위한 환경변수 몇 가지만 추가하면 된다.

[윈도우용 환경변수 추가]

[제어판 → 시스템 및 보안 → 시스템]에서 왼쪽 메뉴의 [고급 시스템 설정]을 차례로 선택한다.

시스템 속성 창이 나타나면 [고급] 탭을 선택하고 아래의 [환경 변수]를 선택한다. 이후 다음의 값을 시스템 변수에 추가한다.

[맥용 환경변수 추가]

터미널 창을 열고 현재 디렉터리에서 export를 입력하면 다음과 같이 기존의 설정값이 출력된다.

```
a/Extensions:/usr/lib/java"
declare -x COCOS2DX_ROOT="/Users/gikimirane/cocos2d-x"
declare -x HOME="/Users/gikimirane"
declare -x JAVA_HOME="/System/Library/Frameworks/JavaVM.framework/Versions/CurrentJDK/Home
"
declare -x LANG="ko_KR.UTF-8"
declare -x LOGNAME="gikimirane"
declare -x MYSQL_HOME="/usr/local/mysql"
declare -x NDK_ROOT="/Users/gikimirane/Documents/Android/android-ndk-r9c"
declare -x OLDPWD
declare -x PATH="/usr/bin:/bin:/usr/sbin:/sbin:/usr/local/bin:/System/Library/Frameworks/J
avaVM.framework/Versions/CurrentJDK/Home/bin:/usr/local/tomcat/bin:/usr/local/mysql/bin:/U
sers/gikimirane/Documents/Android/android-ndk-r8c:/Users/gikimirane/Documents/Android/andr
oid-ndk-r9c/toolchains/arm-linux-androideabi-4.8/prebuilt/darwin-x86/bin:/Users/gikimirane
/Documents/Android/android-sdk-macosx/tools:/usr/local/mysql/bin"
declare -x PWD="/Users/gikimirane"
declare -x SHELL="/bin/bash"
declare -x SHLVL="1"
declare -x SSH_AUTH_SOCK="/tmp/launch-PwJtun/Listeners"
declare -x TERM="xterm-256color"
declare -x TERM_PROGRAM="Apple_Terminal"
declare -x TERM_PROGRAM_VERSION="326"
declare -x TERM_SESSION_ID="05E44D6C-5CD7-4844-8B77-6D250D3D1BE9"
declare -x TMPDIR="/var/folders/h9/tttyh4c56fb8gj2y942nktyc0000gn/T/"
declare -x USER="gikimirane"
declare -x __CF_USER_TEXT_ENCODING="0x1F5:3:51"
declare -x __CHECKFIX1436934="1"
GikimiMacBook:~ gikimirane$
```

여기에 추가해야 할 설정은 다음과 같다.

```
export NDK_ROOT=<NDK 경로>
export ANDROID_SDK_ROOT=<안드로이드 SDK 경로>

export PATH=$PATH:$ANDROID_NDK_ROOT
```

저자의 경우 다음과 같이 vi 에디터를 통해 .bash_profile에 추가했다.

```
export NDK_ROOT=/Users/gikimirane/Documents/Android/android-ndk-r8c
export ANDROID_SDK_ROOT=/Users/gikimirane/Documents/Android/android-sdk-macosx

export PATH=$PATH:$NDK_ROOT
```

터미널을 재시작하지 않고 수정된 사항을 바로 적용하려면 다음 명령어를 입력하면 된다.

```
$ source .bash_profile  [ 엔터 ]
```

[윈도우에서 이클립스 실행하기]

이후 NDK를 이용해 우리가 작성한 프로젝트를 안드로이드에서 사용할 수 있는 C++ 라이브러리로 만드는 과정은 윈도우나 맥에서 모두 동일한 과정을 거치므로 여기서는 윈도우 환경을 기준으로 설명하겠다.

다음과 같이 다시 안드로이드 프로젝트가 생성된 디렉터리로 이동한다.

```
cd $COCOS2DX_ROOT\projects\HelloTest\proj.android  [ 엔터 ]
```

다음과 같이 명령어를 입력해서 안드로이드에서 사용 가능한 라이브러리로 컴파일한다.

```
[ 윈도우 ]
$ python build_native.py  [ 엔터 ]
```

```
[ 맥 ]
$ python ./build_native.py  [ 엔터 ]
```

마지막에 다음과 같은 내용이 나온다면 so 파일(공유 라이브러리)이 정상적으로 만들어진 것이다.

```
SharedLibrary  : libcocos2dcpp.so
Install        : libcocos2dcpp.so => libs/armeabi/libcocos2dcpp.so
make: Leaving directory c:/cocos2d-x/projects/HelloTest/proj.android '
```

마지막으로 통합 프로젝트가 생성되면서 안드로이드 프로젝트에서 빠진 부분이 있는데 다음과 같이 복사해준다. 이 부분이 없으면 나중에 안드로이드 컴파일이 이뤄지지 않으므로 매우 중요한 부분이다.

$COCOS2DX_ROOT\cocos\2d\platform\android\java\src\org\cocos2dx\에서 lib 디렉터리를 HelloTest\proj.android\src\org\cocos2dx로 복사

이제 이클립스에서 안드로이드 프로젝트를 만들어 방금 만든 라이브러리를 사용해 보자. 이클립스를 실행하고 메뉴에서 [File → Import…]를 선택한다. 그리고 다음과 같은 창이 나타나면 Existing Android Code Into Workspace를 선택한다.

이어서 안드로이드 프로젝트의 루트 디렉터리를 지정한다.

우리가 만든 안드로이드 프로젝트의 루트 디렉터리는 다음과 같다.

`$COCOS2DX_ROOT\projects\HelloTest\proj.android\`

Finish 버튼을 선택해 프로젝트 설정을 마무리하면 다음과 같이 프로젝트가 정상적으로 생성될 것이다.

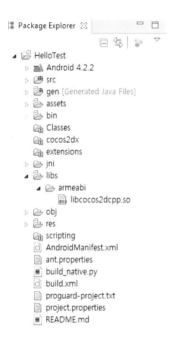

마지막으로 다음과 같이 메뉴를 선택해 프로그램을 실행해 보자. 이때 안드로이드 에뮬레이터는 테스트하기에는 너무 느리므로 가급적 디바이스를 연결해서 테스트해 보자.

다음은 실행된 결과 화면이다.

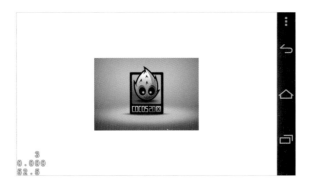

이후 Visual Studio, Visual C++ Express, Xcode 등에서 코드를 수정하면 다음과 같은 방법으로 안드로이드 프로젝트에 수정된 사항을 반영한다.

1. 명령 프롬프트에서 build_native.sh로 라이브러리를 새로 생성
2. 이클립스에서 프로젝트를 대상으로 마우스 오른쪽 버튼을 클릭한 후 메뉴에서 [Refresh]를 선택
3. 이클립스에서 Run As - Android Application을 선택

cocos2d-x의 기본 구조

이번 장에서는 cocos2d-x의 전체적인 모습과 클래스 구성을 살펴본다. cocos2d-x는 Node를 기준으로 Director, Scene, Layer, Sprite의 계층적인 포함 관계를 맺고 Action 클래스를 통해 애니메이션을 구현한다.

Node

Node는 cocos2d-x의 최상위 클래스로 cocos2d-x의 모든 클래스는 이 Node를 상속받는다.

Node 클래스에는 다양한 프로퍼티가 있는데, 대표적으로 위치, 색상, 투명도, 크기, 회전, 가시성 여부, 카메라, 그리드(grid) 등이 있으며 이들 프로퍼티는 필요에 따라 변경하는 것이 가능하다.

노드의 다른 중요한 특징은 자식 노드를 가질 수 있다는 것이다. 노드는 다른 노드에 대해 컨테이너처럼 사용하는 것이 가능한데, 이는 객체들의 계층 구조를 만들 필요가 있을 때 유용하다. 계층 구조가 유용한 이유는 부모 객체의 위치나 투명도와 같은 속성이 변할 때 자식 노드들도 함께 손쉽게 변경할 수 있기 때문이며, 게임을 개발할 때는 객체들의 계층 구조가 필요할 때가 많다.

또한 자체 스케줄러를 가지고 있는데, 이는 게임 루프를 만들 때 사용된다. 기본값은 초당 1/60 프레임으로 돌아간다. 스케줄러는 타이머에서 제공하지 않는 중지(pause)나 재시작(resume) 기능도 제공한다.

스프라이트, 레이블, 메뉴, 레이어, 장면(scene)과 같은 주요 cocos2d-x의 클래스 역시 모두 Node 클래스를 상속하므로 위와 같은 프로퍼티와 기능을 사용할 수 있다.

Director

Director 클래스는 싱글톤(singleton) 클래스로서 한 애플리케이션에서 단 하나의 인스턴스만이 존재한다. cocos2d-x는 게임의 화면을 장면(Scene) 단위로 구성해서 처리하는 기능을 제공하는데, Director 클래스는 여러 장면들을 뒤로 가게 하거나 앞으로 가도록 관리하는 클래스다.

Scene과 Layer

Scene과 Layer는 스프라이트, 레이블, 메뉴 등과 같은 클래스 객체를 자식(child)으로 가질 수 있다.

차이점은 Scene은 사용자의 터치 이벤트를 받아서 처리할 수 없고 Accelerometer 입력 역시 수신해서 처리할 수 없지만, Layer는 사용자의 터치 이벤트를 받아서 처리할 수 있고 Accelerometer 입력 역시 수신해서 처리할 수 있다는 것이다.

보통 하나의 게임 애플리케이션은 여러 개의 장면(Scene)으로 구성된다. 일반적으로 보는 게임에서 인트로 화면, 메뉴 화면, 게임 화면, 헬프 화면 등을 생각해 보면 될 것이다. 물론 이런 장면 사이의 전환은 앞에서 본 디렉터가 담당한다.

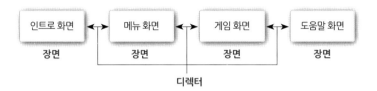

그렇다면 Scene과 Layer는 어떻게 구분해서 사용해야 할까?

장면 사이의 전환은 앞에서 본 디렉터가 담당하고, 장면은 터치 이벤트나 Accelerometer 입력을 받지 못하므로 장면에 레이어를 포함해서 사용하면 될 것이다. 그러므로 하나의 장면에 하나의 레이어 또는 여러 개의 레이어를 포함한 다음과 같은 구조가 나올 수 있다.

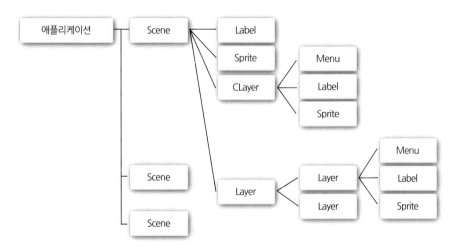

cocos2d-x는 스프라이트가 또 다른 스프라이트를 포함하는 것을 지원하는데, 여러 개의 이미지로 하나의 스프라이트를 만들 때 아주 유용하게 사용할 수 있다. 예를 들면, 다음 그림과 같이 각 캐릭터 위에 에너지바를 넣어 함께 움직일 때 아주 유용하다.

[국산 게임인 팔라독의 한 장면]

또한 레이어는 비슷한 종류의 클래스 객체를 구분해서 담을 때 사용하면 효과적이다. 세 개의 레이어가 하나의 장면을 구성하는 다음 그림을 보면서 이를 이해해 보자.

- 메뉴 또는 HUD (Head Up Display) 레이어
- 캐릭터 레이어
- 배경 레이어

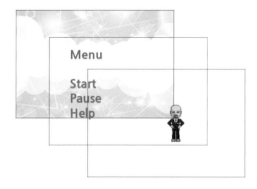

앞에서 본 팔라독 게임의 화면에서도 두 개의 레이어가 하나의 장면을 구성하고 있다고 가정하고 보면 하나의 장면에서 주인공 캐릭터가 좌우로 이동하고 있을 때 적 캐릭터도 따라서 이동하거나 배경 그림이 변하지만, 게임 조작을 위한 메뉴와 전체적인 에너지바와 점수를 나타내는 부분 등은 변하지 않는다. 이처럼 하나의 장면에서 기능별로 레이어를 분리해서 사용하면 프로그래밍하기가 편리해진다.

Sprite

앞의 디렉터, 장면 그리고 레이어 클래스들이 추상적인 개념의 클래스였다면, 스프라이트 클래스는 실제로 화면에 출력되어 보이는 구체적인 개념의 클래스다.

스프라이트는 화면을 구성하는 정적인 이미지나 애니메이션되는 일련의 이미지를 가리키는 말로 대개는 게임에서 사용되는 이미지들을 말한다. 스프라이트는 이미지 파일을 화면에 출력하는 역할을 하므로 이미지 파일의 로딩과 화면 출력과 관련된 다양한 함수를 제공한다.

Action

cocos2d-x에서는 스프라이트의 애니메이션 처리를 위해 액션 클래스를 제공한다. 액션 클래스는 Node 클래스를 상속한 클래스의 애니메이션 처리를 위한 클래스로서, 대부분 스프라이트 클래스의 애니메이션 처리에 사용된다.

```
// 스프라이트를 2초 동안 50 픽셀 오른쪽으로 이동, 위쪽으로 10 픽셀 이동
sprite->runAction(MoveBy::create(2, Point(50,10)));
```

cocos2d-x는 다양한 액션을 제공하는데, 이동, 회전, 점프, 크기 변환 등의 기본 액션과 기본 액션들을 결합하거나 반복하는 액션을 제공한다.

또한 많은 액션이 By와 To의 두 가지 종류로 나뉘는데, By는 현재 값에서 지정한 값만큼 변하는 액션을 수행하고, To는 지정한 값으로 변하는 액션을 수행한다.

또한 거의 모든 액션에는 reverse 함수가 구현돼 있다. reverse 함수는 기본적으로 반대로 동작하는 새 액션을 수행한다.

```
// move_reverse 액션은 2초 동안, ccp(-80,-80)값만큼의 MoveBy 액션을 수행한다.
auto move = MoveBy::create(2, Point(80, 80));
auto move_reverse = move->reverse();
```

좌표계와 앵커포인트

이번 장에서는 cocos2d-x의 좌표계와 앵커포인트를 살펴본다. 좌표계와 앵커포인트를 이해
하면 다양한 상황에서 손쉽게 cocos2d-x를 이용할 수 있다

좌표계

화면의 위치를 이동하거나 지정할 때 cocos2d-x에서는 좌표계에 주의해야 한다. iOS나 안드로이드에서는 좌측 상단이 원점(0, 0)이다. 즉, 오른쪽으로 가면서 x 값이 증가하고 아래로 갈수록 y 값이 증가한다. 이와는 달리 cocos2d-x는 OpenGL을 사용하므로 좌표계의 원점이 좌측 하단으로, y 값이 위로 갈수록 증가한다.

위 내용을 그림으로 표현하면 다음과 같다. 나중에 좌표계를 변환해야 하므로 여기서 확실히 이해해 두자.

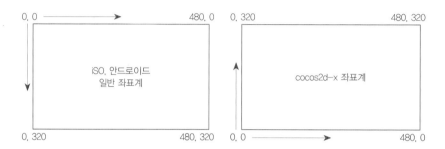

cocos2d-x 좌표계를 프로그램에서 자주 사용하는 표현으로 바꾸면 다음과 같다.

```
Size winSize = Director::getInstance()->getWinSize();
```

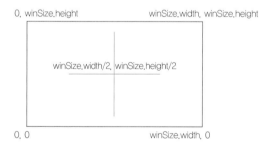

앵커포인트(AnchorPoint)

앞에서 좌표계를 살펴봤으니 이번에는 또 다른 중요한 개념인 앵커포인트를 알아보자.

앵커포인트란 메뉴, 레이블, 스파라이트 등이 레이어나 장면에 포함될 때 기준이 되는 부분이다. 앵커포인트의 범위는 (0.0, 0.0)에서 (1.0, 1.0)까지다.

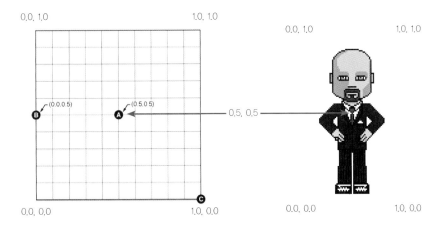

다음 그림은 같은 포지션에 앵커포인트를 각각 다르게 지정했을 때의 예다. 포지션 Point(240, 160)은 화면(480x320)의 한가운데다.

```
sprite->setPosition( Point(240, 160) );
```

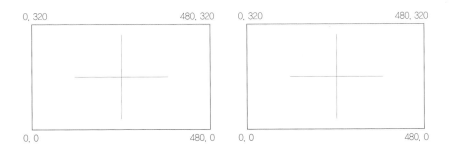

```
sprite->setAnchorPoint( Point(0.5, 0.5) ); sprite->setAnchorPoint( Point(0.0, 0.0) );
```

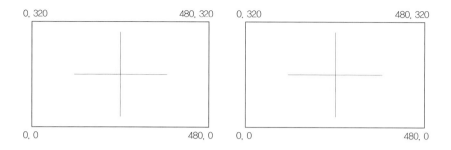

```
sprite->setAnchorPoint( Point (1.0, 0.0) );   sprite->setAnchorPoint( Point(1.0, 1.0) );
```

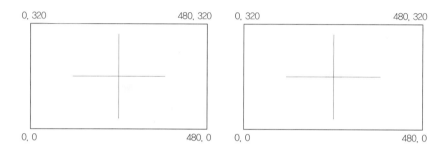

```
sprite->setAnchorPoint( Point(0.0, 1.0) );    sprite->setAnchorPoint( Point(0.5, 0.2) );
```

다음 그림에서 보면 녹색 작은 점들이 앵커포인트다. 한 화면에 함께 보여주기 위해 x좌표는 변화를 줬지만 y좌표는 같게 해서 표시되는 위치의 높이를 맞췄다. 하지만 앵커포인트가 다르기 때문에 결과적으로는 같은 높이에서 나타나지 않는다.

앞의 예제 화면에 나온 앵커포인트를 코드로 표현해 보면 왼쪽 그림부터 각각 다음과 같다.

```
sprite1->setPosition( Point(100, 160) );
sprite1->setAnchorPoint( Point(0.5, 0.0) );

sprite2->setPosition( Point(200, 160) );
sprite2->setAnchorPoint( Point(0.5, 0.5) );

sprite3->setPosition( Point(300, 160) );
sprite3->setAnchorPoint( Point(0.5, 1.0) );
```

프로젝트 기본형 만들기

이번 장에서는 이 책에서 다룰 모든 예제의 기본이 되는 형태를 만들어 보겠다. 윈도우용 프로젝트와 맥용 프로젝트 중 현재 이용 중인 플랫폼에 따라 형태를 만들어 보자.

4장에서 다루는 내용

프로젝트 기본형 만들기

공부하는 과정에서는 예제를 극단적인 형태로 만들어 해당 기능을 파악하는 방법이 도움될 때가 많다. 어떤 기능을 파악하기 위해 코드를 이해하는 데 방해가 되는 부분은 과감히 생략하는 경우도 많다. 저자가 작성하는 코드는 그런 경향이 더 심하다. 특정 기능만을 보여주기 위해 예외 처리와 같은 부분은 작성하지 않거나 특정 조건 등은 이미 충족하고 있다고 가정한 상태로 예제를 작성한다. 즉, 실제로 예제를 실행하는 사람이 예외사항을 처리한다고 가정하고 예제를 작성하는 것이다. 이런 식으로 코드를 작성할 경우 설명하는 기능을 가장 간결한 코드로 작성할 수 있다는 장점이 있다. 그러나 실제로 현업에서 해당 코드를 사용하려면 해당 기능이 다른 기능과 연계될 때 발생할 수 있는 예외 상황에 대해서는 필수적으로 처리해야 할 것이다.

프로젝트 기본형 만들기

이번에는 통합 프로젝트를 만들 때 복사되는 원본 코드를 책에서 사용하는 예제를 만들기 위한 기본형 코드로 변경할 것이다. 나중에 실무에서 사용할 때는 각 회사마다 프로젝트 기본형을 만들어 사용할 수도 있을 것이다.

이어서 설명할 과정은 맥에서도 동일하니 맥 환경을 대상으로 별도로 설명하지는 않겠다.

먼저 탐색기를 이용해 cocos2d-x가 설치된 디렉터리로 이동한다. 앞으로 수정해야 원본 파일은 template 디렉터리 안의 multi-platform-cpp 디렉터리에 있는 파일들이다.

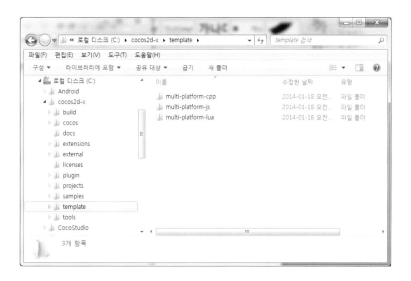

다음 그림과 같이 multi-platform-cpp 디렉터리를 복사해서 원본을 보관해 둔다. 이렇게 해두면 나중에 필요할 경우 원본 디렉터리의 내용으로 복구할 수 있다.

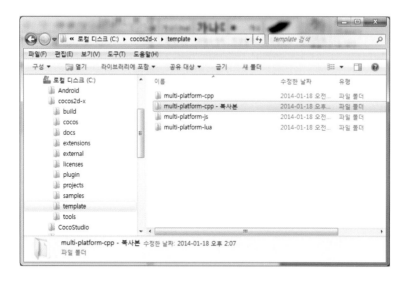

이제 다음 그림과 같이 두 개의 파일을 에디터로 열어 수정한다.

- HelloWorldScene.h
- HelloWorldScene.cpp

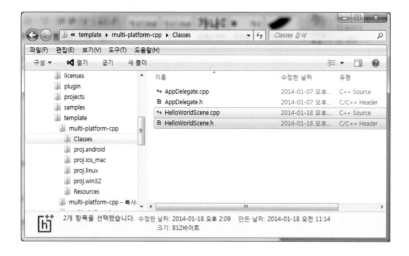

먼저 HelloWorldScene.h를 수정하자.

[예제 4-1] HelloWorldScene.h 수정

```
#ifndef __HELLOWORLD_SCENE_H__
#define __HELLOWORLD_SCENE_H__

#include "cocos2d.h"

class HelloWorld : public cocos2d::Layer
class HelloWorld : public cocos2d::LayerColor  // ① 수정
{
public:
    static cocos2d::Scene* createScene();

    virtual bool init();

    void menuCloseCallback(CCObject* pSender);  // ② 삭제

    CREATE_FUNC(HelloWorld);
};

#endif // __HELLOWORLD_SCENE_H__
```

① 기본적으로 상속받는 레이어의 배경이 검은색인데, 다른 색으로 변경하기 위해 색을 변경할 수 있는 레이어를 상속받기 위해 수정한 것이다.

② 프로젝트를 생성할 때 기본으로 생성된 메뉴용 콜백 함수로서, 삭제한다. 그리고 코드 상의 주석은 한번 읽어 보고 모두 제거해서 깔끔한 상태로 만들자.

이번에는 HelloWorldScene.cpp를 수정하겠다. 헤더에서 메뉴용 콜백 함수 선언을 제거했으므로 구현된 부분도 제거한다.

```cpp
#include "HelloWorldScene.h"

USING_NS_CC;

Scene* HelloWorld::createScene()
{
    auto scene = Scene::create();

    auto layer = HelloWorld::create();

    scene->addChild(layer);

    return scene;
}

bool HelloWorld::init()
{
    if (!Layer::init())
    if (!LayerColor::initWithColor(Color4B(255, 255, 255, 255)) ) // ① 수정
    {
        return false;
    }

    // 이 부분부터 사용자 코드 시작

    // 여기까지 사용자 코드 끝

    return true;
}
```

헤더에서 레이어의 색을 변경할 수 있는 LayerColor에서 상속받았으므로 cpp에서는 ①번 부분에서 색을 지정한다. 앞의 예제에서는 배경색을 흰색으로 지정했다.

실무에서는 배경색을 변경하는 것은 별 의미가 없다. 보통은 배경 이미지로 장면(Scene) 전체를 덮어쓰기 때문이다. 하지만 이 책에서 사용되는 예제는 배경 이미지를 거의 사용하지 않기 때문에 배경이 어두우면 잘 안보이는 경향이 있어서 배경색을 밝게 변경한 것이다.

여기서는 멀티플랫폼용 프로젝트를 만드는 것이 목표이므로 윈도우에서 개발을 하더라도 위의 수정사항을 저장할 때 UTF-8 형식으로 저장해야 한다. 포맷을 지정하려면 Visual C++ Express의 경우 [파일 - 고급 저장 옵션 - 유니코드(서명 있는 UTF-8)]를 차례로 선택하면 된다.
파일을 UTF-8 형식으로 저장해 두면 다른 플랫폼에서 프로젝트를 열 때 공용 소스인 Classes 안에 들어 있는 소스코드의 한글이 깨지지 않는다.

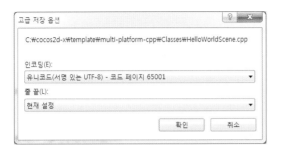

윈도우의 경우 다음과 같이 소스를 하나 더 고친다. 이 부분은 윈도우 사용자만 하면 된다.

- main.cpp

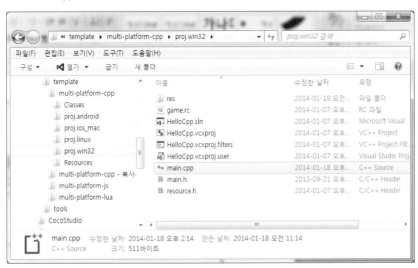

```cpp
#include "main.h"
#include "AppDelegate.h"
#include "CCEGLView.h"

USING_NS_CC;

int APIENTRY _tWinMain(HINSTANCE hInstance,
                       HINSTANCE hPrevInstance,
                       LPTSTR    lpCmdLine,
                       int       nCmdShow)
{
    UNREFERENCED_PARAMETER(hPrevInstance);
    UNREFERENCED_PARAMETER(lpCmdLine);

    // create the application instance
    AppDelegate app;
    EGLView eglView;
    eglView.init("TestCPP",960,640);
    eglView.init("TestCPP",480,320);     // ① 수정
    return Application::getInstance()->run();
}
```

코드에서 수정한 부분은 윈도우에서 실행창이 뜰 때 크기를 지정하는 부분이다. 이 책의 모든 예제가 480×320 해상도에 맞춰져 있어 이렇게 변경한 것이다. 그리고 노트북에서 예제를 만들어 실행한다면 960×640 해상도의 창 크기는 너무 커서 불편한 면이 있다.

 나중에 앱을 만들다 보면 앱의 방향을 조절해야 할 때가 있다. iOS용 앱이나 안드로이드용 앱은 해당 네이티브의 설정이나 코드를 변경해야 하지만 윈도우의 경우에는 단순히 480x320을 320x480으로 바꾸는 식으로 앞뒤 순서를 바꾸면 앱이 실행될 때 실행창의 방향 및 크기를 바꿀 수 있다.

이것으로 앞으로 사용할 프로젝트의 기본형을 만드는 과정이 끝났다. 수정한 사항이 제대로 적용됐는지 확인해 보고 싶다면 새로운 프로젝트를 만들어(1장 참조) 해당 프로젝트의 소스코드가 앞에서 변경한 것처럼 만들어져 있는지 확인해 보면 된다.

앞으로 독자는 이 형태를 기본형으로 생각하면 된다. 이 책의 모든 예제를 만들기 전에 저자가 기본형을 만들자고 하면 이 상태까지 만들면 된다. 여기서 설명한 대로 수정했다면 기본적으로 생성된 프로젝트가 기본형이 된다.

또한 이 상태에서 앞으로 예제에서 추가될 모든 리소스는 다음 디렉터리에서 구하면 된다.

cocos2d-x가 설치된 디렉터리/samples/Cpp/TestCpp/Resources

참고로 저자의 경우에는 다음과 같다.

```
C:\cocos2d-x\samples\Cpp\TestCpp\Resources
```

레이블 사용하기

이번 장에서는 레이블 관련 클래스를 살펴보겠다. 레이블을 이용하면 프로그램 상에서 텍스트를 화면에 추가하거나 추가한 텍스트의 내용이나 위치를 동적으로 변경하거나 조정할 수 있다. 또한 텍스트에 액션이나 애니메이션도 적용할 수 있다.

레이블을 사용할 때는 기본형으로 사용하는 방법, 트루 타입 폰트를 사용하는 방법, 비트맵 폰트 파일을 사용하는 방법, 캐릭터맵 폰트 파일을 사용하는 방법이 있는데, 이번 장에서 각 사용법에 대해 살펴보겠다.

LabelTTF 기본형

새로운 프로젝트를 다음과 같이 만든다.

- 프로젝트명 : LabelEx1
- 패키지명 : com.study.exam01

4장에서 프로젝트 기본형을 만들기 위한 작업을 잘 마쳤다면 만들어진 소스의 코드는 기본형 형태로 만들어져 있을 것이다. 기본형의 init 부분에 다음과 같이 입력하고 실행해 본다.

[예제 5-1] HelloWorldScene.cpp - 기본형

```cpp
#include "HelloWorldScene.h"

USING_NS_CC;

Scene* HelloWorld::createScene()
{
    auto scene = Scene::create();

    auto layer = HelloWorld::create();
```

```
        scene->addChild(layer);

        return scene;
    }


    bool HelloWorld::init()
    {
        if ( !LayerColor::initWithColor(Color4B(255, 255, 255, 255)) )
        {
            return false;
        }

        /////////////////////////////

        // 레이블 생성 및 초기화 1
①      auto pLabel = LabelTTF::create("Hello World", "Arial", 64);

        // 레이블의 위치 지정
②      pLabel->setPosition(Point(240, 160));

        // 레이블의 색 지정
③      pLabel->setColor(Color3B(0, 0, 0));  // 255, 0, 0

        // 레이블의 투명도 지정
④      pLabel->setOpacity(100.0f);

        // 레이어에 레이블 객체 추가
⑤      this->addChild(pLabel);

        return true;
    }
```

① 레이블의 내용은 "Hello World"이고 폰트를 정하고 폰트의 사이즈를 지정한다. 지정된 폰트가 시스템에 없을 경우 시스템의 기본 폰트가 적용된다.

② 레이블의 위치를 지정한다.

③ 레이블의 글자색을 검은색으로 지정한다. 기본값은 흰색(Color3B(255, 255, 255))이다.

④ 레이블의 투명도를 지정한다. 별도로 지정하지 않으면 기본값이 적용된다.

⑤ 레이블을 HelloWorld 레이어에 넣으면 AppDelegate.m의 runWithScene에 의해 실행된 장면(Scene)에서 출력된다.

> **NOTE** 3.X 버전부터는 ①번 코드에서 보는 바와 같이 변수의 타입을 auto로 지정해 두면 자동으로 리턴형에 따라 변수의 타입이 정해진다. 다만 전역변수에는 auto로 변수 타입을 지정할 수 없고 지역변수에만 auto로 지정할 수 있다.

자, 이번에는 긴 문장을 입력해 보자. 그리고 폰트 크기는 64에서 34로 줄여본다.

[예제 5-2] HelloWorldScene.cpp - 긴 문장 입력

```cpp
#include "HelloWorldScene.h"

USING_NS_CC;

Scene* HelloWorld::createScene()
{
    auto scene = Scene::create();

    auto layer = HelloWorld::create();

    scene->addChild(layer);

    return scene;
}


bool HelloWorld::init()
{
    if ( !LayerColor::initWithColor(Color4B(255, 255, 255, 255)) )
    {
        return false;
    }

    ////////////////////////////////
```

```
    // 레이블 생성 및 초기화 2
①  auto pLabel = LabelTTF::create("동해물과 백두산이 마르고 닳도록 하느님이 보우하사
우리나라 만세.", "Arial", 34);

    // 레이블의 위치 지정
    pLabel->setPosition(Point(240, 160));

    // 레이블의 색 지정
    pLabel->setColor(Color3B(0, 0, 0));  // 255, 0, 0

    // 레이블의 투명도 지정
    pLabel->setOpacity(100.0f);

    // 레이어에 레이블 객체 추가
    this->addChild(pLabel);

    return true;
}
```

1번 부분에서 긴 문장을 입력하고 폰트 사이즈를 줄인다.

실행하면 화면에는 어떻게 보일까? 다음과 같이 보일 것이다.

그림에서 본 것처럼 입력한 모든 내용이 다 보이지 않는데, 긴 문장을 화면에 원하는 사이즈
로 정확하게 보이게 하려면 코드 완성 기능에서 다음과 같이 나오는 것을 선택해 소스코드를
바꾼다.

```
☑ cocos2d::CCLabelTTF * create(const char *string, const char *fontName, float fontSize)
☑ cocos2d::CCLabelTTF * create(const char *string, const char *fontName, float fontSize, const cocos2d::CCSize &dimensions…
☑ cocos2d::CCLabelTTF * create(const char *string, const char *fontName, float fontSize, const cocos2d::CCSize &dimensions…
☑ cocos2d::CCLabelTTF * create()
☑ cocos2d::CCSprite * cocos2d::CCSprite::create(const char *pszFileName)
☑ cocos2d::CCSprite * cocos2d::CCSprite::create(const char *pszFileName, const cocos2d::CCRect &rect)
☑ cocos2d::CCSprite * cocos2d::CCSprite::create()
☑ cocos2d::CCNode * cocos2d::CCNode::create()
```

맥의 Xcode에서 코드를 작성하면 코드 완성 기능이 지원된다.

┃ 예제 5-3 HelloWorldScene.cpp 소스코드 일부

… 생략 …

```cpp
bool HelloWorld::init()
{
    if ( !LayerColor::initWithColor(Color4B(255, 255, 255, 255)) )
    {
        return false;
    }

    ///////////////////////////////

    // 레이블 생성 및 초기화 3
    // 폰트 크기는 너무 크고 레이블의 크기가 상대적으로 작을 때 글자가 잘리는 현상이
    // 발생할 수 있다. 이럴 때는 레이블의 크기를 더 늘리거나 폰트 크기를 줄여 본다.
    // Size(300, 100) vs Size(300, 200)
①  auto pLabel = LabelTTF::create("동해물과 백두산이 마르고 닳도록 하느님이 보우하사 우리나라 만세.",
        "Arial",
        34,
        Size(300, 200),
        TextHAlignment::CENTER,
        TextVAlignment::CENTER);

    // 레이블의 위치 지정
    pLabel->setPosition(Point(240, 160));
```

```
    // 레이블의 색 지정
    pLabel->setColor(Color3B(0, 0, 0));  // 255, 0, 0

    // 레이블의 투명도 지정
    pLabel->setOpacity(100.0f);

    // 레이어에 레이블 객체 추가
    this->addChild(pLabel);

    return true;
}
```

코드를 다시 실행해 보면 다음과 같이 나오는 것을 확인할 수 있다. 즉 위 함수에서 한 것처럼
Size로 범위를 만들어 준 만큼 글이 쓰이는 부분을 조절할 수 있다.

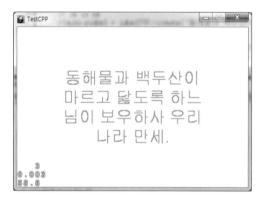

그리고 한 가지 참고할 사항이 있다. 다음은 cocos2d-x의 소스에 주석으로 적혀 있는 내용
이다.

```
/** @brief LabelTTF is a subclass of TextureNode that knows how to render text
labels
*
* All features from TextureNode are valid in LabelTTF
*
* LabelTTF objects are slow. Consider using LabelAtlas or LabelBMFont instead.
*/
```

LabelTTF는 가장 기본적인 레이블 클래스의 형태지만, 상대적으로 렌더링이 느리다. 많은 프레임에서 수시로 변경되면서 사용된다면 성능상의 문제가 생길 수 있다. 그럼에도 LabelTTF를 사용하는 이유는 다른 레이블 클래스보다 사용법이 쉽고, 앞에서 본 것처럼 긴 문장 등에서 텍스트 블록을 쉽게 지정해서 쓸 수 있기 때문이다.

트루 타입 폰트 파일 사용하기

디바이스에 내장된 폰트가 아닌 본인이 원하는 폰트를 사용하고 싶을 때는 다음과 같이 사용하면 된다.

새로운 프로젝트를 다음과 같이 만든다.

- 프로젝트명 : LabelEx2
- 패키지명 : com.study.exam02

테스트를 위해 프로젝트 기본형 만들기에서 설명한 cocos2d-x 설치 디렉터리를 살펴보면 다음과 같은 디렉터리가 있다.

이 디렉터리에 있는 ttf 파일을 사용하기로 한다.

윈도우에서 개발할 경우 프로젝트의 Resources 디렉터리에 사용하고자 하는 리소스를 복사
만 해 놓으면 된다. Visual Studio나 Visual C++ Express는 프로젝트에서 별도로 세팅을 할
필요는 없다. 자동으로 하위 디렉터리의 리소스를 찾는다.

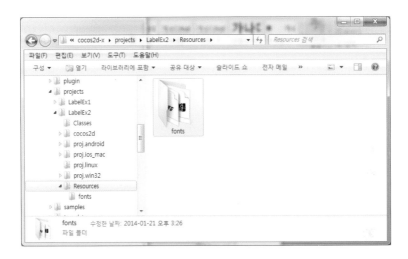

맥에서 개발할 경우 프로젝트의 Resources 디렉터리에 사용하고자 하는 리소스를 복사해 놓
고 다음 그림과 같이 클릭한 채로 프로젝트의 Resources 그룹으로 드래그 앤 드롭한다.

이때 기존에 iOS 개발을 하던 독자라면 한 가지 주의할 점이 있다. 다음 그림을 잘 보기 바란
다.

Choose options for adding these files

Destination ☐ Copy items into destination group's folder (if needed)

Folders ○ Create groups for any added folders
　　　　 ⦿ Create folder references for any added folders

Add to targets ☑ LabelEx2 iOS
　　　　　　　 ☑ LabelEx2 Mac

Cancel　Finish

중간 부분의 Folders 부분에서 Create folder references for any added folders를 선택한다. 이렇게 하면 프로젝트 안에 리소스가 디렉터리 형태로 포함된다. 그러므로 중복된 파일 이름도 사용할 수 있게 된다(다만 이후에 리소스 파일의 추가/삭제는 파인더를 통해 해야 한다. Xcode 안에서는 추가/삭제할 수 없다).

만약 Create groups for any added folders를 선택하면 폴더가 프로젝트 안에서는 그룹으로만 분리되기 때문에 중복된 이름의 리소스를 사용할 수 없다.

그룹으로 추가되면 폴더 모양이 노란색으로 표시된다. 디렉터리로 추가됐다면 폴더 모양이 파란색으로 표시된다.

프로젝트의 그룹 구조와 실제 디렉터리 구조는 다르다. iOS 개발을 할 때는 리소스 디렉터리 구조나 클래스 파일의 디렉터리 구조를 굳이 실제 디렉터리 구조와 맞출 필요는 없지만, 다른 플랫폼으로 포팅할 경우에는 디렉터리 구조에 의해 리소스를 부르거나 클래스 파일들이 임포트되므로 주의해야 한다.

이제 방금 추가한 디렉터리에서 사용할 폰트 6개만 남겨 두고 삭제한다.

- A Damn Mess.ttf
- Abberancy.ttf
- Abduction.ttf

- Paint Boy.ttf
- Schwarzwald Regular.ttf
- Scissor Cuts.ttf

폰트를 추가할 경우 iOS 프로젝트에 대해서는 다음과 같은 Info.plist 파일에 설정을 하나 더 해야 한다. 즉, 추가한 폰트 이름을 디렉터리 이름까지 포함해서 다음과 같이 추가한다.

Key	Type	Value
▼Information Property List	Dictionary	(16 items)
Localization native development reg	String	English
Bundle display name	String	${PRODUCT_NAME}
Executable file	String	${EXECUTABLE_NAME}
Icon file	String	
▶ Icon files	Array	(6 items)
Bundle identifier	String	com.yourcompany.${PRODUCT_NAME:rfc1034identifier}
InfoDictionary version	String	6.0
Bundle name	String	${PRODUCT_NAME}
Bundle OS Type code	String	APPL
Bundle creator OS Type code	String	????
Bundle version	String	1.0
Application requires iPhone environr	Boolean	YES
Icon already includes gloss effects	Boolean	YES
Status bar is initially hidden	Boolean	YES
▶ Required device capabilities	Dictionary	(2 items)
▼Fonts provided by application	Array	(6 items)
Item 0	String	fonts/A Damn Mess.ttf
Item 1	String	fonts/Abberancy.ttf
Item 2	String	fonts/Abduction.ttf
Item 3	String	fonts/Paint Boy.ttf
Item 4	String	fonts/Schwarzwald Regular.ttf
Item 5	String	fonts/Scissor Cuts.ttf

NOTE 앞에서 그룹으로 추가했다면 디렉터리 이름은 적지 않는다.

이제 기본형에 다음과 같이 코드를 입력해서 수정한다. 그런 다음 코드를 실행해 본다.

[예제 5-4] HelloWorldScene.cpp – 트루 타입 폰트 사용하기

```
#include "HelloWorldScene.h"

static std::string fontList[] =
```

```
{
#if (CC_TARGET_PLATFORM == CC_PLATFORM_IOS)
    // info.plist에 사용자가 추가한 ttf를 정의해야 한다.
    "A Damn Mess",
    "Abberancy",
    "Abduction",
    "Paint Boy",
    "Schwarzwald Regular",
    "Scissor Cuts",
#else
    "fonts/A Damn Mess.ttf",
    "fonts/Abberancy.ttf",
    "fonts/Abduction.ttf",
    "fonts/Paint Boy.ttf",
    "fonts/Schwarzwald Regular.ttf",
    "fonts/Scissor Cuts.ttf",
#endif
};

USING_NS_CC;

Scene* HelloWorld::createScene()
{
    auto scene = Scene::create();

    auto layer = HelloWorld::create();

    scene->addChild(layer);

    return scene;
}

bool HelloWorld::init()
{
    if ( !LayerColor::initWithColor(Color4B(255, 255, 255, 255)) )
    {
        return false;
    }
```

```
/////////////////////////////

// 레이블 생성 및 초기화
① auto pLabel1 = LabelTTF::create("Hello Gikimi", "Arial", 34);

// 레이블의 위치 지정
pLabel1->setPosition(Point(240, 200));

// 레이블의 색 지정
pLabel1->setColor(Color3B(0, 0, 0));

// 레이어에 레이블 객체 추가
this->addChild(pLabel1);

// True Type Font

// ttf 파일을 프로젝트의 resources에 디렉터리로 추가
// iPhone : Info.plist에 리소스 추가 / 리소스에 지정된 이름으로 호출
// Android : 디렉터리를 포함한 이름으로 호출

// 레이블 생성 및 초기화
② auto pLabel2 = LabelTTF::create("Hello Gikimi", fontList[5].c_str(), 34);


// 레이블의 위치 지정
pLabel2->setPosition(Point(240, 100));

// 레이블의 색 지정
pLabel2->setColor(Color3B(0, 0, 0));

// 레이어에 레이블 객체 추가
this->addChild(pLabel2);


return true;
}
```

예제에서 볼 수 있듯이 타깃이 iOS이면 Info.plist에 리소스 추가된 이름을 배열에 추가하고 그 외의 타깃에는 디렉터리 이름과 확장자까지 배열에 추가한다. 그리고 배열명을 사용하기 때문에 코드에서 보면 1번과 2번에서 폰트를 지정하는 부분은 차이가 없다.

프로젝트를 실행해 보면 다음과 같은 결과를 볼 수 있다. 상단은 디바이스에 있는 일반 폰트를 이용해 출력한 것이고, 하단은 사용자가 추가한 트루 타입 폰트를 이용해 출력한 것이다.

> **NOTE** 멀티플랫폼을 목표로 개발한다면 트루 타입 폰트를 추가해서 출력하는 편이 좋다. iOS와 안드로이드용 디바이스에 있는 폰트가 서로 다르기 때문이다. 폰트가 다르면 화면에 표시되는 모습도 달라질 수 있다.

비트맵 폰트 파일과 캐릭터맵을 이용한 텍스트 출력

비트맵 폰트 파일과 캐릭터맵 파일은 이미지 파일이므로 기본 폰트를 이용해 텍스트를 출력하는 것에 비해 각 글자의 모양을 훨씬 더 다양하게 만들 수 있다는 장점이 있다. 또한 각 글자를 별개의 스프라이트로 처리하기 때문에 글자를 하나씩 변형하거나 액션을 줄 수 있다. 하지만 캐릭터맵 글자는 일일이 이미지를 만들어야 하므로 번거롭다는 단점도 있다.

비트맵 폰트 파일을 사용하려면 같은 이름의 fnt 파일과 png 파일이 필요하다.

- 폰트이름.fnt : 텍스트 형태의 파일로 폰트의 각 글자에 대한 이미지 정보를 담고 있다.
- 폰트이름.png : 이미지 파일이다.

비트맵 폰트가 글자에 대한 정보를 텍스트 파일에 저장하는 것과는 달리 캐릭터맵 (Charactermap)은 이미지로만 돼 있다. 캐릭터맵을 사용할 때 정보를 따로 제공받지 않은 이유는 미리 정해진 규칙이 있기 때문이다. 캐릭터맵은 ASCII 코드에 맞춰 글자를 위치시킨 후 아스키 값에 해당하는 글자를 화면으로 표시하는 방법으로 사용된다.

비트맵 폰트 파일을 사용하는 방법과 캐릭터맵을 사용하는 방법은 글꼴을 사용하는 LabelTTF에 비해 훨씬 빠르다.

비트맵 폰트 파일을 만드는 방법으로는 전문 프로그램 등을 사용해 만드는 방법과 포토샵과 같은 이미지 편집기를 사용해 직접 글자 모양을 디자인하는 방법이 있다. 다음은 많이 사용되는 전문 프로그램이다.

- Hiero(http://slick.cokeandcode.com): 자바로 만들어짐.
- AngelCode의 BMFont(http://www.angelcode.com/products/bmfont/): 윈도우를 지원하고 무료.

일단 만들어져 있는 기존의 폰트 파일을 가지고 어떻게 사용하는지 살펴보자.

새로운 프로젝트를 다음과 같이 만든다.

- 프로젝트명 : LabelEx3
- 패키지명 : com.study.exam03

그리고 다음의 디렉터리에서 파일을 찾아 리소스에 추가한다.

cocos2d-x가 설치된 디렉터리/samples/Cpp/TestCpp/Resources/fonts

- futura-48.fnt
- futura-48.png

캐릭터맵 폰트는 fps_images.png 파일을 사용하겠다.

cocos2d-x가 설치된 디렉터리/samples/Cpp/TestCpp/Resources

- Fps_images.png

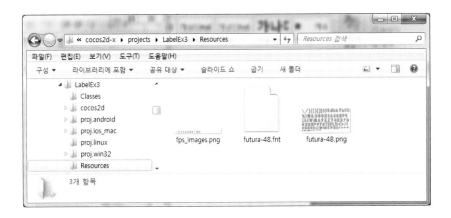

기본형에 다음과 같이 코드를 입력해 수정한다. 그런 다음 프로젝트를 실행해 보자.

[예제 5-5] HelloWorldScene.cpp - 비트맵 폰트, 캐릭터맵 사용하기

```cpp
#include "HelloWorldScene.h"

USING_NS_CC;

Scene* HelloWorld::createScene()
{
    auto scene = Scene::create();

    auto layer = HelloWorld::create();
```

```
    scene->addChild(layer);

    return scene;
}

bool HelloWorld::init()
{
    if ( !LayerColor::initWithColor(Color4B(255, 255, 255, 255)) )
    {
        return false;
    }

    /////////////////////////////

    // 레이블 생성 및 초기화
    auto pLabel1 = LabelTTF::create("Hello World", "Arial", 34);

    // 레이블의 위치 지정
    pLabel1->setPosition(Point(240, 250));

    // 레이블의 색 지정
    pLabel1->setColor(Color3B(0, 0, 0));

    // 레이어에 레이블 객체 추가
    this->addChild(pLabel1);


    // 비트맵 폰트 파일 사용법

    // 사용하려면 같은 이름의 .fnt 파일과 png 파일이 필요하다.
    // 해당하는 글자는 반드시 *.fnt, *.png에 있어야 한다.

    auto pLabel2 = LabelBMFont::create("Hello", "futura-48.fnt");

    // 레이블의 위치 지정
    pLabel2->setPosition(Point(240, 150));
```

```
    // 레이어에 레이블 객체 추가
    this->addChild(pLabel2);


    // 캐릭터맵 폰트 파일 사용법

    // itemWidth와 itemHeight는 같은 크기의 이미지로 된 sprite sheet를 이용해
    // SpriteSheet를 만들 때와 마찬가지로 글자 하나에 해당하는 크기를 나타낸다.
    // startCharMap은 첫 번째 이미지에 해당하는 ASCII 값을 말한다.
    // char 형태의 값을 사용하면 된다.

    auto pLabel3 = LabelAtlas::create("1234", "fps_images.png", 12, 32, '.');

    // 레이블의 위치 지정
    pLabel3->setPosition(Point(240, 50));

    // 레이어에 레이블 객체 추가
    this->addChild(pLabel3);

    return true;
}
```

비트맵 폰트를 사용하려면 앞에서 설명한 것처럼 같은 이름의 .fnt 파일과 png 파일이 필요하다. 그리고 프로그램상에서 출력하려는 글자가 반드시 *.fnt, *.png에 있어야 한다. (사실 게임에서 점수 등을 보여주는 데 필요한 글자는 몇 글자 되지 않는다.)

캐릭터맵을 사용하려면 너비와 높이가 서로 같은 크기의 이미지로 구성된 스프라이트시트를 이용한다. 입력할 파라미터는 각각 순서대로 다음과 같다.

- 출력할 문자열
- 스프라이트시트 이미지
- 너비
- 높이
- 스프라이트시트에서 첫 번째 이미지에 해당하는 ASCII 값

[캐릭터맵 이미지]

캐릭터맵 이미지의 좌표의 시작점은 좌측 상단이다. 그리고 앞의 그림을 캐릭터맵으로 사용할 경우 첫 번째 이미지의 ASCII 값은 .이다.

자, 코드를 모두 입력했다면 실행해 보자. 다음과 같이 맨 위쪽은 디바이스의 내장된 폰트를 사용해 출력한 것이고 중간은 비트맵 폰트 파일을 사용해 출력한 것이며, 맨 아래쪽은 캐릭터맵 폰트를 이용해 출력한 것이다.

Label : 3.x 추가

3.x 버전이 나오면서 새로운 Label의 사용법이 추가됐다. 먼저 함수 원형은 다음과 같다.

```
static Label* createWithTTF(
                    const std::string& label,
                    const std::string& fontFilePath,
                    int fontSize,
                    int lineSize = 0,
                    TextHAlignment alignment = TextHAlignment::CENTER,
                    GlyphCollection glyphs = GlyphCollection::NEHE,
                    const char *customGlyphs = 0,
                    bool useDistanceField = false);
```

iOS의 경우에도 폰트 파일을 LabelTTF의 예제처럼 Info.plist에 설정하지 않고 바로 디렉터리 경로로 사용할 수 있고, 문자에 여러 가지 효과를 줄 수 있다.

새로운 프로젝트를 다음과 같이 만든다.

- 프로젝트명 : LabelEx4
- 패키지명 : com.study.exam04

그리고 다음의 디렉터리에서 파일을 찾아 리소스에 추가한다.

cocos2d-x가 설치된 디렉터리/samples/Cpp/TestCpp/Resources/fonts

· Scissor Cuts.ttf

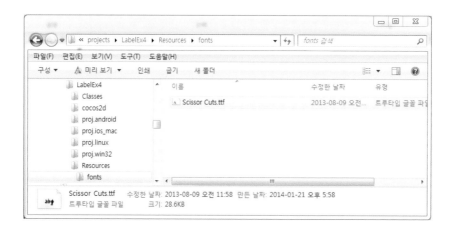

기본형에 다음과 같이 코드를 입력해 수정한다. 그런 다음 프로젝트를 실행해 보자.

[예제 5-6] HelloWorldScene.cpp - 3.x에 추가된 Label 사용하기

```cpp
#include "HelloWorldScene.h"

USING_NS_CC;

Scene* HelloWorld::createScene()
{
    auto scene = Scene::create();

    auto layer = HelloWorld::create();

    scene->addChild(layer);

    return scene;
}
```

```cpp
bool HelloWorld::init()
{
    if ( !LayerColor::initWithColor(Color4B(255, 255, 255, 255)) )
    {
        return false;
    }

    //////////////////////////////

    auto bg = LayerColor::create(Color4B(125, 125, 125, 255));
    this->addChild(bg);

    auto label1 = Label::createWithTTF(
                "Normal",
                "fonts/Scissor Cuts.ttf",
                40,
                480,
                TextHAlignment::CENTER,
                GlyphCollection::DYNAMIC,
                nullptr,
                true);
    label1->setPosition(Point(240, 160));
    label1->setColor(Color3B::WHITE);
    label1->setAnchorPoint(Point(0.5, 0.5));
    this->addChild(label1);

    auto label2 = Label::createWithTTF(
                "Glow",
                "fonts/Scissor Cuts.ttf",
                40,
                480,
                TextHAlignment::CENTER,
                GlyphCollection::DYNAMIC,
                nullptr,
                true);
    label2->setPosition(Point(240, 160+50));
    label2->setColor(Color3B::GREEN);
    label2->setAnchorPoint(Point(0.5, 0.5));
```

```cpp
    label2->setLabelEffect(LabelEffect::GLOW, Color3B::YELLOW);
    this->addChild(label2);

    auto label3 = Label::createWithTTF(
                "Outline",
                "fonts/Scissor Cuts.ttf",
                40,
                480,
                TextHAlignment::CENTER,
                GlyphCollection::DYNAMIC,
                nullptr,
                true);
    label3->setPosition(Point(240, 160-50));
    label3->setColor(Color3B::RED);
    label3->setAnchorPoint(Point(0.5, 0.5));
    label3->setLabelEffect(LabelEffect::OUTLINE, Color3B::BLUE);
    this->addChild(label3);

    auto label4 = Label::createWithTTF(
                "Shadow",
                "fonts/Scissor Cuts.ttf",
                40,
                480,
                TextHAlignment::CENTER,
                GlyphCollection::DYNAMIC,
                nullptr,
                true);
    label4->setPosition(Point(240, 160-100));
    label4->setColor(Color3B::RED);
    label4->setAnchorPoint(Point(0.5, 0.5));
    label4->setLabelEffect(LabelEffect::SHADOW, Color3B::BLACK);
    this->addChild(label4);


    return true;
}
```

차례대로 레이블에 아무 효과를 주지 않은 경우, 글로우 효과, 아웃라인 효과, 그림자 효과를 준 경우다.

프로그램을 실행한 결과는 다음과 같다. 입력한 값과 비교해서 레이블이 만들어진 위치에 유의해서 보기 바란다.

여기서는 새로 추가된 Label 클래스의 아주 간단한 효과만 살펴봤다. 기본 예제 프로젝트의 LabelTestNew.cpp를 살펴보면 다양한 사용법이 나와 있으니 참고하기 바란다.

스프라이트 사용하기

스프라이트 클래스는 실제로 화면에 출력되어 보이는 구체적인 개념의 클래스다. 스프라이트는 화면을 구성하는 정적인 이미지나 애니메이션이 되는 일련의 이미지를 가리키는 말로 대개 게임에서 사용되는 이미지들을 말하는데, 이들 스프라이트는 이미지 파일을 화면에 출력하는 역할을 하므로 이미지 파일의 로딩과 화면 출력과 관련된 다양한 함수를 제공한다.

스프라이트 사용하기

새로운 프로젝트를 다음과 같이 만든다.

- 프로젝트명 : SpriteEx1
- 패키지명 : com.study.exam05

그리고 다음의 디렉터리에서 파일을 찾아 리소스에 추가한다.

cocos2d-x가 설치된 디렉터리/samples/Cpp/TestCpp/Resources/Images

- grossini.png
- grossinis_sister1.png

해당 파일을 찾아 프로젝트의 Resources 디렉터리 아래에 Images 디렉터리를 만들고 복사한다. 그리고 맥에서 개발하는 경우 앞에서 해 본 바와 같이 Images 디렉터리를 프로젝트의 Resources 그룹 아래로 드래그 앤 드롭해서 프로젝트에 포함시킨다.

기본형에 다음과 같이 코드를 입력해 init를 수정한다. 그런 다음 프로젝트를 실행해 본다.

```cpp
bool HelloWorld::init()
{
    if (!LayerColor::initWithColor(Color4B(255, 255, 255, 255)))
    {
        return false;
    }

    /////////////////////////////

    // 스프라이트 생성 및 초기화
    auto pMan = Sprite::create("Images/grossini.png");

    // 스프라이트 위치 지정
    pMan->setPosition(Point(240, 160));

    // 레이어에 스프라이트 객체 추가
    this->addChild(pMan);


    return true;
}
```

정말 간단한 코드만으로 이미지가 추가됐다.

앞의 코드에 다음과 같이 코드를 추가해 스프라이트를 추가해 보자.

 Sprite::create 함수는 추가할 그림의 파일 이름이 실제 파일명과 다르면 에러를 발생시키고 앱의 실행
이 중단되므로 파일명에 주의해야 한다.

[예제 6-2] HelloWorldScene.cpp – 스프라이트 여러 개 사용하기

```cpp
bool HelloWorld::init()
{
    if (!LayerColor::initWithColor(Color4B(255, 255, 255, 255)))
    {
        return false;
    }

    ////////////////////////////

    // 스프라이트 생성 및 초기화
    auto pMan = Sprite::create("Images/grossini.png");

    // 스프라이트 위치 지정
    pMan->setPosition(Point(240, 160));

    // 레이어에 스프라이트 객체 추가
    this->addChild(pMan);


    // 코드 추가
    auto pWoman = Sprite::create("Images/grossinis_sister1.png");

    pWoman->setPosition(Point(300, 160));

    this->addChild(pWoman, 1);


    return true;
}
```

추가된 코드를 보면 두 번째 여자 이미지를 첫 번째 스프라이트의 바로 옆에 위치시킨 것을 볼 수 있다. 첫 번째 스프라이트의 x 좌표는 240이었고, 두 번째 스프라이트의 x 좌표는 300 이다.

프로젝트를 실행해 보면 다음과 같은 모습일 것이다.

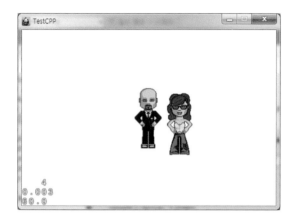

이제 코드를 다음과 같이 수정해 두 개의 스프라이트를 겹쳐 보이게 할 것이다.

```
pWoman->setPosition( Point(300, 160) );
pWoman->setPosition( Point(260, 160) );
```

코드를 수정했으면 프로젝트를 실행해 보자. 다음과 같이 grossini 씨와 그의 sister1이 겹쳐 져 보인다. 특히 나중에 추가된 sister1의 스프라이트가 위에 놓인다.

두 스프라이트의 순서를 바꿔 보이게 하려면 어떻게 해야 할까?

코드를 다음과 같이 수정해 보자. 예제 6-2와 비교하면 스프라이트로 추가된 pMan과 pWomen의 코드 순서를 바꾼 것이다.

[예제 6-3] HelloWorldScene.cpp – 스프라이트 여러 개 사용하기(순서 변경)

```cpp
bool HelloWorld::init()
{
    if (!LayerColor::initWithColor(Color4B(255, 255, 255, 255)))
    {
        return false;
    }

    ////////////////////////////

    // 코드 추가
    auto pWoman = Sprite::create("Images/grossinis_sister1.png");

    pWoman->setPosition(Point(300, 160));

    this->addChild(pWoman, 1);


    // 스프라이트 생성 및 초기화
    auto pMan = Sprite::create("Images/grossini.png");

    // 스프라이트 위치 지정
    pMan->setPosition(Point(240, 160));

    // 레이어에 스프라이트 객체 추가
    this->addChild(pMan);


    return true;
}
```

코드를 수정했으면 프로젝트를 실행해 본다. 그럼 다음 그림과 같이 grossini 씨가 sister1보다 위에 겹쳐서 보일 것이다. 즉 코드상에서 나중에 추가된 스프라이트가 맨 위에 보이게 된다.

그런데 이렇게 스프라이트의 순서를 바꾸면 프로그래밍하기가 참으로 힘들 것이다. 코드가 길어질수록, 게임에 등장하는 캐릭터가 많을수록 프로그래밍이 힘들어질 것이다. 그래서 다른 게임엔진에서처럼 cocos2d-x에서도 순서를 지정하는 쉬운 방법이 있다.

다음 코드를 잘 보고 코드를 수정해 보기 바란다. 예제 6-4는 예제 6-2를 수정한 코드다.

[예제 6-4] HelloWorldScene.cpp – 스프라이트 순서 지정하기

```cpp
bool HelloWorld::init()
{
    if (!LayerColor::initWithColor(Color4B(255, 255, 255, 255)))
    {
        return false;
    }

    /////////////////////////////

    // 스프라이트 생성 및 초기화
    auto pMan = Sprite::create("Images/grossini.png");

    // 스프라이트 위치 지정
```

```
    pMan->setPosition(Point(240, 160));

    // 레이어에 스프라이트 객체 추가
    this->addChild(pMan);
①  this->addChild(pMan, 2);   // 위치 지정 : 2층


    // 코드 추가
    auto pWoman = Sprite::create("Images/grossinis_sister1.png");

    pWoman->setPosition(Point(260, 160));

②  this->addChild(pWoman, 1); // 위치 지정 : 1층


    return true;
}
```

코드에서 보면 1번과 2번 부분에서 기존 코드와 다르게 Z-Order가 추가된 것을 볼 수 있다. z의 숫자가 큰 스프라이트가 맨 위에 보이게 된다. 코드가 앞에 있건 뒤에 있건 상관 없이 z 값에 따라 스프라이트의 깊이값이 직접적으로 조정된다.

코드상으로는 pWomen이 pMan보다 뒤에 있지만 Z-Order 값이 1로 pMan의 2보다 작기 때문에 다음 그림과 같이 pWomen이 pMan보다 아래에 나타난다.

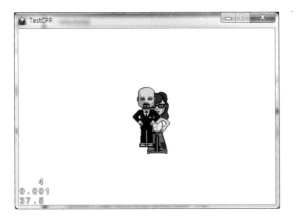

부모 스프라이트 & 자식 스프라이트

cocos2d-x는 스프라이트가 또 다른 스프라이트를 포함하는 것을 지원하는데, 여러 개의 이미지로 하나의 스프라이트를 만들 때 아주 유용하게 사용할 수 있다.

예를 들면, 다음 그림과 같이 각 캐릭터 위에 에너지바를 넣어 함께 움직일 때 아주 유용하다. 또한 주인공 캐릭터가 움직일 때 말도 같은 위치로 움직인다. 주인공 캐릭터가 움직일 때 에너지바와 말의 위치도 함께 옮겨줘야 하는 것이 아니고 주인공 캐릭터만 위치를 바꾸면 나머지는 자동으로 주인공 캐릭터의 위치에 맞게 움직인다는 뜻이다.

[국산 게임 팔라독의 한 장면]

새로운 프로젝트를 다음과 같이 만든다.

- 프로젝트명 : SpriteEx2
- 패키지명 : com.study.exam06

그리고 다음의 디렉터리에서 파일을 찾아 리소스에 추가한다.

cocos2d-x가 설치된 디렉터리/samples/Cpp/TestCpp/Resources/Images

· white-512x512.png

해당 파일을 찾아 프로젝트의 Resources 디렉터리 아래에 Images 디렉터리를 만들고 복사한다. 그리고 맥에서 개발하는 경우 앞에서 해 본 바와 같이 Images 디렉터리를 프로젝트의 Resources 그룹 아래로 드래그 앤 드롭해서 프로젝트에 포함시킨다.

기본형에 다음과 같이 코드를 입력해 init를 수정한다. 그리고 나서 프로젝트를 실행해 본다.

[예제 6-5] HelloWorldScene.cpp - 부모 스프라이트와 자식 스프라이트

```cpp
#include "HelloWorldScene.h"

USING_NS_CC;

Scene* HelloWorld::createScene()
{
    auto scene = Scene::create();
```

```
    auto layer = HelloWorld::create();

    scene->addChild(layer);

    return scene;
}

bool HelloWorld::init()
{
    if (!LayerColor::initWithColor(Color4B(255, 255, 255, 255)))
    {
        return false;
    }

    /////////////////////////////

    // 스프라이트의 색 지정은 그림이 흰색이거나 밝은색이어야 효과가 나타난다.

①    auto parent = Sprite::create("Images/white-512x512.png");

②    parent->setTextureRect(Rect(0, 0, 150, 150));

③    parent->setPosition(Point(240, 160));      // 좌표 지정

④    parent->setColor(Color3B(0, 0, 255));      // 칼라 설정 - 블루

⑤    this->addChild(parent);


    // 부모 스프라이트에 자식 스프라이트 추가
⑥    auto child = Sprite::create("Images/white-512x512.png");

⑦    child->setTextureRect(Rect(0, 0, 50, 50));

⑧    child->setColor(Color3B::RED);             // 칼라 설정 - 레드

⑨    child->setPosition(Point(0, 0));
```

```
⑩  parent->addChild(child);


    return true;
}
```

코드 수정이 끝나면 실행해 본다.

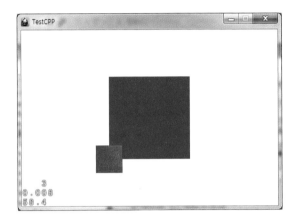

자, 예상한 지점에 스프라이트가 출력됐는가? 예상과 다르다면 다음의 코드 설명과 추가 설명을 잘 읽어보기 바란다.

① parent라는 이름으로 스프라이트를 생성한다.

② 스프라이트의 크기를 지정한다.

③ 스프라이트의 위치를 화면 한가운데(240,160)로 지정한다.

④ 스프라이트의 색상을 지정한다. 스프라이트의 색 지정은 그림이 흰색이거나 밝은색. 또는 투명이어야 효과가 나타난다.

⑤ 스프라이트를 HelloWorld 레이어에 추가한다.

⑥ child라는 이름으로 스프라이트를 생성한다.

⑦ 스프라이트의 크기를 지정한다.

⑧ 스프라이트의 위치를 화면의 좌표 (0,0)으로 지정한다.

⑨ 스프라이트의 색상을 지정한다. 스프라이트의 색 지정은 그림이 흰색이거나 밝은색. 또는 투명이어야 효과가 나타난다.

⑩ 스프라이트를 parent라는 이름의 스프라이트에 추가한다.

parent라는 이름의 스프라이트는 x좌표가 240, y좌표가 160인 지점에 앵커포인트(0.5, 0.5)의 값을 가지고 레이어에 추가된다. 스프라이트의 기본 앵커포인트는 (0.5, 0.5)다.

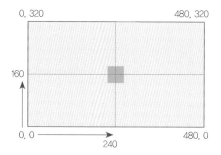

자, 그러면 두 번째 스프라이트인 child는 x 좌표가 0, y 좌표가 0이므로 다음 그림에 표시된 위치로 추가되는가?

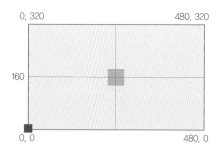

답은 '아니요'다. 앞의 실행 결과에서 보다시피 child가 추가된 곳은 HelloWorld 레이어가 아닌 parent 스프라이트이고 child의 기준 좌표는 다음 그림과 같다.

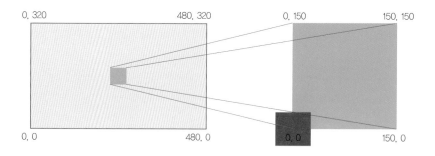

앞의 그림을 이해했다면 이제 코드를 다음과 같이 수정해보자.

```cpp
#include "HelloWorldScene.h"

USING_NS_CC;

Scene* HelloWorld::createScene()
{
    auto scene = Scene::create();

    auto layer = HelloWorld::create();

    scene->addChild(layer);

    return scene;
}

bool HelloWorld::init()
{
    if (!LayerColor::initWithColor(Color4B(255, 255, 255, 255)))
    {
        return false;
    }

    /////////////////////////////

    // 스프라이트의 색 지정은 그림이 흰색이거나 밝은색이어야 효과가 나타난다.

    auto parent = Sprite::create("Images/white-512x512.png");

    parent->setTextureRect(Rect(0, 0, 150, 150));

    parent->setPosition(Point(240, 160));      // 좌표 지정

    parent->setColor(Color3B(0, 0, 255));      // 칼라 설정 - 블루

    this->addChild(parent);
```

```
           // 부모 스프라이트에 자식 스프라이트 추가
           auto child = Sprite::create("Images/white-512x512.png");

①    child->setTextureRect(Rect(0, 0, 50, 5));

           child->setColor(Color3B::RED);              // 칼라 설정 - 레드

           // 위치 지정
②    child->setPosition(Point(0, 0));
           // 윗줄 삭제, 아래 코드 추가
           Size parentSize;
           parentSize = parent->getContentSize();
           child->setPosition(Point(parentSize.width / 2.0,
                                                 parentSize.height + 10));

           parent->addChild(child);



           return true;
     }
```

1번에서 크기를 변경하고, 2번 줄을 삭제하고, 3번 부분을 추가한다.

코드를 수정했으면 실행해 본다.

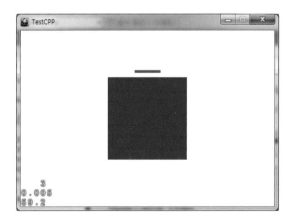

이제 parent 스프라이트에 이미지만 넣으면 앞의 팔라독 게임 화면에서 본 것처럼 모양뿐이긴 해도 에너지바를 구현할 수 있다. child로 명명된 스프라이트의 기준 좌표는 parent로 명명된 스프라이트이므로 parent의 위치를 옮기면 자동으로 child의 위치도 바뀐다. 그럼 실제로 테스트해 보자.

먼저 코드를 다음과 같이 수정한다.

[예제 6-7] HelloWorldScene.cpp - 부모 스프라이트와 자식 스프라이트

```cpp
bool HelloWorld::init()
{
    if (!LayerColor::initWithColor(Color4B(255, 255, 255, 255)))
    {
        return false;
    }

    /////////////////////////////

    // 아래 네 줄 삭제
①    auto parent = Sprite::create("Images/white-512x512.png");

    parent->setTextureRect(Rect(0, 0, 150, 150));

    parent->setPosition(Point(240, 160));     // 좌표 지정

    parent->setColor(Color3B(0, 0, 255));     // 칼라 설정 - 블루

    // 다음 추가
②    auto parent = Sprite::create("Images/grossini.png");

    parent->setPosition(Point(240, 160));     // 좌표 지정

    this->addChild(parent);
```

```cpp
    // 부모 스프라이트에 자식 스프라이트 추가
    auto child = Sprite::create("Images/white-512x512.png");

    child->setTextureRect(Rect(0, 0, 50, 5));

    child->setColor(Color3B::RED); // 칼라 설정

    // 위치 지정
    Size parentSize;
    parentSize = parent->getContentSize();
    child->setPosition(Point(parentSize.width / 2.0, parentSize.height + 10));

    parent->addChild(child);



    return true;
}
```

처음에 추가하지 않았던 grossini 씨 그림을 사용했다. SpriteEx1 예제에서 사용했던 그림이니 찾아서 추가하기 바란다.

자, 그럼 프로젝트를 실행해 보자.

grossini 씨의 위치를 바꾸면 에너지바가 함께 따라오는지도 확인해 보자. 다음은 parent라는 이름으로 생성된 스프라이트를 왼쪽으로 조금 옮긴 화면이다. child로 명명된 스프라이트의 위치는 옮기지 않았다.

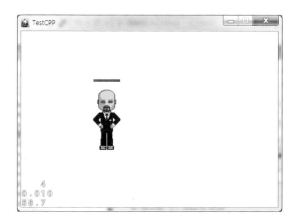

메뉴 사용하기

이 장에서는 Menu 클래스를 사용해 화면에 메뉴를 추가한 후 메뉴가 터치됐을 때 처리하는 방법을 알아본다.

메뉴와 메뉴아이템의 기본 사용법

메뉴를 생성하려면 단순히 메뉴 인스턴스를 생성하면 된다.

```
Menu* pMenu = Menu::create(NULL);
```

위의 문장은 내용 없이 비어있는 메뉴를 생성한다. 메뉴 아이템을 메뉴에 추가해야 쓸모 있는
메뉴가 된다. 선택 가능한 메뉴 아이템 타입은 다음과 같다.

- MenuItemLabel
- MenuItemAtlasFont
- MenuItemFont
- MenuItemSprite
- MenuItemImage
- MenuItemToggle

각 메뉴아이템 사이에는 미묘한 차이가 있다. 하지만 공통적으로 메뉴가 터치됐을 때 호출되
기 위해 타깃(target)과 셀렉터(selector)를 명시할 수 있게 돼 있다.

- 타깃은 메뉴가 터치됐을 때 동작을 수행할 객체를 지정한다(주로 장면).
- 셀렉터는 지정된 객체 안에 있는 함수로, 메뉴가 터치됐을 때 수행해야 할 동작을 구현한 함수를 지정한
  다.

다음의 코드는 메뉴 아이템에 이미지를 사용하는 MenuItemImage다.

```
auto closeItem = MenuItemImage::create(
                "CloseNormal.png",
                "CloseSelected.png",
                CC_CALLBACK_1(HelloWorld::menuCloseCallback, this));
```

MenuItemImage의 create() 함수에 전달하는 인자는 각각 다음과 같다.

① 메뉴에서 사용하려는 이미지
② 버튼이 눌려졌을 때 사용될 이미지
③ 콜백 함수의 첫 번째 인자 – 메뉴가 탭됐을 때 호출돼야 할 함수(셀렉터)

④ 콜백 함수의 두 번째 인자 – 메뉴 아이템이 눌렸을 때 반응해야 하는 객체(타깃). 위의 경우 this는 메뉴가 생성된 장면을 참조한다.

메뉴 아이템을 만들고 나면 다음과 같은 방법으로 메뉴에 추가할 수 있다.

```
this->addChild(pMenu);
```

대신 생성자를 다음과 같이 변경하면 많은 메뉴 아이템을 한 번에 생성하거나 생성되는 시점에 메뉴에 추가할 수 있다. (다음 예제에서 생성자에 전달하는 인자가 NULL로 끝난다는 것을 기억하자.)

```
Menu* pMenu = Menu::create(item1, item2, item3, NULL);
```

또한 Menu는 다음의 alignItemsVertically와 alignItemsHorizontally 같은 몇 가지 만족할 만한 메뉴 레이아웃 함수를 제공한다.

```
pMenu->alignItemsVertically();
```

```
pMenu->alignItemsHorizontally();
```

이것들을 모두 모으면 코드가 다음과 같을 것이다.

```
auto pMenuItem1 = MenuItemImage::create(
                    "Images/btn-play-normal.png",
                    "Images/btn-play-selected.png",
                    CC_CALLBACK_1(HelloWorld::doClick1, this));

auto pMenuItem2 = MenuItemImage::create(
                    "Images/btn-highscores-normal.png",
                    "Images/btn-highscores-selected.png",
                    CC_CALLBACK_1(HelloWorld::doClick2, this));

auto pMenu = Menu::create(pMenuItem1, pMenuItem2, pMenuItem3, NULL);

pMenu->alignItemsVertically();
```

새로운 프로젝트를 다음과 같이 만든다.

- 프로젝트명 : MenuEx1
- 패키지명 : com.study.exam08

그리고 다음의 디렉터리에서 파일을 찾아 리소스에 추가한다.

Cocos2d-x가 설치된 디렉터리/samples/Cpp/TestCpp/Resources/Images

- btn-play-normal.png
- btn-play-selected.png
- btn-highscores-normal.png
- btn-highscores-selected.png
- btn-about-normal.png
- btn-about-selected.png

해당 파일을 찾아 프로젝트의 Resources 디렉터리 아래에 Images 디렉터리를 만들고 복사한다. 그리고 맥에서 개발하는 경우 앞에서 해 본 바와 같이 Images 디렉터리를 프로젝트의 Resources 그룹 아래로 드래그 앤 드롭해서 프로젝트에 포함시킨다.

이제 기본형에 다음과 같이 코드를 입력해 수정한다. cpp에 추가로 구현할 함수가 있으면 헤더 파일에도 선언을 추가해야 한다.

[예제 7-1] HelloWorldScene.h - 메뉴 사용하기 1

```cpp
#ifndef __HELLOWORLD_SCENE_H__
#define __HELLOWORLD_SCENE_H__

#include "cocos2d.h"

class HelloWorld : public cocos2d::LayerColor
{
public:
    static cocos2d::Scene* createScene();

    virtual bool init();

    CREATE_FUNC(HelloWorld);

①   void doClick1(Object* pSender);
②   void doClick2(Object* pSender);
③   void doClick3(Object* pSender);
};

#endif // __HELLOWORLD_SCENE_H__
```

헤더에 cpp 파일에서 추가로 구현될 함수를 1번, 2번, 3번과 같이 선언한다.

이제 4장에서 설명한 기본형에 다음과 같이 코드를 입력해 init를 수정한다. 그런 다음 프로젝트를 실행한다.

[예제 7-2] HelloWorldScene.cpp - 메뉴 사용하기 1

```cpp
bool HelloWorld::init()
{
    if ( !LayerColor::initWithColor(Color4B(255,255,255,255)) )
```

```
    {
        return false;
    }


    /////////////////////////////

    // 메뉴 아이템 생성 및 초기화
    auto pMenuItem1 = MenuItemImage::create(
                        "Images/btn-play-normal.png",
                        "Images/btn-play-selected.png",
                        CC_CALLBACK_1(HelloWorld::doClick1, this));

    auto pMenuItem2 = MenuItemImage::create(
                        "Images/btn-highscores-normal.png",
                        "Images/btn-highscores-selected.png",
                        CC_CALLBACK_1(HelloWorld::doClick2, this));

    auto pMenuItem3 = MenuItemImage::create(
                        "Images/btn-about-normal.png",
                        "Images/btn-about-selected.png",
                        CC_CALLBACK_1(HelloWorld::doClick3, this));

    // 메뉴 생성
    auto pMenu = Menu::create(pMenuItem1, pMenuItem2, pMenuItem3, NULL);

    // 메뉴 배치
    pMenu->alignItemsVertically();

    // 레이어에 메뉴 객체 추가
    this->addChild(pMenu);


    return true;
}


void HelloWorld::doClick1(Object* pSender)
{
    log("첫번째 메뉴가 선택되었습니다.");
```

```
    }

    void HelloWorld::doClick2(Object* pSender)
    {
        log("두번째 메뉴가 선택되었습니다.");
    }

    void HelloWorld::doClick3(Object* pSender)
    {
        log("세번째 메뉴가 선택되었습니다.");
    }
```

다음은 실행된 화면이다.

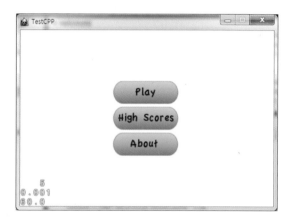

이 메뉴에서 맨 위의 Play 버튼을 클릭하면 다음과 같은 화면이 보일 것이다.

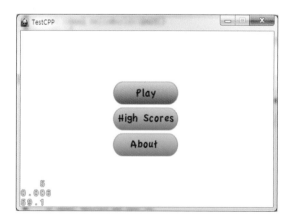

앞에서 작성한 코드대로 기본 그림과 메뉴아이템이 선택됐을 때 변경된 이미지가 바뀌어서 잘 나타날 것이다. 마찬가지로 터치를 하면 함수가 호출되는 것도 확인하자.

다음은 실행 후 메뉴를 클릭했을 때 호출된 함수의 실행 결과다. 앞의 예제에서는 단순히 출력창에 로그만 출력했다.

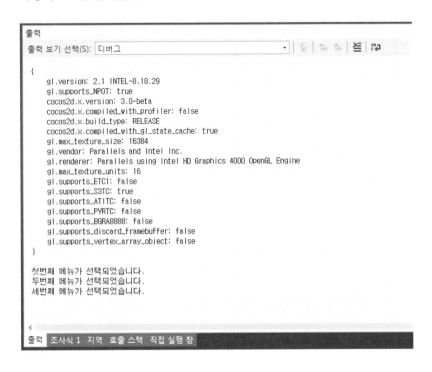

메뉴 & 메뉴 아이템의 앵커포인트와 위치

이번에는 Menu의 디폴트 포인트를 확인해 보자.

새로운 프로젝트를 다음과 같이 만든다.

· 프로젝트명 : MenuEx2

· 패키지명 : com.study.exam09

그리고 다음의 디렉터리에서 파일을 찾아 리소스에 추가한다.

> cocos2d-x가 설치된 디렉터리/samples/Cpp/TestCpp/Resources/Images

* btn-play-normal.png
* btn-play-selected.png

해당 파일을 찾아 프로젝트의 Resources 디렉터리 아래에 Images 디렉터리를 만들고 복사한다. 그리고 맥에서 개발하는 경우 앞에서 해 본 바와 같이 Images 디렉터리를 프로젝트의 Resources 그룹 아래로 드래그 앤 드롭해서 프로젝트에 포함시킨다.

이제 기본형에 다음과 같이 코드를 입력해 init를 수정한다. cpp에 추가로 구현할 함수가 있으면 헤더 파일에도 선언을 추가하는 것을 잊지 말자.

[예제 7-3] HelloWorldScene.cpp - 메뉴 위치

```cpp
bool HelloWorld::init()
{
    if ( !LayerColor::initWithColor(Color4B(255,255,255,255)) )
    {
        return false;
```

```
    }

    /////////////////////////////

    // 메뉴의 위치는 Point::ZERO로 지정해두고
    // 각 메뉴 아이템의 위치를 지정하는 방법

    // 메뉴레이어  <-- 눈에 보이지 않는다.
    // 디폴트포인트 : (240,160)  --> (0,0)으로 바꾼다.

    // 메뉴 아이템 생성 및 초기화
    auto pMenuItem = MenuItemImage::create(
                        "Images/btn-play-normal.png",
                        "Images/btn-play-selected.png",
                        CC_CALLBACK_1(HelloWorld::menuSelect, this));

    // 메뉴 생성
    auto pMenu = Menu::create(pMenuItem, NULL);

    // 메뉴 위치 지정
①  pMenu->setPosition(Point::ZERO);    // Point(0, 0)

    // 레이어에 메뉴 객체 추가
    this->addChild(pMenu);


    return true;
}

void HelloWorld::menuSelect(Object* pSender)
{
    log("메뉴가 선택되었습니다.");
}
```

코드를 수정하고 나면 프로젝트를 실행해 본다.

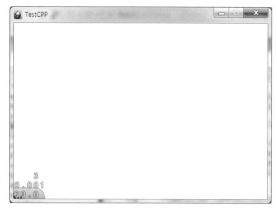

[pMenu->setPosition(Point(0, 0));이 있을 때]

[pMenu->setPosition(Point(0, 0));이 없을 때]

앞 코드에서 1번 줄의 코드가 있을 때와 없을 때의 실행 결과를 차례대로 보면 앞의 그림과 같다.

실행 결과에서 볼 수 있듯이 메뉴 자체의 앵커포인트는 (0.0, 0.0)이고, 디폴트 포인트는 화면의 한가운데임을 알 수 있다. 또한 메뉴에 포함되는 메뉴 아이템의 디폴트 앵커포인트는 (0.5, 0.5)이고, 디폴트 포인트는 (0, 0)임을 알 수 있다.

그러므로 앞의 코드에서 1번 코드 앞에 다음 2번 코드를 추가하고 실행하면 다음과 같은 실행 결과를 볼 수 있다.

```cpp
bool HelloWorld::init()
{
    if ( !LayerColor::initWithColor(Color4B(255,255,255,255)) )
    {
        return false;
    }

    /////////////////////////////

    // 메뉴의 위치는 Point::ZERO로 지정해두고
    // 각 메뉴 아이템의 위치를 지정하는 방법

    // 메뉴레이어  <-- 눈에 보이지 않는다.
    // 디폴트포인트 : (240,160)  --> (0,0)으로 바꾼다.

    // 메뉴 아이템 생성 및 초기화

    auto pMenuItem = MenuItemImage::create(
                        "Images/btn-play-normal.png",
                        "Images/btn-play-selected.png",
                        CC_CALLBACK_1(HelloWorld::menuSelect, this));

    // 메뉴 아이템 위치 지정
②  pMenuItem->setPosition(Point(100, 100));

    // 메뉴 생성
    auto pMenu = Menu::create(pMenuItem, NULL);

    // 메뉴 위치 지정
①  pMenu->setPosition(Point::ZERO);

    // 레이어에 메뉴 객체 추가
    this->addChild(pMenu);


    return true;
}
```

코드를 수정하고 나면 프로젝트를 실행해 본다.

메뉴 아이템에서 태그 사용하기

앞의 [예제 7-1]에서 보면 각 메뉴마다 셀렉터에서 호출하는 함수가 다 달랐다. 메뉴 아이템
에서 태그(tag)를 사용하면 같은 함수에서 메뉴 아이템이 어떤 것이 터치됐는지 구분할 수 있
다.

새로운 프로젝트를 다음과 같이 만든다.

- 프로젝트명 : MenuEx3
- 패키지명 : com.study.exam10

이번 프로젝트에는 추가할 리소스가 없다.

이제 기본형에 다음과 같이 코드를 입력해 init를 수정한다. cpp에 추가로 구현할 함수가 있으면 헤더 파일에도 선언을 추가하는 것을 잊지 말자.

[예제 7-4] HelloWorldScene.cpp - 메뉴 태그 사용

```cpp
bool HelloWorld::init()
{
    if ( !LayerColor::initWithColor(Color4B(255,255,255,255)) )
    {
        return false;
    }

    /////////////////////////////

    // 메뉴 아이템 생성 및 초기화
    auto pMenuItem1 = MenuItemFont::create(
                        " Menu-1 ",
                        CC_CALLBACK_1(HelloWorld::doClick, this));
    pMenuItem1->setColor(Color3B(0, 0, 0));

    auto pMenuItem2 = MenuItemFont::create(
                        " Menu-2 ",
                        CC_CALLBACK_1(HelloWorld::doClick, this));
    pMenuItem2->setColor(Color3B(0, 0, 0));

    auto pMenuItem3 = MenuItemFont::create(
                        " Menu-3 ",
                        CC_CALLBACK_1(HelloWorld::doClick, this));
    pMenuItem3->setColor(Color3B(0, 0, 0));

①  pMenuItem1->setTag(1);
②  pMenuItem2->setTag(2);
③  pMenuItem3->setTag(3);

    // 메뉴 생성
```

```cpp
    auto pMenu = Menu::create(pMenuItem1, pMenuItem2, pMenuItem3, NULL);

    // 메뉴 배치
    pMenu->alignItemsHorizontally();

    // 레이어에 메뉴 객체 추가
    this->addChild(pMenu);


    return true;
}

void HelloWorld::doClick(Object* pSender)
{
    auto tItem = (MenuItem *)pSender;

    int i = tItem->getTag();

    log("%d번째 메뉴가 선택되었습니다.", i);
}
```

1번, 2번, 3번 코드에서 볼 수 있듯이 각 메뉴 아이템에 대해 태그값을 지정했다. 그러면 이 태그값을 이용해 doClick 함수에서 터치된 메뉴를 구분해서 로그를 출력할 수 있다.

코드를 완성했으면 프로젝트를 실행해 본다.

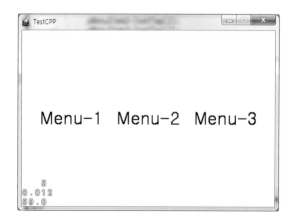

출력창에 메뉴를 터치할 때마다 태그를 구분해 함수에서 출력한 로그를 살펴보면 다음과 같다.

태그 기능 좀 더 살펴보기

새로운 프로젝트를 다음과 같이 만든다.

- 프로젝트명 : MenuEx4
- 패키지명 : com.study.exam11

그리고 다음의 디렉터리에서 파일을 찾아 리소스에 추가한다.

Cocos2d-x가 설치된 디렉터리/samples/Cpp/TestCpp/Resources/Images

- grossini.png

해당 파일을 찾아 프로젝트의 Resources 디렉터리 아래에 Images 디렉터리를 만들고 복사
한다. 그리고 맥에서 개발하는 경우 앞에서 해 본 바와 같이 Images 디렉터리를 프로젝트의
Resources 그룹 아래로 드래그 앤 드롭해서 프로젝트에 포함시킨다.

이제 기본형에 다음과 같이 코드를 입력해 init를 수정한다. cpp에 추가로 구현할 함수가 있
으면 헤더 파일에도 선언을 추가하는 것을 잊지 말자.

[예제 7-5] HelloWorldScene.cpp - 메뉴 태그 활용

```cpp
bool HelloWorld::init()
{
    if ( !LayerColor::initWithColor(Color4B(255,255,255,255)) )
    {
        return false;
    }

    /////////////////////////////

    // 메뉴 아이템 생성 및 초기화

    auto pMenuItem1 = MenuItemFont::create(
                    " Menu-1 ",
                    CC_CALLBACK_1(HelloWorld::doClick, this));
    pMenuItem1->setColor(Color3B(0, 0, 0));

    auto pMenuItem2 = MenuItemFont::create(
                    " Menu-2 ",
                    CC_CALLBACK_1(HelloWorld::doClick, this));
    pMenuItem2->setColor(Color3B(0, 0, 0));
```

```
①   pMenuItem1->setTag(1);
②   pMenuItem2->setTag(2);

     // 메뉴 생성
     auto pMenu = Menu::create(pMenuItem1, pMenuItem2, NULL);

     // 메뉴 배치
     pMenu->alignItemsVertically();

     // 레이어에 메뉴 객체 추가
     this->addChild(pMenu);


     return true;
}

void HelloWorld::doClick(Object* pSender)
{
     // 두 번 연속 눌리는 것에 대한 방지 코드는 추가해야 한다.

     auto tItem = (MenuItem *)pSender;
     int i = tItem->getTag();

③   if (i == 1) {
          // 1번 메뉴가 눌렸고, child 스프라이트를 추가한다
          auto pMan = Sprite::create("Images/grossini.png");

          pMan->setPosition(Point(100, 160));   // 좌표 지정
          pMan->setTag(11);                      // 태그 지정

④        this->addChild(pMan);

     }
     else
     {
          // 2번 메뉴가 눌렸고 추가했던 차일드 스프라이트를 제거한다.
```

```
                    // 태그로 스프라이트 찾기
                    auto pMan = (Sprite*)getChildByTag(11);

                    // 스프라이트 제거
    ⑤              this->removeChild(pMan, true);

                    // 스프라이트 제거 by 태그
                    //this->removeChildByTag(11, true);
                }
            }
```

① 1번 코드에서 첫 번째 메뉴 아이템에 대해 태그값을 지정한다.

② 2번 코드에서 두 번째 메뉴 아이템에 대해 태그값을 지정한다.

③ doClick 함수에서 터치된 메뉴를 3번에서 파라미터로 들어온 태그값을 토대로 구분한다.

④ 4번 코드에서 스프라이트를 추가한다.

⑤ 5번 코드에서 스프라이트를 삭제한다.

이제 코드를 완성했으면 프로젝트를 실행해 본다.

첫 번째 메뉴를 선택하면 태그를 11로 지정한 grossini 씨의 스프라이트가 나타날 것이다.

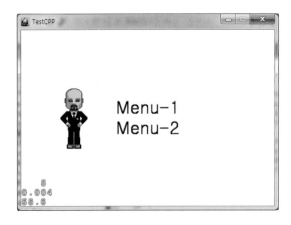

두 번째 메뉴를 선택하면 태그가 11인 스프라이트를 찾아서 제거한다.

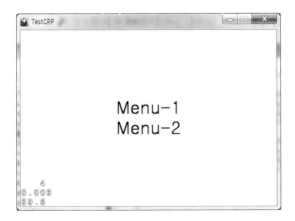

액션 사용하기

cocos2d-x에서는 다양한 액션을 제공하는데, 이동, 회전, 점프, 크기변환 등의 기본
액션과 기본 액션을 결합하거나 반복하는 액션이 제공된다.

기본 액션

기본 액션은 객체의 기본 속성을 수정하는 액션이다. 다음은 기본 속성별로 액션을 정리한 것이다.

- **위치(Position)**
  - MoveBy, MoveTo
  - JumpBy, JumpTo
  - BezierBy, BezierTo
  - Place

- **크기(Scale)**
  - ScaleBy, ScaleTo

- **회전(Rotation)**
  - RotateBy, RotateTo

- **가시성(Visible)**
  - Show
  - Hide
  - Blink
  - ToggleVisibility

- **투명도(Opacity)**
  - FadeIn
  - FadeOut
  - FadeTo

- **색(r, g, b)**
  - TintBy, TintTo

많은 액션이 By와 To의 두 가지 종류로 나뉘는데, By는 현재 값에서 지정한 값만큼 변하는 액션을 수행하고, To는 지정한 값으로 변하는 액션을 수행한다.

또한 거의 모든 액션에는 리버스(reverse) 함수가 구현돼 있다. 리버스 함수는 기본적으로 반대로 동작하는 새로운 액션을 수행한다.

새로운 프로젝트를 다음과 같이 만든다.

- 프로젝트명 : ActionEx1
- 패키지명 : com.study.exam12

그리고 다음의 디렉터리에서 파일을 찾아 리소스에 추가한다.

cocos2d-x가 설치된 디렉터리/samples/Cpp/TestCpp/Resources/Images

- grossini.png

해당 파일을 찾아 프로젝트의 Resources 디렉터리 아래에 Images 디렉터리를 만들고 복사한다. 그리고 맥에서 개발하는 경우 앞에서 해 본 바와 같이 Images 디렉터리를 프로젝트의 Resources 그룹 아래로 드래그 앤 드롭해서 프로젝트에 포함시킨다.

이제 기본형에 다음과 같이 코드를 입력해서 수정한다.

[예제 8-1] HelloWorldScene.h – 기본 액션

```
#ifndef __HELLOWORLD_SCENE_H__
#define __HELLOWORLD_SCENE_H__
```

```
#include "cocos2d.h"

class HelloWorld : public cocos2d::LayerColor
{
public:
    static cocos2d::Scene* createScene();

    virtual bool init();

    CREATE_FUNC(HelloWorld);

①   cocos2d::Sprite* pMan;

②   void doAction(Object* pSender);
};

#endif // __HELLOWORLD_SCENE_H__
```

헤더에 cpp 파일에서 사용될 변수를 1번과 같이 추가하고, 추가로 구현될 함수를 2번과 같이 선언한다.

이제 기본형에 다음과 같이 코드를 입력해서 수정한다.

[예제 8-2] HelloWorldScene.cpp – 기본 액션

```
#include "HelloWorldScene.h"

USING_NS_CC;

Scene* HelloWorld::createScene()
{
    auto scene = Scene::create();

    auto layer = HelloWorld::create();

    scene->addChild(layer);
```

```cpp
    return scene;
}

bool HelloWorld::init()
{
    if ( !LayerColor::initWithColor(Color4B(255,255,255,255)) )
    {
        return false;
    }

    /////////////////////////////

    // 메뉴 아이템 생성 및 초기화

    MenuItemFont::setFontSize(28);

    auto pMenuItem = MenuItemFont::create(
                        " Action ",
                        CC_CALLBACK_1(HelloWorld::doAction, this));
    pMenuItem->setColor(Color3B(0, 0, 0));

    // 메뉴 생성
    auto pMenu = Menu::create(pMenuItem, NULL);

    // 메뉴 배치
    pMenu->alignItemsHorizontally();

    // 메뉴 위치 지정
    pMenu->setPosition(Point(240, 50));

    // 레이어에 메뉴 객체 추가
    this->addChild(pMenu);



    // Grossini 씨 스프라이트 추가
    pMan = Sprite::create("Images/grossini.png");
    pMan->setPosition(Point(50, 200));    // 좌표 지정
```

```
        this->addChild(pMan);


        return true;
    }

    void HelloWorld::doAction(Object* pSender)
    {
        auto myAction = MoveBy::create(2, Point(400, 0));

        pMan->runAction(myAction);
    }
```

이번 예제에서는 by 액션으로 현재 위치에서 x축으로만 +400만큼 이동시키는 동작을 수행한다.

 어떻게 이동하는지에 대해서만 보는 코드이므로 여러 번 메뉴를 선택하면 grossini 씨가 계속해서 이동해서 화면 바깥으로 나가게 된다. 즉, 예외처리는 전혀 돼 있지 않다는 데 유의한다.

다음은 실행 화면이다.

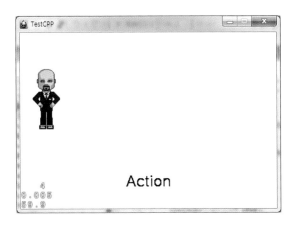

메뉴 Action을 터치하면 다음과 같은 화면이 나타난다.

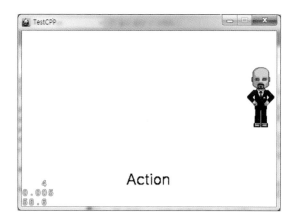

앞에서 작성한 코드대로 스프라이트가 메뉴 아이템이 선택됐을 때 지정한 액션을 수행할 것이다. cocos2d-x에서는 이렇게 간단하게 스프라이트에 액션 기능을 추가할 수 있다.

이번에는 [예제 8-2]의 코드를 다음과 같이 고쳐서 실행해 보자.

```
auto myAction = MoveBy::create(2, Point(400, 0));
auto myAction = MoveTo::create(2, Point(400, 0));
```

액션에서 By는 현재 값에서 지정한 값만큼 변하는 액션을 수행하고, To는 지정한 값으로 변하는 액션을 수행한다고 했다. 위의 예제에서 보면 메뉴를 선택해 doAction 함수를 호출하게 되면 MoveBy는 현재 위치에서 x좌표만 400 이동해 Position이 (50,200)에서 (450, 200)이 되는 것이고, MoveTo는 (50, 200)에서 x좌표 및 y좌표가 모두 변해서 (400, 0)으로 좌표가 바뀐다.

이후 모든 액션 테스트는 doAction의 코드를 수정해 테스트해 보면 된다.

```
void HelloWorld::doAction(Object* pSender)
{

}
```

이번 액션은 JumpBy와 JumpTo다. doAction을 다음과 같이 수정해서 실행해보자. 파라미터로 들어가는 값을 다양하게 수정해서 테스트해 보기 바란다.

[예제 8-3] HelloWorldScene.cpp - JumpBy, JumpTo

```cpp
void HelloWorld::doAction(Object* pSender)
{
    auto myAction = JumpBy::create(2, Point(400, 0), 50, 3);

    pMan->runAction(myAction);
}
```

이번 예제에서 점프는 현재 위치에서 x축으로 +400만큼 이동하면서 높이는 50만큼 세 번 점프하면서 이동하는 것이다.

다음은 예제를 실행한 화면이다. 책에서는 확인하기가 어렵고 직접 시뮬레이터에서 확인해보기 바란다.

이번에는 [예제 8-3]의 코드를 다음과 같이 고쳐서 실행해 보자.

```cpp
auto myAction = JumpBy::create(2, Point(400, 0), 50, 3);
auto myAction = JumpTo::create(2, Point(400, 0), 50, 3);
```

위치에 관한 세 번째 액션인 BezierBy와 BezierTo는 조금 복잡하다. 다음 그림과 [예제 8-4]의 코드를 비교해서 보면 현재 객체의 위치를 P0, controlPoint_1은 P1, controlPoint_2는 P2, endPosition은 P3이라고 보면 함수를 이해하기 쉬울 것이다. S자 같은 곡선을 원하면 P2를 더 아래로 이동하면 S자 곡선이 나오는데 [예제 8-4]의 첫 번째 ccBezierConfig에 설정된 값이 S자를 구현한 것이다.

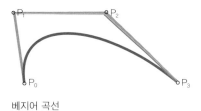
베지어 곡선

다음 그림과 [예제 8-4]의 코드를 비교해서 보면 현재 객체의 위치를 P0, controlPoint_1은 P1, controlPoint_2는 P1, endPosition은 P2이라고 보면 함수를 이해하기 쉬울 것이다. 이 형태로 포물선을 그릴 수 있다. [예제 8-4]의 두 번째 ccBezierConfig에 설정된 값이 포물선을 구현한 것이다.

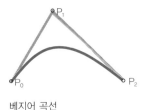
베지어 곡선

두 그림 모두 앵그리버드나 포트리스에서 포탄이 날아가는 모습을 상상해 보면 이해하기 쉬울 것이다. 한마디로 말하면 곡선으로 이동하는 액션이다.

doAction을 다음과 같이 수정해서 테스트해 보기 바란다.

[예제 8-4] HelloWorldScene.cpp - BezierBy, BezierTo

```
void HelloWorld::doAction(Object* pSender)
{
    ccBezierConfig bezier1;
```

```
        bezier1.controlPoint_1 = Point(150, 150);
        bezier1.controlPoint_2 = Point(250, -150);
        bezier1.endPosition = Point(350,0);

        ccBezierConfig bezier2;
        bezier2.controlPoint_1 = Point(200, 150);
        bezier2.controlPoint_2 = Point(200, 150);
        bezier2.endPosition = Point(350,0);

        // bezier1과 bezier2 중 하나를 선택해 파라미터에 전달한다.
        auto myAction = BezierBy::create(3, bezier1);

        pMan->runAction(myAction);
    }
```

다음은 예제를 실행한 결과다. 마찬가지로 직접 시뮬레이터에서 움직임을 확인하기 바란다.

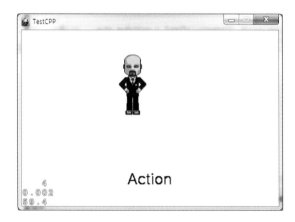

위치에 관한 마지막 액션인 네 번째 액션인 Place는 By와 To가 없다. 또한 리버스 액션도 없다. Place는 단지 위치를 속성으로 지정하는 것이 아니고 액션으로 지정하는 함수다.

[예제 8-5] HelloWorldScene.cpp – Place

```
void HelloWorld::doAction(Object* pSender)
{
    auto myAction = Place::create( Point(300,200) );
```

```
    pMan->runAction(myAction);
}
```

그래서 Place는 다음과 같이 표현할 수 있다. 둘 다 같은 결과를 보여준다.

```
pMan->runAction(Place::create( Point(300,200) ));
```

```
pMan->runAction(Point(300,200));
```

크기에 관한 액션은 ScaleBy와 ScaleTo다. doAction을 다음과 같이 수정해서 실행해보자.

[예제 8-6] HelloWorldScene.cpp – ScaleBy, ScaleTo

```
void HelloWorld::doAction(Object* pSender)
{
    auto myAction = ScaleBy::create(2, 2.0f);

    pMan->runAction(myAction);
}
```

이번에는 [예제 8-6]의 코드를 다음과 같이 고쳐서 실행해 보자.

```
auto myAction = ScaleBy::create(2, 2.0f);
auto myAction = ScaleTo::create(2, 2.0f);
```

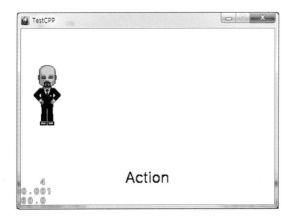

스케일 액션은 같은 메뉴를 여러 번 클릭해 함수를 여러 번 호출하면 By와 To의 차이점을 좀 더 명확하게 구분해서 알 수 있다. 다음은 By를 한 번 적용한 것이다. 그런데 계속 메뉴 버튼을 터치하면 현재 값에서 계속 두 배만큼 커진다. 이에 반해 To 액션은 현재 사이즈보다 두 배 커지면 메뉴를 계속 터치하더라도 더는 크기가 변하지 않는다.

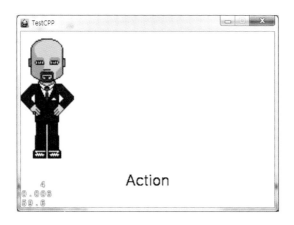

회전에 관한 액션은 RotateBy와 RotateTo다. doAction을 다음과 같이 수정해서 실행해보자. 여기서 파라미터로 전달되는 값을 다양하게 수정해서 어느 방향으로 회전하는지 테스트해 보기 바란다.

[예제 8-7] HelloWorldScene.cpp – RotateBy, RotateTo

```cpp
void HelloWorld::doAction(Object* pSender)
{
    // 회전 목적지가 제자리이므로 회전하지 않는다.
    auto myAction = RotateTo::create(2, 360);

    /*
    // 가까운 쪽으로 회전 방향이 자동으로 결정된다.
    auto myAction = RotateTo::create(2, 90);
    auto myAction = RotateTo::create(2, 180);
    auto myAction = RotateTo::create(2, 270);
    */
    pMan->runAction(myAction);
}
```

앞의 예제를 보면 By와 To를 확실히 구분할 수 있을 것이다. 주석에 적혀 있듯이 To는 해당 위치로 회전하는 것이므로 현재 위치와 이동 위치가 같다면 회전할 필요가 없으므로 회전하지 않는다. 반면 By는 현재 위치를 기준으로 시계 방향으로 해당 위치까지 회전하는 것이므로 무조건 회전하게 된다.

또한 To의 경우 회전은 자동으로 가까운 방향으로 회전하게 된다. doAction의 두 번째, 세 번째, 네 번째 액션을 테스트해 보기 바란다.

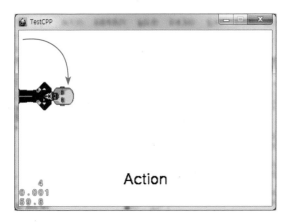

RotateTo::create(2, 90)

RotateTo::create(2, 180)

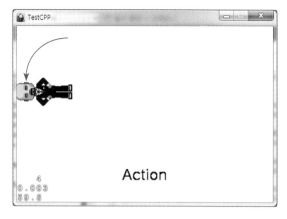

RotateTo::create(2, 270)

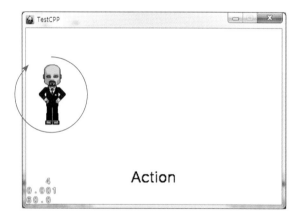

RotateBy::create(2, 360)

블링크(Blink)는 스프라이트를 깜박이게 만든다. 다음 코드는 2초 동안 5회 깜박이게 하는 액션의 예다.

```
auto myAction = Blink::create(2, 5);
```

스프라이트를 점점 나타나게 하거나 점점 사라지게 할 수도 있는데, 이를 가능하게 하는 액션이 바로 FadeIn과 FadeOut이다. FadeIn과 FadeOut에서는 간단하게 나타나거나 사라질 시간을 설정하면 된다.

FadeIn과 FadeOut은 투명도(Opacity)를 사용하는 것이므로, 나타나게 하려면 먼저 투명도 (Opacity) 값을 0으로 지정해 안 보이게 해야 한다.

```
auto myAction1 = FadeOut::create(1.5f);
auto myAction2 = FadeIn::create(1.5f);
```

앞의 예제에서 myAction1은 1.5초 동안 점점 나타나게 하고, myAction2는 1.5초 동안 점점 사라지게 한다.

스프라이트의 농도 변경은 TintTo와 TintBy로 수정할 수 있다. 이번에도 To와 By가 나와 있는데 To는 절대적으로 RGB에 해당하는 농도로 변경되고 By는 현재의 값에서 rgb가 추가되어 색상이 변경된다.

다음은 이를 보여주는 예제 코드다.

```
auto myAction1 = TintTo::create(2, 128, 128, 128);
auto myAction2 = TintBy::create(2, 0, -30, 30);
```

책의 예제로 제공되는 ActionEx2는 ActionEx1의 Action에 대해 Reverse Action을 구현한 예제다.

복합 액션

복합 액션(Composition action)은 여러 개의 액션을 순차적으로 또는 동시에 함께 애니메이션을 실행하는 것을 말한다. 예를 들면 회전(rotation)하면서 특정 위치로 이동(move)한다거나, 점점 커지면서(scale) 사라진다거나(fadeout) 또는 커지고 나서 다른 위치로 이동한 다음 다시 원래 상태로 돌아가는(reverse) 순차적인 애니메이션 등을 구현할 수 있다.

Sequence

시퀀스(Sequence)는 액션의 순서를 만들고 순차적으로 실행한다.

```
auto move1 = MoveTo::create(2, Point(100,100));
auto move2 = MoveBy::create(2, Point(80,80));
auto move3 = MoveBy::create(2, Point(0,80));

auto seq = Sequence::create( move1, move2, move3, NULL);

pMan->runAction(seq);
```

move1이 가장 먼저 실행되고 move1이 끝나고 난 후 move2가 실행된다. move2가 끝나면 move3이 실행된다.

 내부의 액션들은 무한히 반복돼서는 안 되므로 Sequence에 RepeatForever를 추가할 수 없다.

새로운 프로젝트를 다음과 같이 만든다.

- 프로젝트명 : ActionEx3
- 패키지명 : com.study.exam14

그리고 다음의 디렉터리에서 파일을 찾아 리소스에 추가한다.

cocos2d-x가 설치된 디렉터리/samples/Cpp/TestCpp/Resources/Images

• grossini.png

해당 파일을 찾아 프로젝트의 Resources 디렉터리 아래에 Images 디렉터리를 만들고 복사한다. 그리고 맥에서 개발하는 경우 앞에서 해 본 바와 같이 Images 디렉터리를 프로젝트의 Resources 그룹 아래로 드래그 앤 드롭해서 프로젝트에 포함시킨다.

이제 기본형에 다음과 같이 코드를 입력해서 수정한다.

[예제 8-8] HelloWorldScene.h

```
#ifndef __HELLOWORLD_SCENE_H__
#define __HELLOWORLD_SCENE_H__

#include "cocos2d.h"

class HelloWorld : public cocos2d::LayerColor
{
public:
    static cocos2d::Scene* createScene();

    virtual bool init();

    CREATE_FUNC(HelloWorld);

①   cocos2d::Sprite* pMan;

②   void doAction(Object* pSender);
};

#endif // __HELLOWORLD_SCENE_H__
```

헤더에 cpp 파일에서 사용될 변수를 1번과 같이 추가하고, 추가로 구현될 함수를 2번과 같이 선언한다.

이제 4장에서 설명한 기본형에 다음과 같이 코드를 입력해 수정한다.

```cpp
bool HelloWorld::init()
{
    if ( !LayerColor::initWithColor(Color4B(255,255,255,255)) )
    {
        return false;
    }

    /////////////////////////////

    // 메뉴 아이템 생성 및 초기화

    auto pMenuItem = MenuItemFont::create(
                        "Action",
                        CC_CALLBACK_1(HelloWorld::doAction, this));
    pMenuItem->setColor(Color3B(0, 0, 0));

    // 메뉴 생성
    auto pMenu = Menu::create(pMenuItem, NULL);

    // 메뉴 위치 지정
    pMenu->setPosition(Point(240, 50));

    // 레이어에 메뉴 객체 추가
    this->addChild(pMenu);


    // Grossini 씨 스프라이트 추가
    pMan = Sprite::create("Images/grossini.png");
    pMan->setPosition(Point(50, 160));   // 좌표 지정
    this->addChild(pMan);


    return true;
}
```

```cpp
void HelloWorld::doAction(Object* pSender)
{
    // Grossini 씨 스프라이트 제거
    pMan->removeFromParentAndCleanup(true);

    // Grossini 씨 스프라이트 추가
    pMan = Sprite::create("Images/grossini.png");
    pMan->setPosition(Point(50, 160));    // 좌표 지정
    this->addChild(pMan);

    // 다음의 함수 호출
    this->ActionSequence(this);
}

void HelloWorld::ActionSequence(Object* pSender)
{
    auto action = Sequence::create(
                    MoveBy::create(2, Point(400, 0)),
                    RotateBy::create(2, 540),
                    NULL);

    pMan->runAction(action);
}
```

앞의 예제는 현재 위치에서 x좌표는 +400, y좌표는 +0으로 이동한 후 제자리에서 두 바퀴를 도는 액션을 차례대로 수행하는 예제다. 액션을 수행하는 총 시간은 각 액션의 수행 시간을 더한 4초다.

Spawn

스폰(Spawn)은 등록된 모든 액션을 동시에 실행하는 액션이다. 즉, 점점 커지는 액션과 이동 액션을 등록했을 경우, 점점 커지면서 해당 위치로 이동한다. 그런데 여기서 주의해야 할 것은 시작 시간이 같은 것이지 액션이 끝나는 시간은 각 액션에서 지정한 시간에 따라 다르다는 점이다. 개발할 때 동시에 액션이 완료되게 하고 싶다면 각 액션의 시간을 동일하게 지정해야

한다. 만약 끝나는 시간이 다른 스폰 액션을 시퀀스(Sequence) 액션의 구성요소로 등록했다면 액션 시간이 가장 긴 액션을 완료한 후 다음에 등록된 액션이 실행된다.

[예제 8-9]의 doAction을 다음과 같이 수정해서 실행해보자.

[예제 8-10] HelloWorldScene.cpp

```cpp
void HelloWorld::doAction(Object* pSender)
{
    … 생략 …

    // 다음의 함수 호출
    this->ActionSpawn(this);
}


void HelloWorld::ActionSpawn(Object* pSender)
{
    // 4초에 4번 점프(초당 1번 점프)
    // 회전은 2초만.
    // 그러므로 점프를 두 번 하는 동안 회전, 나머지는 그냥 점프만 한다.

    auto action = Spawn::create(
                JumpBy::create(4, Point(400, 0), 50, 4),
                RotateBy::create(2, 720),
                NULL);

    pMan->runAction(action);
}
```

앞의 예제는 현재 위치에서 x좌표는 +400, y좌표는 +0으로 점프하면서 이동할 때 동시에 두 바퀴를 도는 액션을 수행하는데, 액션의 수행시간이 달라 점프하면서 이동하는 앞부분에서만 회전을 하게 된다. 액션을 수행하는 총 시간은 제일 긴 액션의 수행시간인 4초다.

Reverse

액션을 반대로 실행하게 한다. 만약 A에서 B로 이동하는 액션에 대해 다음과 같이 리버스 (reverse)를 호출하면 B에서 A로 이동하게 된다.

[예제 8-11] HelloWorldScene.cpp

```cpp
void HelloWorld::doAction(Object* pSender)
{
    … 생략 …

    // 다음의 함수 호출
    this->ActionReverse(this);
}

void HelloWorld::ActionReverse(Object* pSender)
{
    auto action = MoveBy::create(2, Point(400, 0));
    auto reverseAction = action->reverse();

    pMan->runAction(reverseAction);
}
```

시퀀스와 다음에 배울 리피트(Repeat)나 리피트포에버(RepeatForever)를 사용한다면 스타 크래프트의 순찰 지정과 같은 형태의 무한 반복도 가능하다.

Repeat, RepeatForever

리피트(Repeat)와 리피트포에버(RepeatForever)는 각각 지정한 횟수만큼 반복하거나 등록 된 액션을 무한대로 반복하는 액션이다.

[예제 8-12] HelloWorldScene.cpp

```cpp
void HelloWorld::doAction(Object* pSender)
{
    … 생략 …
```

```
    // 다음의 함수 호출
this->ActionRepeat(this);
}

void HelloWorld::ActionRepeat(Object* pSender)
{
    auto myActionForward = MoveBy::create(2, Point(400, 0));
    auto myActionBack = myActionForward->reverse();
    auto myAction = Sequence::create(myActionForward, myActionBack, NULL);

    auto rep1 = Repeat::create(myAction, 3);

    pMan->runAction(rep1);
}
```

위 예제에서는 2초 동안 오른쪽으로 +400픽셀만큼 이동했다가 다시 2초 동안 왼쪽으로 −400픽셀을 이동해 원위치로 오는 액션을 세 번 반복한다.

리피트포에버를 위해서는 위의 예제에서 코드를 다음과 같이 수정하면 된다.

[예제 8-13] HelloWorldScene.cpp

```
void HelloWorld::doAction(Object* pSender)
{
    … 생략 …

    // 다음의 함수 호출
    this->ActionRepeatForever(this);
}

void HelloWorld::ActionRepeatForever(Object* pSender)
{
    auto myActionForward = MoveBy::create(2, Point(400, 0));
    auto myActionBack = myActionForward->reverse();
    auto myAction = Sequence::create(myActionForward, myActionBack, NULL);

    auto rep2 = RepeatForever::create(myAction);
```

```
        pMan->runAction(rep2);
    }
```

리피트포에버를 지정한 액션은 스타크래프트의 순찰 지정과 같이 무한 반복된다.

DelayTime

딜레이타임(DelayTime)은 지정된 시간 동안 대기시키는 액션이다. 시퀀스로 각 액션을 등록
할 경우 일정 시간 동안 지연 효과를 줄 때 아주 유용하게 사용할 수 있다. 다음과 같이 초 단
위로 지연시킬 수 있다.

[예제 8-11] HelloWorldScene.cpp

```
void HelloWorld::doAction(Object* pSender)
{
    … 생략 …

    // 다음의 함수 호출
    this->ActionDelayTime(this);
}


void HelloWorld::ActionDelayTime(Object* pSender)
{
    auto act1 = RotateTo::create(1, 150);
    auto act2 = RotateTo::create(1, 0);
    auto myAction = Sequence::create(
                        act1,
                        DelayTime::create(2),
                        act2,
                        DelayTime::create(1),
                        NULL);

    auto rep2 = RepeatForever::create(myAction);

    pMan->runAction(rep2);
}
```

앞의 예제는 딜레이타임을 사용해 150도 회전했다가 2초 동안 지연시킨 후 다시 처음의 자리로 회전하는 애니메이션을 구현한 예제다.

DelayTime의 응용

프로그램을 작성하다 보면 특정 시간이 경과된 후에 함수를 호출하고 싶을 때가 있다. 그러한 경우에 특정 오브젝트의 시퀀스 액션에 딜레이타임을 주는 것이 아니라 this 객체에 시퀀스 액션을 만들고 딜레이타임을 지정해서 함수를 호출할 수도 있다.

```
auto action = Sequence::create(
        DelayTime::create(2.0f),
        CallFunc::create(CC_CALLBACK_0(HelloWorld::doSomeFunction, this)),
        NULL);
this->runAction(action);
```

이즈 액션

이즈(Ease) 액션은 액션 내부의 액션 기간을 수정하는 특별한 복합 액션이다. 이 액션은 내부 액션의 속도를 수정하지만 전체 동작 시간을 수정하지는 않는다. 내부 액션이 5초 동안 수행된다면 전체 액션 또한 5초 동안 진행된다.

Ease Actions

이즈 액션은 선형적인 액션의 동작 시간을 수정한다. 예를 들면, 내부 액션을 가속화하거나 저속화한다.

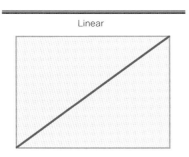

Linear

이즈 액션은 세 가지 유형으로 구분할 수 있다.

- · EaseIn : 액션이 처음에 느렸다가 끝에서 빨라진다.
- · EaseOut : 액션이 처음에 빨랐다가 나중에 느려진다.
- · EaseInOut : 액션이 처음에 느렸다가 중간에 빨라지고 다시 끝에 느려진다.

새로운 프로젝트를 다음과 같이 만든다.

- · 프로젝트명 : ActionEx4
- · 패키지명 : com.study.exam15

그런 다음 다음의 디렉터리에서 파일을 찾아 리소스에 추가한다.

cocos2d-x가 설치된 디렉터리/samples/Cpp/TestCpp/Resources/Images

- grossini.png
- grossinis_sister1.png
- grossinis_sister2.png
- r1.png

해당 파일을 찾아 프로젝트의 Resources 디렉터리 아래에 Images 디렉터리를 만들고 복사한다. 그리고 맥에서 개발하는 경우 앞에서 해 본 바와 같이 Images 디렉터리를 프로젝트의 Resources 그룹 아래로 드래그 앤 드롭해서 프로젝트에 포함시킨다.

이제 기본형에 다음과 같이 코드를 입력해 수정한다.

[예제 8-14] HelloWorldScene.h

```
#ifndef __HELLOWORLD_SCENE_H__
#define __HELLOWORLD_SCENE_H__

#include "cocos2d.h"

class HelloWorld : public cocos2d::LayerColor
{
public:
    static cocos2d::Scene* createScene();

    virtual bool init();

    CREATE_FUNC(HelloWorld);

①  cocos2d::Sprite* pBall;
    cocos2d::Sprite* pMan;
    cocos2d::Sprite* pWomen1;
    cocos2d::Sprite* pWomen2;

②  void doAction(Object* pSender);
③  void doActionReset();
};

#endif // __HELLOWORLD_SCENE_H__
```

cpp에서 사용할 변수 네 개를 1번에서 선언했다. 또한 2번, 3번에서는 cpp에서 구현할 함수를 선언했다.

이제 기본형에 다음과 같이 코드를 입력해 수정한다.

[예제 8-15] HelloWorldScene.cpp

```cpp
bool HelloWorld::init()
{
    if ( !LayerColor::initWithColor(Color4B(255,255,255,255)) )
    {
        return false;
    }


    /////////////////////////////

    // 메뉴 아이템 생성 및 초기화

    auto pMenuItem = MenuItemFont::create(
                        "Action",
                        CC_CALLBACK_1(HelloWorld::doAction, this));
    pMenuItem->setColor(Color3B(0, 0, 0));

    // 메뉴 생성
    auto pMenu = Menu::create(pMenuItem, NULL);

    // 메뉴 위치 지정
    pMenu->setPosition(Point(240, 50));

    // 레이어에 메뉴 객체 추가
    this->addChild(pMenu);


    // 동그란 버튼 스프라이트 추가
    pBall = Sprite::create("Images/r1.png");
    pBall->setPosition(Point(50, 100));
①   pBall->setScale(0.7f);
```

```
        this->addChild(pBall);


        // Grossini 씨의 스프라이트 추가
        pMan = Sprite::create("Images/grossini.png");
        pMan->setPosition(Point(50, 150));
②      pMan->setScale(0.5f);
        this->addChild(pMan);

        // Grossini 씨의 sister1 스프라이트 추가
        pWomen1 = Sprite::create("Images/grossinis_sister1.png");
        pWomen1->setPosition(Point(50, 220));
③      pWomen1->setScale(0.5f);
        this->addChild(pWomen1);

        // Grossini 씨의 sister2 스프라이트 추가
        pWomen2 = Sprite::create("Images/grossinis_sister2.png");
        pWomen2->setPosition(Point(50, 280));
④      pWomen2->setScale(0.5f);
        this->addChild(pWomen2);


        return true;
    }

void HelloWorld::doAction(Object* pSender)
{
    doActionReset();
    // 다음 예제에서 구현한다.
    …
}

void HelloWorld::doActionReset()
{
    pBall->setPosition(Point(50, 100));
    pBall->setScale(0.7f);

    pMan->setPosition(Point(50, 150));
```

```
        pMan->setScale(0.5f);

        pWomen1->setPosition(Point(50, 220));
        pWomen1->setScale(0.5f);

        pWomen2->setPosition(Point(50, 280));
        pWomen2->setScale(0.5f);
    }
```

1번, 2번, 3번, 4번 코드는 그림이 너무 커서 서로 화면에서 겹치게 되므로 크기를 줄이기 위한 코드다.

여기까지 구현했으면 프로젝트를 실행해 본다. 아직 doAction 함수의 내용을 작성하지 않았으므로 메뉴를 선택해도 별다른 액션은 일어나지 않는다.

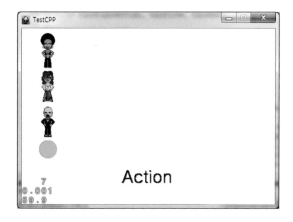

이제 doAction 함수를 다음과 같이 수정해 이즈 액션을 만들어 본다.

[예제 8-16] HelloWorldScene.cpp

```
void HelloWorld::doAction(Object* pSender)
{
    doActionReset();

    // 정상 속도
    auto move = MoveBy::create(3.0f, Point(400, 0));
```

```
    // 속도 ---------------------------------------
    // 빨라지기 : 시작이 늦고 나중에 빠름
    auto ease_in    = EaseIn::create(move, 4.0f);
    // 느려지기 : 시작이 빠르고 나중에 늦음
    auto ease_out   = EaseOut::create(move, 4.0f);
    // 빨라졌다 느려지기 : 시작과 끝이 빠르고 중간이 늦음
    auto ease_inout1 = EaseInOut::create(move, 4.0f);
//    auto ease_inout2 = EaseInOut::create(move->clone(), 3.0f);
//    auto ease_inout3 = EaseInOut::create(move->clone(), 1.0f);

    pBall->runAction(move);
    pMan->runAction(ease_in);
    pWomen1->runAction(ease_out);
    pWomen2->runAction(ease_inout1);
}
```

기본 액션은 3.0초 동안 오른쪽으로 +400 픽셀만큼 이동하는 것이다. 이 기본 액션을 바탕으로 이즈 액션을 만드는 것이다. 자, 그럼 이제 실행해보자.

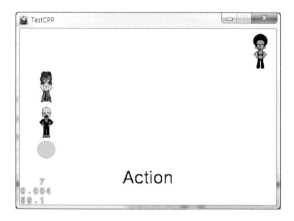

예상과는 달리 pWoman2 스프라이트만 움직인다. 코드에서 보면 move가 계속 사용된 것을 볼 수 있다. 이처럼 같은 액션을 같이 사용하게 되면 맨 마지막 것만 적용받게 된다. 그래서 모든 스프라이트에 우리가 원한 액션을 수행하려면 다음과 같이 수정해야 한다.

```
void HelloWorld::doAction(Object* pSender)
{
    doActionReset();

    // 정상 속도
    auto move = MoveBy::create(3.0f, Point(400, 0));

    // 속도 ---------------------------------------
    // 빨라지기 : 시작이 늦고 나중에 빠름
    auto ease_in     = EaseIn::create(move->clone(), 4.0f);
    // 느려지기 : 시작이 빠르고 나중에 늦음
    auto ease_out    = EaseOut::create(move->clone(), 4.0f);
    // 빨라졌다 느려지기 : 시작과 끝이 빠르고 중간이 늦음
    auto ease_inout1 = EaseInOut::create(move->clone(), 4.0f);
//  auto ease_inout2 = EaseInOut::create(move->clone(), 3.0f);
//  auto ease_inout3 = EaseInOut::create(move->clone(), 1.0f);

    pBall->runAction(move);
    pMan->runAction(ease_in);
    pWomen1->runAction(ease_out);
    pWomen2->runAction(ease_inout1);
}
```

보다시피 추가되는 이즈 액션마다 move 액션을 복사해 하나씩 더 만들어서 사용하고 있다.

이제 이 코드를 실행해 보면 pBall로 선언한 스프라이트는 기본 액션을 수행할 것이다. pMan으로 선언된 스프라이트는 EaseIn 액션을 수행하므로 시작이 늦고 나중에 빨라진다. pWoman1로 선언된 스프라이트는 EaseOut 액션으로 시작이 빠르고 나중이 느리다. pWoman2로 선언된 스프라이트는 EaseInOut 액션을 수행하므로 시작과 끝이 느리고 중간이 빠르다. EaseInOut의 변화를 확실히 느끼고 싶다면 파라미터를 4.0f에서 다른 값으로 바꿔 보면서 다양하게 테스트해 보기 바란다.

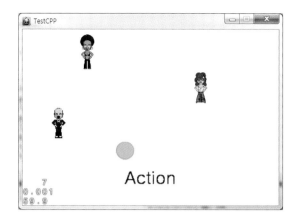

```
EaseIn::create(move->clone(), 4.0f);
```

NOTE 두 번째 파라미터는 이즈 액션이 적용되지 않은 노멀 액션에 비해 어떤 비율로 이즈 액션을 적용할지 지정하는 숫자다. 1.0f로 하면 이즈 액션을 적용해도 노멀 액션과 똑같은 비율로 변하므로 이즈 액션이 적용된 것처럼 보이지 않는다.

EaseExponential Actions

함수는 다음의 세 가지가 있다.

- EaseExponentialIn
- EaseExponentialOut
- EaseExponentialInOut

다음 그래프를 보면 알 수 있듯이 기존 이즈 액션보다 좀 더 가속도가 심하다.

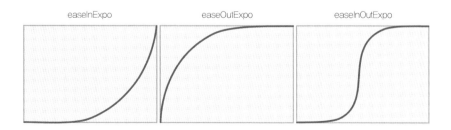

```
auto move1 = MoveBy::create(4.0f, Point(400,0));
auto move2 = EaseExponentialIn::create(move1);
```

EaseSine Actions

다음 그래프를 보면 기존 Ease Action보다 가속도가 조금 덜하다는 것을 알 수 있다.

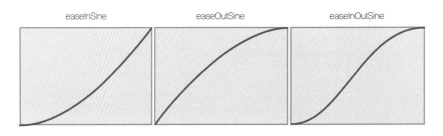

```
auto move1 = MoveBy::create(4.0f, Point(400,0));
auto move2 = EaseSineIn::create(move1);
```

EaseElastic Actions

이 액션은 탄성 시뮬레이션 기간을 수정한다. 탄성 액션은 0보다 크고 1보다 작은 time 값을 사용하며, 내부 액션은 특정 값에 의해 영향을 받는다.

- 두 번째 파라미터인 'period' 파라미터에서 얼마만큼 탄력적인가를 지정
- 기본값 : 0.3
- 권고값 : 0.3부터 0.45

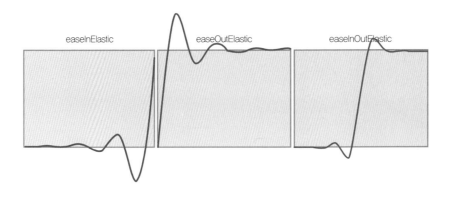

MoveBy, ScaleBy, RotateBy 같은 간단한 액션은 이즈바운스 액션에 적용해도 무방하지만 Sequence 또는 Spawn 액션은 예기치 못한 결과를 얻을 수 있다.

[예제 8-18] HelloWorldScene.cpp

```cpp
void HelloWorld::doAction(Object* pSender)
{
    doActionReset();

    // 정상 속도
    auto move = MoveBy::create(3.0f, Point(400, 0));

    // 탄성 ----------------------------------------
    // 시작 부분 탄성
    auto ease_in    = EaseElasticIn::create(move->clone(), 0.4f);
    // 끝 부분 탄성
    auto ease_out   = EaseElasticOut::create(move->clone(), 0.4f);
    // 시작 부분과 끝 부분 탄성
    auto ease_inout1 = EaseElasticInOut::create(move->clone(), 0.4f);

    pBall->runAction(move);
    pMan->runAction(ease_in);
    pWomen1->runAction(ease_out);
    pWomen2->runAction(ease_inout1);
}
```

자, 그럼 코드를 완성했으면 프로젝트를 실행해 본다.

실행 화면에서 유심히 봐야 할 것은 시작 부분에 탄성을 주면 좌측으로 이동했다가, 즉 x축으로 마이너스 이동을 했다가 오른쪽으로 플러스 이동을 한다는 것이다. 끝 부분에 탄성을 주면 목표점보다 더 갔다가 다시 목표점으로 돌아온다. 이것이 탄성이다.

EaseBounce Actions

이즈바운스(EaseBounce) 액션은 통통 튀기는 효과를 시뮬레이션한다.

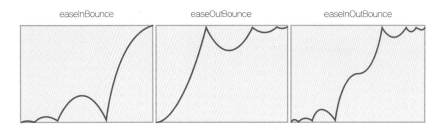

MoveBy, ScaleBy, RotateBy 같은 간단한 액션은 이즈바운스 액션에 적용해도 무방하지만 Sequence 또는 Spawn 액션은 예기치 못한 결과를 얻을 수 있다.

[예제 8-19] HelloWorldScene.cpp

```cpp
void HelloWorld::doAction(Object* pSender)
{
    doActionReset();

    // 정상 속도
    auto move = MoveBy::create(3.0f, Point(400, 0));

    // 바운스 ----------------------------------------
    // 시작 부분 바운스
    auto ease_in    = EaseBounceIn::create(move->clone(), 0.4f);
    // 끝 부분 바운스
    auto ease_out   = EaseBounceOut::create(move->clone(), 0.4f);
    // 시작 부분과 끝 부분 바운스
    auto ease_inout1 = EaseBounceInOut::create(move->clone(), 0.4f);

    pBall->runAction(move);
    pMan->runAction(ease_in);
    pWomen1->runAction(ease_out);
    pWomen2->runAction(ease_inout1);
}
```

자, 그럼 코드를 완성했으면 프로젝트를 실행해 본다.

실행 화면에서 유심히 봐야 할 것은 바운스는 탄성과는 달리 액션의 방향과 범위 안에서 통통 튄다는 것이다. 탄성은 액션의 방향과 반대로 범위 밖으로 튀었다가 다시 들어오는 것과 확실히 구분해서 알아둬야 한다.

EaseBack Actions

MoveBy, ScaleBy, RotateBy 같은 간단한 액션은 이즈백(EaseBack) 액션에 적용하는 것이 무방하지만 Sequence 또는 Spawn 액션은 예기치 못한 결과를 얻을 수 있다.

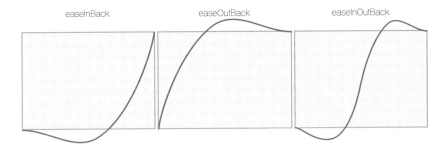

Speed Action

스피드(Speed) 액션은 내부 액션의 속도를 높인다.

[예제 8-20 | HelloWorldScene.cpp

```
void HelloWorld::doAction(Object* pSender)
{
    doActionReset();

    // 정상 속도
    auto move = MoveBy::create(3.0f, Point(400, 0));

    // 1배 빠르게 - 같은 속도
    auto ease_in    = Speed::create(move->clone(), 1.0f);
```

```
    // 2배 빠르게
    auto ease_out    = Speed::create(move->clone(), 2.0f);
    // 3배 빠르게
    auto ease_inout1 = Speed::create(move->clone(), 3.0f);

    pBall->runAction(move);
    pMan->runAction(ease_in);
    pWomen1->runAction(ease_out);
    pWomen2->runAction(ease_inout1);
}
```

이 액션의 사용 예를 든다면 캐릭터가 아이템을 먹으면 일정 시간 동안 이동 속도가 빨라진다 거나, 자동차 경주 게임에서 상대방이 사용한 아이템에 맞으면 갑자기 속도가 줄어드는 것과 같은 액션에 응용할 수 있다.

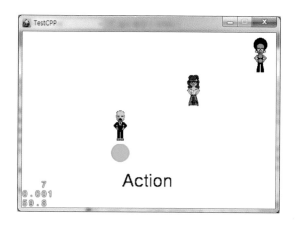

콜백 액션

CallFunc 액션을 이용하면 액션에서 함수를 호출할 수 있다. CallFunc 액션은 파라미터로 노드를 추가할 수도 있고, 노드와 포인터형 데이터를 파라미터로 추가할 수도 있다. 이렇게 세 가지 방식으로 사용되는 함수로서, 모두 시퀀스(sequence) 액션의 끝에 사용할 수 있는 유용한 액션이다.

새로운 프로젝트를 다음과 같이 만든다.

- 프로젝트명 : ActionEx5

- 패키지명 : com.study.exam16

그리고 다음의 디렉터리에서 파일을 찾아 리소스에 추가한다.

  cocos2d-x가 설치된 디렉터리/samples/Cpp/TestCpp/Resources/Images

- grossini.png

해당 파일을 찾아서 프로젝트의 Resources 디렉터리 아래에 Images 디렉터리를 만들고 복사한다. 그리고 맥에서 개발하는 경우 앞에서 해 본 바와 같이 Images 디렉터리를 프로젝트의 Resources 그룹 아래로 드래그 앤 드롭해서 프로젝트에 포함시킨다.

이제 기본형에 다음과 같이 코드를 입력해 수정한다.

[예제 8-21] HelloWorldScene.h

```
#ifndef __HELLOWORLD_SCENE_H__
#define __HELLOWORLD_SCENE_H__
```

```
#include "cocos2d.h"

class HelloWorld : public cocos2d::LayerColor
{
public:
    static cocos2d::Scene* createScene();

    virtual bool init();

    CREATE_FUNC(HelloWorld);

①  cocos2d::Sprite* pMan;

②  void doAction(Object* pSender);

③  void callback1();
④  void callback2(Node* sender);
⑤  void callback3(Node* sender, long data);
};

#endif // __HELLOWORLD_SCENE_H__
```

헤더에 cpp 파일에서 사용될 변수를 1번과 같이 추가하고, 추가로 구현될 함수를 2번, 3번, 4번, 5번과 같이 선언한다.

이제 4장에서 설명한 기본형에 다음과 같이 코드를 입력해 수정한다

[예제 8-22] HelloWorldScene.cpp

```
bool HelloWorld::init()
{
    if ( !LayerColor::initWithColor(Color4B(255,255,255,255)) )
    {
        return false;
    }

    ///////////////////////////
```

```
// 메뉴 아이템 생성 및 초기화

auto pMenuItem = MenuItemFont::create(
                    "Action",
                    CC_CALLBACK_1(HelloWorld::doAction, this));
pMenuItem->setColor(Color3B(0, 0, 0));

// 메뉴 생성
auto pMenu = Menu::create(pMenuItem, NULL);

// 메뉴 위치 지정
pMenu->setPosition(Point(240, 50));

// 레이어에 메뉴 객체 추가
this->addChild(pMenu);



// Grossini 씨 스프라이트 추가
pMan = Sprite::create("Images/grossini.png");
pMan->setPosition(Point(50, 160));    // 좌표 지정
this->addChild(pMan);



return true;
}

void HelloWorld::doAction(Object* pSender)
{
①  // Grossini 씨 스프라이트 제거
    pMan->removeFromParentAndCleanup(true);

    // 태그로 레이블 제거
    this->removeChildByTag(1, true);
    this->removeChildByTag(2, true);
    this->removeChildByTag(3, true);

    // Grossini 씨 스프라이트 추가
    pMan = Sprite::create("Images/grossini.png");
```

```cpp
    pMan->setPosition(Point(50, 160));   // 좌표 지정
    pMan->setTag(5);
    this->addChild(pMan);

②  pMan->setVisible(false);

③  auto action = Sequence::create(
        Place::create(Point(200, 200)),
        DelayTime::create(1.0),
        Show::create(),
        MoveBy::create(1, Point(200, 0)),
        CallFunc::create(CC_CALLBACK_0(HelloWorld::callback1, this)),
        CallFunc::create(CC_CALLBACK_0(HelloWorld::callback2, this, pMan)),
        CallFunc::create(CC_CALLBACK_0(HelloWorld::callback3, this, pMan, 42)),
        NULL);

    pMan->runAction(action);
}


#pragma mark -
#pragma mark Callback Functions

void HelloWorld::callback1()
{
    auto label = LabelTTF::create("callback 1 called", "Marker Felt", 16);
    label->setPosition(Point(120, 160));
    label->setColor(Color3B::BLACK);

    this->addChild(label);
}


void HelloWorld::callback2(Node* sender)
{
    auto label = LabelTTF::create("callback 2 called", "Marker Felt", 16);
    label->setPosition(Point(240, 140));
    label->setColor(Color3B::RED);

    this->addChild(label);
```

```
    auto tItem = (Sprite *)sender;
    int i = tItem->getTag();
    log("tag num : %d", i);
}


void HelloWorld::callback3(Node* sender, long data)
{
    auto label = LabelTTF::create("callback 3 called", "Marker Felt", 16);
    label->setPosition(Point(360, 120));
    label->setColor(Color3B::BLUE);

    this->addChild(label);

    log("param data : %d", data);
}
```

doAction 함수의 1번에서 2번 사이의 코드는 여러 번 터치하는 것에 대비한 리셋 코드다. 또한 3번의 시퀀스 함수에서 자리를 이동하고 스프라이트를 보여 주기 때문에 2번에서 먼저 히든 처리를 했다.

이후 이동이 끝나면 콜백 함수를 차례로 호출하는데, 각 콜백 함수는 화면에 레이블을 하나씩 생성한다. 이처럼 액션이 끝나고 어떤 동작을 수행해야 할 때 쓰이는 액션이 콜백 액션이다.

이제 이 코드를 실행해 보면 다음과 같은 식으로 콜백 함수가 세 번 호출되는 것을 확인할 수 있다.

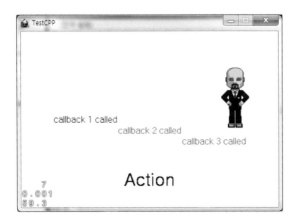

애니메이션 사용하기

애니메이션이란 여러 이미지를 연속해서 빠른 속도로 보여줘서 마치 하나의 이미지
가 움직이는 것처럼 보여주는 기술이다.

스프라이트 이미지란 게임에 등장하는 캐릭터나 배경, 혹은 배경에 등장하는 사물 등을 처리하기 위한 것으로 이들 스프라이트는 그냥 화면에 출력할 수도 있고 애니메이션의 형태로 출력할 수도 있다.

가장 흔히 사용하는 예는 캐릭터인데, 대개 게임상의 캐릭터는 사용자의 키 입력에 따라 애니메이션을 하는 것이 보통이다. 이러한 캐릭터의 애니메이션은 표현하고자 하는 애니메이션에 따라 여러 장의 이미지로 구성한다. 이때 각 애니메이션 프레임을 표현하는 이미지가 바로 캐릭터 스프라이트 이미지다. 다음 이미지는 캐릭터가 춤을 추는 동작을 표현하기 위한 여러 장의 이미지로서 이를 연속해서 빠르게 보여주면 캐릭터가 춤을 추는 동작을 구현할 수 있다.

[애니메이션을 위한 스프라이트 이미지]

스프라이트 이미지의 애니메이션은 위의 각 프레임을 차례대로 정해진 시간차를 둬서 출력함으로써 생성할 수 있다. 그리고 이들 각 프레임별 이미지를 출력할 때는 캐릭터 밖의 배경에 해당하는 색은 그리지 않는다.

대개 스프라이트는 이미 그려진 다른 배경 위에 겹쳐서 그리게 되는데, 이렇게 스프라이트 프레임의 배경을 그리지 않은 채 이미 그려진 다른 배경 위에 겹쳐서 그리면 배경 위에 캐릭터가 등장하는 원하는 장면을 얻을 수 있다.

애니메이션 기초

먼저 스프라이트를 이용한 간단한 애니메이션을 구현해 보자. Sprite의 runAction 함수를 사용해 애니메이션을 간단하게 구현할 수 있다.

새로운 프로젝트를 다음과 같이 만든다.

- 프로젝트명 : AnimationEx1

- 패키지명 : com.study.exam17

그리고 다음의 디렉터리에서 파일을 찾아 리소스에 추가한다.

cocos2d-x가 설치된 디렉터리/samples/Cpp/TestCpp/Resources/Images

- grossini_dance_01.png

- grossini_dance_02.png

- grossini_dance_03.png

- grossini_dance_04.png

- grossini_dance_05.png

- grossini_dance_06.png

- grossini_dance_07.png

- grossini_dance_08.png

- grossini_dance_09.png

- grossini_dance_10.png

- grossini_dance_11.png
- grossini_dance_12.png
- grossini_dance_13.png
- grossini_dance_14.png

해당 파일을 찾아서 프로젝트의 Resources 디렉터리 아래에 Images 디렉터리를 만들고 복사한다. 그리고 맥에서 개발하는 경우 앞에서 해 본 바와 같이 Images 디렉터리를 프로젝트의 Resources 그룹 아래로 드래그 앤 드롭해서 프로젝트에 포함시킨다.

이제 기본형에 다음과 같이 코드를 입력해 init를 수정한다. 앞의 예제에서처럼 cpp에 추가로 구현할 함수가 있으면 헤더 파일에도 선언을 추가하는 것을 잊지 말자.

[예제 9-1] HelloWorldScene.cpp

```
bool HelloWorld::init()
{
    if ( !LayerColor::initWithColor(Color4B(255,255,255,255)) )
    {
        return false;
    }


    ////////////////////////////

    // 스프라이트 생성 및 초기화
    auto pMan = Sprite::create("Images/grossini_dance_01.png");
    pMan->setPosition(Point(240, 160));
    this->addChild(pMan);


①  auto animation = Animation::create();
②  animation->setDelayPerUnit(0.3f);

③  animation->addSpriteFrameWithFile("Images/grossini_dance_01.png");
    animation->addSpriteFrameWithFile("Images/grossini_dance_02.png");
    animation->addSpriteFrameWithFile("Images/grossini_dance_03.png");
    animation->addSpriteFrameWithFile("Images/grossini_dance_04.png");
```

```
        animation->addSpriteFrameWithFile("Images/grossini_dance_05.png");
        animation->addSpriteFrameWithFile("Images/grossini_dance_06.png");
        animation->addSpriteFrameWithFile("Images/grossini_dance_07.png");
        animation->addSpriteFrameWithFile("Images/grossini_dance_08.png");
        animation->addSpriteFrameWithFile("Images/grossini_dance_09.png");
        animation->addSpriteFrameWithFile("Images/grossini_dance_10.png");
        animation->addSpriteFrameWithFile("Images/grossini_dance_11.png");
        animation->addSpriteFrameWithFile("Images/grossini_dance_12.png");
        animation->addSpriteFrameWithFile("Images/grossini_dance_13.png");
        animation->addSpriteFrameWithFile("Images/grossini_dance_14.png");

    ④   auto animate = Animate::create(animation);

    ⑤   pMan->runAction(animate);    // 1회 실행

        auto rep = RepeatForever::create(animate);
        pMan->runAction(rep);     // 반복 실행


        return true;
    }
```

① 애니메이션 객체를 먼저 선언하고 생성한다.
② 각 애니메이션 스프라이트 객체 간의 시간 간격을 설정한다.
③ 애니메이션 객체에 개별 스프라이트를 추가한다.
④ 애니메이션 객체를 가지고 애니메이션 액션을 만든다.
⑤ 기존 스프라이트에 애니메이션 액션을 수행한다.

애니메이션을 적용하려면 스프라이트가 위의 코드처럼 많이 필요하다. 아울러 스프라이트를 구성하기 위한 그림 리소스를 관리하는 것도 힘들어진다. 다음 예제에서는 이런 불편함을 해소할 수 있는 코드를 볼 수 있다.

일단 [예제 9-1]처럼 코드를 수정했으면 프로젝트를 실행해 본다.

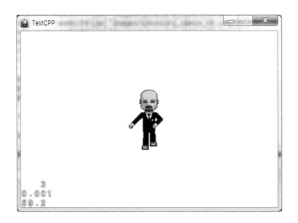

grossini 씨의 멋진 춤사위를 볼 수 있다. 그런데 한 번만 하고 끝난다. 코드를 다음과 같이 조금 더 수정해 보자.

```
auto animate = Animate::create(animation);
pMan->runAction(animate);  // 1회 실행
auto rep = RepeatForever::create(animate);
pMan->runAction(rep);   // 반복 실행
```

위의 코드를 작성하고 다시 실행해 보면 grossini 씨의 춤이 무한 반복될 것이다.

스프라이트시트 애니메이션 1

[예제 9-1]에서는 개별 리소스를 애니메이션에 추가했다. 이번 예제에서는 조금 다른 방법을 사용할 것이다.

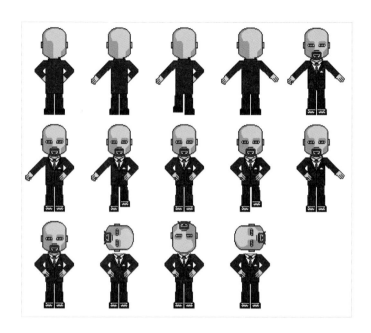

위와 같이 여러 개의 그림이 한 개의 이미지에 들어있는 형태의 이미지를 사용할 것이다. 이런 형태의 이미지를 스프라이트시트(SpriteSheet)라고 한다. 위의 grossini_dance_atlas.png는 512x512 사이즈의 그림이고 그 안의 각 캐릭터 그림은 85x121 사이즈다. 그러므로 읽을 때도 같은 크기로 부분부분 읽어들이면 된다.

새로운 프로젝트를 다음과 같이 만든다.

- 프로젝트명 : AnimationEx2
- 패키지명 : com.study.exam18

그리고 다음의 디렉터리에서 파일을 찾아 리소스에 추가한다.

> cocos2d-x가 설치된 디렉터리/samples/Cpp/TestCpp/Resources/Images

* grossini_dance_ atlas.png

해당 파일을 찾아 프로젝트의 Resources 디렉터리 아래에 Images 디렉터리를 만들고 복사한다. 그리고 맥에서 개발하는 경우 앞에서 해 본 바와 같이 Images 디렉터리를 프로젝트의 Resources 그룹 아래로 드래그 앤 드롭해서 프로젝트에 포함시킨다.

이제 기본형에 다음과 같이 코드를 입력해 init를 수정한다. 앞의 예제에서처럼 cpp에 추가로 구현할 함수가 있으면 헤더 파일에도 선언을 추가하는 것을 잊지 말자.

[예제 9-2] HelloWorldScene.cpp

```cpp
bool HelloWorld::init()
{
    if ( !LayerColor::initWithColor(Color4B(255,255,255,255)) )
    {
        return false;
    }
```

```
/////////////////////////////

①  auto sprite = Sprite::create("Images/grossini_dance_atlas.png");
    auto texture = sprite->getTexture();

②  auto animation = Animation::create();
③  animation->setDelayPerUnit(0.3f);

④  for (int i = 0; i<14; i++){
        // 첫째 줄에 5개의 프레임이 있고, 6번째부터는 두 번째 줄에 있으므로
        // 6번째(idx==5)부터는 y 좌표의 값을 증가시켜야 한다.
        int column = i % 5;
        int row = i / 5;

        animation->addSpriteFrameWithTexture(
                        texture,
                        Rect(column * 85, row * 121, 85, 121));
    }

    // 스프라이트 생성 및 초기화
⑧  auto pMan = Sprite::create("Images/grossini_dance_atlas.png",
                        Rect(0, 0, 85, 121));
    pMan->setPosition(Point(240, 160));
    this->addChild(pMan);

    // 애니메이션 액션 실행
⑤  auto animate = Animate::create(animation);
⑥  auto rep = RepeatForever::create(animate);
⑦  pMan->runAction(rep);


    return true;
}
```

① 모든 그림이 들어 있는 큰 그림을 스프라이트로 먼저 만든다.

② 애니메이션 디스크립터 객체를 선언하고 생성한다.

③ 각 애니메이션 스프라이트 객체 간의 시간 간격을 설정한다.

④ 애니메이션 디스크립터 객체에 개별 스프라이트를 추가한다. 개별 사이즈는 85 x 121이다.

⑤ 애니메이션 디스크립터 객체를 가지고 애니메이션 액션을 만든다.

⑥ 애니메이션에 액션을 반복 액션으로 만든다.

⑦ 기존 스프라이트에 애니메이션 액션을 수행한다.

이제 실행해 보자. 앞의 예제와 같은 결과 화면을 볼 수 있다.

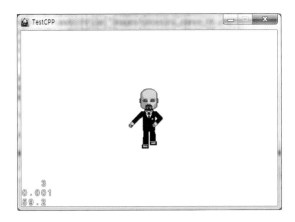

[예제 9-1]에 비해 애니메이션을 구성하는 데 사용하는 리소스가 하나뿐이다. 그래서 [예제 9-1]에 비해 리소스를 관리하기가 편해졌다.

> cocos2d-x에서 스프라이트는 이미지 파일을 읽어들여 OpenGL 상에서 사용할 수 있는 Texture2D 형식으로 변환하는 것인데, 여러 개의 리소스가 있다면 파일을 읽고 OpenGL 렌더링 루틴을 호출해 변환하고 OpenGL 캐시로 보관하는 과정이 반복된다.
> 파일을 읽는 부분과 렌더링하는 부분에서 많은 시스템 비용이 발생한다. 특히, 읽어들이는 크기보다 횟수에 더 비용이 많이 발생한다. 즉, 읽어들이는 리소스가 많아질수록 시스템 비용이 많이 발생한다는 의미다.

[노트]에서 볼 수 있듯이 이번 예제에서는 코드의 1번과 8번 부분에서 이미지 파일을 디스크 상에서 두 번 읽어들였다. 앞의 예제에 비해서는 시스템 비용이 많이 감소한 것을 알 수 있다.

하지만 8번 부분은 다음과 같이 수정하면 더 좋다.

```
auto pMan = Sprite::create("Images/grossini_dance_atlas.png",
                           Rect(0, 0, 85, 121));

auto pMan = Sprite::createWithTexture(texture, Rect(0, 0, 85, 121));
```

이렇게 수정하면 디스크 상에서 이미지 파일은 직접적으로 한 번만 읽히게 되므로 시스템적
으로 가장 큰 비용이 발생한다고 볼 수 있는 파일 입출력(File IO)이 한 번만 일어날 것이다.
또한 OpenGL 렌더링 부분도 한 번만 호출된다. 이처럼 파일에서 읽고 변환하는 과정 대신
메모리에서 생성되기 때문에 시스템 비용이 많이 감소하고 속도도 빨라진다.

이런 부분이 왜 필요한지 의아할 수도 있겠지만 나중에 실제로 큰 규모의 게임을 만들다 보면
메모리가 항상 부족하다고 느낄 것이고 구현된 부분이 항상 느리다고 느껴질 것이다. 이럴 때
생각해야 할 것이 여기서 본 시스템 비용을 줄이는 방법이다. 이런 시스템 비용을 하나씩 줄
여야 앱의 전체적인 성능을 향상시킬 수 있다.

다시 예제 코드로 돌아와서 앞의 예제는 다음과 같이 다양한 방법으로 이미지의 텍스처를 구
할 수 있다. 기존 코드를 다음과 같이 조금 수정하고, 새로운 부분은 추가하자.

[예제 9-3] HelloWorldScene.cpp

```
bool HelloWorld::init()
{
    if ( !LayerColor::initWithColor(Color4B(255,255,255,255)) )
    {
        return false;
    }

    ////////////////////////////////

    // 다양한 방법으로 스프라이트시트 텍스처를 만든다.

    // ------------------------------------------------------------
    // Type 1 : from Sprite
    // ------------------------------------------------------------
    auto sprite = Sprite::create("Images/grossini_dance_atlas.png");
    auto texture1 = sprite->getTexture();
```

```
// ---------------------------------------------------------
// Type 2 : from Texture
// ---------------------------------------------------------
    auto texture2 = Director::getInstance()->getTextureCache()->addImage("Images/
grossini_dance_atlas.png");

    // ---------------------------------------------------------
    // Type 3 : from BatchNode
    // ---------------------------------------------------------

    // small capacity. Testing resizing.
    // Don't use capacity=1 in your real game. It is expensive to resize the capacity
    auto batch = SpriteBatchNode::create("Images/grossini_dance_atlas.png", 10);
    auto texture3 = batch->getTexture();
    // ---------------------------------------------------------


    auto animation = Animation::create();
    animation->setDelayPerUnit(0.3f);

    for (int i = 0; i<14; i++){
        // 첫째 줄에 5개의 프레임이 있고, 6번째부터는 두 번째 줄에 있으므로
        // 6번째(idx==5)부터는 y 좌표의 값을 증가시켜야 한다.
        int column = i % 5;
        int row = i / 5;

        animation->addSpriteFrameWithTexture(
                        texture3,
                        Rect(column * 85, row * 121, 85, 121));
    }

    // 스프라이트 생성 및 초기화
    auto pMan = Sprite::createWithTexture(texture, Rect(0, 0, 85, 121));
    pMan->setPosition(Point(240, 160));
    this->addChild(pMan);
```

```
// 애니메이션 액션 실행
auto animate = Animate::create(animation);
auto rep = RepeatForever::create(animate);
pMan->runAction(rep);



    return true;
}
```

이처럼 다양한 방법으로 이미지의 텍스처를 구할 수 있다. 상황에 맞게 사용하면 될 것이다.
여기서는 texture1, texture2, texture3을 만들고 texture3만을 사용했다.

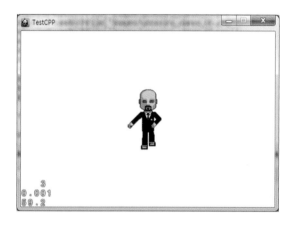

스프라이트시트 애니메이션 2

이번 절에서도 스프라이트시트를 이용해 애니메이션을 구현할 것이다. 먼저 다음의 두 이미
지를 보자.

첫 번째 이미지와 두 번째 이미지를 보면 차이점이 있다.

- 첫 번째 이미지는 두 번째 이미지에 비해 전체적인 여백이 없다.
- 첫 번째 이미지에서 팔을 뻗지 않은 이미지는 내부의 다른 이미지보다 조금 더 작다. 그에 반해 두 번째 이미지는 내부의 각 이미지가 동일한 사이즈를 가지고 있다.

첫 번째 이미지에서 사용된 grossini-aliases.png는 512×256 사이즈로 두 번째 이미지에서 사용된 grossini_dance_atlas.png의 사이즈 512×512에 비해 크기가 절반이다. 이처럼 plist

정보 파일을 사용하면 원본이 되는 그림의 여백을 없앰으로써 그림 사이즈를 줄일 수 있어 효율적으로 사용할 수 있다.

새로운 프로젝트를 다음과 같이 만든다.

- **프로젝트명** : AnimationEx3
- **패키지명** : com.study.exam19

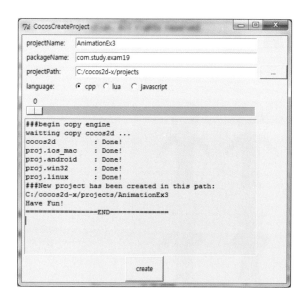

그리고 다음의 디렉터리에서 파일을 찾아 리소스에 추가한다.

cocos2d-x가 설치된 디렉터리/samples/Cpp/TestCpp/Resources/animations

- grossini.png
- grossini.plist

해당 파일을 찾아 프로젝트의 Resources 디렉터리 아래에 animations 디렉터리를 만들고 복사한다. 그리고 맥에서 개발하는 경우 앞에서 해 본 바와 같이 animations 디렉터리를 프로젝트의 Resources 그룹 아래로 드래그 앤 드롭해서 프로젝트에 포함시킨다.

이제 기본형에 다음과 같이 코드를 입력해 init를 수정한다.

```cpp
bool HelloWorld::init()
{
    if ( !LayerColor::initWithColor(Color4B(255,255,255,255)) )
    {
        return false;
    }


    ////////////////////////////

    // 스프라이트시트 텍스처를 만들어 수동으로 파일을 구분하는 것이 아니고
    // 미리 지정한 정보파일을 이용해 파일을 구분한다.

    // 스프라이트 시트의 위치정보 파일을 읽어들인다.
    // 같은 디렉터리 위치에 plist와 같은 이름의 png 파일이 있어야 한다.
    auto cache = SpriteFrameCache::getInstance();
    cache->addSpriteFramesWithFile("animations/grossini.plist");


    Vector<SpriteFrame*> animFrames;

    char str[100] = { 0 };
    for (int i = 1; i < 15; i++)
    {
        sprintf(str, "grossini_dance_%02d.png", i);
        SpriteFrame* frame = cache->getSpriteFrameByName(str);
        animFrames.pushBack(frame);
    }

    // 맨 첫 번째 프레임으로 주인공 스프라이트를 만든다.
    auto pMan = Sprite::createWithSpriteFrameName("grossini_dance_01.png");
    pMan->setPosition(Point(240, 160));
    this->addChild(pMan);

    // 애니메이션 만들기
    auto animation = Animation::createWithSpriteFrames(animFrames, 0.5f);
    auto animate = Animate::create(animation);
    auto rep = RepeatForever::create(animate);
```

```
        pMan->runAction(rep);


        return true;
    }
```

이 예제에서처럼 스프라이트시트 안의 이미지의 크기 및 위치 정보 등을 저장한 plist 정보 파일을 이용할 경우 같은 이름의 png 파일이 같은 디렉터리에 있어야 한다.

이제 프로젝트를 실행하면 grossini 씨가 춤추는 애니메이션을 볼 수 있다.

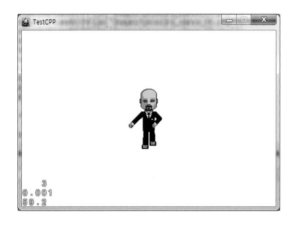

스프라이트프레임캐시 vs. 텍스처캐시

개발을 하다 보면 앞에서 사용한 스프라이트프레임캐시와 텍스처캐시를 자주 사용하게 되는데, 둘 다 캐시로 끝나는 이름의 오브젝트이므로 헷갈릴 수 있다. 이번 예제를 통해 사용법을 구분해보자.

새로운 프로젝트를 다음과 같이 만든다.

- 프로젝트명 : AnimationEx4
- 패키지명 : com.study.exam20

그리고 다음의 디렉터리에서 파일을 찾아 리소스에 추가한다.

cocos2d-x가 설치된 디렉터리/samples/Cpp/TestCpp/Resources/Images

- blocks9.png
- grossini_dance_atlas.png

또 다음의 디렉터리에서 파일을 찾아 리소스에 추가한다.

cocos2d-x가 설치된 디렉터리/samples/Cpp/TestCpp/Resources/animations

- dragon_animation.png
- grossini.plist
- grossini.png
- grossini_family.plist
- grossini_family.png

해당 파일을 찾아 프로젝트의 Resources 디렉터리 아래에 animations 디렉터리를 만들고 복사한다. 그리고 맥에서 개발하는 경우 앞에서 해 본 바와 같이 animations 디렉터리를 프로젝트의 Resources 그룹 아래로 드래그 앤 드롭해서 프로젝트에 포함시킨다.

이제 기본형에 다음과 같이 코드를 입력해 init를 수정한다.

[예제 9-5] HelloWorldScene.cpp

```cpp
bool HelloWorld::init()
{
    if ( !LayerColor::initWithColor(Color4B(255,255,255,255)) )
    {
        return false;
    }

    ////////////////////////////

    // SpriteFrameCache는 여러 개의 plist를 이용해서 사용할 수 있다.

    auto cache = SpriteFrameCache::getInstance();

    // 첫 번째 스프라이트 시트의 위치정보 파일을 읽어들인다.
    // SpriteFrameCache에 addImage를 한 번에 해준다.
    cache->addSpriteFramesWithFile("animations/grossini_family.plist");

    // 두 번째 스프라이트 시트의 위치정보 파일을 읽어들인다.
①  cache->addSpriteFramesWithFile("animations/grossini.plist");

    // 세 번째 : 개별 스프라이트를 직접 추가한다.
    auto pSprite = SpriteFrame::create("animations/blocks9.png", Rect(0, 0, 96, 96));
②  cache->addSpriteFrame(pSprite, "blocks9.png");


    // from 1
    auto pWoman = Sprite::createWithSpriteFrameName("grossinis_sister1.png");
    pWoman->setPosition(Point(120, 220));
    this->addChild(pWoman);

    // from 2
    auto pMan = Sprite::createWithSpriteFrameName("grossini_dance_01.png");
    pMan->setPosition(Point(240, 220));
```

```
    this->addChild(pMan);

    // from 3
    auto pBox = Sprite::createWithSpriteFrameName("blocks9.png");
    pBox->setPosition(Point(360, 220));
    this->addChild(pBox);




    // TextureCache는 하나의 텍스처만을 반환하므로 이전 것을 사용할 수 없다.
    // 나중에 또 사용하려면 SpriteFrameCache에 createWithTexture로 저장해 둬야 한다.

    // 첫 번째 텍스처 로드
      auto texture = Director::getInstance()->getTextureCache()->addImage("ani-
mations/grossini_dance_atlas.png");

    // 스프라이트 생성 및 초기화
    auto pMan2 = Sprite::createWithTexture(texture, Rect(0, 0, 85, 121));
    pMan2->setPosition(Point(120, 100));
    this->addChild(pMan2);

    // 두 번째 텍스처 로드
③    texture = Director::getInstance()->getTextureCache()->addImage("animations/
dragon_animation.png");

    // 스프라이트 생성 및 초기화
    auto pDragon = Sprite::createWithTexture(texture, Rect(0, 0, 130, 140));
    pDragon->setPosition(Point(240, 100));
    this->addChild(pDragon);

    // 세 번째 텍스처 로드
④  Director::getInstance()->getTextureCache()->addImageAsync(
              "animations/blocks9.png",
              CC_CALLBACK_1(HelloWorld::imageLoaded, this));

    return true;
}
```

```
// 이미지가 메모리에 다 로딩되면 이 함수가 호출된다.
void HelloWorld::imageLoaded(Object* pSender)
{
    auto tex = static_cast<Texture2D*>(pSender);
    auto sprite = Sprite::createWithTexture(tex);
    sprite->setPosition(Point(360, 100));

    this->addChild(sprite);

    log("Image loaded: %p", pSender);
}
```

스프라이트프레임캐시(SpriteFrameCache)는 1번과 2번 코드에서 볼 수 있는 것처럼 같은 변수에 계속해서 추가해서 사용할 수 있다. 쉽게 생각하면 배열이나 벡터라고 볼 수 있다.

그러나 텍스처캐시는 매번 구해지는 것이므로 3번에서 보듯이 같은 변수를 사용한다면 추가되는 것이 아니고 기존의 것이 없어지고 새로 생기게 된다.

용량이 큰 이미지를 부를 때 이미지의 로딩이 끝나기 전에 텍스처를 사용하려고 하면 에러가 날 수 있다. 이럴 때 4번의 addImageAsync를 사용하면 이미지가 다 로딩될 때까지 이후의 동작이 진행되지 않아 에러를 방지할 수 있다. 즉, 이미지가 다 로딩되면 콜백 함수가 호출되므로 그 콜백 함수에서 텍스처 처리를 함으로써 에러를 방지할 수 있다.

코드를 완성하고 나면 프로젝트를 실행해 본다.

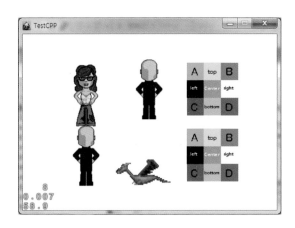

스프라이트배치노드

앞에서 잠깐 사용해 본 스프라이트배치노드란 것이 있다. 스프라이트배치노드는 전달된 스프라이트시트 이미지를 참조해서 인스턴스를 만들고 애니메이션 액션이 실행될 때 각 프레임 정보를 참조해 OpenGL 배치 드로잉 루틴을 호출한다. 그런데 스프라이트배치노드는 드로잉 가능한 객체가 차일드로 존재할 때만 해당 차일드를 그린다. 스프라이트배치노드에 아무런 차일드가 존재하지 않으면 아무것도 그리지 않게 된다.

따라서 우리는 애니메이션 프레임 이미지 중 하나를 대기 상태의 스트라이트로 선택해 스프라이트배치노드에 차일드로 추가해야 한다. 이 이미지는 보통 스프라이트시트의 첫 번째 이미지가 된다. 1번 코드와 2번 코드에서 보면 스프라이트배치노드에 스프라이트를 각각 추가했다. 그리고 그 스프라이트배치노드를 레이어에 추가했다.

새로운 프로젝트를 다음과 같이 만든다.

- 프로젝트명 : AnimationEx5
- 패키지명 : com.study.exam21

그리고 다음의 디렉터리에서 파일을 찾아 리소스에 추가한다.

cocos2d-x가 설치된 디렉터리/samples/Cpp/TestCpp/Resources/Images

* grossini_dance_atlas.png

해당 파일을 찾아 프로젝트의 Resources 디렉터리 아래에 Images 디렉터리를 만들고 복사한다. 그리고 맥에서 개발하는 경우 앞에서 해 본 바와 같이 Images 디렉터리를 프로젝트의 Resources 그룹 아래로 드래그 앤 드롭해서 프로젝트에 포함시킨다.

이제 기본형에 다음과 같이 코드를 입력해 init를 수정한다.

[예제 9-6] HelloWorldScene.cpp

```cpp
bool HelloWorld::init()
{
①   if ( !LayerColor::initWithColor(Color4B(255,255,255,255)) )
    {
        return false;
    }

    /////////////////////////////

    // 배치노드는 별도의 TextureCache를 지정하는 일 없이 자기 것을 자기가 직접 가지고 있다.
    // 이미 자기의 텍스처이므로 해당 텍스처 안의 이미지는 얼마든지 사용해도
    // 배치노드 안에서는 결국 하나로 처리한다.

    auto BatchNode = SpriteBatchNode::create("Images/grossini_dance_atlas.png", 50);
②   this->addChild(BatchNode, 0, 1);

    auto texture = BatchNode->getTexture();

    for (int i = 0; i<14; i++){
        // 첫째 줄에 5개의 프레임이 있고, 6번째부터는 두 번째 줄에 있으므로
        // 6번째(idx==5)부터는 y 좌표의 값을 증가시켜야 한다.
        int column = i % 5;
```

```
        int row = i / 5;

        auto pTemp = Sprite::createWithTexture(
                            texture,
                            Rect(column * 85, row * 121, 85, 121));
        pTemp->setPosition(Point(column * 85, row * 121));

        BatchNode->addChild(pTemp);
    }

    return true;
}
```

코드를 완성하고 나면 프로젝트를 실행해 본다.

위 그림의 좌측 아래에 보면 드로우(Draw) 수와 FPS 정보가 표시돼 있다. 1번과 2번 부분에 의해서 드로우 수가 증가한다. 기본이 되는 검은색 레이어를 그리고(드로우1) 그 위에 하얀색 레이어를 만들어 추가하고(드로우2), 그 위에 스프라이트를 그린 것이다(드로우3). 그런데 스프라이트가 많이 그려져 있음에도 드로우 수가 3이다. 이것은 배치노드로 처리했기 때문에 드로우 수가 하나만 추가된 것이다.

조금 더 정확히 표시해보기 위해 다음과 같이 수정해보자.

```
[헤더]
class HelloWorld : public cocos2d::LayerColor
class HelloWorld : public cocos2d::Layer

[cpp]
bool HelloWorld::init()
{
    if ( !LayerColor::initWithColor(Color4B(255,255,255,255)) )
    if (!Layer::init())
    {
        return false;
    }
    …
```

그런 다음 다시 한번 프로젝트를 실행해본다.

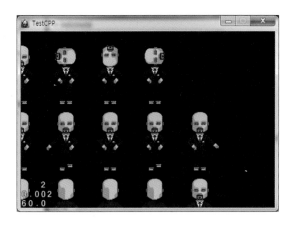

이번엔 드로우 수가 2다.

 NOTE   OpenGL 배치 드로잉 루틴을 통해 딱 한 번만 그리기 때문에 여러 개의 이미지를 그리는 것에 비해 효율이 매우 높다. 즉, 시스템적인 비용이 매우 적다는 말이다. 그러므로 많은 스프라이트가 사용되는 화면이라면 하나의 스프라이트시트로 만들어 배치노드를 이용하면 더욱 만족스러운 FPS를 보장받을 수 있다.

Zwoptex로 스프라이트시트 만들기

plist를 읽는 것은 자동이라고 해도 plist를 직접 만든다면 정말 힘든 작업이 될 것이다. 이러한 일련의 과정을 자동으로 처리하는 툴을 사용해 편하게 작업할 수 있다.

01. http://zwoptexapp.com에서 툴을 내려받는다.

과거에는 웹에서 서비스를 제공했으나 PC용 애플리케이션으로 바뀌어서 파일을 내려받아 사용해야 한다. 라이선스도 개인용 PC에 설치한 후 개인적으로 사용할 때는 무료이고, 기업일 경우 유료로 구매해야 하는 것으로 바뀌었다. 여기서는 학습이 목적이므로 일단 내려받아 테스트해 보자.

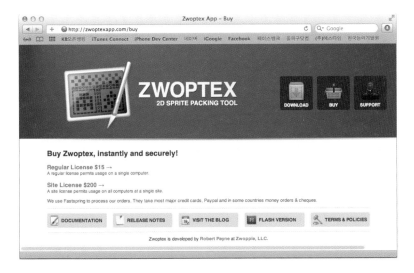

02. Zwoptex를 실행한다.

03. 메뉴에서 [File → New] 메뉴를 실행해 새 파일을 만든다.

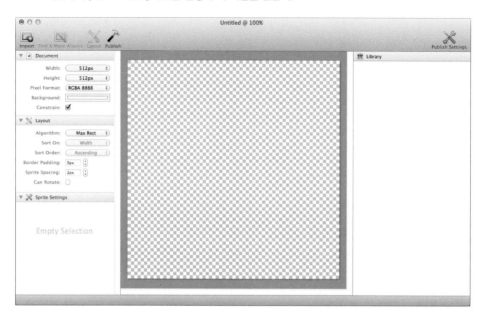

04. 왼쪽 패널에 있는 첫 번째 Canvas 그룹 옵션을 이용해 캔버스의 크기와 배경색을 설정할 수 있다.
가로 크기(Width)를 512로 설정한다.

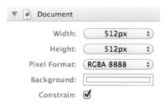

05. 왼쪽 위에 있는 [Import] 메뉴를 실행해 [예제 9-1]에서 사용한 grossini_dance_01.png ∼ grossini_dance_14.png까지 개별 이미지를 불러온다.

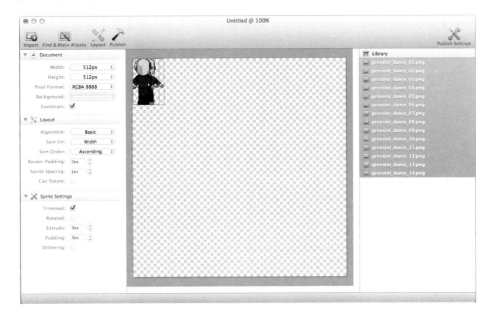

06. 앞의 그림에서 오른쪽에 보면 Library에 불러들인 파일의 목록이 나타난다.

07. 다시 캔버스뷰로 돌아와서 왼쪽 패널의 두 번째 메뉴 그룹인 Layout 그룹에 있는 메뉴로 이미지를 정렬할 수 있다. Algorithm을 Basic으로 지정하면 정렬 기능이 활성화된다. Sort On을 Name으로 선택한다.

08. 메뉴에서 [Sprites → Layout]을 선택하면 다음과 같이 이미지가 정렬되는데, 기본적으로 이미지 사이에 빈 공간이 없이 정렬된다. 이렇게 낭비되는 공간을 줄여서 정렬되는 이유는 자르기(Trim) 옵션이 기본값으로 돼 있기 때문이다.

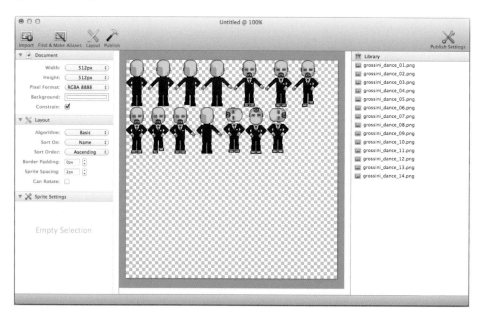

09. Publish Settings에서 지정한 디렉터리로 결과 파일을 저장한다. 메뉴에서 [File → Publish]를 차례로 선택한다.

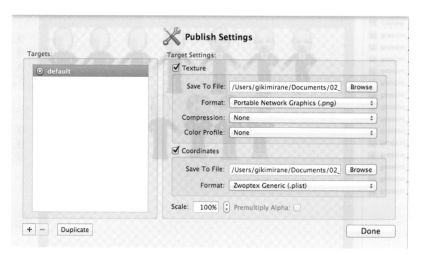

저자는 유료 프로그램이긴 하지만 주로 TexturePacker를 사용하고 있다.

http://www.codeandweb.com/texturepacker

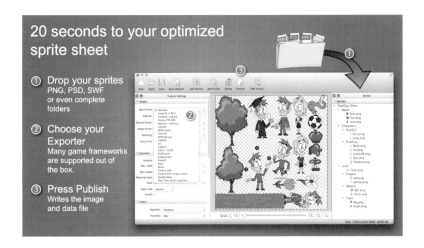

터치 사용하기

cocos2d-x는 터치 이벤트 처리에 대해 비교적 손쉬운 개발 환경을 지원한다.

버전 3.0부터 cocos2d-x에서 터치를 처리하는 방식이 완전히 바뀌었다. 즉, 3.0버전부터는 이벤트 리스너에 터치 이벤트를 등록해서 사용하는 방식으로 바뀌었다.

이벤트 리스너에 등록할 수 있는 것은 다음과 같다.

- 터치 이벤트 리스너
- 키보드 이벤트 리스너
- 마우스 이벤트 리스너
- 가속도계 이벤트 리스너
- 사용자정의 이벤트 리스너

이 가운데 터치와 관련된 이벤트 리스너는 다음의 두 가지다.

- 싱글 터치 이벤트 리스너 – EventListenerTouchOneByOne
- 멀티 터치 이벤트 리스너 – EventListenerTouchAllAtOnce

싱글 터치 이벤트 리스너

레이어에서 터치 이벤트가 필요할 때 다음과 같이 등록해준다. 다음 코드는 onEnter()에서 처리했지만 위치는 별 상관이 없다. 사용하기 전에만 등록하면 된다.

```
void HelloWorld::onEnter()
{
    Layer::onEnter();

    // 싱글 터치 모드로 터치 리스너 등록
    auto listener = EventListenerTouchOneByOne::create();
    // Swallow touches only available in OneByOne mode.
    // 핸들링된 터치 이벤트를 터치 이벤트 array에서 지우겠다는 의미다.
    listener->setSwallowTouches(true);

    listener->onTouchBegan = CC_CALLBACK_2(HelloWorld::onTouchBegan, this);
    listener->onTouchMoved = CC_CALLBACK_2(HelloWorld::onTouchMoved, this);
    listener->onTouchEnded = CC_CALLBACK_2(HelloWorld::onTouchEnded, this);
```

```
    // The priority of the touch listener is based on the draw order of sprite
    // 터치 리스너의 우선순위를 (노드가) 화면에 그려진 순서대로 한다.
    _eventDispatcher->addEventListenerWithSceneGraphPriority(listener, this);
}
```

코드에서 보는 바와 같이 싱글 터치 이벤트 리스너를 만들고 리스너에 각 이벤트에 대응하는 콜백 함수를 지정하는 형식이다.

오브젝트가 겹쳐 있을 경우 이벤트의 수신 순서는 마지막으로 추가된 오브젝트가 처음 수신한다. 그리고 이 오브젝트가 이벤트를 수신하지 못한다면(핸들링하지 않는다면) 이벤트는 스택 상의 다음 오브젝트로 전송된다. setSwallowTouches를 false로 지정하면 이벤트의 수신과 상관 없이 모든 오브젝트에 터치 이벤트가 전송된다.

그리고 레이어에서 필요가 없을 때 다음과 같이 제거해준다.

```
void HelloWorld::onExit()
{
    //_eventDispatcher->removeAllEventListeners();
    //(또는)
    _eventDispatcher->removeEventListeners(EventListener::Type::TOUCH_ONE_BY_ONE);

    Layer::onExit();
}
```

멀티 터치 이벤트 리스너

멀티 터치 이벤트 리스너 안의 이벤트는 싱글 터치 이벤트 리스너와 비교해서 리스너의 이벤트가 onTouchesBegan 등 복수형으로 돼 있다.

레이어에서 멀티 터치 이벤트가 필요할 때 다음과 같이 등록한다.

```
void HelloWorld::onEnter()
{
    Layer::onEnter();
```

```
    // 멀티 터치 모드로 터치 리스너 등록
    auto listener = EventListenerTouchAllAtOnce::create();

    listener->onTouchesBegan = CC_CALLBACK_2(HelloWorld::onTouchesBegan, this);
    listener->onTouchesMoved = CC_CALLBACK_2(HelloWorld::onTouchesMoved, this);
    listener->onTouchesEnded = CC_CALLBACK_2(HelloWorld::onTouchesEnded, this);

    _eventDispatcher->addEventListenerWithSceneGraphPriority(listener, this);
}
```

그리고 레이어에서 필요 없을 때는 다음과 같이 제거한다.

```
void HelloWorld::onExit()
{
    //_eventDispatcher->removeAllEventListeners();
    //(또는)
    _eventDispatcher->removeEventListeners(EventListener::Type::  TOUCH_ALL_AT_
ONCE);

    Layer::onExit();
}
```

싱글 터치 이벤트 리스너 예제

새로운 프로젝트를 다음과 같이 만든다.

- 프로젝트명 : TouchEx1
- 패키지명 : com.study.exam24

그리고 다음의 디렉터리에서 파일을 찾아 리소스에 추가한다.

> cocos2d-x가 설치된 디렉터리/samples/Cpp/TestCpp/Resources/Images

- grossini.png

해당 파일을 찾아 프로젝트의 Resources 디렉터리 아래에 Images 디렉터리를 만들고 복사한다. 그리고 맥에서 개발하는 경우 앞에서 해 본 바와 같이 Images 디렉터리를 프로젝트의 Resources 그룹 아래로 드래그 앤 드롭해서 프로젝트에 포함시킨다.

이제 기본형에 다음과 같이 코드를 입력해 수정한다.

[예제 10-1] HelloWorldScene.h

```
#ifndef __HELLOWORLD_SCENE_H__
#define __HELLOWORLD_SCENE_H__

#include "cocos2d.h"

class HelloWorld : public cocos2d::LayerColor
{
```

```
public:
    static cocos2d::Scene* createScene();

    virtual bool init();

    CREATE_FUNC(HelloWorld);

    cocos2d::Sprite* pMan;

①  virtual void onEnter();
    virtual void onExit();
    virtual bool onTouchBegan(cocos2d::Touch* touch, cocos2d::Event* event);
    virtual void onTouchMoved(cocos2d::Touch* touch, cocos2d::Event* event);
    virtual void onTouchEnded(cocos2d::Touch* touch, cocos2d::Event* event);
    virtual void onTouchCancelled(cocos2d::Touch* touch, cocos2d::Event* event);
};

#endif // __HELLOWORLD_SCENE_H__
```

1번 부분에 터치 이벤트를 받을 함수를 먼저 헤더에 선언한다.

[예제 10-2] HelloWorldScene.cpp

```
bool HelloWorld::init()
{
    if ( !LayerColor::initWithColor(Color4B(255,255,255,255)) )
    {
        return false;
    }

    /////////////////////////////

    pMan = Sprite::create("Images/grossini.png");
    pMan->setPosition(Point(240, 160));
    this->addChild(pMan);
```

```
        return true;
    }


void HelloWorld::onEnter()
{
    Layer::onEnter();

    // 싱글 터치 모드로 터치 리스너 등록
    auto listener = EventListenerTouchOneByOne::create();
    // Swallow touches only available in OneByOne mode.
    // 핸들링된 터치 이벤트를 터치 이벤트 array에서 지우겠다는 의미다.
    listener->setSwallowTouches(true);

    listener->onTouchBegan = CC_CALLBACK_2(HelloWorld::onTouchBegan, this);
    listener->onTouchMoved = CC_CALLBACK_2(HelloWorld::onTouchMoved, this);
    listener->onTouchEnded = CC_CALLBACK_2(HelloWorld::onTouchEnded, this);

    // The priority of the touch listener is based on the draw order of sprite
    // 터치 리스너의 우선순위를 (노드가) 화면에 그려진 순서대로 한다.
    _eventDispatcher->addEventListenerWithSceneGraphPriority(listener, this);
}


void HelloWorld::onExit()
{
    _eventDispatcher->removeEventListeners(EventListener::Type::TOUCH_ONE_BY_ONE);

    Layer::onExit();
}

// 처음 손가락이 화면에 닿는 순간 호출된다.
bool HelloWorld::onTouchBegan(Touch* touch, Event* event)
{
    auto touchPoint = touch->getLocation();

    log("onTouchBegan id = %d, x = %f, y = %f",
        touch->getID(),
        touchPoint.x,
        touchPoint.y);
```

```
    // touch check ----------------------------------------------
    bool bTouch = pMan->getBoundingBox().containsPoint(touchPoint);
    if (bTouch)
    {
        log("Sprite clicked...");
    }

    return true;
}


// 손가락을 화면에서 떼지 않고 이리저리 움직일 때 계속해서 호출된다.
// 얼마나 자주 호출되느냐는 전적으로
// 이벤트를 핸들링하는 애플리케이션의 Run Loop에 달렸다.
void HelloWorld::onTouchMoved(Touch* touch, Event* event)
{
    auto touchPoint = touch->getLocation();

    log("onTouchMoved id = %d, x = %f, y = %f",
        touch->getID(),
        touchPoint.x,
        touchPoint.y);
}


// 손가락을 화면에서 떼는 순간 호출된다.
void HelloWorld::onTouchEnded(Touch* touch, Event* event)
{
    auto touchPoint = touch->getLocation();

    log("onTouchEnded id = %d, x = %f, y = %f",
        touch->getID(),
        touchPoint.x,
        touchPoint.y);
}


// 시스템이 터치를 중지시키는 경우에 호출된다. ex) 전화가 오는 경우
void HelloWorld::onTouchCancelled(Touch* touch, Event* event)
{
}
```

터치 처리와 관련된 함수는 예제에서처럼 네 개가 있는데, 무조건 구현하고 다 콜백 함수로 연결하는 것이 아니고 프로그램상에서 필요한 부분만 구현하고 리스너의 콜백 함수로 연결하면 된다.

프로젝트를 실행하고 화면을 터치하면 출력창에 로그가 표시될 것이다. 화면 가운데에 있는 스프라이트에 터치가 될 경우 스프라이트 위에 터치됐음을 확인하는 가벼운 충돌 체크까지 구현돼 있다.

```
onTouchBegan id = 0, x = 208.075989, y = 168.004227
Sprite clicked...
onTouchMoved id = 0, x = 210.068604, y = 168.004227
onTouchMoved id = 0, x = 215.067017, y = 168.004227
onTouchMoved id = 0, x = 226.043274, y = 167.007919
onTouchMoved id = 0, x = 235.026917, y = 164.002106
onTouchMoved id = 0, x = 247.016357, y = 161.013199
onTouchMoved id = 0, x = 256.000000, y = 157.027969
onTouchMoved id = 0, x = 261.977844, y = 155.018463
onTouchMoved id = 0, x = 271.974670, y = 151.033249
onTouchMoved id = 0, x = 272.954102, y = 151.033249
onTouchEnded id = 0, x = 272.954102, y = 151.033249
```

멀티 터치 이벤트 리스너 예제

새로운 프로젝트를 다음과 같이 만든다.

- 프로젝트명 : TouchEx2
- 패키지명 : com.study.exam25

그리고 다음의 디렉터리에서 파일을 찾아 리소스에 추가한다.

cocos2d-x가 설치된 디렉터리/samples/Cpp/TestCpp/Resources/Images

- grossini.png

해당 파일을 찾아 프로젝트의 Resources 디렉터리 아래에 Images 디렉터리를 만들고 복사한다. 그리고 맥에서 개발하는 경우 앞에서 해 본 바와 같이 Images 디렉터리를 프로젝트의 Resources 그룹 아래로 드래그 앤 드롭해서 프로젝트에 포함시킨다.

이제 기본형에 다음과 같이 코드를 입력해 수정한다.

```
#ifndef __HELLOWORLD_SCENE_H__
#define __HELLOWORLD_SCENE_H__

#include "cocos2d.h"

class HelloWorld : public cocos2d::LayerColor
{
public:
    static cocos2d::Scene* createScene();

    virtual bool init();

    CREATE_FUNC(HelloWorld);

    cocos2d::Sprite* pMan;

①  virtual void onEnter();
    virtual void onExit();
    virtual void onTouchesBegan(const std::vector<cocos2d::Touch*>& touches,
 cocos2d::Event* event);
    virtual void onTouchesMoved(const std::vector<cocos2d::Touch*>& touches,
cocos2d::Event* event);
    virtual void onTouchesEnded(const std::vector<cocos2d::Touch*>& touches,
 cocos2d::Event* event);
    virtual void onTouchesCancelled(const std::vector<cocos2d::Touch*>& touches,
 cocos2d::Event* event);
};

#endif // __HELLOWORLD_SCENE_H__
```

헤더에 터치를 사용하기 위한 함수를 등록한다.

```cpp
bool HelloWorld::init()
{
    if ( !LayerColor::initWithColor(Color4B(255,255,255,255)) )
    {
        return false;
    }

    /////////////////////////////

    pMan = Sprite::create("Images/grossini.png");
    pMan->setPosition(Point(240, 160));
    this->addChild(pMan);


    return true;
}


void HelloWorld::onEnter()
{
    Layer::onEnter();

    // 멀티 터치 모드로 터치 리스너 등록
    auto listener = EventListenerTouchAllAtOnce::create();

    listener->onTouchesBegan = CC_CALLBACK_2(HelloWorld::onTouchesBegan, this);
    listener->onTouchesMoved = CC_CALLBACK_2(HelloWorld::onTouchesMoved, this);
    listener->onTouchesEnded = CC_CALLBACK_2(HelloWorld::onTouchesEnded, this);

    _eventDispatcher->addEventListenerWithSceneGraphPriority(listener, this);
}


void HelloWorld::onExit()
{
    _eventDispatcher->removeEventListeners(EventListener::Type::TOUCH_ALL_AT_ONCE);
```

```
        Layer::onExit();
    }


    void HelloWorld::onTouchesBegan(const std::vector<Touch*>& touches, Event *event)
    {
        auto touch = touches[0];
        auto touchPoint = touch->getLocation();
        touchPoint = this->convertToWorldSpace(touchPoint);

        log("onTouchesBegan id = %d, x = %f, y = %f",
            touch->getID(),
            touchPoint.x,
            touchPoint.y);


        // touch check -------------------------------------------------
        bool bTouch = pMan->getBoundingBox().containsPoint(touchPoint);
        if (bTouch)
        {
            log("Sprite clicked...");
        }


        /*
        for (auto &item : touches)
        {
            auto touch = item;
            auto touchPoint = touch->getLocation();

            log("onTouchesBegan id = %d, x = %f, y = %f",
                touch->getID(),
                touchPoint.x,
                touchPoint.y);
        }
        */
    }


    void HelloWorld::onTouchesMoved(const std::vector<Touch*>& touches, Event *event)
    {
```

```cpp
    auto touch = touches[0];
    auto touchPoint = touch->getLocation();
    touchPoint = this->convertToWorldSpace(touchPoint);

    log("onTouchesMoved id = %d, x = %f, y = %f",
        touch->getID(),
        touchPoint.x,
        touchPoint.y);

    /*
    for (auto &item : touches)
    {
        auto touch = item;
        auto touchPoint = touch->getLocation();

        log("onTouchesMoved id = %d, x = %f, y = %f",
            touch->getID(),
            touchPoint.x,
            touchPoint.y);
    }
    */
}

void HelloWorld::onTouchesEnded(const std::vector<Touch*>& touches, Event  *event)
{
    auto touch = touches[0];
    auto touchPoint = touch->getLocation();
    touchPoint = this->convertToWorldSpace(touchPoint);

    log("onTouchesEnded id = %d, x = %f, y = %f",
        touch->getID(),
        touchPoint.x,
        touchPoint.y);

    /*
    for (auto &item : touches)
    {
```

```
            auto touch = item;
            auto touchPoint = touch->getLocation();

            log("onTouchesEnded id = %d, x = %f, y = %f",
                touch->getID(),
                touchPoint.x,
                touchPoint.y);
        }
        */
    }


void HelloWorld::onTouchesCancelled(const std::vector<Touch*>& touches, Event
*event)
{
    onTouchesEnded(touches, event);
}
```

멀티 터치를 처리하는 것이기 때문에 각 이벤트 함수에 벡터값으로 파라미터가 전달되고 있
다. 위 예제에서는 파라미터로 넘어온 벡터값의 첫 번째 값만 이용하고 있다. 만약 모든 값을
찾아야 한다면, 즉 멀티 터치를 처리하고 싶다면 주석으로 처리한 부분의 코드를 이용하면 된
다.

실행한 화면은 다음과 같다.

```
onTouchesBegan id = 0, x = 186.123489, y = 150.036942
onTouchesMoved id = 0, x = 187.102905, y = 150.036942
onTouchesMoved id = 0, x = 189.095520, y = 150.036942
onTouchesMoved id = 0, x = 193.114517, y = 151.033249
onTouchesMoved id = 0, x = 198.079163, y = 151.033249
onTouchesMoved id = 0, x = 207.096573, y = 151.033249
onTouchesMoved id = 0, x = 221.044861, y = 152.029556
onTouchesMoved id = 0, x = 227.056458, y = 152.029556
onTouchesMoved id = 0, x = 265.996826, y = 155.018463
onTouchesMoved id = 0, x = 278.965698, y = 156.031662
onTouchesMoved id = 0, x = 286.936157, y = 156.031662
onTouchesMoved id = 0, x = 289.941956, y = 158.024277
onTouchesMoved id = 0, x = 290.955139, y = 158.024277
onTouchesEnded id = 0, x = 290.955139, y = 158.024277
```

cocos2d-x 3.0 버전부터 그전부터 계속 사용돼 오던 Array 타입과 Dictionary 타입이 Deprecated됐고, 벡터(Vector)나 맵(Map) 타입의 변수를 사용하는 것으로 바뀌었다. 그래서 cocos2d-x 내부적으로 많은 함수에서 파라미터 값이 변경됐다. 따라서 이 책의 예제에서 사용되던 Array, Dictionary 변수도 모두 벡터와 맵 타입을 사용하는 값으로 변경했다.

기존 2.x 버전에서 버전업을 고려한다면 이 점에 유의해야 한다.

터치 응용 – 드래그 앤 드롭

터치를 사용할 때 드래그 앤 드롭 기능은 충돌 체크와 함께 가장 기본이 되는 기능이다. 앞의 예제에서 충돌을 체크하는 코드를 이미 봤으니 이번 예제에서는 드래그 앤 드롭 기능을 어떻게 구현하는지 살펴보겠다.

새로운 프로젝트를 다음과 같이 만든다.

- 프로젝트명 : TouchEx3
- 패키지명 : com.study.exam26

그리고 다음의 디렉터리에서 파일을 찾아 리소스에 추가한다.

cocos2d-x가 설치된 디렉터리/samples/Cpp/TestCpp/Resources/Images

- CyanSquare.png
- MagentaSquare.png
- YellowSquare.png

해당 파일을 찾아 프로젝트의 Resources 디렉터리 아래에 Images 디렉터리를 만들고 복사한다. 그리고 맥에서 개발하는 경우 앞에서 해 본 바와 같이 Images 디렉터리를 프로젝트의 Resources 그룹 아래로 드래그 앤 드롭해서 프로젝트에 포함시킨다.

이제 기본형에 다음과 같이 코드를 입력해 수정한다.

[예제 10-5] HelloWorldScene.h

```
#ifndef __HELLOWORLD_SCENE_H__
#define __HELLOWORLD_SCENE_H__

#include "cocos2d.h"
```

```
class HelloWorld : public cocos2d::LayerColor
{
public:
    static cocos2d::Scene* createScene();

    virtual bool init();

    CREATE_FUNC(HelloWorld);

①  cocos2d::Sprite* sprite1;
    cocos2d::Sprite* sprite2;
    cocos2d::Sprite* sprite3;

    virtual void onEnter();
    virtual void onExit();
    void reZorder(cocos2d::Sprite* pSender);
};


#endif // __HELLOWORLD_SCENE_H__
```

헤더에 cpp 파일에서 사용될 변수와 함수를 1번과 같이 선언한다.

[예제 10-6] HelloWorldScene.cpp

```
bool HelloWorld::init()
{
    if (!LayerColor::initWithColor(Color4B(255, 255, 255, 255)))
    {
        return false;
    }

    /////////////////////////////
    // 람다 함수 타입

    auto pLabel = LabelTTF::create(
                "블럭을 터치해서 드래그 하세요",
                "Arial",
```

```
                    20);
        pLabel->setPosition(Point(240, 280));
        pLabel->setColor(Color3B(0, 0, 0));
        this->addChild(pLabel, 101);


        sprite1 = Sprite::create("Images/CyanSquare.png");
        sprite1->setPosition(Point(240, 160) + Point(-80, 80));
①      this->addChild(sprite1);

        sprite2 = Sprite::create("Images/MagentaSquare.png");
        sprite2->setPosition(Point(240, 160));
②      this->addChild(sprite2);

        sprite3 = Sprite::create("Images/YellowSquare.png");
        sprite3->setPosition(Point(0, 0));
③      sprite2->addChild(sprite3);


        return true;
}

void HelloWorld::onEnter()
{
        Layer::onEnter();

        // 싱글 터치 모드로 등록
        auto listener = EventListenerTouchOneByOne::create();
        listener->setSwallowTouches(true);

        // 람다 함수 형식을 이용해 터치에 타깃을 지정할 수 있다.
        listener->onTouchBegan = [=](Touch* touch, Event* event){
            log("touch began...");

            auto target = static_cast<Sprite*>(event->getCurrentTarget());

            Point locationInNode = target->convertToNodeSpace(touch->getLocation());
            Size s = target->getContentSize();
```

```
        Rect rect = Rect(0, 0, s.width, s.height);

        if (rect.containsPoint(locationInNode))
        {
⑤           reZorder(target);

            log("sprite onTouchBegan... x = %f, y = %f", locationInNode.x, location
InNode.y);
            target->setOpacity(180);
            return true;
        }
        return false;
    };

    listener->onTouchMoved = [](Touch* touch, Event* event){
        auto target = static_cast<Sprite*>(event->getCurrentTarget());
        target->setPosition(target->getPosition() + touch->getDelta());
    };

    listener->onTouchEnded = [=](Touch* touch, Event* event){
        auto target = static_cast<Sprite*>(event->getCurrentTarget());
        log("sprite onTouchesEnded.. ");
        target->setOpacity(255);
    };

④  _eventDispatcher->addEventListenerWithSceneGraphPriority(listener, sprite1);
    _eventDispatcher->addEventListenerWithSceneGraphPriority(listener->clone(),
 sprite2);
    _eventDispatcher->addEventListenerWithSceneGraphPriority(listener->clone(),
 sprite3);
}

void HelloWorld::onExit()
{
    _eventDispatcher->removeAllEventListeners();

    Layer::onExit();
}
```

```
void HelloWorld::reZorder(Sprite* pSender)
{
    sprite1->setZOrder(0);
    sprite2->setZOrder(0);
    sprite3->setZOrder(0);

    pSender->setZOrder(1);
}
```

이번 예제에서는 기본적으로 드래그 앤 드롭 기능을 구현하고 있지만 추가적으로 눈여겨봐야 할 점들이 많다.

먼저 앞의 예제들처럼 이벤트 리스너 함수에 콜백 함수를 연결한 것이 아니고 이벤트 리스너를 만들어 등록할 때 람다 함수의 형태로 이벤트 리스너 함수의 기능을 정의했다. 이는 3.0 버전부터 지원되는 기능이다.

1번, 2번, 3번에서 스프라이트를 추가할 때, 어디에 추가하는지를 잘 보기 바란다. 1번과 2번은 this, 즉 레이어에 등록했고, 3번은 2번 스프라이트에 추가했다.

예제를 실행해 보면 스프라이트끼리 겹친 부분이 있다. 겹친 부분을 터치해보자. 이때 4번에서 등록한 순서대로 터치 이벤트를 받기 때문에 다음 그림에서처럼 화살표로 지정된 부분을 터치하면 빨간색 스프라이트가 터치를 받게 된다. setSwallowTouches가 true로 돼 있으므로 파란색 스프라이트로 터치 이벤트가 넘어가지 않는다. 이미 빨간색 스프라이트에서 처리, 즉 핸들링되면서 터치 이벤트는 사라지게 된다.

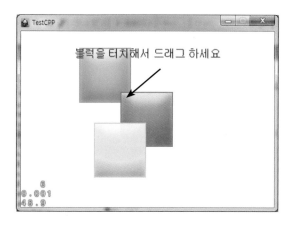

이제 다음과 같이 파란색 스프라이트를 터치해서 드래그 앤 드롭으로 이동시켜 보자.

파란색 스프라이트가 다른 스프라이트보다 위에 나온다. 이 부분은 코드의 5번 부분에서 각
스프라이트의 Z-Order를 바꿨기 때문이다. 이제 다시 다음 그림처럼 화살표로 표시된 부분
을 터치해 보자.

그럼 이번에는 파란색 스프라이트가 선택될 것이다. Z-Order를 바꾸면 이처럼 터치의 우선
순위가 바뀐다는 점을 알 수 있다.

다시 빨간색 스프라이트를 선택해 보자. 그러면 다음 그림과 같이 될 것이다.

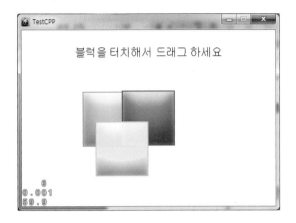

예상과 달리 빨간색 스프라이트가 노란색 스프라이트보다 아래에 있다. 이유는 노란색 스프라이트가 빨간색 스프라이트에 addChild가 이뤄졌기 때문에 항상 빨간색 스프라이트 위에 나오는 것이다. 빨간색 스프라이트와 노란색 스프라이트는 이처럼 순서를 바꿀 수 없다. 순서를 바꿀 수 있는 경우는 같은 레벨에 addChild가 이뤄졌을 있을 때만 가능하다.

터치 우선순위

터치 우선순위에 대해 예제를 통해 한 가지 더 알아보자.

새로운 프로젝트를 다음과 같이 만든다.

- 프로젝트명 : TouchEx4
- 패키지명 : com.study.exam27

그리고 다음의 디렉터리에서 파일을 찾아 리소스에 추가한다.

cocos2d-x가 설치된 디렉터리/samples/Cpp/TestCpp/Resources/Images

- CyanSquare.png
- MagentaSquare.png
- YellowSquare.png

해당 파일을 찾아 프로젝트의 Resources 디렉터리 아래에 Images 디렉터리를 만들고 복사한다. 그리고 맥에서 개발하는 경우 앞에서 해 본 바와 같이 Images 디렉터리를 프로젝트의 Resources 그룹 아래로 드래그 앤 드롭해서 프로젝트에 포함시킨다.

새로운 클래스를 하나 만들어 추가해 보자. 실무에서 많이 쓰이는 방법으로 스프라이트를 상속받아 해당 스프라이트에 기능을 추가하는 클래스다.

새로운 클래스를 추가하기 위해 다음 그림처럼 [솔루션 탐색기 → 우클릭으로 팝업 메뉴 → 추가 → 새 항목]을 선택한다.

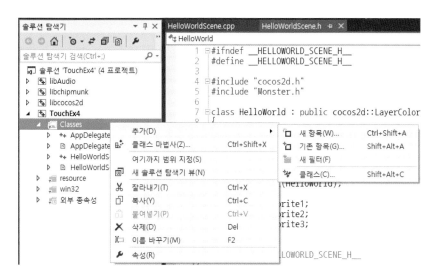

위 그림에서 클래스를 선택하면 생성되는 디렉터리를 지정할 수 없다. 이 책에서는 멀티플랫폼용 프로젝트를 만들고 있는 것이므로 Classes 디렉터리에 파일을 생성해야 한다. 클래스를 선택하면 proj.win32에 클래스 파일이 생성된다.

다음 그림과 같은 화면이 나오면 이름을 입력하고 위치를 정확히 지정해서 하단의 [추가]를
선택한다. 헤더와 C++ 파일에 대해 이 과정을 각각 수행해야 한다.

이제 다음과 같이 Moster.cpp와 Moster.h 파일 두 개가 추가돼 있을 것이다. 내용은 아무것
도 없다. HelloWorldScene.cpp와 HelloWorldScene.h 등을 보고 여러분이 직접 작성해야
한다.

이렇게 추가된 클래스가 실제 디렉터리에서 다음과 같은 곳에 생성돼 있는지 확인한다. 멀티 플랫폼용으로 개발하는 것이므로 해당 클래스 파일은 Classes 디렉터리에 있어야 한다.

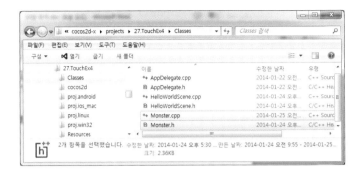

클래스를 새로 만들어 추가할 때 템플릿 등을 만들어 놓는 것도 좋은 방법이다. 하지만 저자는 그런 복잡한 방법보다는 기본형으로 만들어 놓은 내용을 새로 만든 클래스에 그냥 복사해서 붙여넣는다.

맥에서는 다음과 같이 새로운 클래스를 추가한다. 좌측의 내비게이터에서 추가할 위치에 파일을 선택하고 마우스 오른쪽 버튼을 클릭해 팝업 메뉴를 띄운 다음 [New File…]을 선택한다. (선택한 파일의 아래에 새로 추가되는 파일이 생긴다.)

다음 그림과 같은 화면이 나타나면 좌측에서 [C and C++]을 선택하고 우측에서 [C++ Class]를 선택한다. 그리고 [Next] 버튼을 클릭한다.

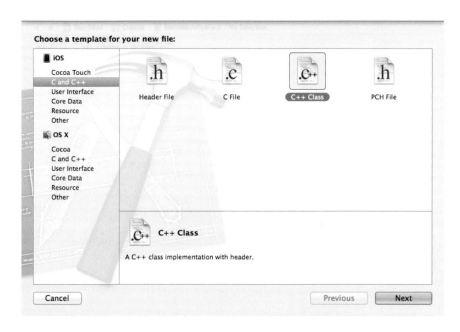

다음 화면에서 클래스의 이름과 클래스가 저장될 위치를 지정하면 된다. 그러면 C++ 파일과 헤더 파일이 같이 생성된다.

역시 윈도우에서 클래스를 생성한 경우처럼 아무 내용도 없다. HelloWorldScene.cpp와
HelloWorldScene.h 등을 보고 여러분이 직접 작성해야 한다.

이제 Monster.h에 다음과 같이 코드를 입력해 수정한다.

[예제 10-7] Monster.h

```cpp
#ifndef __SpriteExtendEx__Monster__
#define __SpriteExtendEx__Monster__

#include "cocos2d.h"

class Monster : public cocos2d::Sprite
{
public:
    Monster();

    void setPriority(int fixedPriority);
    void setPriorityWithThis(bool useNodePriority);

    virtual void onEnter();
    virtual void onExit();

private:
    cocos2d::EventListener* _listener;
    int _fixedPriority;
    bool _useNodePriority;
};

#endif /* defined(__SpriteExtendEx__Monster__) */
```

이번엔 CPP 파일을 다음과 같은 코드를 입력해서 수정한다.

```cpp
#include "Monster.h"

USING_NS_CC;

Monster::Monster()
: _listener(nullptr)
, _fixedPriority(0)
, _useNodePriority(false)
{
    bool bOk = initWithTexture(nullptr, Rect::ZERO);
    if (bOk) {
        this->autorelease();
    }
}

void Monster::setPriority(int fixedPriority)
{
    _fixedPriority = fixedPriority;
    _useNodePriority = false;
};

void Monster::setPriorityWithThis(bool useNodePriority)
{
    _useNodePriority = useNodePriority;
    _fixedPriority = true;
}

void Monster::onEnter()
{
    Sprite::onEnter();

    auto listener = EventListenerTouchOneByOne::create();
    listener->setSwallowTouches(true);

    listener->onTouchBegan = [=](Touch* touch, Event* event){
        log("touch began...");
```

```cpp
        Point locationInNode = this->convertToNodeSpace(touch->getLocation());
        Size s = this->getContentSize();
        Rect rect = Rect(0, 0, s.width, s.height);

        if (rect.containsPoint(locationInNode))
        {
            this->setColor(Color3B::RED);
            return true;
        }
        return false;
    };

    listener->onTouchMoved = [=](Touch* touch, Event* event){
        //this->setPosition(this->getPosition() + touch->getDelta());
    };

    listener->onTouchEnded = [=](Touch* touch, Event* event){
        this->setColor(Color3B::WHITE);
    };

    if (_useNodePriority)
    {
        _eventDispatcher->addEventListenerWithSceneGraphPriority(listener, this);
    }
    else
    {
        _eventDispatcher->addEventListenerWithFixedPriority(listener,
_fixedPriority);
    }
    _listener = listener;
}

void Monster::onExit()
{
    _eventDispatcher->removeEventListener(_listener);

    Sprite::onExit();
}
```

이 코드는 해당 스프라이트가 만들어질 때 터치 이벤트 리스너를 해당 스프라이트에 지정하는 코드다. 그러므로 이 Monster 클래스를 통해 스프라이트를 추가하면 별도로 터치 이벤트 리스너를 씬에 만들지 않아도 각 Monster 스프라이트에 대해 터치 처리가 가능해진다.

> NOTE 여기서는 터치 이벤트 리스너를 추가했지만 특정한 변수가 필요하다면 해당 변수를 미리 스프라이트에 추가해 놓을 수도 있다. 캐릭터를 구현하는 스프라이트라면 체력 게이지값 등을 포함시켜 놓을 수 있는 것이다.

이제 기본형에 다음과 같이 코드를 입력해 수정한다.

[예제 10-9] HelloWorldScene.h

```
#ifndef __HELLOWORLD_SCENE_H__
#define __HELLOWORLD_SCENE_H__

#include "cocos2d.h"
#include "Monster.h"

class HelloWorld : public cocos2d::LayerColor
{
public:
    static cocos2d::Scene* createScene();

    virtual bool init();

    CREATE_FUNC(HelloWorld);

    Monster* sprite1;
    Monster* sprite2;
    Monster* sprite3;
};

#endif // __HELLOWORLD_SCENE_H__
```

이번에는 CPP 파일을 다음과 같은 코드를 입력해서 수정한다.

[예제 10-10] HelloWorldScene.cpp

```cpp
bool HelloWorld::init()
{
    if (!LayerColor::initWithColor(Color4B(255, 255, 255, 255)))
    {
        return false;
    }

    /////////////////////////////

    auto pLabel1 = LabelTTF::create(
                        "Fixed priority test",
                        "Arial",
                        20);
    pLabel1->setPosition(Point(240, 300));
    pLabel1->setColor(Color3B(0, 0, 0));
    this->addChild(pLabel1, 101);

    auto pLabel2 = LabelTTF::create(
        "Fixed Priority, Blue: 30, Red: 20, Yellow: 10\n"
        "작은 수가 더 높은 우선순위를 가집니다",
        "Arial",
        14);
    pLabel2->setPosition(Point(240, 270));
    pLabel2->setColor(Color3B::BLUE);
    this->addChild(pLabel2, 101);

    sprite1 = new Monster();
    sprite1->setTexture("Images/CyanSquare.png");
    sprite1->setPosition(Point(240, 120) + Point(-80, 80));
    sprite1->setPriority(30);
    addChild(sprite1);

    sprite2 = new Monster();
    sprite2->setTexture("Images/MagentaSquare.png");
```

```
        sprite2->setPosition(Point(240, 120));
        sprite2->setPriority(20);
        addChild(sprite2);

        sprite3 = new Monster();
        sprite3->setTexture("Images/YellowSquare.png");
        sprite3->setPosition(Point(0, 0));
        sprite3->setPriority(10);
        sprite2->addChild(sprite3);

        return true;
    }
```

위의 코드에서 보듯이 터치 이벤트를 처리하는 부분이 전혀 없다. 그럼에도 프로그램을 실행해 보면 터치 처리가 되는 것을 볼 수 있을 것이다. 실무에서는 이런 식으로 스프라이트를 상속받아 확장해서 사용하기도 한다.

자, 프로그램을 실행해 보자. 다음과 같이 실행이 되면 화살표로 표시된 부분을 터치해 보자. 화살표가 가리키는 곳은 두 개의 스프라이트가 중복으로 겹친 부분이다.

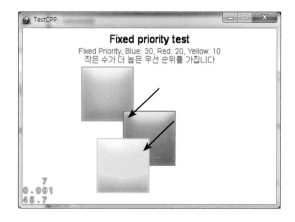

파란색 스프라이트와 빨간색 스프라이트가 겹친 부분은 항상 빨간색만 선택될 것이다. 이번 예제는 파란색 스프라이트를 선택해도 Z-Order를 바꾸지 않기 때문에 항상 겹친 부분은 빨간색 스프라이트가 선택된다.

스프라이트의 상속 등으로 내용이 많이 돌아오긴 했지만 이번 예제에서 터치와 관련해서 이야기하고 싶은 부분은 터치의 우선순위다. 위의 예제에서 보는 것과 같이 Z-Order 의 값이 같을 경우에는 setPriority에 의해 정해진 값에 따라 터치의 우선순위가 정해진다.

정리하면 다음과 같다.

- Z-Order 값이 다르면 Z-Order 값이 큰 오브젝트가 터치의 우선순위를 갖게 된다.
- Z-Order 값이 같으면 나중에 추가된 오브젝트가 터치의 우선순위를 갖게 된다.
- Z-Order 값이 같고 나중에 추가된 오브젝트라도 setPriority에 의해 큰 값이 지정되면 작은 값으로 지정된 오브젝트가 터치의 우선순위를 갖게 된다.

커스텀 이벤트 리스너

이번에는 새롭게 추가된 커스텀 이벤트 리스너에 대해 살펴보겠다.

새로운 프로젝트를 다음과 같이 만든다.

- 프로젝트명 : TouchEx5
- 패키지명 : com.study.exam28

이제 기본형에 다음과 같이 코드를 입력해 수정한다.

[예제 10-11] HelloWorldScene.h

```
#ifndef __HELLOWORLD_SCENE_H__
#define __HELLOWORLD_SCENE_H__

#include "cocos2d.h"

class HelloWorld : public cocos2d::LayerColor
{
public:
    static cocos2d::Scene* createScene();

    virtual bool init();

    CREATE_FUNC(HelloWorld);

①  cocos2d::EventListenerCustom* _listener1;
    cocos2d::EventListenerCustom* _listener2;
    cocos2d::LabelTTF* statusLabel;

    virtual void onEnter();
    virtual void onExit();
    void doClick1(cocos2d::Object* pSender);
    void doClick2(cocos2d::Object* pSender);
    void doEvent1(cocos2d::EventCustom* event);
    void doEvent2(cocos2d::EventCustom* event);
};

#endif // __HELLOWORLD_SCENE_H__
```

헤더에 cpp 파일에서 사용될 변수와 함수를 1번과 같이 선언한다.

```cpp
bool HelloWorld::init()
{
    if (!LayerColor::initWithColor(Color4B(255, 255, 255, 255)))
    {
        return false;
    }

    ////////////////////////////

    statusLabel = LabelTTF::create("No custom event received!", "", 20);
    statusLabel->setColor(Color3B::BLACK);
    statusLabel->setPosition(Point(240, 250));
    addChild(statusLabel);


    auto pMenuItem1 = MenuItemFont::create(
        "Send Custom Event 1",
        CC_CALLBACK_1(HelloWorld::doClick1, this));
    pMenuItem1->setColor(Color3B(0, 0, 0));
    pMenuItem1->setPosition(Point(240, 160));

    auto pMenuItem2 = MenuItemFont::create(
        "Send Custom Event 2",
        CC_CALLBACK_1(HelloWorld::doClick2, this));
    pMenuItem2->setColor(Color3B(0, 0, 0));
    pMenuItem2->setPosition(Point(240, 100));

    // 메뉴 생성
    auto pMenu = Menu::create(pMenuItem1, pMenuItem2, NULL);
    pMenu->setPosition(Point(0, 0));
    this->addChild(pMenu);


    return true;
}
```

```cpp
void HelloWorld::onEnter()
{
    Layer::onEnter();

①  _listener1 = EventListenerCustom::create(
        "game_custom_event_1",
        CC_CALLBACK_1(HelloWorld::doEvent1, this));

    _eventDispatcher->addEventListenerWithFixedPriority(_listener1, 1);

    /*
    _listener = EventListenerCustom::create("game_custom_event1", [=](EventCustom*
event){
    std::string str("Custom event 1 received, ");
    char* buf = static_cast<char*>(event->getUserData());
    str += buf;
    str += " times";
    statusLabel->setString(str.c_str());
    });
    */

②  _listener2 = EventListenerCustom::create(
        "game_custom_event_2",
        CC_CALLBACK_1(HelloWorld::doEvent2, this));

    _eventDispatcher->addEventListenerWithFixedPriority(_listener2, 1);
}

void HelloWorld::onExit()
{
    _eventDispatcher->removeEventListener(_listener1);
    _eventDispatcher->removeEventListener(_listener2);

    Layer::onExit();
}

void HelloWorld::doClick1(Object* pSender)
{
```

```
    static int count = 0;
    ++count;
    char* buf = new char[10];
    sprintf(buf, "%d", count);


③  EventCustom event("game_custom_event_1");
    event.setUserData(buf);
④  _eventDispatcher->dispatchEvent(&event);
}


void HelloWorld::doEvent1(EventCustom* event)
{
    std::string str("Custom event 1 received, ");
    char* buf = static_cast<char*>(event->getUserData());
    str += buf;
    str += " times";
    statusLabel->setString(str.c_str());
    delete[] buf;
}


void HelloWorld::doClick2(Object* pSender)
{
    static int count = 0;
    ++count;
    char* buf = new char[10];
    sprintf(buf, "%d", count);

    EventCustom event("game_custom_event_2");
    event.setUserData(buf);
    _eventDispatcher->dispatchEvent(&event);
}


void HelloWorld::doEvent2(EventCustom* event)
{
    std::string str("Custom event 2 received, ");
    char* buf = static_cast<char*>(event->getUserData());
    str += buf;
    str += " times";
```

```
        statusLabel->setString(str.c_str());
        delete[] buf;
    }
```

프로그램이 시작할 때 1번과 2번에 의해 사용자가 정의한 이벤트가 등록된다. '특정한 이름의 이벤트가 발생하면 어떤 함수를 호출해라'라는 식으로 해당 이벤트에 콜백 함수를 등록한다.

이제 첫 번째 메뉴를 선택하면 doClick1 함수의 3번에서 사용자 정의 이벤트를 만들고 4번에서 이벤트 리스너에 해당 이벤트를 보내게 된다.

doClcik1에 의해 이벤트가 발생이 되면 1번에서 등록된 사용자 정의 이벤트이므로 doEvent1 함수가 콜백 함수로 호출이 된다.

커스텀 이벤트 리스너는 NotificationCenter와 상당 부분 유사하게 동작한다.

이제 실행해 보자. 앞의 예제와 같은 결과 화면을 볼 수 있다.

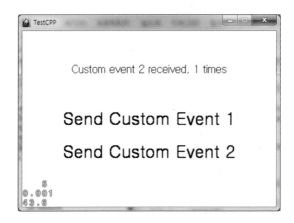

멀티터치

멀티터치를 사용하려면 플랫폼마다 사전 지식이 조금 필요하다. 먼저 iOS의 경우에는 AppController.mm에 다음의 1번 부분을 추가해야 멀티터치가 동작한다.

```
// Init the CCEAGLView
CCEAGLView *__glView = [CCEAGLView viewWithFrame: [window bounds]
                                pixelFormat: kEAGLColorFormatRGB565
                                depthFormat: GL_DEPTH24_STENCIL8_OES
                         preserveBackbuffer: NO
                                 sharegroup: nil
                              multiSampling: NO
                            numberOfSamples: 0];

①   [__glView setMultipleTouchEnabled:YES];
```

안드로이드의 경우에는 멀티터치가 기본적으로 제공되므로 별다른 처리를 하지 않아도 된다.

또한 윈도우 데스크톱에서 cocos2d-x로 게임을 개발할 경우, 윈도우는 멀티터치를 지원하지 않는다. 멀티터치가 지원되는 모바일 폰에 실행 파일을 올리고 테스트해야 한다.

그럼 멀티터치를 테스트하기 위한 예제를 만들어 보자.

이번에는 새롭게 추가된 커스텀 이벤트 리스너에 대해 살펴보겠다.

새로운 프로젝트를 다음과 같이 만든다.

- 프로젝트명 : TouchEx6
- 패키지명 : com.study.exam29

TouchEx4를 만들 때 했던 방식으로 새로운 클래스를 하나 추가한다. 새로운 클래스는 멀티 터치를 처리하기 위한 유틸리티다. 다음과 같이 헤더만 만들면 된다.

[예제 10-13] TouchPoint.h

```cpp
#ifndef __TouchEx6__TouchPoint__
#define __TouchEx6__TouchPoint__

#include "cocos2d.h"

using namespace cocos2d;

static const Color3B* s_TouchColors[5] = {
    &Color3B::YELLOW,
    &Color3B::BLUE,
    &Color3B::GREEN,
    &Color3B::RED,
    &Color3B::MAGENTA
};

class TouchPoint : public Node
{
```

```cpp
public:
    TouchPoint()
    {
        setShaderProgram(ShaderCache::getInstance()->
            getProgram(GLProgram::SHADER_NAME_POSITION_TEXTURE_COLOR));
    }

    virtual void draw()
    {
        DrawPrimitives::setDrawColor4B(_touchColor.r, _touchColor.g, _touchColor.b,
255);
        glLineWidth(10);
        DrawPrimitives::drawLine(Point(0, _touchPoint.y), Point(getContentSize().
width, _touchPoint.y));
        DrawPrimitives::drawLine(Point(_touchPoint.x, 0), Point(_touchPoint.x,
getContentSize().height));
        glLineWidth(1);
        DrawPrimitives::setPointSize(30);
        DrawPrimitives::drawPoint(_touchPoint);
    }

    void setTouchPos(const Point& pt)
    {
        _touchPoint = pt;
    }

    void setTouchColor(Color3B color)
    {
        _touchColor = color;
    }

    static TouchPoint* touchPointWithParent(Node* pParent)
    {
        auto pRet = new TouchPoint();
        pRet->setContentSize(pParent->getContentSize());
        pRet->setAnchorPoint(Point(0.0f, 0.0f));
        pRet->autorelease();
        return pRet;
```

```
        }

    private:
        Point _touchPoint;
        Color3B _touchColor;
    };


    #endif /* defined(__TouchEx6__TouchPoint__) */
```

이제 기본형에 다음과 같이 코드를 입력해 수정한다.

[예제 10-14] HelloWorldScene.h

```
    #ifndef __HELLOWORLD_SCENE_H__
    #define __HELLOWORLD_SCENE_H__

    #include "cocos2d.h"

    class HelloWorld : public cocos2d::Layer
    {
    public:
        static cocos2d::Scene* createScene();

        virtual bool init();

        CREATE_FUNC(HelloWorld);

        virtual void onEnter();
        virtual void onExit();
        virtual void onTouchesBegan(const std::vector<cocos2d::Touch*>& touches,
    cocos2d::Event* event);
        virtual void onTouchesMoved(const std::vector<cocos2d::Touch*>& touches,
    cocos2d::Event* event);
        virtual void onTouchesEnded(const std::vector<cocos2d::Touch*>& touches,
    cocos2d::Event* event);
    };


    #endif // __HELLOWORLD_SCENE_H__
```

배경을 어둡게 처리하기 위해 LayerColor가 아닌 Layer에서 상속받았다.

[예제 10-15 | HelloWorldScene.cpp

```cpp
#include "HelloWorldScene.h"
#include "TouchPoint.h"

USING_NS_CC;

static Map<int, TouchPoint*> s_map;

Scene* HelloWorld::createScene()
{
    auto scene = Scene::create();

    auto layer = HelloWorld::create();

    scene->addChild(layer);

    return scene;
}

bool HelloWorld::init()
{
    if ( !Layer::init() )
    {
        return false;
    }

    ////////////////////////////////

    return true;
}

void HelloWorld::onEnter()
{
    Layer::onEnter();
```

```cpp
    // 멀티 터치 모드로 터치 리스너 등록
    auto listener = EventListenerTouchAllAtOnce::create();

    listener->onTouchesBegan = CC_CALLBACK_2(HelloWorld::onTouchesBegan, this);
    listener->onTouchesMoved = CC_CALLBACK_2(HelloWorld::onTouchesMoved, this);
    listener->onTouchesEnded = CC_CALLBACK_2(HelloWorld::onTouchesEnded, this);

    // The priority of the touch listener is based on the draw order of sprite
    // 터치 리스너의 우선순위를 (스프라이트가) 화면에 그려진 순서대로 한다.
    _eventDispatcher->addEventListenerWithSceneGraphPriority(listener, this);
}


void HelloWorld::onExit()
{
    _eventDispatcher->removeAllEventListeners();

    Layer::onExit();
}


void HelloWorld::onTouchesBegan(const std::vector<Touch*>& touches, Event *event)
{
    for (auto &item : touches)
    {
        auto touch = item;
        auto touchPoint = TouchPoint::touchPointWithParent(this);
        auto location = touch->getLocation();

        touchPoint->setTouchPos(location);
        touchPoint->setTouchColor(*s_TouchColors[touch->getID()]);

        addChild(touchPoint);
        s_map.insert(touch->getID(), touchPoint);
    }
}


void HelloWorld::onTouchesMoved(const std::vector<Touch*>& touches, Event *event)
{
    for (auto &item : touches)
```

```
        {
            auto touch = item;
            auto pTP = s_map.at(touch->getID());
            auto location = touch->getLocation();
            pTP->setTouchPos(location);
        }
    }


void HelloWorld::onTouchesEnded(const std::vector<Touch*>& touches, Event *event)
{
    for (auto &item : touches)
    {
        auto touch = item;
        auto pTP = s_map.at(touch->getID());
        removeChild(pTP, true);
        s_map.erase(touch->getID());
    }
}
```

- TouchPoint.h를 인클루드한다.
- s_map이라는 맵 변수를 스태틱으로 선언했다. (이전 버전에서는 이 부분에서 딕셔너리 변수를 사용했으나 이제 딕셔너리 타입이 디프리케이션됐기 때문에 맵 타입을 사용한 것이다.)

이 예제는 윈도우와 맥의 시뮬레이터에서는 테스트해 볼 수 없다. 실행해보면 다음과 같이 싱글 터치만 동작할 것이다.

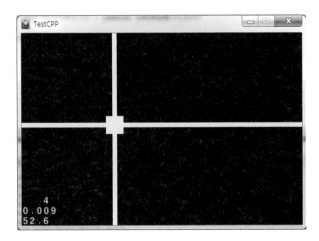

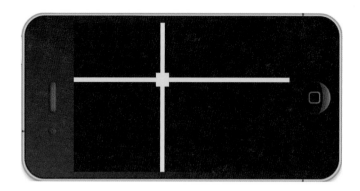

맥 사용자라면 프로젝트를 실행해서 테스트해보기 바란다. 화면에서 멀티터치를 감지해서 표시해 줄 수 있다. 먼저 손가락 하나를 터치해 보고, 이어서 두 번째 손가락을 터치해 보자. 다섯 개까지 표현된다.

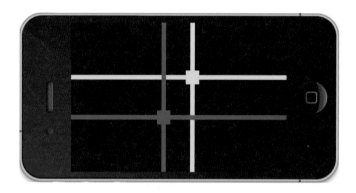

사운드 사용하기

cocos2d-x에서 제공하는 사운드 기능으로 CocosDenshion이 있다. 이 기능은 특별하다. 사운드는 하드웨어의 특성을 많이 반영하는데, 이 프레임워크를 사용하면 디바이스가 아이폰이든 안드로이드폰이든 상관없이 동일한 코드로 사운드를 출력할 수 있다.

심플오디오엔진의 기본 사용법

심플오디오엔진(SimpleAudioEngine)은 사용자가 CocosDenshion을 직접적으로 사용할 수 있게 해주는 싱글톤 객체다.

효과음 내기

다음 코드는 effect1.wav를 효과음으로 1회 재생한다.

```
SimpleAudioEngine::getInstance()->playEffect("effect1.wav");
```

효과음 사용전 준비

사이즈가 큰 파일은 재생을 시작할 때 시간이 걸릴 수 있다. 그래서 미리 메모리에 준비해 놓고 필요할 때 바로 시작하게 할 수 있다. 이 기법은 안드로이드의 경우 효과적이다.

```
SimpleAudioEngine::getInstance()->preloadEffect("effect1.wav");
```

효과음 메모리 해제

사용이 다 끝난 효과음은 메모리에서 해제한다. 가령 게임의 경우 스테이지가 바뀌었을 경우, 다시 말해 장면이 바뀔 때 등이 여기에 해당한다.

```
SimpleAudioEngine::getInstance()->unloadEffect("effect1.wav");
```

배경음 내기

다음은 무한반복으로 mp3 파일을 배경음악으로 재생하는 예다. 두 번째 파라미터로 루프를 돌릴지 여부를 결정한다.

```
SimpleAudioEngine::getInstance()->playBackgroundMusic("background.mp3", true);
```

배경음 일시 정지

배경음악을 일시 정지시킨다.

```
SimpleAudioEngine::getInstance()->pauseBackgroundMusic();
```

배경음 다시 시작

일시 정지된 배경음악을 다시 시작한다.

```
SimpleAudioEngine::getInstance()->resumeBackgroundMusic();
```

배경음 정지

배경음악을 종료한다.

```
SimpleAudioEngine::getInstance()->stopBackgroundMusic();
```

배경음 재시작

배경음악을 처음부터 다시 시작하고 싶다면 단순히 다시 함수를 호출하면 된다.

```
SimpleAudioEngine::getInstance()->playBackgroundMusic("background.mp3", true);
```

배경음을 사용하기 전에 준비해야 할 사항

보통 배경음악처럼 사이즈가 큰 파일은 재생을 시작할 때 시간이 걸릴 수 있다. 그래서 미리 메모리에 준비해 놓고 필요할 때 바로 시작하게 할 수 있다.

```
SimpleAudioEngine::getInstance()->preloadBackgroundMusic("background.mp3");
```

배경음 메모리 해제

```
SimpleAudioEngine::getInstance()->stopBackgroundMusic(true);
```

심플오디오엔진의 사용 예

새로운 프로젝트를 다음과 같이 만든다.

- 프로젝트명 : SoundEx
- 패키지명 : com.study.exam30

그리고 다음의 디렉터리에서 파일을 찾아 리소스에 추가한다.

cocos2d-x가 설치된 디렉터리/samples/Cpp/TestCpp/Resources

- effect1.wav
- effect1.raw
- effect2.ogg
- music.mid
- background.ogg
- background.mp3

해당 파일을 찾아 프로젝트의 Resources 디렉터리 아래에 Sounds 디렉터리를 만들고 복사한다. 그리고 맥에서 개발하는 경우 앞에서 해 본 바와 같이 Images 디렉터리를 프로젝트의 Resources 그룹 아래로 드래그 앤 드롭해서 프로젝트에 포함시킨다.

이제 기본형에 다음과 같이 코드를 입력해 수정한다.

```
#ifndef __HELLOWORLD_SCENE_H__
#define __HELLOWORLD_SCENE_H__

#include "cocos2d.h"

class HelloWorld : public cocos2d::LayerColor
{
public:
    static cocos2d::Scene* createScene();

    virtual bool init();

    CREATE_FUNC(HelloWorld);

①  virtual void onExit();

②  unsigned int m_nSoundId;

③  void doSoundAction(Object* pSender);
};

#endif // __HELLOWORLD_SCENE_H__
```

2번 변수 선언과, 1번, 3번의 구현할 함수를 먼저 헤더에 선언한다.

```
#include "HelloWorldScene.h"
#include "SimpleAudioEngine.h"  // 추가

// android effect only support ogg
#if (CC_TARGET_PLATFORM == CC_PLATFORM_ANDROID)
#define EFFECT_FILE        "Sounds/effect2.ogg"
#elif( CC_TARGET_PLATFORM == CC_PLATFORM_MARMALADE)
#define EFFECT_FILE        "Sounds/effect1.raw"
```

```
#else
#define EFFECT_FILE          "Sounds/effect1.wav"
#endif // CC_PLATFORM_ANDROID

#if (CC_TARGET_PLATFORM == CC_PLATFORM_WIN32)
#define MUSIC_FILE         "Sounds/music.mid"
#elif (CC_TARGET_PLATFORM == CC_PLATFORM_BLACKBERRY)
#define MUSIC_FILE          "Sounds/background.ogg"
#else
#define MUSIC_FILE          "Sounds/background.mp3"
#endif // CC_PLATFORM_WIN32

std::string menuItems[] = {
    "play background music",
    "pause background music",
    "resume background music",
    "stop background music",
    "play effect",
    "play effect repeatly",
    "pause effect",
    "resume effect",
    "stop effect",
};

//USING_NS_CC;
using namespace cocos2d;
using namespace CocosDenshion;  // 추가

Scene* HelloWorld::createScene()
{
    auto scene = Scene::create();

    auto layer = HelloWorld::create();

    scene->addChild(layer);

    return scene;
}
```

```cpp
bool HelloWorld::init()
{
    if ( !LayerColor::initWithColor(Color4B(255,255,255,255)) )
    {
        return false;
    }

    ////////////////////////////////

    // 메뉴 아이템 생성 및 초기화

    auto pMenu = CCMenu::create();

    int nMenuCount = sizeof(menuItems) / sizeof(menuItems[0]);

    for (int i = 0; i < nMenuCount; ++i)
    {
        auto label = LabelTTF::create(menuItems[i].c_str(), "Arial", 24);
        label->setColor(Color3B(0, 0, 0));
        auto pMenuItem = MenuItemLabel::create(
                        label,
                        CC_CALLBACK_1(HelloWorld::doSoundAction, this));
        pMenu->addChild(pMenuItem, i + 10000);
    }

    // 메뉴 정렬
    pMenu->alignItemsVertically();

    // 레이어에 메뉴 객체 추가
    this->addChild(pMenu);


    // preload background music and effect
    SimpleAudioEngine::getInstance()->preloadBackgroundMusic(MUSIC_FILE);
    SimpleAudioEngine::getInstance()->preloadEffect(EFFECT_FILE);

    // set default volume
    SimpleAudioEngine::getInstance()->setEffectsVolume(0.5);
```

```cpp
    SimpleAudioEngine::getInstance()->setBackgroundMusicVolume(0.5);


    return true;
}

void HelloWorld::onExit()
{

    SimpleAudioEngine::getInstance()->unloadEffect(EFFECT_FILE);
    SimpleAudioEngine::getInstance()->stopBackgroundMusic(true);

    SimpleAudioEngine::getInstance()->end();

    Layer::onExit();
}

void HelloWorld::doSoundAction(Object* pSender)
{
    auto pMenuItem = (MenuItem *)(pSender);
    int nIdx = pMenuItem->getZOrder() - 10000;

    switch (nIdx)
    {
        // play background music
    case 0:
        SimpleAudioEngine::getInstance()->playBackgroundMusic(MUSIC_FILE, true);
        break;
        // pause background music : 윈도우에선 동작 안 함
    case 1:
        SimpleAudioEngine::getInstance()->pauseBackgroundMusic();
        break;
        // resume background music : 윈도우에선 동작 안 함
    case 2:
        SimpleAudioEngine::getInstance()->resumeBackgroundMusic();
        break;
        // stop background music
```

```
    case 3:
        SimpleAudioEngine::getInstance()->stopBackgroundMusic();
        break;
        // play effect
    case 4:
        m_nSoundId = SimpleAudioEngine::getInstance()->playEffect(EFFECT_FILE);
        break;
        // play effect
    case 5:
        m_nSoundId = SimpleAudioEngine::getInstance()->playEffect(EFFECT_FILE, true);
        break;
        // pause effect
    case 6:
        SimpleAudioEngine::getInstance()->pauseEffect(m_nSoundId);
        break;
        // resume effect
    case 7:
        SimpleAudioEngine::getInstance()->resumeEffect(m_nSoundId);
        break;
        // stop effect
    case 8:
        SimpleAudioEngine::getInstance()->stopEffect(m_nSoundId);
        break;

    }
}
```

먼저 다른 예제와 다르게 사운드를 사용해야 하므로 SimpleAudioEngine.h를 인클루드해야
한다. 그리고 using namespace CocosDenshion;를 이용해 네임스페이스도 지정한다.

코드 첫 부분에 플랫폼을 구분해서 효과음과 배경음을 지정했는데, 효과음의 경우 초기에 안
드로이드는 ogg 파일만 지원했다. 지금은 mp3로 해봐도 잘 된다. 다만 마멀레이드(MAR-
MALADE)용도 있으니 이를 구분하는 법을 잘 봐두자.

배경음의 경우에는 플랫폼이 윈도우일 때와 블랙베리일 때를 구분했다(cocos2d-x를 설치할 때 포함돼 있는 예제 코드로, 이 부분은 테스트해 보지 못했다.)

그럼 코드를 완성했다면 프로젝트를 실행해 보자.

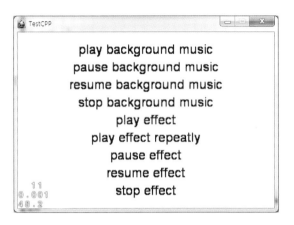

이번 예제에서는 메뉴를 터치해 메뉴에 제시된 것처럼 소리가 나거나 소리가 멈추는지 테스트해 봐야 할 것이다.

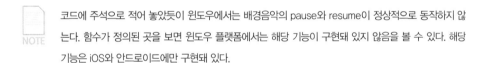

코드에 주석으로 적어 놓았듯이 윈도우에서는 배경음악의 pause와 resume이 정상적으로 동작하지 않는다. 함수가 정의된 곳을 보면 윈도우 플랫폼에서는 해당 기능이 구현돼 있지 않음을 볼 수 있다. 해당 기능은 iOS와 안드로이드에만 구현돼 있다.

cocos2d-x에서 모든 리소스는 안드로이드의 경우 assets으로 복사된다. 그런데 안드로이드 2.2(프로요 버전) 버전까지는 assets의 리소스가 1MB가 넘으면 실행 중 예기치 않은 오류가 발생했다. 이것은 안드로이드의 버그에 해당하며, 이 점에 주의한다.

리소스가 1MB보다 클 경우에는 리소스의 사이즈를 줄이거나 안드로이드의 경우 2.3 이상을 지원하는 것으로 선택해야 한다.

트랜지션 사용하기

cocos2d-x는 장면 간의 화려하거나 복잡한 전환 기능을 다양하게 제공한다.

장면의 추가, 삭제, 교체

새로운 프로젝트를 다음과 같이 만든다.

- 프로젝트명 : SceneTransEx1
- 패키지명 : com.study.exam31

그리고 다음의 디렉터리에서 파일을 찾아 리소스에 추가한다.

cocos2d-x가 설치된 디렉터리/samples/Cpp/TestCpp/Resources/Images

- grossini.png
- grossinis_sister1.png

해당 파일을 찾아 프로젝트의 Resources 디렉터리 아래에 Images 디렉터리를 만들고 복사한다. 그리고 맥에서 개발하는 경우 앞에서 해 본 바와 같이 Images 디렉터리를 프로젝트의 Resources 그룹 아래로 드래그 앤 드롭해서 프로젝트에 포함시킨다.

이제 기본형에 다음과 같이 코드를 입력해 init를 수정한다. 앞의 예제에서처럼 cpp에 추가로 구현할 함수가 있으면 헤더 파일에도 선언을 추가하는 것을 잊지 말자.

```cpp
bool HelloWorld::init()
{
    if ( !LayerColor::initWithColor(Color4B(255,255,255,255)) )
    {
        return false;
    }

    /////////////////////////////

    // 메뉴 아이템 생성 및 초기화

    auto item1 = MenuItemFont::create(
                    "pushScene",
                    CC_CALLBACK_1(HelloWorld::doPushScene, this));
    item1->setColor(Color3B(0, 0, 0));

    auto item2 = MenuItemFont::create(
                    "pushScene transition",
                    CC_CALLBACK_1(HelloWorld::doPushSceneTran, this));
    item2->setColor(Color3B(0, 0, 0));

    auto item3 = MenuItemFont::create(
                    "replaceScene",
                    CC_CALLBACK_1(HelloWorld::doReplaceScene, this));
    item3->setColor(Color3B(0, 0, 0));

    auto item4 = MenuItemFont::create(
                    "replaceScene transition",
                    CC_CALLBACK_1(HelloWorld::doReplaceSceneTran, this));
    item4->setColor(Color3B(0, 0, 0));

    // 메뉴 생성
    auto pMenu = Menu::create(item1, item2, item3, item4, NULL);

    // 메뉴 정렬
    pMenu->alignItemsVertically();
```

```
    // 레이어에 메뉴 객체 추가
    this->addChild(pMenu);


    return true;
}


void HelloWorld::doPushScene(Object* pSender)
{
    // 두 번째 장면
}


void HelloWorld::doPushSceneTran(Object* pSender)
{
    // 두 번째 장면
}


void HelloWorld::doReplaceScene(Object* pSender)
{
    // 세 번째 장면
}


void HelloWorld::doReplaceSceneTran(Object* pSender)
{
    // 세 번째 장면
}
```

네 가지 함수는 만들기만 하고 실제로 구현하지는 않았다. 프로젝트를 실행해보면 다음과 같이 보일 것이다. 함수 안의 내용이 아직 구현되지 않았기 때문에 메뉴를 터치해도 실제 액션은 일어나지 않는다.

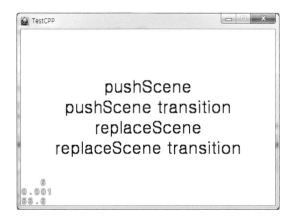

장면 간의 전환 기능을 사용하려면 일단 장면이 두 개 이상 필요하므로 앞에서 계속 작업해오던 기본형에 장면을 추가해야 한다. 이번 예제에서는 두 개의 장면을 더 추가할 것이다.

10장에서 해본 것처럼 새로운 클래스를 추가한다. 추가할 클래스는 TestScene2와 TestScene3이다.

이제 HelloWorldScene.cpp에 추가한 클래스를 사용할 수 있게 다음과 같이 인클루드한다. iOS 개발을 하던 독자라면 주의하기 바란다. 임포트(import)가 아니고 인클루드(include)를 사용해야 한다.

[예제 12-2] HelloWorldScene.cpp

```cpp
#include "HelloWorldScene.h"
#include "TestScene2.h"  // 추가
#include "TestScene3.h"  // 추가

USING_NS_CC;

Scene* HelloWorld::createScene()
{
    auto scene = Scene::create();

    auto layer = HelloWorld::create();
```

```
        scene->addChild(layer);

        return scene;
    }
```

이제 앞에서 함수만 만들고 실제로 내용은 구현하지 않았던 두 함수를 다음과 같이 수정한다.

[예제 12-3] HelloWorldScene.cpp

```
    void HelloWorld::doPushScene(Object* pSender)
    {
        // 두 번째 장면
①      auto pScene = TestScene2::createScene();
②      Director::getInstance()->pushScene(pScene);
    }

    void HelloWorld::doPushSceneTran(Object* pSender)
    {
        // 두 번째 장면
    }

    void HelloWorld::doReplaceScene(Object* pSender)
    {
        // 세 번째 장면
③      auto pScene = TestScene3::createScene();
④      Director::getInstance()->replaceScene(pScene);
    }

    void HelloWorld::doReplaceSceneTran(Object* pSender)
    {
        // 세 번째 장면
    }
```

doPushScene 함수에서는 두 번째 장면을 만들고 pushScene이라는 함수를 이용해 두 번째 장면을 부른다. pushScene은 기존의 장면을 그대로 두고 그 위에 새로운 장면을 올려 놓는 것이다.

doReplaceScene 함수에서는 세 번째 장면을 만들고 replaceScene이라는 함수를 이용해 세 번째 장면을 부른다. replaceScene는 기존의 장면을 없애면서 새로운 장면으로 교체한다.

이제 두 번째 장면과 세 번째 장면의 코드를 다음과 같이 완성해 보자. 다음은 두 번째 장면인 TestScene2 클래스의 헤더 파일이다.

[예제 12-4] TestScene2.h

```cpp
#ifndef __SceneTrans__TestScene2__
#define __SceneTrans__TestScene2__

#include "cocos2d.h"

class TestScene2 : public cocos2d::LayerColor
{
public:
    static cocos2d::Scene* createScene();

    virtual bool init();

    CREATE_FUNC(TestScene2);

    void doClose(Object* pSender);
};

#endif /* defined(__SceneTrans__TestScene2__) */
```

다음은 두 번째 장면인 TestScene2 클래스의 cpp 파일이다.

[예제 12-5] TestScene2.cpp

```cpp
#include "TestScene2.h"

using namespace cocos2d;

Scene* TestScene2::createScene()
```

```
{
    auto scene = Scene::create();

    auto layer = TestScene2::create();

    scene->addChild(layer);

    return scene;
}

bool TestScene2::init()
{
①  if ( !LayerColor::initWithColor(Color4B(0, 255, 0, 255)) )
    {
        return false;
    }

    ////////////////////////////

    // 메뉴 아이템 생성 및 초기화

    auto item1 = MenuItemFont::create(
                    "Close Scene 2",
                    CC_CALLBACK_1(TestScene2::doClose, this) );
    item1->setColor(Color3B(0, 0, 0));

    // 메뉴 생성
    auto pMenu = Menu::create( item1, NULL );

    // 메뉴 위치
    pMenu->setPosition(Point(240, 50));

    // 레이어에 메뉴 객체 추가
    this->addChild(pMenu);


    return true;
}
```

```
void TestScene2::doClose(Object* pSender)
{
    Director::getInstance()->popScene();
}
```

두 번째 클래스의 완성된 코드다. 1번에서 장면의 레이어 색을 기존과 다르게 초록색으로 지정했다. 그리고 doClose 함수에서 pushScene으로 생성된 두 번째 장면에 대해 popScene 이라는 함수로 장면을 닫았다.

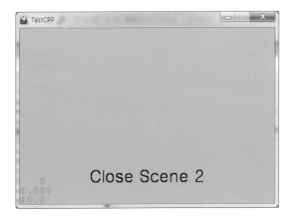

다음은 세 번째 장면인 TestScene3 클래스의 헤더 파일이다.

[예제 12-6] TestScene3.h

```
#ifndef __SceneTrans__TestScene3__
#define __SceneTrans__TestScene3__

#include "cocos2d.h"

class TestScene3 : public cocos2d::LayerColor
{
public:
    static cocos2d::Scene* createScene();

    virtual bool init();
```

```
            CREATE_FUNC(TestScene3);

            void doClose(Object* pSender);
        };

        #endif /* defined(__SceneTrans__TestScene3__) */
```

다음은 세 번째 장면인 TestScene3 클래스의 cpp 파일이다.

[예제 12-7] TestScene3.cpp

```
        #include "TestScene3.h"
        #include "HelloWorldScene.h"  // 추가 ①

        using namespace cocos2d;

        Scene* TestScene3::createScene()
        {
            auto scene = Scene::create();

            auto layer = TestScene3::create();

            scene->addChild(layer);

            return scene;
        }

        bool TestScene3::init()
        {
        ② if ( !LayerColor::initWithColor(Color4B(255, 255, 0, 255)) )
            {
                return false;
            }

            ////////////////////////////

            // 메뉴 아이템 생성 및 초기화
```

```
        auto item1 = MenuItemFont::create(
                            "Close Scene 3",
                            CC_CALLBACK_1(TestScene3::doClose, this) );
        item1->setColor(Color3B(0, 0, 0));

        // 메뉴 생성
        auto pMenu = Menu::create( item1, NULL );

        // 메뉴 위치
        pMenu->setPosition(Point(240, 50));

        // 레이어에 메뉴 객체 추가
        this->addChild(pMenu);


        return true;
    }

    void TestScene3::doClose(Object* pSender)
    {
        auto pScene = HelloWorld::createScene();
        Director::getInstance()->replaceScene( pScene );
    }
```

세 번째 클래스는 두 번째 클래스와는 조금 다르다. 1번에서 HelloWorldScene.h를 인클루
드해야 한다. 그리고 2번에서 장면의 레이어 색을 기존과 다르게 노란색으로 지정했다. 그리
고 doClose 함수에서 HelloWorld 클래스를 먼저 만들고 replaceScene이라는 함수로 장면
을 교체한다. replaceScene 함수는 기존의 장면을 없애면서 새로운 장면으로 교체하기 때문
에 매번 이렇게 교체할 장면을 먼저 만들어야 한다.

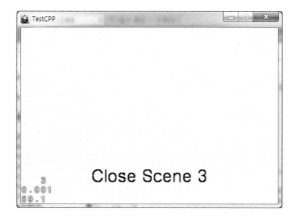

장면 트랜지션

pushScene을 사용하든 replaceScene을 사용하든 장면 전환이 단조롭다고 생각될 것이다. 이런 단조로운 화면 전환에 화려한 전환 방법을 적용해 보자. 물론 cocos2d-x에서 기본적으로 제공하는 기능이다.

이제 앞의 예제에서 구현하지 않았던 두 함수에 대해 다음과 같이 코드를 완성한다. 그리고 함수를 하나 더 추가한다. 추가한 함수는 헤더 파일에도 선언을 추가한다.

[예제 12-8] HelloWorldScene.cpp

```cpp
void HelloWorld::doPushSceneTran(Object* pSender)
{
    // 두 번째 장면
    auto pScene = TestScene2::createScene();
    Director::getInstance()->pushScene(createTransition(1, 1, pScene));
}

...

void HelloWorld::doReplaceSceneTran(Object* pSender)
{
    // 세 번째 장면
    auto pScene = TestScene3::createScene();
```

```
        Director::getInstance()->replaceScene(createTransition(14, 1, pScene));
}


TransitionScene* HelloWorld::createTransition(int nIndex, float t, Scene* s)
{
    Director::getInstance()->setDepthTest(false);

    switch (nIndex)
    {
        // 점프하면서 Zoom
    case 0: return TransitionJumpZoom::create(t, s);


        // 시계방향으로 침이 돌면서 장면이 바뀜
    case 1: return TransitionProgressRadialCCW::create(t, s);

        // 바둑판무늬 뿌리기
    case 14: return TransitionTurnOffTiles::create(t, s);


    default: break;
    }

    return NULL;
}
```

다음은 실행된 화면이다.

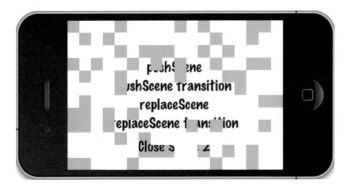

TransitionTurnOffTiles

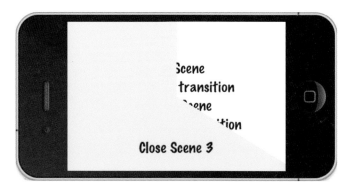

TransitionProgressRadialCCW

이제 다음과 같이 코드를 완성해 다양한 트랜지션 효과를 확인해 보기 바란다.

```cpp
TransitionScene* HelloWorld::createTransition(int nIndex, float t, Scene* s)
{
    Director::getInstance()->setDepthTest(false);

    switch (nIndex)
    {
        // 점프하면서 Zoom
    case 0: return TransitionJumpZoom::create(t, s);

        // 시계 방향으로 침이 돌면서 장면이 바뀜
    case 1: return TransitionProgressRadialCCW::create(t, s);
        // 시계 반대 방향으로 침이 돌면서 장면이 바뀜
    case 2: return TransitionProgressRadialCW::create(t, s);
    case 3: return TransitionProgressHorizontal::create(t, s);
    case 4: return TransitionProgressVertical::create(t, s);
    case 5: return TransitionProgressInOut::create(t, s);
    case 6: return TransitionProgressOutIn::create(t, s);

        // 교차
    case 7: return TransitionCrossFade::create(t, s);
```

```
                // 페이지 넘김 형식 : PageTransitionForward
        case 8: return TransitionPageTurn::create(t, s, false);
                // 페이지 넘김 형식 : PageTransitionBackward
        case 9: return TransitionPageTurn::create(t, s, true);
                // 바둑판 무늬 좌측 하단부터 우측 상단순으로 사라짐
        case 10: return TransitionFadeTR::create(t, s);
                // 바둑판 무늬 우측 상단부터 좌측 하단순으로 사라짐
        case 11: return TransitionFadeBL::create(t, s);
                // 하단에서 상단으로 잘라냄
        case 12: return TransitionFadeUp::create(t, s);
                // 상단에서 하단으로 잘라냄
        case 13: return TransitionFadeDown::create(t, s);


                // 바둑판 무늬 뿌리기
        case 14: return TransitionTurnOffTiles::create(t, s);


                // 가로로 세 등분 나눔
        case 15: return TransitionSplitRows::create(t, s);
                // 세로로 세 등분 나눔, 양끝의 두 등분은 밑으로 나머지는 위로
        case 16: return TransitionSplitCols::create(t, s);


                // 페이드인아웃 : 검정 화면
        case 17: return TransitionFade::create(t, s);
                // 페이드인아웃 : 하얀 화면
        case 18: return TransitionFade::create(t, s, Color3B::WHITE);


                // X축(횡선)을 기준으로 회전 : FlipXLeftOver
          case 19: return TransitionFlipX::create(t, s, TransitionScene::Orienta-
        tion::LEFT_OVER);
                // X축(횡선)을 기준으로 회전 : FlipXRightOver
          case 20: return TransitionFlipX::create(t, s, TransitionScene::Orienta-
        tion::RIGHT_OVER);
                // Y축(종선)을 기준으로 회전 : FlipYUpOver
          case 21: return TransitionFlipY::create(t, s, TransitionScene::Orientation::UP_
        OVER);
                // Y축(종선)을 기준으로 회전 : FlipYDownOver
          case 22: return TransitionFlipY::create(t, s, TransitionScene::Orienta-
        tion::DOWN_OVER);
```

```
        // 뒤집어지면서 다음 장면으로 넘어감 : FlipAngularLeftOver
    case 23: return TransitionFlipAngular::create(t, s, TransitionScene::Orienta-
tion::LEFT_OVER);
        // 뒤집어지면서 다음 장면으로 넘어감 : FlipAngularRightOver
    case 24: return TransitionFlipAngular::create(t, s, TransitionScene::Orienta-
tion::RIGHT_OVER);

        // X축(횡선)을 기준으로 회전 (확대) : ZoomFlipXLeftOver
    case 25: return TransitionZoomFlipX::create(t, s, TransitionScene::Orienta-
tion::LEFT_OVER);
        // X축(횡선)을 기준으로 회전 (확대) : ZoomFlipXRightOver
    case 26: return TransitionZoomFlipX::create(t, s, TransitionScene::Orienta-
tion::RIGHT_OVER);
        // Y축(종선)을 기준으로 회전 (확대) : ZoomFlipYUpOver
    case 27: return TransitionZoomFlipY::create(t, s, TransitionScene::Orienta-
tion::UP_OVER);
        // Y축(종선)을 기준으로 회전 (확대) : ZoomFlipYDownOver
    case 28: return TransitionZoomFlipY::create(t, s, TransitionScene::Orienta-
tion::DOWN_OVER);
        // 뒤집어지면서 다음 장면으로 넘어감 (확대) : ZoomFlipAngularLeftOver
    case 29: return TransitionZoomFlipAngular::create(t, s, TransitionScene::Orien-
tation::LEFT_OVER);
        // 뒤집어지면서 다음 장면으로 넘어감 (확대) : ZoomFlipAngularRightOver
    case 30: return TransitionZoomFlipAngular::create(t, s, TransitionScene::Orien-
tation::RIGHT_OVER);

        // 이전 장면 축소, 다음 장면 확대
    case 31: return TransitionShrinkGrow::create(t, s);
        // 회전하면서 Zoom
    case 32: return TransitionRotoZoom::create(t, s);

        // 왼쪽에서 다음 장면이 나타나서 이전 장면을 덮어씀
    case 33: return TransitionMoveInL::create(t, s);
        // 오른쪽에서 다음 장면이 나타남
    case 34: return TransitionMoveInR::create(t, s);
        // 위쪽에서 다음 장면이 나타남
    case 35: return TransitionMoveInT::create(t, s);
```

```
            // 아래쪽에서 다음 장면이 나타남
    case 36: return TransitionMoveInB::create(t, s);

            // 왼쪽에서 다음 장면이 나타나서 이전 장면을 밀어냄
    case 37: return TransitionSlideInL::create(t, s);
            // 오른쪽에서 다음 장면이 나타나서 이전 장면을 밀어냄
    case 38: return TransitionSlideInR::create(t, s);
            // 위쪽에서 다음 장면이 나타나서 이전 장면을 밀어냄
    case 39: return TransitionSlideInT::create(t, s);
            // 아래쪽에서 다음 장면이 나타나서 이전 장면을 밀어냄
    case 40: return TransitionSlideInB::create(t, s);

    default: break;
    }

    return NULL;
}
```

장면의 생성 및 소멸 순서

장면 간의 전환에서는 장면의 생성 순서와 소멸 순서를 파악하는 것이 중요하다. 다음 예제를 통해 장면이 생성될 때 어떤 순서로 만들어지고, 소멸할 때는 어떤 순서를 거치는지 알아보자.

새로운 프로젝트를 다음과 같이 만든다.

- 프로젝트명 : SceneTransEx2
- 패키지명 : com.study.exam32

이번 예제에서는 별도로 추가되는 리소스는 없고 장면 간의 전환 기능을 사용하기 위해 한 개의 장면을 더 추가한다. 앞에서 만들어 본 것처럼 클래스 이름이 SecondScene인 두 번째 장면을 추가한다.

이제 기본형에 다음과 같이 코드를 입력해 수정한다. 첫 번째 클래스와 두 번째 클래스를 차례대로 다음과 같이 코드를 작성한다. 앞의 예제에서처럼 cpp에 추가로 구현할 함수가 있으면 헤더 파일에도 선언을 추가하는 것을 잊지 말자.

[예제 12-10] HelloWorldScene.h

```cpp
#ifndef __HELLOWORLD_SCENE_H__
#define __HELLOWORLD_SCENE_H__

#include "cocos2d.h"

class HelloWorld : public cocos2d::LayerColor
{
public:
    static cocos2d::Scene* createScene();

    virtual bool init();
```

```
    CREATE_FUNC(HelloWorld);

    void doChangeScene(Object* pSender);

    virtual void onEnter();
    virtual void onEnterTransitionDidFinish();
    virtual void onExitTransitionDidStart();
    virtual void onExit();
    ~HelloWorld(void);
};


#endif // __HELLOWORLD_SCENE_H__
```

다음은 cpp 파일의 전체 코드다.

[예제 12-11] HelloWorldScene.cpp

```
#include "HelloWorldScene.h"
#include "SecondScene.h"

USING_NS_CC;

Scene* HelloWorld::createScene()
{
    auto scene = Scene::create();
    auto layer = HelloWorld::create();
    scene->addChild(layer);
    return scene;
}

bool HelloWorld::init()
{
    if ( !LayerColor::initWithColor(Color4B(255,255,255,255)) )
    {
        return false;
    }
```

```
//////////////////////////

// 메뉴 아이템 생성 및 초기화

auto item1 = MenuItemFont::create(
                "pushScene",
                CC_CALLBACK_1(HelloWorld::doChangeScene, this));
item1->setColor(Color3B(0, 0, 0));

// 메뉴 생성
auto pMenu = Menu::create(item1, NULL);

// 레이어에 메뉴 객체 추가
this->addChild(pMenu);

log("HelloWorld :: init");


    return true;
}

void HelloWorld::doChangeScene(Object* pSender)
{
    // 두 번째 장면
    auto pScene = SecondScene::createScene();
    Director::getInstance()->replaceScene( pScene );
}

void HelloWorld::onEnter()
{
    Layer::onEnter();

    log("HelloWorld :: onEnter");
}
```

```cpp
void HelloWorld::onEnterTransitionDidFinish()
{
    Layer::onEnterTransitionDidFinish();

    log("HelloWorld :: onEnterTransitionDidFinish");
}

void HelloWorld::onExitTransitionDidStart()
{
    Layer::onExitTransitionDidStart();

    log("HelloWorld :: onExitTransitionDidStart");
}

void HelloWorld::onExit()
{
    Layer::onExit();

    log("HelloWorld :: onExit");
}

HelloWorld::~HelloWorld()
{
    log("HelloWorld :: dealloc");
}
```

두 번째 클래스의 헤더와 cpp 파일은 다음과 같다.

[예제 12-12] SecondScene.h

```cpp
#ifndef __SceneTrans1__SecondScene__
#define __SceneTrans1__SecondScene__

#include "cocos2d.h"

class SecondScene : public cocos2d::LayerColor
{
```

```
public:
    static cocos2d::Scene* createScene();

    virtual bool init();

    CREATE_FUNC(SecondScene);

    virtual void onEnter();
    virtual void onEnterTransitionDidFinish();
    virtual void onExitTransitionDidStart();
    virtual void onExit();
    ~SecondScene(void);

    void doClose(Object* pSender);

};

#endif /* defined(__SceneTrans1__SecondScene__) */
```

다음은 cpp 파일의 전체 코드다.

[예제 12-13] SecondScene.cpp

```
#include "SecondScene.h"
#include "HelloWorldScene.h"

using namespace cocos2d;

Scene* SecondScene::createScene()
{
    auto scene = Scene::create();
    auto layer = SecondScene::create();
    scene->addChild(layer);
    return scene;
}
```

```cpp
bool SecondScene::init()
{
    if ( !LayerColor::initWithColor(Color4B(0, 255, 0, 255)) )
    {
        return false;
    }


    ////////////////////////////////
    // 메뉴 아이템 생성 및 초기화

    auto item1 = MenuItemFont::create(
                        "Close Scene 2",
                        CC_CALLBACK_1(SecondScene::doClose, this) );
    item1->setColor(Color3B(0, 0, 0));

    // 메뉴 생성
    auto pMenu = Menu::create( item1, NULL );

    // 메뉴 위치
    pMenu->setPosition(Point(240, 50));

    // 레이어에 메뉴 객체 추가
    this->addChild(pMenu);

    log("SecondScene :: init");


    return true;
}

void SecondScene::onEnter()
{
    Layer::onEnter();

    log("SecondScene :: onEnter");
}
```

```
void SecondScene::onEnterTransitionDidFinish()
{
    Layer::onEnterTransitionDidFinish();

    log("SecondScene :: onEnterTransitionDidFinish");
}


void SecondScene::onExitTransitionDidStart()
{
    Layer::onExitTransitionDidStart();

    log("SecondScene :: onExitTransitionDidStart");
}


void SecondScene::onExit()
{
    Layer::onExit();

    log("SecondScene :: onExit");
}


SecondScene::~SecondScene()
{
    log("SecondScene :: dealloc");
}


void SecondScene::doClose(Object* pSender)
{
//    Director::getInstance()->popScene();

    auto pScene = HelloWorld::createScene();
    Director::getInstance()->replaceScene( pScene );
}
```

이제 코드를 완성했으면 프로젝트를 실행해 보자. 이번 예제에서 화면은 별 의미가 없다. 장면이 생성되고 소멸될 때 어떤 순서를 거치는지 보기 위해 로그를 출력했으니 로그가 어떤 순서로 출력되는지 확인해 보자.

```
HelloWorld :: init
HelloWorld :: onEnter
HelloWorld :: onEnterTransitionDidFinish

...

SecondScene :: init
HelloWorld :: onExitTransitionDidStart
HelloWorld :: onExit
HelloWorld :: dealloc
SecondScene :: onEnter
SecondScene :: onEnterTransitionDidFinish
SecondScene :: onExitTransitionDidStart
SecondScene :: onExit
SecondScene :: dealloc
```

위 로그를 잘 살펴보면 서로 겹치는 부분이 있을 것이다. 하나가 완전히 끝나고 다른 하나가 시작하지 않는다는 것이다. 이 부분을 조심하지 않으면 메모리 사용이 많은 장면끼리 전환할 때 메모리 부족 현상이 일어날 수 있다.

프로그레스 타이머 사용하기

cocos2d-x는 스프라이트 자체에도 씬 전환에서 사용된 것과 비슷한 애니메이션을 제공한다.

스프라이트 애니메이션

새로운 프로젝트를 다음과 같이 만든다.

- 프로젝트명 : ProgressTimerEx1
- 패키지명 : com.study.exam33

그리고 다음의 디렉터리에서 파일을 찾아 리소스에 추가한다.

cocos2d-x가 설치된 디렉터리/samples/Cpp/TestCpp/Resources/Images

- grossinis_sister1.png
- grossinis_sister2.png

해당 파일을 찾아 프로젝트의 Resources 디렉터리 아래에 Images 디렉터리를 만들고 복사한다. 그리고 맥에서 개발하는 경우 앞에서 해 본 바와 같이 Images 디렉터리를 프로젝트의 Resources 그룹 아래로 드래그 앤 드롭해서 프로젝트에 포함시킨다.

이제 기본형에 다음과 같이 코드를 입력해서 수정한다.

```
#ifndef __HELLOWORLD_SCENE_H__
#define __HELLOWORLD_SCENE_H__

#include "cocos2d.h"

class HelloWorld : public cocos2d::LayerColor
{
public:
    static cocos2d::Scene* createScene();

    virtual bool init();

    CREATE_FUNC(HelloWorld);

①   cocos2d::Sprite* pWoman1;
    cocos2d::Sprite* pWoman2;

    void SpriteProgressToRadial();
    void SpriteProgressToHorizontal();
    void SpriteProgressToVertical();
    void SpriteProgressToRadialMidpointChanged();
    void SpriteProgressBarVarious();
    void SpriteProgressBarTintAndFade();
};

#endif // __HELLOWORLD_SCENE_H__
```

헤더에 cpp 파일에서 사용될 변수와 함수를 1번과 같이 선언한다.

```
bool HelloWorld::init()
{
    if ( !LayerColor::initWithColor(Color4B(255, 255, 255, 255)) )
    {
```

```
        return false;
    }


    ///////////////////////////////

    pWoman1 = Sprite::create("Images/grossinis_sister1.png");
    pWoman2 = Sprite::create("Images/grossinis_sister2.png");

①  this->SpriteProgressToRadial();
    //this->SpriteProgressToHorizontal();
    //this->SpriteProgressToVertical();
    //this->SpriteProgressToRadialMidpointChanged();
    //this->SpriteProgressBarVarious();
    //this->SpriteProgressBarTintAndFade();

    return true;
}


//-------------------------------------------------------------
//
// SpriteProgressToRadial
//
//-------------------------------------------------------------

void HelloWorld::SpriteProgressToRadial()
{
    this->removeAllChildrenWithCleanup(true);

    auto to1 = ProgressTo::create(2, 100);
    auto to2 = ProgressTo::create(2, 100);

    auto left = ProgressTimer::create(pWoman1);
    left->setType(ProgressTimer::Type::RADIAL);
    addChild(left);
    left->setPosition(Point(140, 160));
    left->runAction(RepeatForever::create(to1));

    auto right = ProgressTimer::create(pWoman2);
```

```cpp
    right->setType(ProgressTimer::Type::RADIAL);
    // Makes the ridial CCW
    right->setReverseProgress(true);
    addChild(right);
    right->setPosition(Point(340, 160));
    right->runAction(RepeatForever::create(to2));
}


//---------------------------------------------------------------
//
// SpriteProgressToHorizontal
//
//---------------------------------------------------------------

void HelloWorld::SpriteProgressToHorizontal()
{
    this->removeAllChildrenWithCleanup(true);

    auto to1 = ProgressTo::create(2, 100);
    auto to2 = ProgressTo::create(2, 100);

    auto left = ProgressTimer::create(pWoman1);
    left->setType(ProgressTimer::Type::BAR);
    // Setup for a bar starting from the left since the midpoint is 0 for the x
    left->setMidpoint(Point(0, 0));
    // Setup for a horizontal bar since the bar change rate is 0 for y meaning no
vertical change
    left->setBarChangeRate(Point(1, 0));
    addChild(left);
    left->setPosition(Point(140, 160));
    left->runAction(RepeatForever::create(to1));

    auto right = ProgressTimer::create(pWoman2);
    right->setType(ProgressTimer::Type::BAR);
    // Setup for a bar starting from the left since the midpoint is 1 for the x
    right->setMidpoint(Point(1, 0));
    // Setup for a horizontal bar since the bar change rate is 0 for y meaning no
vertical change
```

```
    right->setBarChangeRate(Point(1, 0));
    addChild(right);
    right->setPosition(Point(340, 160));
    right->runAction(RepeatForever::create(to2));
}


//----------------------------------------------------------------
//
// SpriteProgressToVertical
//
//----------------------------------------------------------------

void HelloWorld::SpriteProgressToVertical()
{
    this->removeAllChildrenWithCleanup(true);

    auto to1 = ProgressTo::create(2, 100);
    auto to2 = ProgressTo::create(2, 100);

    auto left = ProgressTimer::create(pWoman1);
    left->setType(ProgressTimer::Type::BAR);

    // Setup for a bar starting from the bottom since the midpoint is 0 for the y
    left->setMidpoint(Point(0, 0));
     // Setup for a vertical bar since the bar change rate is 0 for x meaning no
horizontal change
    left->setBarChangeRate(Point(0, 1));
    addChild(left);
    left->setPosition(Point(140, 160));
    left->runAction(RepeatForever::create(to1));

    auto right = ProgressTimer::create(pWoman2);
    right->setType(ProgressTimer::Type::BAR);
    // Setup for a bar starting from the bottom since the midpoint is 0 for the y
    right->setMidpoint(Point(0, 1));
     // Setup for a vertical bar since the bar change rate is 0 for x meaning no
horizontal change
    right->setBarChangeRate(Point(0, 1));
```

```
    addChild(right);

    right->setPosition(Point(340, 160));

    right->runAction(RepeatForever::create(to2));
}



//-----------------------------------------------------------------
//
// SpriteProgressToRadialMidpointChanged
//
//-----------------------------------------------------------------


void HelloWorld::SpriteProgressToRadialMidpointChanged()
{
    this->removeAllChildrenWithCleanup(true);

    auto to1 = ProgressTo::create(2, 100);
    auto to2 = ProgressTo::create(2, 100);

    /**
    *  Our image on the left should be a radial progress indicator, clockwise
    */
    auto left = ProgressTimer::create(pWoman1);
    left->setType(ProgressTimer::Type::RADIAL);
    addChild(left);
    left->setMidpoint(Point(0.25f, 0.75f));
    left->setPosition(Point(140, 160));
    left->runAction(RepeatForever::create(to1));

    /**
      *  Our image on the left should be a radial progress indicator, counter
clockwise
    */
    auto right = ProgressTimer::create(pWoman2);
    right->setType(ProgressTimer::Type::RADIAL);
    right->setMidpoint(Point(0.75f, 0.25f));

    /**
      *  Note the reverse property (default=NO) is only added to the right image.
```

That's how

```
    *  we get a counter clockwise progress.
    */
    addChild(right);
    right->setPosition(Point(340, 160));
    right->runAction(RepeatForever::create(to2));
}


//---------------------------------------------------------------
//
// SpriteProgressBarVarious
//
//---------------------------------------------------------------

void HelloWorld::SpriteProgressBarVarious()
{
    this->removeAllChildrenWithCleanup(true);

    auto to1 = ProgressTo::create(2, 100);
    auto to2 = ProgressTo::create(2, 100);
    auto to3 = ProgressTo::create(2, 100);

    auto left = ProgressTimer::create(pWoman1);
    left->setType(ProgressTimer::Type::BAR);

    // Setup for a bar starting from the bottom since the midpoint is 0 for the y
    left->setMidpoint(Point(0.5f, 0.5f));
     // Setup for a vertical bar since the bar change rate is 0 for x meaning no
horizontal change
    left->setBarChangeRate(Point(1, 0));
    addChild(left);
    left->setPosition(Point(140, 160));
    left->runAction(RepeatForever::create(to1));

    auto middle = ProgressTimer::create(pWoman2);
    middle->setType(ProgressTimer::Type::BAR);
    // Setup for a bar starting from the bottom since the midpoint is 0 for the y
    middle->setMidpoint(Point(0.5f, 0.5f));
```

```cpp
    // Setup for a vertical bar since the bar change rate is 0 for x meaning no
horizontal change
    middle->setBarChangeRate(Point(1, 1));
    addChild(middle);
    middle->setPosition(Point(240, 160));
    middle->runAction(RepeatForever::create(to2));

    auto right = ProgressTimer::create(pWoman1);
    right->setType(ProgressTimer::Type::BAR);
    // Setup for a bar starting from the bottom since the midpoint is 0 for the y
    right->setMidpoint(Point(0.5f, 0.5f));
    // Setup for a vertical bar since the bar change rate is 0 for x meaning no
horizontal change
    right->setBarChangeRate(Point(0, 1));
    addChild(right);
    right->setPosition(Point(340, 160));
    right->runAction(RepeatForever::create(to3));
}


//-----------------------------------------------------------------
//
// SpriteProgressBarTintAndFade
//
//-----------------------------------------------------------------

void HelloWorld::SpriteProgressBarTintAndFade()
{
    this->removeAllChildrenWithCleanup(true);

    auto to = ProgressTo::create(6, 100);

    auto tint = Sequence::create(TintTo::create(1, 255, 0, 0),
                                 TintTo::create(1, 0, 255, 0),
                                 TintTo::create(1, 0, 0, 255),
                                 NULL);
    auto fade = Sequence::create(FadeTo::create(1.0f, 0),
                                 FadeTo::create(1.0f, 255),
                                 NULL);
```

```
auto left = ProgressTimer::create(pWoman1);
left->setType(ProgressTimer::Type::BAR);
// Setup for a bar starting from the bottom since the midpoint is 0 for the y
left->setMidpoint(Point(0.5f, 0.5f));
 // Setup for a vertical bar since the bar change rate is 0 for x meaning no
horizontal change
left->setBarChangeRate(Point(1, 0));
addChild(left);
left->setPosition(Point(140, 160));
left->runAction(RepeatForever::create(to->clone()));
left->runAction(RepeatForever::create(tint->clone()));


left->addChild(LabelTTF::create("Tint", "Marker Felt", 20.0f));


auto middle = ProgressTimer::create(pWoman2);
middle->setType(ProgressTimer::Type::BAR);
// Setup for a bar starting from the bottom since the midpoint is 0 for the y
middle->setMidpoint(Point(0.5f, 0.5f));
 // Setup for a vertical bar since the bar change rate is 0 for x meaning no
horizontal change
middle->setBarChangeRate(Point(1, 1));
addChild(middle);
middle->setPosition(Point(240, 160));
middle->runAction(RepeatForever::create(to->clone()));
middle->runAction(RepeatForever::create(fade->clone()));


middle->addChild(LabelTTF::create("Fade", "Marker Felt", 20.0f));


auto right = ProgressTimer::create(pWoman1);
right->setType(ProgressTimer::Type::BAR);
// Setup for a bar starting from the bottom since the midpoint is 0 for the y
right->setMidpoint(Point(0.5f, 0.5f));
 // Setup for a vertical bar since the bar change rate is 0 for x meaning no
horizontal change
right->setBarChangeRate(Point(0, 1));
addChild(right);
```

```
    right->setPosition(Point(340, 160));
    right->runAction(RepeatForever::create(to->clone()));
    right->runAction(RepeatForever::create(tint->clone()));
    right->runAction(RepeatForever::create(fade->clone()));

    right->addChild(LabelTTF::create("Tint and Fade", "Marker Felt", 20.0f));

  }
```

총 여섯 개의 함수를 만들었다. 1번 부분에서 차례대로 주석을 풀어 가면서 테스트해보기 바란다. 프로그레스 타이머는 이 예제에서 볼 수 있듯이 스프라이트 자체에 씬 전환에서 사용된 것과 비슷한 애니메이션을 줄 수 있다.

진행상황 표시 애니메이션

새로운 프로젝트를 다음과 같이 만든다.

- 프로젝트명 : ProgressTimerEx2
- 패키지명 : com.study.exam34

그리고 다음의 디렉터리에서 파일을 찾아 리소스에 추가한다.

cocos2d-x가 설치된 디렉터리/samples/Cpp/TestCpp/Resources/Images

• grossinis_sister1.png

해당 파일을 찾아 프로젝트의 Resources 디렉터리 아래에 Images 디렉터리를 만들고 복사한다. 그리고 맥에서 개발하는 경우 앞에서 해 본 바와 같이 Images 디렉터리를 프로젝트의 Resources 그룹 아래로 드래그 앤 드롭해서 프로젝트에 포함시킨다.

이제 기본형에 다음과 같이 코드를 입력해서 수정한다.

[예제 13-3] HelloWorldScene.h

```
#ifndef __HELLOWORLD_SCENE_H__
#define __HELLOWORLD_SCENE_H__

#include "cocos2d.h"

class HelloWorld : public cocos2d::LayerColor
{
```

```
public:
    static cocos2d::Scene* createScene();

    virtual bool init();

    CREATE_FUNC(HelloWorld);

①  void myTick(float f);
    void SpriteProgressToRadial(float f);

    int nNum;
    cocos2d::ProgressTimer *pt;
};


#endif // __HELLOWORLD_SCENE_H__
```

헤더에 cpp 파일에서 사용될 변수와 함수를 1번과 같이 선언한다.

이제 cpp 기본형을 다음과 같이 수정한다.

[예제 13-4] HelloWorldScene.cpp

```
bool HelloWorld::init()
{
    if (!LayerColor::initWithColor(Color4B(255, 255, 255, 255)))
    {
        return false;
    }

    ////////////////////////////////

    auto sprite = Sprite::create("Images/grossinis_sister1.png");

①  pt = ProgressTimer::create(sprite);
    pt->setType(ProgressTimer::Type::RADIAL);
    pt->setPosition(Point(240, 160));
```

```
        this->addChild(pt);
        nNum = 0;
②     this->schedule(schedule_selector(HelloWorld::myTick), 0.1f);
        return true;
    }


    void HelloWorld::myTick(float f)
    {
        nNum++;
③     this->SpriteProgressToRadial(nNum * 2);
        if (nNum > 50)
            nNum = 0;
    }


    void HelloWorld::SpriteProgressToRadial(float f)
    {
④     pt->setPercentage(f);
    }
```

- 1번에서 어떤 오브젝트에 프로그레스 타이머를 설정할지 지정하고, 프로그레스 타이머의 속성을 설정한다.
- 2번에서 스케줄을 호출한다.
- 메인 스케줄러의 틱에서 프로그레스 타이머의 진행된 값을 수동으로 세팅한다.
- 4번 코드에서 보는 바와 같이 프로그레스 타이머의 진행상황을 퍼센티지 값으로 세팅한다.

첫 번째 예제는 이 과정이 자동으로 이뤄졌기 때문에 마치 애니메이션처럼 보였던 것이다. 진행상황을 표시하기 위해서는 두 번째 예제처럼 프로그레스 타이머의 값을 수동으로 지정해야한다.

이제 코드를 완성했으면 실행해 보자.

스케줄 사용하기

다른 언어에서 제공하는 타이머 기능을 cocos2d-x에서는 스케줄이라는 기능으로 제공한다. 스케줄은 간단하지만 강력한 기능으로 일반 타이머에 비해 게임에 손쉽고 편하게 적용할 수 있다.

cocos2d-x의 스케줄러를 사용하면 다음과 같은 기능을 구현할 수 있다.

- 게임의 정지(pause) / 재시작(resume) 기능 사용
- 레어어(장면, 스프라이트, 노드)가 스테이지에 들어가면 자동으로 타이머가 활성화. 그리고 스테이지를 떠나면 자동으로 비활성화

스케줄 기초

새로운 프로젝트를 다음과 같이 만든다.

- 프로젝트명 : ScheduleEx1
- 패키지명 : com.study.exam22

이제 기본형에 다음과 같이 코드를 입력해 수정한다.

[예제 13-1] HelloWorldScene.h

```
#ifndef __HELLOWORLD_SCENE_H__
#define __HELLOWORLD_SCENE_H__

#include "cocos2d.h"
```

```
class HelloWorld : public cocos2d::LayerColor
{
public:
    static cocos2d::Scene* createScene();

    virtual bool init();

    CREATE_FUNC(HelloWorld);

①   void callEveryFrame(float f);
    void myTick(float f);
    void myTickOnce(float f);

    int nNum;
};


#endif // __HELLOWORLD_SCENE_H__
```

1번 부분에서 함수 두 개와 변수 한 개를 추가한다.

[예제 13-2] HelloWorldScene.cpp – 스케줄 기초

```
bool HelloWorld::init()
{
    if ( !LayerColor::initWithColor(Color4B(255,255,255,255)) )
    {
        return false;
    }

    /////////////////////////////

    nNum = 0;

①   this->schedule(schedule_selector(HelloWorld::callEveryFrame));
②   this->schedule(schedule_selector(HelloWorld::myTick), 1.0f);
```

```
    // 딜레이 타임 후 한 번 실행하기
③   this->scheduleOnce(schedule_selector(HelloWorld::myTickOnce), 3.0f);


    return true;
}

void HelloWorld::callEveryFrame(float f)
{
    nNum++;
    if (nNum > 60) {
        nNum = 1;
    }

    log("fps..%d", nNum);
}

void HelloWorld::myTick(float f)
{
    log("tick");
}

void HelloWorld::myTickOnce(float f)
{
    log("tickOnce after delay");
}
```

1번, 2번, 3번 부분에서 세 개의 스케줄을 정의했다.

첫 번째는 파라미터로 별도로 시간을 지정하지 않았고, 두 번째는 1초에 한 번씩 스케줄을 호출하도록 두 번째 시간 파라미터를 1.0f로 지정했다. 세 번째는 지정한 시간이 지난 후 특정 함수를 호출한다.

세 번째 scheduleOnce 함수는 앞서 8장에서 딜레이 타임과 콜백 함수를 이용해 레이어에 시퀀스액션을 통해 만들었던 기능과 똑같은 기능이다.

```
auto action = Sequence::create(
        DelayTime::create(3.0f),
        CallFunc::create(CC_CALLBACK_0(HelloWorld::myTickOnce, this)),
        NULL);
this->runAction(action);
```

이제 프로젝트를 실행해 보자.

보다시피 빈 화면만 나온다. 여기서 작성한 코드는 화면에 대한 코드가 아니다. 그러므로 출력창을 유심히 보기 바란다. 다음과 같은 로그가 계속 출력될 것이다.

```
fps..1
fps..2
fps..3
fps..4
fps..5
fps..6
fps..7
fps..8
fps..9
tick
fps..10
fps..11
```

```
fps..12
fps..13
fps..14
```

첫 번째 스케줄은 별도로 시간을 지정해 주지 않았기 때문에 기본값인 매 프레임마다 호출된다. 1초당 최대 프레임은 60프레임이다. 초당 최대 프레임이 60프레임이더라도 매번 60프레임이 불리는 것은 아니고 기기의 성능이나 상태에 따라 달라질 수 있다.

두 번째 것은 1.0초마다 호출된다. 역시 정확하게 1.0초마다 불리는 것은 아니며 기기의 성능이나 상태에 따라 달라질 수 있다.

세 번째 스케줄은 3초 후에 딱 한 번 실행되고 자동으로 종료된다.

이처럼 스케줄은 초당 60프레임의 비율로 동작한다. 보통 TV가 초당 30프레임, 영화가 초당 24프레임을 보여 주는 것에 비하면 무척 빠른 편이다.

스케줄의 정지 / 재시작

새로운 프로젝트를 다음과 같이 만든다.

- 프로젝트명 : ScheduleEx2
- 패키지명 : com.study.exam23

이제 기본형에 다음과 같이 코드를 입력해 수정한다.

[예제 13-3] HelloWorldScene.h

```cpp
#ifndef __HELLOWORLD_SCENE_H__
#define __HELLOWORLD_SCENE_H__

#include "cocos2d.h"

class HelloWorld : public cocos2d::LayerColor
{
public:
    static cocos2d::Scene* createScene();

    virtual bool init();

    CREATE_FUNC(HelloWorld);

①   void doStart(Object* pSender);
    void doPause(Object* pSender);
    void doResume(Object* pSender);
    void doChange(Object* pSender);
    void doStop(Object* pSender);
    void tick1(float f);
    void tick2(float f);


    bool bChange;
};

#endif // __HELLOWORLD_SCENE_H__
```

cpp에서 구현할 함수를 1번 부분에서 정의한다.

```cpp
bool HelloWorld::init()
{
    if ( !LayerColor::initWithColor(Color4B(255,255,255,255)) )
    {
        return false;
    }

    ////////////////////////////

    // unscheduleAllSelectors
    // pauseSchedulerAndActions
    // resumeSchedulerAndActions
    // stopAllActions

    // 메뉴 아이템 생성 및 초기화

    auto item1 = MenuItemFont::create(
                    "start",
                    CC_CALLBACK_1(HelloWorld::doStart, this));
    item1->setColor(Color3B(0, 0, 0));

    auto item2 = MenuItemFont::create(
                    "pause",
                    CC_CALLBACK_1(HelloWorld::doPause, this));
    item2->setColor(Color3B(0, 0, 0));

    auto item3 = MenuItemFont::create(
                    "resume",
                    CC_CALLBACK_1(HelloWorld::doResume, this));
    item3->setColor(Color3B(0, 0, 0));

    auto item4 = MenuItemFont::create(
                    "change",
                    CC_CALLBACK_1(HelloWorld::doChange, this));
    item4->setColor(Color3B(0, 0, 0));
```

```cpp
    auto item5 = MenuItemFont::create(
                    "stop",
                    CC_CALLBACK_1(HelloWorld::doStop, this));
    item5->setColor(Color3B(0, 0, 0));

    // 메뉴 생성
    auto pMenu = Menu::create(item1, item2, item3, item4, item5, NULL);

    // 세로로 정렬
    pMenu->alignItemsVertically();

    // 레이어에 메뉴 객체 추가
    this->addChild(pMenu);
    bChange = false;
    return true;
}


void HelloWorld::doStart(Object* pSender)
{
①  this->schedule(schedule_selector(HelloWorld::tick1), 1.0f);
    this->schedule(schedule_selector(HelloWorld::tick2), 2.0f);
}


void HelloWorld::doPause(Object* pSender)
{
    Director::getInstance()->getScheduler()->pauseTarget(this);
}


void HelloWorld::doResume(Object* pSender)
{
    Director::getInstance()->getScheduler()->resumeTarget(this);
}


void HelloWorld::doChange(Object* pSender)
{
    if (bChange) {
        bChange = false;
```

```
②          this->unschedule(schedule_selector(HelloWorld::tick2));
           this->schedule(schedule_selector(HelloWorld::tick2), 2.0f);
    }
    else {
        bChange = true;

        this->unschedule(schedule_selector(HelloWorld::tick2));
        this->schedule(schedule_selector(HelloWorld::tick2), 3.0f);
    }
}


void HelloWorld::doStop(Object* pSender)
{
    this->unschedule(schedule_selector(HelloWorld::tick1));
    this->unschedule(schedule_selector(HelloWorld::tick2));
}


void HelloWorld::tick1(float f)
{
    log("tick1");
}


void HelloWorld::tick2(float f)
{
    log("tick2");
}
```

코드를 완성했으면 프로젝트를 실행해 보자.

코드의 1번 부분에서 처음 스케줄을 하나는 1초 간격으로, 또 다른 하나는 2초 간격으로 설정해서 시작했다.

이후 2번 부분에서 스케줄을 2초 간격으로 호출되던 스케줄을 3초로 바꾼다. 만약 3초 간격으로 호출되고 있었다면 2초 간격으로 호출되도록 변경된다. 이때 유심히 봐야 할 부분은 변경이 아니라는 것이다. 기존의 스케줄을 unschedule이라는 함수를 통해 삭제하고 다시 만드는 것이다. 단지 우리 눈에 보일 때 변경되어 보이는 것뿐이다.

예제에서는 시작 – 일시 정지 – 재시작 – 스케줄 변경 – 종료의 기능을 각 함수로 구현했다. 이것이 스케줄에서 사용할 수 있는 모든 기능이다.

패럴랙스노드 사용하기

cocos2d-x에는 화면을 스크롤하는 클래스가 여러 개 있는데, 여기서는 게임의 배경을 시차를 두고 스크롤할 수 있는 패럴랙스노드에 대해 알아보겠다.

패럴랙스노드의 기본 사용법

시뮬레이터를 가로로 놓았을 때 화면의 픽셀(pixel) 크기는 480×320이다. 이처럼 화면의 크기보다 큰 배경 이미지를 스크롤할 수 있게 해 보자.

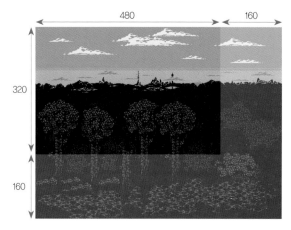

[**640 x 4**80 이미지]

배경 이미지를 왼쪽/오른쪽으로 스크롤한다는 것은 무슨 의미일까?

이는 단순히 큰 이미지를 단순히 왼쪽/오른쪽으로 움직여 주기만 하면 된다는 것을 의미한다. 보는 사람은 가운데의 밝은 부분(디바이스의 화면)만 계속해서 보기 때문에 화면이 마치 스크롤되는 것처럼 느껴지지만 실제로는 큰 그림 자체가 왼쪽/오른쪽으로 움직이는 것이다.

cocos2d-x에는 화면을 스크롤하는 클래스가 따로 있다. 바로 ParallaxNode 클래스다. 배경 이미지가 하나라면 Sprite를 써도 상관없지만 여러 개의 배경 이미지를 스크롤할 때 시차 스크롤이 가능한 ParallaxNode는 아주 유용한 클래스다.

그럼 ParallaxNode를 활용해 화면 스크롤을 구현하는 예제를 만들어 보자.

새로운 프로젝트를 다음과 같이 만든다.

- 프로젝트명 : ParallaxNodeEx1
- 패키지명 : com.study.exam35

그리고 다음의 디렉터리에서 파일을 찾아 리소스에 추가한다.

cocos2d-x가 설치된 디렉터리/samples/Cpp/TestCpp/Resources/Images

- background.png
- powered.png

해당 파일을 찾아 프로젝트의 Resources 디렉터리 아래에 Images 디렉터리를 만들고 복사한다. 그리고 맥에서 개발하는 경우 앞에서 해 본 바와 같이 Images 디렉터리를 프로젝트의 Resources 그룹 아래로 드래그 앤 드롭해서 프로젝트에 포함시킨다.

이제 기본형에 다음과 같이 코드를 입력해 init를 수정한다. cpp에 추가로 구현할 함수가 있으면 헤더 파일에도 선언을 추가하는 것을 잊지 말자.

```cpp
bool HelloWorld::init()
{
    if (!LayerColor::initWithColor(Color4B(255, 255, 255, 255)))
    {
        return false;
    }

    /////////////////////////////

    // 배경 레이어
①  auto background = Sprite::create("Images/background.png");
    background->setAnchorPoint(Point(0, 0));

    // 시뮬레이터 해상도 : 480 x 320
    // 배경이미지        : 640 x 480

    // 패럴랙스노드 생성
②  auto voidNode = ParallaxNode::create();

    // 패럴랙스노드에 배경 레이어 추가
    // 다음은 배경이미지가 패럴랙스노드와 같은 비율로 x축으로만 움직인다.
③  voidNode->addChild(background, 1, Point(1.0f, 1.0f), Point(0, -160));

④  auto go = MoveBy::create(4, Point(-160, 0));
    auto goBack = go->reverse();
    auto seq = Sequence::create(go, goBack, NULL);
    auto act = RepeatForever::create(seq);

    // 다음 줄을 리마크하면 팰럴랙스노드에 배치된 스프라이트 및 이미지의
    // 초기 위치를 볼 수 있다.
⑤  voidNode->runAction(act);

⑥  this->addChild(voidNode);


    return true;
}
```

① 배경 이미지의 스프라이트를 만든다. 배경 이미지의 사이즈는 640 x 480이고, 화면의 해상도는 480 x 320이다. 그러므로 모든 배경 이미지가 한 번에 보이지는 않는다.

② 아무것도 없이 비어있는 패럴랙스노드를 생성한다.

③ 패럴랙스노드에 배경으로 사용할 스프라이트를 추가한다.

④ 무한 반복으로 이동하는 액션을 만든다.

⑤ 패럴랙스노드에 4번에서 만든 액션을 적용한다.

⑥ 패럴랙스노드를 레이어에 추가해 화면에 보이게 한다.

프로젝트를 실행해 보면 배경이 움직이는 것을 볼 수 있다.

앞에서 추가한 배경 그림의 상단 부분만 좌우로 움직인다. 그러나 이게 전부라면 패럴랙스노드라는 것을 쓸 이유가 거의 없을 것이다. 여기까지는 굳이 패럴랙스노드를 사용하지 않더라도 스프라이트에 애니메이션이 적용된 액션을 수행해도 같은 결과를 얻을 수 있다.

그럼 지금부터 패럴랙스노드의 특징이 드러날 수 있게 위의 코드를 아래와 같이 수정한다. [예제 15-1]에 다음 예제를 보면서 코드를 추가한다.

[예제 15-2] HelloWorldScene.cpp

```cpp
bool HelloWorld::init()
{
    if (!LayerColor::initWithColor(Color4B(255, 255, 255, 255)))
    {
        return false;
    }
```

```
/////////////////////////////

// 스프라이트
auto cocosImage = Sprite::create("Images/powered.png");
cocosImage->setAnchorPoint(Point(0, 0));

// 배경 레이어
① auto background = Sprite::create("Images/background.png");
background->setAnchorPoint(Point(0, 0));



// 레이블 : 위치 구분용
auto gubun1 = LabelTTF::create("Start", "Arial", 64);
gubun1->setPosition(Point(0, 240));
gubun1->setAnchorPoint(Point(0.0f, 0.5f));

auto gubun2 = LabelTTF::create("End", "Arial", 64);
gubun2->setPosition(Point(640, 240));
gubun2->setAnchorPoint(Point(1.0f, 0.5f));

auto gubun3 = LabelTTF::create("80 Pixel", "Arial", 24);
gubun3->setPosition(Point(80, 210));
gubun3->setAnchorPoint(Point(0.0f, 0.5f));

// 시뮬레이터 해상도 : 480 x 320
// 배경이미지       : 640 x 480

// 패럴랙스노드 생성
② auto voidNode = ParallaxNode::create();

// 패럴랙스노드에 배경 레이어 추가
// 다음은 배경이미지가 패럴랙스노드와 같은 비율로 x축으로만 움직인다.
③ voidNode->addChild(background, 1, Point(1.0f, 1.0f), Point(0, -160));

// 패럴랙스노드에 스프라이트 추가
// 패럴랙스노드보다 2배의 비율로 x축 이동을 한다.
// 240 - (160 x 2 ) = -80
// 4초 동안 x축 이동을 한 후의 위치는 ccp(-80, 0)이 된다.
```

```
④  voidNode->addChild(cocosImage, 2, Point(2.0f, 0.0f), Point(240, 0));

⑤  auto go = MoveBy::create(4, Point(-160, 0));
    auto goBack = go->reverse();
    auto seq = Sequence::create(go, goBack, NULL);
    auto act = RepeatForever::create(seq);

    // 다음 줄을 리마크하면 팰럴랙스노드에 배치된 스프라이트 및 이미지의
    // 초기 위치를 볼 수 있다.
⑥  voidNode->runAction(act);


    // 위치 구분용 레이블 1, 2는 백그라운드 이미지와 함께 움직이게 한다.
    background->addChild(gubun1);
    background->addChild(gubun2);

    // 위치 구분용 레이블 3은 백그라운드 이미지와 함께 움직이게 한다.
⑦  cocosImage->addChild(gubun3);

    this->addChild(voidNode);

    return true;
}
```

다음은 시작할 때의 모습이다.

이동 액션이 일어날 때 잘 보면 앞의 이미지와 뒤에 배경 이미지의 이동 속도가 다르다는 것을 확인할 수 있다.

실제로는 다음과 같은 모습의 일부분이다.

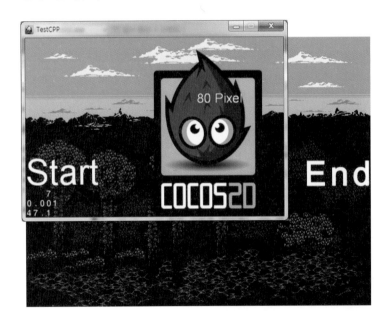

배경 그림, 코코스 이미지, 구분용 레이블 모두 앵커포인트와 시작점을 주의해서 보기 바란다. 2번에서는 아무것도 없이 비어있는 패럴랙스노드를 생성한다. 3번에서는 패럴랙스노드에 배경 레이어를 추가한다. 함수의 원형은 다음과 같다.

[원형]

```
void ParallaxNode::addChild(Node *child, int z, const Point& ratio, const Point&
offset)
{

}
```

[구현]

```
voidNode->addChild(background, 1, Point(1.0f, 1.0f), Point(0, -160));
```

그러므로 세 번째 파라미터에 따라 우리가 작성한 코드의 표현은 배경 이미지가 패럴랙스노드와 같은 비율의 속도로 x축으로만 움직인다. 네 번째 파라미터는 시작점의 위치다.

4번에서는 코코스 이미지를 추가했다.

[원형]

```
void ParallaxNode::addChild(Node *child, int z, const Point& ratio, const Point&
offset)
{

}
```

[구현]

```
voidNode->addChild(cocosImage, 2, Point(2.0f, 0.0f), Point(240, 0));
```

세 번째 파라미터에 따라 우리가 작성한 코드의 표현은 코코스 이미지가 패럴랙스노드보다 2배의 비율로 x축 이동을 한다. 네 번째 파라미터는 시작점의 위치다.

5번 코드에서는 왼쪽으로 160만큼을 움직이면 오른쪽 끝까지 그림이 다 보이게 되므로 현재 위치에서 x 좌표를 CCMoveBy로 −160만큼 이동시킨 것이다.

6번 코드에서 보면 5번부터 시작하는 반복 액션을 패럴랙스노드에 적용했다. 이제 앱이 실행되면 패럴랙스노드가 좌우로 이동하는 액션이 반복될 것이다. 이때 패럴랙스노드 안의 배경 이미지와 코코스 이미지는 패럴랙스노드가 움직이는 속도와 별개로 지정된 자기만의 속도로 패럴랙스노드 안에서 움직일 것이다. 이것이 바로 시차 스크롤이다.

예제에서 볼 수 있듯이 패럴랙스노드를 이용하면 같은 화면에서 여러 개의 배경을 다른 속도로 움직일 수 있어서 좀 더 입체감을 줄 수 있다.

디바이스보다 큰 배경 스크롤하기

이론상 cocos2d-x에서 처리할 수 있는 텍스처의 최대 크기는 제한이 없다. 하지만 cocos2d-x 제작자는 하드웨어의 성능에 영향을 받는다고 말한다(아래 링크 참조).

http ://www.cocos2d-x.org/projects/cocos2d-x/wiki/Max_size_of_textures_in_cocos2d-x_
depends_on_each_platform

플랫폼	최대 크기(단위: 픽셀)
win32	2048*2048
android	4096*4096
iPhone3	1024*1024
iPhone3GS	(perhaps 2048*2048, not sure)
iPhone4	2048*2048

[각 플랫폼 에뮬레이터상의 텍스처의 최대 크기]

이러한 이유로 스프라이트에 사용되는 이미지 크기가 특정 사이즈보다 클 때 시뮬레이터에서는 아무 문제 없이 실행되지만 특정 디바이스에서는 에러가 발생하는데, 이런 문제를 예방하고 가능한 모든 디바이스에서 문제없이 작동하게끔 프로그래밍하려면 어떻게 해야 하는지 알아보자.

다음은 아이폰과 아이패드에서 지원되는 하드웨어상의 텍스처의 최대 크기다. 안드로이드나 윈도폰은 별도로 알아보지 않아도 무방하다. 아이폰의 1024×1024가 가장 작은 크기이기 때문이다.

Device	Processor	Max. Texture Size	Display Resolution	Memory
iPhone	ARMv6	1024×1024	480×320	128MB
iPhone 3G	ARMv6	1024×1024	480×320	128MB
iPhone 3GS	Cortex-A8	2048×2048	480×320	256MB
iPhone 4	Cortex-A8 (Apple A4)	2048×2048	960×640	512MB
iPhone 4S	Cortex-A9 Dual-Core (Apple A5)	4096×4096	960×640	512MB
iPad	Cortex-A8 (Apple A4)	2048×2048	1024×768	256MB
iPad 2	Cortex-A9 Dual-Core (Apple A5)	2048×2048 4096×4096 iOS 5.1	1024×768	512MB
iPad 3	Cortex-A9 Dual-Core (Apple A5X)	4096×4096	2048×1536	1024MB

안드로이드의 경우 cocos2d-x의 모든 리소스는 assets으로 복사된다. 그런데 안드로이드 2.2(프로요 버전) 버전까지는 assets의 리소스가 1MB를 넘으면 실행 중 예기치 않은 오류가 발생했다. 이는 안드로이드의 버그이며, 개발할 때 이 점에 주의하자.

텍스처는 이미지로부터 만들어진다. 그러므로 1MB보다 크면 이것도 문제가 될 수 있다. 따라서 리소스가 1MB보다 클 경우에는 리소스의 사이즈를 줄이거나 안드로이드의 경우 2.3 이상을 지원하는 것으로 선택해야 한다.

공통적으로 에러가 나지 않게 하려면 이미지 크기를 1024×1024픽셀보다 작게 만들어야 한다는 것을 알 수 있다. 그렇다면 원하는 크기의 배경을 만들 수는 없는 것일까? 물론 이미지 하나만 사용한다면 그렇다. 하지만 쉬운 해결 방법으로 큰 이미지를 반으로 나눠서 두 개의 이미지로 만든 다음 패럴랙스노드에 넣으면 된다.

예제로 사용할 landscape-1024x1024.png는 이름에서 알 수 있듯이 사이즈가 1024픽셀이다. 그래서 그냥 사용해도 실제로 에러가 발생하지는 않지만 연습을 위해 512픽셀 사이즈로 나눠서 background1.png 파일과 background2.png 파일로 만든다(포토샵 등의 이미지 편집 툴을 사용해 직접 나누라는 뜻이다).

그리고 각 이미지로 스프라이트를 만든 후 패럴랙스노드에 추가한다. 이전에 하나의 배경 이미지로 만들었던 스프라이트를 추가하는 것과 같다. 다만 background2.png 이미지는 background1.png 이미지가 끝나는 부분에 위치해야 하므로 패럴랙스노드에 추가할 때 positionOffset 파라미터를 512픽셀로 설정한다.

새로운 프로젝트를 다음과 같이 만든다.

- 프로젝트명 : ParallaxNodeEx2
- 패키지명 : com.study.exam36

그리고 다음의 디렉터리에서 파일을 찾아 리소스에 추가한다.

cocos2d-x가 설치된 디렉터리/samples/Cpp/TestCpp/Resources/Images

- landscape-1024x1024.png (찾아서)
- background1.png (편집해서 만들기)
- background2.png (편집해서 만들기)

이번에는 해당 이미지를 찾은 후 이미지 편집 툴을 이용해 가운데를 기준으로 앞쪽 512픽셀은 background1.png로, 뒤의 512픽셀은 background2.png로 만든다. 기왕이면 높이도 다음 그림에서 밝게 보이는 부분으로 320픽셀 만큼 만든다. 그리고 프로젝트의 Resources 디렉터리 아래에 Images 디렉터리를 만들고 복사한다. 그리고 맥에서 개발하는 경우 앞에서 해 본 바와 같이 Images 디렉터리를 프로젝트의 Resources 그룹 아래로 드래그 앤 드롭해서 프로젝트에 포함시킨다.

이제 기본형에 다음과 같이 코드를 입력해 init를 수정한다. cpp에 추가로 구현할 함수가 있으면 헤더 파일에도 선언을 추가하는 것을 잊지 말자.

먼저 이미지를 살펴보고 코드를 완성하자.

```cpp
bool HelloWorld::init()
{
    if ( !LayerColor::initWithColor(Color4B(255, 255, 255, 255)) )
    {
        return false;
    }

    ////////////////////////////////
    // 배경 레이어 1
    auto background1 = Sprite::create("Images/background1.png");
    background1->setAnchorPoint(Point(0, 0));

    // 배경 레이어 2
    auto background2 = Sprite::create("Images/background2.png");
    background2->setAnchorPoint(Point(0, 0));

    // 이미지가 만나는 가장자리(edge)에 검은 선이 생기는 현상을 방지하기 위해
    // 안티앨리어싱(Anti-Aliasing)을 비활성화한다.
    background1->getTexture()->setAliasTexParameters();
    background2->getTexture()->setAliasTexParameters();

    // 위에서 만든 스프라이트를 담을 부모로 패럴랙스노드를 만든다.
    auto voidNode = ParallaxNode::create();

    // 배경 스프라이트를 패럴랙스노드에 넣는다.
    // 배경이미지의 사이즈 : 512 x 320
    voidNode->addChild(background1, 1, Point(1.0f, 0.0f), Point(0, 0));
    voidNode->addChild(background2, 1, Point(1.0f, 0.0f), Point(512, 0));


    auto go = MoveBy::create(4, Point(-512, 0));
    auto goBack = go->reverse();
    auto seq = Sequence::create(go, goBack, NULL);
    auto act = RepeatForever::create(seq);
```

```
        voidNode->runAction(act);

        this->addChild(voidNode);


        return true;
    }
```

코드를 완성했으면 프로젝트를 실행해 본다.

하나의 이미지로 만들었을 때와 동일하게 배경이 왼쪽에서 오른쪽으로 스크롤되는 것을 확인
할 수 있다.

앞의 예제에서 두 이미지가 만나는 부분에 검은 색의 가는 실선이 보이는 경우가 생긴다. 혹
시라도 실선이 보여서 그것을 보이지 않게 하려면 아래 코드를 이용해 안티앨리어싱 기능을
끄면 된다.

```
    // 이미지가 만나는 가장자리(edge)에 검은 색 선이 생기는 현상을 방지하기 위해
    // 안티앨리어싱(Anti-Aliasing)을 비활성화한다.
    background1->getTexture()->setAliasTexParameters();
    background2->getTexture()->setAliasTexParameters();
```

배경과 스프라이트 동시에 움직이기

새로운 프로젝트를 다음과 같이 만든다.

- 프로젝트명 : ParallaxNodeEx3
- 패키지명 : com.study.exam37

그리고 다음의 디렉터리에서 파일을 찾아 리소스에 추가한다.

cocos2d-x가 설치된 디렉터리/samples/Cpp/TestCpp/Resources/animations

- dragon_animation.png

그리고 다음은 앞의 예제에서 사용하기 위해 만든 이미지다.

- background1.png
- background1.png

해당 파일을 찾아 프로젝트의 Resources 디렉터리 아래에 Images 디렉터리를 만들고 복사한다. 그리고 맥에서 개발하는 경우 앞에서 해 본 바와 같이 Images 디렉터리를 프로젝트의 Resources 그룹 아래로 드래그 앤 드롭해서 프로젝트에 포함시킨다.

이제 기본형에 다음과 같이 코드를 입력해 init를 수정한다. cpp에 추가로 구현할 함수가 있
으면 헤더 파일에도 선언을 추가하는 것을 잊지 말자.

[예제 15-4] HelloWorldScene.cpp

```cpp
bool HelloWorld::init()
{
    if (!LayerColor::initWithColor(Color4B(255, 255, 255, 255)))
    {
        return false;
    }

    /////////////////////////////
    // 배경을 만든다.
    this->createBackgroundParallax();

    // 드래곤을 만든다.
    this->createDragon();
    return true;
}

void HelloWorld::createBackgroundParallax()
{
    // 배경 레이어
    auto background1 = Sprite::create("Images/background1.png");
    background1->setAnchorPoint(Point(0, 0));
```

```cpp
    auto background2 = Sprite::create("Images/background2.png");
    background2->setAnchorPoint(Point(0, 0));

    // 위에서 만든 스프라이트를 담을 부모로 패럴랙스노드를 만든다.
    auto voidNode = ParallaxNode::create();

    // 배경 스프라이트를 패럴랙스노드에 넣는다.
    // 배경이미지의 사이즈 : 512 x 320
    voidNode->addChild(background1, 1, Point(1.0f, 0.0f), Point(0, 0));
    voidNode->addChild(background2, 1, Point(1.0f, 0.0f), Point(512, 0));

    voidNode->setTag(1);

    this->addChild(voidNode, 0);
}


void HelloWorld::createDragon()
{
    // 움직이는 드래곤 넣기 시작
     auto texture = Director::getInstance()->getTextureCache()->addImage("Images/
dragon_animation.png");

    auto animation = Animation::create();
    animation->setDelayPerUnit(0.1f);

    for (int i = 0; i<6; i++){
        // 첫째 줄에 4개의 프레임이 있고, 5번째부터는 두 번째 줄에 있으므로
        // 5번째(idx==4)부터는 y 좌표의 값을 증가시켜야 한다.
        int index = i % 4;
        int rowIndex = i / 4;

         animation->addSpriteFrameWithTexture(texture, Rect(index * 130, rowIndex *
140, 130, 140));
    }
```

```
// 스프라이트 생성 및 초기화
dragon = Sprite::createWithTexture(texture, Rect(0, 0, 130, 140));
dragon->setPosition(Point(240, 160));
this->addChild(dragon);
auto animate = Animate::create(animation);
auto rep = RepeatForever::create(animate);
dragon->runAction(rep);
}
```

이번 예제는 단순히 ParallaxNodeEx2 예제에 애니메이션이 적용된 스프라이트를 추가한 것이다. 자, 이제 코드를 완성했으면 프로젝트를 실행해 보자. 다음 그림과 같이 배경이 움직이는 가운데 드래곤이 날갯짓을 하는 애니메이션이 보일 것이다.

이동 버튼으로 배경 움직이기

이제는 ParallaxNodeEx2의 예제를 기초로 이동 버튼을 두 개 만들고 이동 버튼을 탭하면 해당 방향으로 배경이 움직이는 예제를 만들 것이다. 이번 예제의 코드는 길다. 그래서 부분부분 해당 기능별로 코드를 묶기도 했고, 그에 맞춰 나눠서 예제를 작성해 보겠다.

새로운 프로젝트를 다음과 같이 만든다.

- 프로젝트명 : ParallaxNodeEx4
- 패키지명 : com.study.exam38

그리고 다음의 디렉터리에서 파일을 찾아 리소스에 추가한다.

cocos2d-x가 설치된 디렉터리/samples/Cpp/TestCpp/Resources/Images

- b1.png
- b2.png
- f1.png
- f2.png

그리고 다음은 앞의 예제의 이미지다.

- background1.png
- background1.png
- dragon_animation.png

해당 파일을 찾아 프로젝트의 Resources 디렉터리 아래에 Images 디렉터리를 만들고 복사한다. 그리고 맥에서 개발하는 경우 앞에서 해 본 바와 같이 Images 디렉터리를 프로젝트의 Resources 그룹 아래로 드래그 앤 드롭해서 프로젝트에 포함시킨다.

이제 기본형에 다음과 같이 코드를 입력해 init를 수정한다. cpp에 추가로 구현할 함수가 있으면 헤더 파일에도 선언을 추가하는 것을 잊지 말자.

아울러 예제 코드는 ParallaxNodeEx3의 코드에 기능을 추가해서 모듈화한 것이다.

[예제 15-5] HelloWorldScene.h

```cpp
#ifndef __HELLOWORLD_SCENE_H__
#define __HELLOWORLD_SCENE_H__

#include "cocos2d.h"

class HelloWorld : public cocos2d::LayerColor
{
public:
    static cocos2d::Scene* createScene();

    virtual bool init();

    CREATE_FUNC(HelloWorld);

①  cocos2d::Sprite* dragon;
    // 방향 전환에 쓰일 버튼
    // 눌리기 전과 눌렸을 때 쓸 수 있도록 각 방향별로 두 개씩 만든다.
    cocos2d::Sprite* rightSprite;
    cocos2d::Sprite* rightPressedSprite;
    cocos2d::Sprite* leftSprite;
    cocos2d::Sprite* leftPressedSprite;

    cocos2d::Size winSize;
    bool isLeftPressed;
    bool isRightPressed;

    void createBackgroundParallax();
    void createDragon();
    void createArrowButtons();
```

```
        virtual void onEnter();
        virtual void onExit();
        virtual bool onTouchBegan(cocos2d::Touch *touch, cocos2d::Event * event);
        virtual void onTouchMoved(cocos2d::Touch *touch, cocos2d::Event * event);
        virtual void onTouchEnded(cocos2d::Touch *touch, cocos2d::Event * event);

        bool isTouchInside(cocos2d::Sprite* sprite, cocos2d::Touch* touch);
        void startMovingBackground();
        void stopMovingBackground();
        void moveBackground(float t);
    };


#endif // __HELLOWORLD_SCENE_H__
```

1번부터 cpp에서 사용할 변수와 함수를 선언한다

- 터치 관련 함수
- 앱에서 방향 전환과 관련해서 사용될 함수
- 앱에서 방향 전환과 관련해서 사용될 변수

[예제 15-6] HelloWorldScene.cpp

```
#include "HelloWorldScene.h"

USING_NS_CC;

#define IMG_WIDTH 1024

Scene* HelloWorld::createScene()
{
    auto scene = Scene::create();
    auto layer = HelloWorld::create();
    scene->addChild(layer);
    return scene;
}
```

```cpp
bool HelloWorld::init()
{
    if (!LayerColor::initWithColor(Color4B(255, 255, 255, 255)))
    {
        return false;
    }


    /////////////////////////////
    // 화면의 픽셀 크기를 구한다.
    winSize = Director::getInstance()->getWinSize();

    // 배경을 만든다.
    this->createBackgroundParallax();

    // 드래곤을 만든다.
    this->createDragon();

    // 메뉴 버튼을 만든다.
    this->createArrowButtons();
    return true;
}


void HelloWorld::createBackgroundParallax()
{
    // 배경 레이어
    auto background1 = Sprite::create("Images/background1.png");
    background1->setAnchorPoint(Point(0, 0));

    auto background2 = Sprite::create("Images/background2.png");
    background2->setAnchorPoint(Point(0, 0));

    // 위에서 만든 스프라이트를 담을 부모로 패럴랙스노드를 만든다.
    auto voidNode = ParallaxNode::create();

    // 배경 스프라이트를 패럴랙스노드에 넣는다.
    // 배경이미지의 사이즈 : 512 x 320
    voidNode->addChild(background1, 1, Point(1.0f, 0.0f), Point(0, 0));
    voidNode->addChild(background2, 1, Point(1.0f, 0.0f), Point(512, 0));
```

```cpp
    voidNode->setTag(1);

    this->addChild(voidNode, 0);
}


void HelloWorld::createDragon()
{
    // 움직이는 드래곤 넣기 시작
    auto texture = Director::getInstance()->getTextureCache()->addImage("Images/
dragon_animation.png");

    auto animation = Animation::create();
    animation->setDelayPerUnit(0.1f);

    for (int i = 0; i<6; i++){
        // 첫째 줄에 4개의 프레임이 있고, 5번째부터는 두 번째 줄에 있으므로
        // 5번째(idx==4)부터는 y 좌표의 값을 증가시켜야 한다.
        int index = i % 4;
        int rowIndex = i / 4;

        animation->addSpriteFrameWithTexture(texture, Rect(index * 130, rowIndex *
140, 130, 140));
    }

    // 스프라이트 생성 및 초기화
    dragon = Sprite::createWithTexture(texture, Rect(0, 0, 130, 140));
    dragon->setPosition(Point(240, 160));
    this->addChild(dragon);



    auto animate = Animate::create(animation);
    auto rep = RepeatForever::create(animate);
    dragon->runAction(rep);
}

void HelloWorld::createArrowButtons()
{
```

```cpp
    // 왼쪽 화살표
    leftSprite = Sprite::create("Images/b1.png");
    leftSprite->setPosition(Point(180, 30));

    this->addChild(leftSprite, 2);

    // 눌렸을 때 쓰일 왼쪽 화살표
    leftPressedSprite = Sprite::create("Images/b2.png");
    // self.leftSprite와 똑같은 위치에 표시한다.
    leftPressedSprite->setPosition(leftSprite->getPosition());

    this->addChild(leftPressedSprite, 1);
    // 오른쪽 화살표
    rightSprite = Sprite::create("Images/f1.png");
    rightSprite->setPosition(Point(300, 30));

    this->addChild(rightSprite, 2);

    // 눌렸을 때 쓰일 오른쪽 화살표
    rightPressedSprite = Sprite::create("Images/f2.png");
    rightPressedSprite->setPosition(rightSprite->getPosition());

    this->addChild(rightPressedSprite, 1);
}


void HelloWorld::onEnter()
{
    Layer::onEnter();

    // 싱글 터치 모드로 터치리스너 등록
    auto listener = EventListenerTouchOneByOne::create();

    listener->setSwallowTouches(true);

    listener->onTouchBegan = CC_CALLBACK_2(HelloWorld::onTouchBegan, this);
    listener->onTouchMoved = CC_CALLBACK_2(HelloWorld::onTouchMoved, this);
    listener->onTouchEnded = CC_CALLBACK_2(HelloWorld::onTouchEnded, this);
```

```
    _eventDispatcher->addEventListenerWithSceneGraphPriority(listener, this);
}

void HelloWorld::onExit()
{
    _eventDispatcher->removeEventListeners(EventListener::Type::TOUCH_ONE_BY_ONE);

    Layer::onExit();
}

#pragma mark -
#pragma mark Touch Event Handling

// 손가락이 닿는 순간 호출된다.
bool HelloWorld::onTouchBegan(Touch *touch, Event * event)
{
    // 아래 Boolean 변수 대신 leftSprite와 rightSprite의 visible의 값을 직접 사용해도
무방하다.
    isLeftPressed = false;
    isRightPressed = false;

    // 터치가 왼쪽 또는 오른쪽 화살표 안에 들어왔는지 확인한다.
    if (this->isTouchInside(leftSprite, touch) == true) {

        // 왼쪽 화살표를 안 보이게 한다.
        // 그럼 그 아래에 있던 눌릴 때 보여지는 이미지가 나타날 것이다.
        leftSprite->setVisible(false);
        isLeftPressed = true;

    }
    else if (this->isTouchInside(rightSprite, touch) == true) {

        // 오른쪽 화살표를 안 보이게 한다.
        rightSprite->setVisible(false);
        isRightPressed = true;
    }
```

```
        // 버튼이 눌려졌으면 화면을 움직인다.
        if (isLeftPressed = true || isRightPressed = true)
            this->startMovingBackground();

        return true;
}


// 손가락을 화면에서 떼지 않고 이리저리 움직일 때 계속해서 호출된다.
void HelloWorld::onTouchMoved(Touch *touch, Event * event)
{
    // 손가락이 버튼을 벗어나면 움직임을 중단한다.
    if (isLeftPressed = true && this->isTouchInside(leftSprite, touch) = false) {

        leftSprite->setVisible(true);
        this->stopMovingBackground();

    }
     else if (isRightPressed = true && this->isTouchInside(rightSprite, touch) =
false) {

        rightSprite->setVisible(true);
        this->stopMovingBackground();

    }
}


void HelloWorld::onTouchEnded(Touch *touch, Event * event)
{
    // 배경화면을 멈춘다.
    if (isLeftPressed = true || isRightPressed = true)
        this->stopMovingBackground();

    // 감춰졌던 버튼 이미지를 다시 보이게 한다.
    if (isLeftPressed = true)
        leftSprite->setVisible(true);

    if (isRightPressed = true)
        rightSprite->setVisible(true);
```

```
    }

    #pragma mark -
    #pragma mark Game Play

    // 터치가 버튼 Sprite 안에서 이뤄졌는지 확인한다.
    bool HelloWorld::isTouchInside(Sprite* sprite, Touch* touch)
    {
        // Cocoa 좌표
        auto touchPoint = touch->getLocation();

        bool bTouch = sprite->getBoundingBox().containsPoint(touchPoint);

        return bTouch;
    }

    void HelloWorld::startMovingBackground()
    {
        log("start moving");
    }

    void HelloWorld::stopMovingBackground()
    {
        log("stop moving");
    }

    void HelloWorld::moveBackground(float t)
    {
        log("moving background...");
    }
```

코드가 조금 길긴 하지만 예제 3번의 코드에 더해 방향을 전환하는 버튼 스프라이트를 추가하고 방향 전환 버튼에 터치가 제대로 됐는지 체크하는 로직이 대부분이므로 조금만 유심히 본다면 어렵지 않게 이해할 수 있을 것이다. 따로 설명하기보다는 코드에 필요한 주석을 달아 놓았으니 코드를 잘 살펴보기 바란다.

버튼이 터치되어 메뉴 버튼처럼 눌린 효과만 나오지 실제로 드래곤이 움직이거나 배경이 움직이지는 않는다. 아직 그 부분은 코드를 작성하지 않았다.

배경과 캐릭터 스프라이트 같이 이동시키기

이번에는 앞의 예제에 드래곤 애니메이션 캐릭터를 함께 넣어 볼 것이다. 또한 배경이 움직이는 방향에 맞춰 드래곤의 방향도 바꿔줄 것이다.

새로운 프로젝트를 다음과 같이 만든다.

- 프로젝트명 : ParallaxNodeEx5
- 패키지명 : com.study.exam39

그리고 ParallaxNodeEx4 프로젝트 예제에 약간의 코드를 추가하는 형식이므로 ParallaxNodeEx4 프로젝트를 참조해 코드 및 리소스를 복사해서 사용하면 된다.

[예제 15-7] HelloWorldScene.h

```cpp
#ifndef __HELLOWORLD_SCENE_H__
#define __HELLOWORLD_SCENE_H__

#include "cocos2d.h"

class HelloWorld : public cocos2d::LayerColor
{
public:
    static cocos2d::Scene* createScene();

    virtual bool init();

    CREATE_FUNC(HelloWorld);

①  cocos2d::Layer* layer1;    // 추가 - ParallaxNodeEx4에 없음
②  cocos2d::Layer* layer2;    // 추가 - ParallaxNodeEx4에 없음
```

```
cocos2d::Sprite* dragon;
// 방향 전환에 쓰일 버튼
// 눌리기 전과 눌렸을 때 쓸 수 있게 각 방향별로 두 개씩 만든다.
cocos2d::Sprite* rightSprite;
cocos2d::Sprite* rightPressedSprite;
cocos2d::Sprite* leftSprite;
cocos2d::Sprite* leftPressedSprite;

cocos2d::Size winSize;
bool isLeftPressed;
bool isRightPressed;

void createBackgroundParallax();
void createDragon();
void createArrowButtons();

virtual void onEnter();
virtual void onExit();
virtual bool onTouchBegan(cocos2d::Touch *touch, cocos2d::Event * event);
virtual void onTouchMoved(cocos2d::Touch *touch, cocos2d::Event * event);
virtual void onTouchEnded(cocos2d::Touch *touch, cocos2d::Event * event);

bool isTouchInside(cocos2d::Sprite* sprite, cocos2d::Touch* touch);
void startMovingBackground();
void stopMovingBackground();
void moveBackground(float t);

};

#endif // __HELLOWORLD_SCENE_H__
```

레이어 변수 두 개가 추가됐다. 하나의 레이어에는 움직이는 배경 및 캐릭터가 들어갈 것이고, 나머지 레이어에는 메뉴 기능을 하는 이동 버튼이 들어갈 것이다. 즉, 기능별로 레이어를 분리할 것이다.

cpp에도 다음과 같이 함수를 추가해서 ParallaxNodeEx4에서 원형만 만들고 기능을 만들지 않았던 모든 기능을 완성한다.

[예제 15-8] HelloWorldScene.cpp

```cpp
#include "HelloWorldScene.h"

USING_NS_CC;

#define IMG_WIDTH 1024

Scene* HelloWorld::createScene()
{
    auto scene = Scene::create();
    auto layer = HelloWorld::create();
    scene->addChild(layer);
    return scene;
}

bool HelloWorld::init()
{
    if (!LayerColor::initWithColor(Color4B(255, 255, 255, 255)))
    {
        return false;
    }

    ////////////////////////////

①  layer1 = Layer::create();
    this->addChild(layer1);

    layer2 = Layer::create();
    this->addChild(layer2);

    // 화면의 픽셀 크기를 구한다.
    winSize = Director::getInstance()->getWinSize();
```

```
    // 배경을 만든다.
    this->createBackgroundParallax();

    // 드래곤을 만든다.
    this->createDragon();

    // 메뉴 버튼을 만든다.
    this->createArrowButtons();
    return true;
}

void HelloWorld::createBackgroundParallax()
{
    // 배경 레이어
    auto background1 = Sprite::create("Images/background1.png");
    background1->setAnchorPoint(Point(0, 0));

    auto background2 = Sprite::create("Images/background2.png");
    background2->setAnchorPoint(Point(0, 0));

    // 위에서 만든 스프라이트를 담을 부모로 패럴랙스노드를 만든다.
    auto voidNode = ParallaxNode::create();

    // 배경 스프라이트를 패럴랙스노드에 넣는다.
    // 배경이미지의 사이즈 : 512 x 320
    voidNode->addChild(background1, 1, Point(1.0f, 0.0f), Point(0, 0));
    voidNode->addChild(background2, 1, Point(1.0f, 0.0f), Point(512, 0));

    voidNode->setTag(1);

②  layer1->addChild(voidNode, 0);
}

void HelloWorld::createDragon()
{
    // 움직이는 드래곤 넣기 시작
    auto texture = Director::getInstance()->getTextureCache()->addImage("Images/
dragon_animation.png");
```

```
    auto animation = Animation::create();
    animation->setDelayPerUnit(0.1f);

    for (int i = 0; i<6; i++){
        // 첫째 줄에 4개의 프레임이 있고, 5번째부터는 두 번째 줄에 있으므로
        // 5번째(idx==4)부터는 y 좌표의 값을 증가시켜야 한다.
        int index = i % 4;
        int rowIndex = i / 4;

        animation->addSpriteFrameWithTexture(texture, Rect(index * 130, rowIndex *
140, 130, 140));
    }

    // 스프라이트 생성 및 초기화
    dragon = Sprite::createWithTexture(texture, Rect(0, 0, 130, 140));
    dragon->setPosition(Point(240, 160));
③  layer1->addChild(dragon);
    auto animate = Animate::create(animation);
    auto rep = RepeatForever::create(animate);
    dragon->runAction(rep);
}


void HelloWorld::createArrowButtons()
{
    // 왼쪽 화살표
    leftSprite = Sprite::create("Images/b1.png");
    leftSprite->setPosition(Point(180, 30));

④  layer2->addChild(leftSprite, 2);

    // 눌렸을 때 쓰일 왼쪽 화살표
    leftPressedSprite = Sprite::create("Images/b2.png");
    // self.leftSprite와 똑같은 위치에 표시한다.
    leftPressedSprite->setPosition(leftSprite->getPosition());

⑤  layer2->addChild(leftPressedSprite, 1);
```

```cpp
    // 오른쪽 화살표
    rightSprite = Sprite::create("Images/f1.png");
    rightSprite->setPosition(Point(300, 30));

⑥  layer2->addChild(rightSprite, 2);

    // 눌렸을 때 쓰일 오른쪽 화살표
    rightPressedSprite = Sprite::create("Images/f2.png");
    rightPressedSprite->setPosition(rightSprite->getPosition());

⑦  layer2->addChild(rightPressedSprite, 1);
}

void HelloWorld::onEnter()
{
    Layer::onEnter();

    // 싱글 터치 모드로 터치리스너 등록
    auto listener = EventListenerTouchOneByOne::create();
    // Swallow touches only available in OneByOne mode.
    // 핸들링된 터치 이벤트를 터치 이벤트 array에서 지우겠다는 의미다.
    listener->setSwallowTouches(true);

    listener->onTouchBegan = CC_CALLBACK_2(HelloWorld::onTouchBegan, this);
    listener->onTouchMoved = CC_CALLBACK_2(HelloWorld::onTouchMoved, this);
    listener->onTouchEnded = CC_CALLBACK_2(HelloWorld::onTouchEnded, this);

    // The priority of the touch listener is based on the draw order of sprite
    // 터치리스너의 우선순위를 (노드가) 화면에 그려진 순서대로 한다.
    _eventDispatcher->addEventListenerWithSceneGraphPriority(listener, this);
}

void HelloWorld::onExit()
{
    _eventDispatcher->removeEventListeners(EventListener::Type::TOUCH_ONE_BY_ONE);

    Layer::onExit();
```

```
}

#pragma mark -
#pragma mark Touch Event Handling

// 손가락이 닿는 순간 호출된다.
bool HelloWorld::onTouchBegan(Touch *touch, Event * event)
{
    // 아래 Boolean 변수 대신 leftSprite와 rightSprite의 visible의 값을 직접 사용해도
    무방하다.
    isLeftPressed = false;
    isRightPressed = false;

    // 터치가 왼쪽 또는 오른쪽 화살표 안에 들어왔는지 확인한다.
    if (this->isTouchInside(leftSprite, touch) == true) {

        // 왼쪽 화살표를 안 보이게 한다.
        // 그럼 그 아래에 있던 눌릴 때 보여지는 이미지가 나타날 것이다.
        leftSprite->setVisible(false);
        isLeftPressed = true;

    }
    else if (this->isTouchInside(rightSprite, touch) == true) {

        // 오른쪽 화살표를 안 보이게 한다.
        rightSprite->setVisible(false);
        isRightPressed = true;
    }

    // 버튼이 눌려졌으면 화면을 움직인다.
    if (isLeftPressed == true || isRightPressed == true)
        this->startMovingBackground();

    return true;
}

// 손가락을 화면에서 떼지 않고 이리저리 움직일 때 계속해서 호출된다.
void HelloWorld::onTouchMoved(Touch *touch, Event * event)
{
```

```
        // 손가락이 버튼을 벗어나면 움직임을 중단한다.
    if (isLeftPressed == true && this->isTouchInside(leftSprite, touch) == false) {

        leftSprite->setVisible(true);
        this->stopMovingBackground();
    }
     else if (isRightPressed == true && this->isTouchInside(rightSprite, touch) ==
false) {

        rightSprite->setVisible(true);
        this->stopMovingBackground();
    }
}


void HelloWorld::onTouchEnded(Touch *touch, Event * event)
{
    // 배경화면을 멈춘다.
    if (isLeftPressed == true || isRightPressed == true)
        this->stopMovingBackground();

    // 감춰졌던 버튼 이미지를 다시 보이게 한다.
    if (isLeftPressed == true)
        leftSprite->setVisible(true);

    if (isRightPressed == true)
        rightSprite->setVisible(true);
}



#pragma mark -
#pragma mark Game Play

// 터치가 버튼 Sprite 안에서 이뤄졌는지 확인한다.
bool HelloWorld::isTouchInside(Sprite* sprite, Touch* touch)
{
    // Cocoa 좌표
    auto touchPoint = touch->getLocation();
```

```cpp
    bool bTouch = sprite->getBoundingBox().containsPoint(touchPoint);
    return bTouch;
}


void HelloWorld::startMovingBackground()
{
    // 만약 버튼 두 개가 다 눌려졌으면 화면을 이동시키지 않는다.
    if (isLeftPressed == true && isRightPressed == true)
        return;

    log("start moving");

    // 스케줄을 이용해 매 프레임마다 배경화면을 움직인다.
    this->schedule(schedule_selector(HelloWorld::moveBackground));
}


void HelloWorld::stopMovingBackground()
{
    log("stop moving");
    this->unschedule(schedule_selector(HelloWorld::moveBackground));
}


void HelloWorld::moveBackground(float t)
{
    // 매 프레임마다 움직일 거리
    auto moveStep = 3;
    if (isLeftPressed) {
        moveStep = -3;
        dragon->setFlippedX(false);
    } else {
        moveStep = 3;
        dragon->setFlippedX(true);
    }

    auto newPos = Point(dragon->getPosition().x + moveStep, dragon->getPosition().y);
```

```
    if (newPos.x < 0) {
        newPos.x = 0;
    }
    else if (newPos.x > 512 * 2) {
        newPos.x = 512 * 2;
    }


    dragon->setPosition(newPos);

⑧  layer1->runAction(Follow::create(dragon, Rect(0, 0, 512 * 2, 320)));
}
```

ParallaxNodeEx4에서 원형만 만들어둔 startMovingBackground, stopMovingBack-
ground, moveBackground 기능을 완성했다.

① 1번에서 사용할 레이어 두 개를 생성해서 추가한다.

② 2번에서 배경을 첫 번째 레이어에 추가한다.

③ 3번에서 애니메이션이 되고 있는 드래곤을 첫 번째 레이어에 추가한다.

④ 4번~7번에서 이동 버튼을 두 번째 레이어에 추가한다.

⑤ 8번에서 첫 번째 레이어에만 액션을 수행하게 한다.

위와 같이 코드를 작성하면 액션이 첫 번째 레이어에만 적용되기 때문에 첫 번째 레이어가 움
직일 때 두 번째 레이어는 아무 액션도 없기 때문에 제자리에 있게 된다. 즉, 이동 버튼뿐이
아니고 추가적인 메뉴를 구성하는 오브젝트가 있다 해도 화면에서 움직이지 않고, 뒤에 게임
화면만 움직이게 되는 것이다.

그리고 8번의 Follow 액션은 추가로 설명할 필요가 있다. 앞의 액션에서 설명하지 않았던 기
능이다. cocos2d-x의 모든 오브젝트는 각자 자신의 카메라를 가지고 있는데 이 카메라가 고
정으로 오브젝트의 정면에서 오브젝트를 비추고 있다. 드래곤이 움직인다는 것은 장면(배경
레이어: this)을 비추고 있는 카메라는 고정돼 있고 드래곤의 움직임만큼 드래곤을 비추고 있
는 카메라가 이동하는 것이다. 장면 안에는 오브젝트의 수만큼 카메라가 있지만 기준이 되는
것은 장면을 비추고 있는 카메라다. 이때 기준이 되는 카메라를 드래곤으로 바꾼 것이다. 위
의 코드처럼 드래곤이 두 번째 파라미터로 주어지는 범위 안에서 움직일 것이라고 지정하면

드래곤의 카메라가 전체에서 기준이 되기 때문에 드래곤이 가운데에 있을 때는 배경만 움직이고, 배경이 움직이지 않을 때는 드래곤이 움직이는 듯한 효과를 얻을 수 있다.

 이전 버전의 책을 가지고 있다면 코드를 비교해 볼 수 있을 것이다. 드래곤의 이동과, 배경의 이동 처리에 관한 코드가 없어졌기에 코드가 상당 부분 줄어들었고, 이동 처리에 대한 부분이 부드러워졌다.

타일맵 사용하기

cocos2d-x에서는 타일맵을 이용해 큰 배경을 적은 메모리로도 사용할 수 있는 방법을 제공한다. 이때 정사각형(orthogonal), 마름모형(isometric), 육각형(hexagonal)의 타일맵을 사용할수 있다.

타일맵이란?

타일맵이란 일정한 크기와 모양을 가진 그림 조각을 의미하며, 게임에서는 이들 조각을 맞춰서 게임의 배경을 완성하고, 이렇게 완성된 배경을 '타일맵'이라 한다.

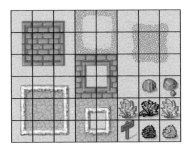

[**샘플로 제공되는** tmw_desert_spacing]

이처럼 게임에서 타일을 이용해 배경 맵을 만드는 이유는 게임의 배경이 이전 장에서 배운 것처럼 크고 또한 장면(Scene)이 많을 경우 배경이 되는 비트맵을 모두 메모리에 읽어들여야 한다면 매우 큰 메모리가 필요한데, 타일을 사용해서 반복하게 되면 메모리를 적게 사용하고도 게임 플레이에 필요한 배경을 만들 수 있기 때문이다.

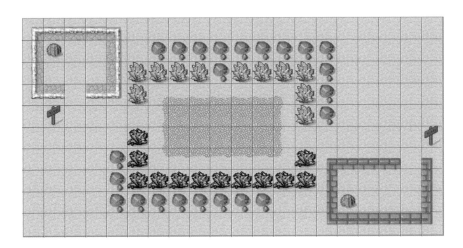

앞의 그림은 가로로 20줄, 세로로 10줄로 구성된 맵이다. 그러면 타일이 총 200개가 필요한 것일까? 대답은 "아니오"다. 맵을 자세히 보면 알겠지만 같은 조각들이 많다는 것을 확인할 수 있다. 앞의 샘플로 제공되는 tmw_desert_spacing에서는 30개 미만의 타일 조각으로 이

맵을 구성할 수 있다. 맵이 커질수록 타일맵은 메모리 관리상 유용하다. cocod2d-x에서 이런 타일맵을 사용하는 방법은 TMX 타일맵 포맷을 이용하는 것이다.

 지금은 사용하지 않지만 예전에는 PGU 타일맵 포맷도 있었다. 현재의 cocos2d-x는 TMX 타일맵 포맷만 사용한다.

cocod2d-x는 TMX 맵을 다음과 같이 지원한다.

- **맵타입**
  - 정사각형(Orthogonal) 맵
  - 마름모형(Isometric) 맵
  - 육각형(Hexa) 맵

- **타일**
  - 임베디드 타일은 지원하지 않는다(내장 이미지를 사용하는 타일세트)
  - 임베디드 타일세트만 지원한다(타일세트는 내장되나 이미지는 안 되는)
  - 한 레이어당 하나의 타일세트만 지원한다.

- **레이어**
  - 레이어 수 무제한
  - 각 레이어는 내부적으로 TMXLayer(SpriteBatchNode의 서브클래스)에 의해 표현된다.
  - 각 타일은 스프라이트(TMXLayer의 상위)로 표현된다.

- **오브젝트 그룹**
  - 타일드(Tiled)는 오브젝트 그룹을 지원한다.

cocod2d-x에서 지원하는 맵타입을 자세히 살펴보자.

정사각형(Orthogonal) 맵

정사각형 맵은 맵의 타일 이미지 크기가 정방형으로 게임에서 흔히 볼 수 있는 타일의 형태로서, 많은 횡스크롤 플랫폼 게임에서 흔히 볼 수 있는 타일맵 형태다.

마름모형(Isometric) 맵

마름모형 맵은 마름모 모양의 타일 형태로서, 정사각형 맵과 비교했을 때 입체감이 느껴지는 것이 특징이다. RPG 게임에서 많이 사용된다.

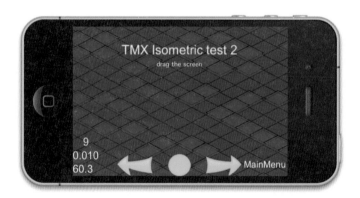

육각형(Hexagonal) 맵

벌집을 연상케 하는 육각형맵은 맵이 육각형 형태의 타일 이미지로 구성돼 있는 것이 특징이며, 각 육각형의 변으로 이동이 가능해서 총 여섯 방향으로 이동할 수 있다는 것이 다른 타일 맵과 구분되는 큰 차이점이다. 이러한 차이점 때문에 육각형맵은 턴 방식의 전략시뮬레이션 게임에서 많이 찾아볼 수 있다. 왜냐하면 이동할 수 있는 방향의 가짓수가 많으므로 더욱 다양한 전략을 구상할 수 있기 때문이다.

타일맵 만들기

cocod2d-x에서 타일맵을 처리하려면 우선 타일 이미지가 필요하고, 이 타일 이미지를 이용해 맵을 만들 수 있는 타일맵 에디터가 필요하다.

타일 이미지는 앞에서 많이 본 아틀라스 이미지의 형태로 구성해야 하며, 이때 이미지의 사이즈는 최대 1024×1024 크기를 넘지 않게 한다. 이것은 앞에서 여러 번 언급했던 cocod2d-x에서 디바이스와 무관하게 안전하게 한 번에 처리할 수 있는 텍스처의 최대 사이즈를 넘지 않게 하기 위해서다(구형 디바이스를 지원하지 않겠다면 2048×2048 크기로 해도 무방하다).

또 이미지 내의 모든 타일은 크기가 동일해야 한다. 그리고 전체 여백과 각 프레임 간의 간격을 지정한다.

- 여백(margin) : "the space in pixels in the margins"이라고 표현된다. 다음 그림에서 외곽선을 생각하면 된다.
- 간격(spacing) : "the space in pixels between the tiles"이라고 표현되는데, 다음 그림에서 각 타일 사이 사이의 검은 선 부분을 생각하면 된다.

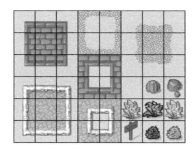

타일 이미지를 만들었다면 이 타일 이미지를 타일드(Tiled) 타일맵 에디터의 타일세트로 등록해서 맵 편집에 사용할 수 있게 한다. 타일드(Tiled) 타일맵 에디터는 다음의 사이트에서 내려받을 수 있다.

http://www.mapeditor.org

타일드는 범용 타일맵 에디터로서, RPG나 플랫폼 게임 등 타일이 들어가는 어떤 종류의 게임에도 활용할 수 있다. 타일 레이어나 타일의 개수 제한 없이 타일맵을 생성할 수 있으며, 각 레이어나 타일과 기타 오브젝트의 속성 설정에도 적합하다.

타일드는 윈도우와 맥용 버전이 따로 있다. 이 책에서는 0.9.1로 사용법을 설명한다.

NOTE

Cocos2d-x는 정사각형(orthogonal), 마름모형(isometric), 육각형(hexagonal)의 타일맵을 사용할 수 있다고 했는데, 타일드는 현재 정사각형과 마름모형만 지원한다.

사이트의 우측 상단에 다운로드가 있다. 다음은 타일드를 내려받아 설치하고 처음 실행한 모습이다.

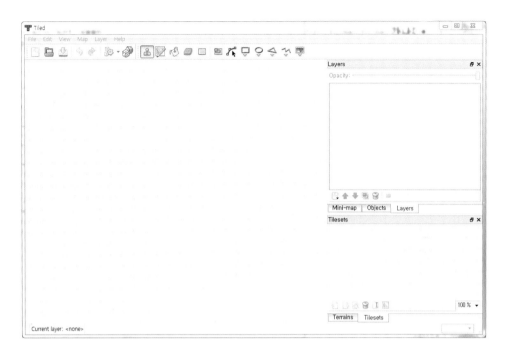

새로운 맵을 만들기 위해 먼저 메뉴에서 [File → New]를 선택한다.

Orientation에서 맵 타입을 정한다. 여기서는 두 가지를 선택할 수 있다. 그리고 맵 사이즈를 정하고 타일 크기를 지정한다. 위 그림처럼 맵을 만들면 맵타입은 정사각형(Orthogonal) 맵에 너비는 20개 타일 ×32 픽셀, 높이는 10개 타일 ×32 픽셀로 새로운 맵이 생성된다.

메뉴에서 [Map → Save]를 선택해서 맵을 저장한다. 저자는 C:\Temp\TileMaps\ 디렉터리를 만들고 'TestDesert.tmx'로 저장했다. 본인이 원하는 디렉터리에 저장하면 된다.

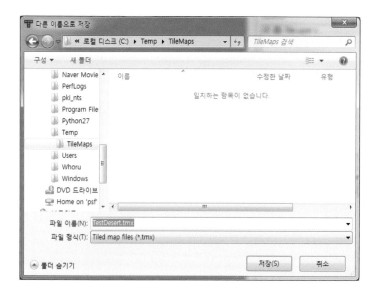

이제 타일세트를 우리가 만들 맵에 추가한다. 다음의 디렉터리에서 리소스로 사용할 파일을 찾아 앞에서 맵을 저장한 디렉터리로 복사한다.

Cocos2d-x가 설치된 디렉터리/samples/Cpp/TestCpp/Resources/TileMaps

- tmw_desert_spacing.png

이제 메뉴에서 [Map → New Tileset]을 선택한다.

새로 작성할 맵에서 사용할 이름을 'TestDesert'라고 지정하고 파일을 불러온다.

여백과 간격을 각각 1로 지정했다. tmw_desert_spacing.png는 여백과 간격이 1로 작업된 타일세트이므로 다른 값을 주면 다음 화면에서 우측 하단에 이상하게 표시될 것이다.

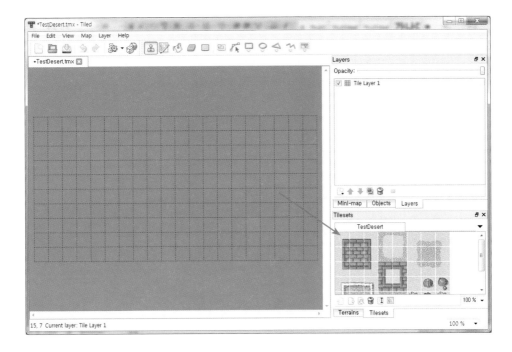

위와 같은 상태에서 이제 여러분만의 맵을 그리면 된다. 상단에 메뉴와 메뉴 버튼을 이용해 맵을 그릴 수 있다.

일단 다음 그림은 상단 버튼 중 채우기를 선택하고 오른쪽 하단 타일세트에서 빈 공간을 선택 해 맵을 전부 채운 화면이다.

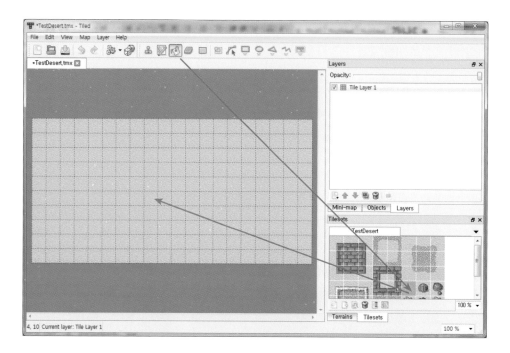

다음 그림에서 보이는 부분이 맵을 그리는 기능 버튼이다.

차례대로 다음과 같은 기능을 한다. 예제에서 사용되는 기능만 설명하겠다.

- Undo – 이전 작업을 취소
- Redo – 취소한 작업을 다시 적용
- Execute Command
- Random Mode
- Stamp Brush – 타일세트에서 선택한 부분을 맵에 타일 단위로 복사하는 기능
- Terrain Brush
- Bucket Fill Tool – 선택한 타일을 선택한 범위에 한꺼번에 채우는 기능
- Eraser – 지우기 기능
- Rectangular Select

위 기능들을 이용해 다음과 같이 맵을 구성해 보자.

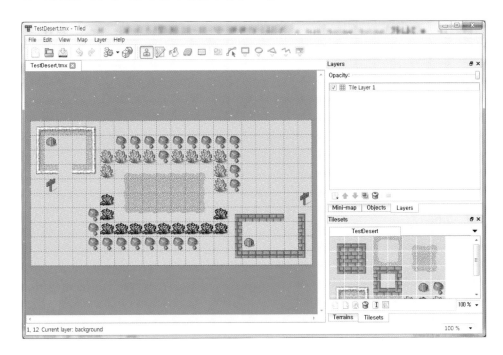

지금까지 그린 맵을 저장한다. 메뉴에서 [File → Save]를 선택한다. 타일드에서는 편집한 타일맵의 정보를 확장자가 'tmx'인 파일에 저장한다.

타일맵 출력하기

이제 편집한 맵을 실제로 앱 내에서 출력하는 방법을 살펴보자.

타일드 맵에디터에서 맵을 편집한 후 저장하면 타일과 맵 정보가 .tmx라는 파일에 저장되는데, cocod2d-x는 이 파일을 읽어들여 출력한다. 이때 사용되는 클래스가 TMXTiledMap 클래스다.

TMXTiledMap을 이용해 타일맵을 출력할 때는 주의해야 할 점이 있는데 다음과 같다.

- 하나의 타일세트만 지원한다.
- tmx 파일 내에 타일 이미지는 포함되지 않는다. 그러므로 사용된 타일 이미지가 지정된 경로에 위치해야 한다.

새로운 프로젝트를 다음과 같이 만든다.

- 프로젝트명 : TileMapEx1

- 패키지명 : com.study.exam40

그리고 방금 전에 작업한 다음의 파일을 리소스 그룹에 추가한다.

- TestDesert.tmx

- tmw_desert_spacing.png

해당 파일을 찾아 프로젝트의 Resources 디렉터리 아래에 TileMaps 디렉터리를 만들고 복사한다. 그리고 맥에서 개발하는 경우 앞에서 해 본 바와 같이 TileMaps 디렉터리를 프로젝트의 Resources 그룹 아래로 드래그 앤 드롭해서 프로젝트에 포함시킨다.

이제 기본형에 다음과 같이 코드를 입력해 수정한다.

[예제 16-1] HelloWorldScene.h

```
#ifndef __HELLOWORLD_SCENE_H__
#define __HELLOWORLD_SCENE_H__
```

```
#include "cocos2d.h"

class HelloWorld : public cocos2d::Layer
{
public:
    static cocos2d::Scene* createScene();

    virtual bool init();

    CREATE_FUNC(HelloWorld);

①  virtual void onEnter();
    virtual void onExit();
    virtual bool onTouchBegan(cocos2d::Touch *touch, cocos2d::Event * event);
    virtual void onTouchMoved(cocos2d::Touch *touch, cocos2d::Event * event);
};


#endif // __HELLOWORLD_SCENE_H__
```

1번에서 cpp에서 구현할 함수를 먼저 헤더에 선언한다.

[예제 16-2] HelloWorldScene.cpp

```
bool HelloWorld::init()
{
    if ( !Layer::init() )
    {
        return false;
    }

    ////////////////////////////

    // 타일맵 읽어 오기
①   auto tmap = TMXTiledMap::create("TileMaps/TestDesert.tmx");
    this->addChild(tmap, 0, 11);    // z-order를 -1로 지정하면 화면이 나오지 않는다.
```

```
        Size s = tmap->getContentSize();
        log("ContentSize: %f, %f", s.width, s.height);
        return true;
    }


    void HelloWorld::onEnter()
    {
        CCLayer::onEnter();

        // 싱글 터치 모드로 터치리스너 등록
        auto listener = EventListenerTouchOneByOne::create();

        listener->setSwallowTouches(true);
        listener->onTouchBegan = CC_CALLBACK_2(HelloWorld::onTouchBegan, this);
        listener->onTouchMoved = CC_CALLBACK_2(HelloWorld::onTouchMoved, this);

    ②  _eventDispatcher->addEventListenerWithSceneGraphPriority(listener, this);
    }


    void HelloWorld::onExit()
    {
    ③  _eventDispatcher->removeEventListeners(EventListener::Type::TOUCH_ONE_BY_ONE);
        CCLayer::onExit();
    }


    bool HelloWorld::onTouchBegan(Touch *touch, Event * event)
    {
        auto touchPoint = touch->getLocation();
        return true;
    }


    void HelloWorld::onTouchMoved(Touch *touch, Event * event)
    {
    ④  Point diff = touch->getDelta();

        Node* node = this->getChildByTag(11);
        Point currentPos = node->getPosition();
```

```
⑤   Point newPos = currentPos + diff;

    if (newPos.x < -160) {
        newPos.x = -160;
    }
    if (newPos.x > 0) {
        newPos.x = 0;
    }
    newPos.y = 0;

    node->setPosition(newPos);
}
```

① TMXTiledMap 클래스를 이용해 타일맵을 읽는다.
② 앱이 시작할 때 터치 이벤트 리스너를 등록한다.
③ 앱이 종료되기 전 터치 이벤트 리스너를 제거한다.
④ onTouchMoved함수에서 터치를 받으면 화면을 이동시킨다.
  · 4번 코드의 getDelta() 함수는 이전 터치와 현재 터치 사이의 거리를 구하는 함수다.
  · 5번 코드의 두 위치를 더한다.

예제 부분에서 보듯이 타일맵을 읽는 것은 단순하다.

일단 [예제 16-1]처럼 코드를 완성했으면 프로젝트를 실행해 본다. 화면을 터치로 드래그하면
onTouchMoved에서 작성한 코드에 의해 화면이 이동한다.

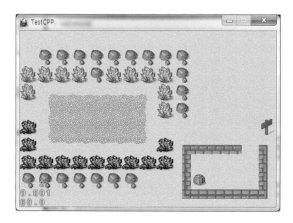

다음은 앞의 예제에서 사용된 TestDesert.tmx 파일이다.

```xml
<?xml version="1.0" encoding="UTF-8"?>
<map version="1.0" orientation="orthogonal" width="20" height="10" tilewidth="32"
tileheight="32">
  <tileset firstgid="1" name="TestDesert" tilewidth="32" tileheight="32" spacing="1"
margin="1">
    <image source="tmw_desert_spacing.png" width="265" height="199"/>
  </tileset>
  <layer name="background" width="20" height="10">
    <data encoding="base64" compression="zlib">
      eJylztkKgzAURdGoYBVBrYIjaESwVKH//3k9gSuEcGMiPiwyb9ILIQbNCNMDC8zaeqVRerD1JqO3GaR
lj+t9Yae5Gg+6H8OLkTh6yo/Zy6FglB4908fRu/MvSb0GWkZH5wGEGvU2uui5pMzbzNK7ct5Tvdmj5+sNla
GGP0nVFek=
    </data>
  </layer>
</map>
```

tmx 파일은 XML 메타파일의 형태로 맵의 타일 정보를 담고 있다. tmx는 맵파일 정보만 있기 때문에 tmx 파일을 읽을 때는 tmx 파일에서 참조하는 타일 이미지 파일도 함께 제공해야 한다.

다음에서 보면 〈image〉 태그의 〈source〉가 가리키는 'tmw_desert_spacing.png' 파일이 바로 맵을 출력할 때 사용하는 타일 이미지다. tmx와 그림이 같은 디렉터리에 있기 때문에 별다른 디렉터리를 지정하지는 않았다.

타일맵에 레이어 추가하기

타일드는 두 가지 레이어를 지원한다.

- 타일 레이어(Tile Layer) – 지금까지 우리가 작업했던 것과 같은 배경이 되는 레이어
- 오브젝트 레이어(Object Layer) – 캐릭터나 몬스터 등이 출현하는 장소를 지정하는 레이어

앞의 [예제 16-1]은 게임이라고 보기에는 뭔가 부족하고 심심하다. 맵에 캐릭터가 출현하는 위치를 정해주고, 플레이어 캐릭터를 맵에서 이동시키는 작업을 추가할 것이다.

다시 타일드로 돌아가서 조금 전에 작업했던 TestDesert.tmx를 열고 기존에 만든 레이어의 이름을 Background라고 수정한다. 레이어의 이름을 더블클릭하면 이름을 수정할 수 있다.

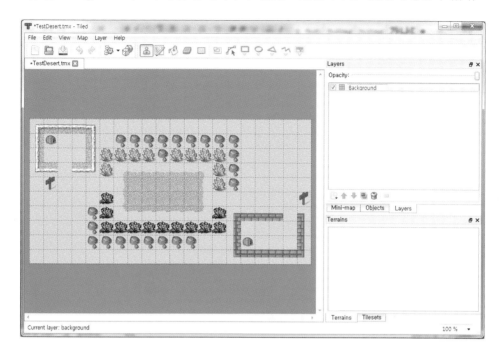

그리고 메뉴에서 [Layer → Add Object Layer]를 선택한다. 이름은 Objects로 지정한다.

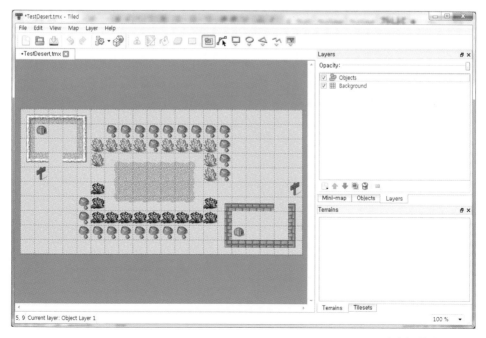

이제 주인공 캐릭터가 등장할 타일 위치를 지정할 것이다.

그리고 다음 그림에서 보이는 툴바 버튼을 이용해 오브젝트를 추가하거나 선택한다.

- 셀렉트 오브젝트 – 맵의 오브젝트 선택 기능을 한다.
- 인서트 오브젝트 – 오브젝트 추가하는 기능을 한다.
- 삭제 기능은 오브젝틀 선택하고 마우스 오른쪽 버튼을 클릭해 팝업 메뉴에서 사용할 수 있다.

인서트 오브젝트(Insert Objects) 버튼을 선택하고 다음 그림의 위치에 클릭해서 오브젝트를 생성한다. 그리고 셀렉트 오브젝트(Select Objects) 버튼을 선택하고 방금 생성한 오브젝트를 선택한 후 마우스 오른쪽 버튼을 클릭해 다음과 같이 팝업 메뉴를 띄운다.

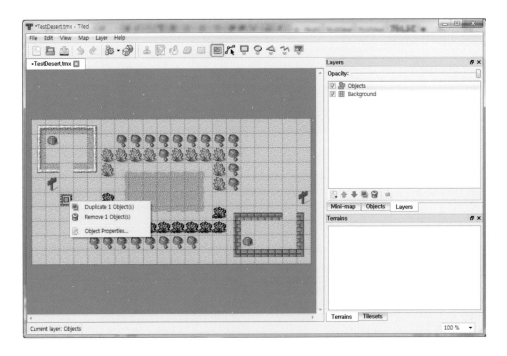

Object Properties를 선택하고 이름은 'SpawnPoint'라고 지정한다. 이름만 지정하면 된다.

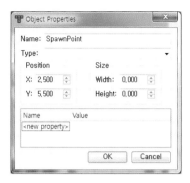

그리고 여기까지 한 작업 내용을 저장하고 이제 다시 개발툴(VC, Xcode)로 돌아온다.

새로운 프로젝트를 다음과 같이 만든다.

- 프로젝트명 : TileMapEx2
- 패키지명 : com.study.exam41

그리고 방금 전에 작업한 다음의 파일을 리소스 그룹에 추가한다.

- TestDesert.tmx
- tmw_desert_spacing.png

해당 파일을 찾아 프로젝트의 Resources 디렉터리 아래에 TileMaps 디렉터리를 만들고 복사한다. 그리고 맥에서 개발하는 경우 앞에서 해 본 바와 같이 TileMaps 디렉터리를 프로젝트의 Resources 그룹 아래로 드래그 앤 드롭해서 프로젝트에 포함시킨다.

그리고 다음의 디렉터리에서 다음의 파일을 찾아 리소스 그룹에 추가한다.

cocos2d-x가 설치된 디렉터리/samples/Cpp/TestCpp/Resources/animations

· dragon_animation.png

해당 파일을 찾아 프로젝트의 Resources 디렉터리 아래에 Images 디렉터리를 만들고 복사한다. 그리고 맥에서 개발하는 경우 앞에서 해 본 바와 같이 Images 디렉터리를 프로젝트의 Resources 그룹 아래로 드래그 앤 드롭해서 프로젝트에 포함시킨다.

이제 기본형에 다음과 같이 코드를 입력해 수정한다.

[예제 16-3] HelloWorldScene.h

```cpp
#ifndef __HELLOWORLD_SCENE_H__
#define __HELLOWORLD_SCENE_H__

#include "cocos2d.h"

class HelloWorld : public cocos2d::LayerColor
{
public:
    static cocos2d::Scene* createScene();

    virtual bool init();

    CREATE_FUNC(HelloWorld);

①  void createDragon();

②  cocos2d::Size        winSize;
    cocos2d::Point       dragonPosition;
    cocos2d::Sprite*     dragon;
```

```
        cocos2d::TMXTiledMap*  tmap;
    };


    #endif // __HELLOWORLD_SCENE_H__
```

1번에 cpp에서 사용할 함수를 선언하고, 2번 부분에서는 변수를 선언한다.

[예제 16-4] HelloWorldScene.h

```
    bool HelloWorld::init()
    {
        if (!LayerColor::initWithColor(Color4B(255, 255, 255, 255)))
        {
            return false;
        }


        /////////////////////////////
        // 타일맵 읽어 오기
①      tmap = TMXTiledMap::create("TileMaps/TestDesert.tmx");
        this->addChild(tmap, 0, 11);   // z-order를 -1로 하면 화면이 나오지 않는다.


        // 타일맵에서 Objects라고 지정한 오브젝트 레이어의 객체들 가져오기
②      TMXObjectGroup* objects = tmap->getObjectGroup("Objects");


        // 오브젝트 레이어어에서 SpawnPoint라고 지정한 속성값 읽어 오기
③      ValueMap& spawnPoint = objects->getObject("SpawnPoint");


        int x = spawnPoint["x"].asInt();
        int y = spawnPoint["y"].asInt();


        // SpawnPoint의 위치로 생성할 드래곤의 위치 지정하기
④      dragonPosition = Point(x, y);


        // 드래곤을 만든다.
⑤      this->createDragon();


        return true;
    }
```

```
void HelloWorld::createDragon()
{
    // 움직이는 드래곤 넣기 시작
    auto texture = Director::getInstance()->getTextureCache()->addImage("Images/
dragon_animation.png");

    auto animation = Animation::create();
    animation->setDelayPerUnit(0.1f);

    for (int i = 0; i<6; i++){
        // 첫째 줄에 4개의 프레임이 있고, 5번째부터는 두 번째 줄에 있으므로
        // 5번째(idx==4)부터는 y 좌표의 값을 증가시켜야 한다.
        int index = i % 4;
        int rowIndex = i / 4;

        animation->addSpriteFrameWithTexture(texture,
                        Rect(index * 130, rowIndex * 140, 130, 140));
    }

    // 스프라이트 생성 및 초기화
    dragon = Sprite::createWithTexture(texture, Rect(0, 0, 130, 140));
⑥   dragon->setPosition(dragonPosition);
    this->addChild(dragon);

    // 드래곤의 방향을 바꿔준다.
    dragon->setFlippedX(true);

    // 드래곤의 사이즈를 줄여준다. 맵에 비해 너무 크다.
    dragon->setScale(0.5);

    // 드래곤 애니메이션
    auto animate = Animate::create(animation);
    auto rep = RepeatForever::create(animate);
    dragon->runAction(rep);
}
```

① TMXTiledMap 클래스로 타일맵을 읽는다.

② 타일맵에서 Objects라고 지정한 오브젝트 레이어의 객체를 가져 온다.

③ 오브젝트 레이어어에서 SpawnPoint라고 지정한 속성값을 읽어 온다.

④ 타일맵의 SpawnPoint의 위치로 생성할 드래곤의 위치를 지정하기 위해 Point 변수에 저장한다.

⑤ 드래곤을 만들고 애니메이션을 액션을 만든다.

⑥ 아까 구한 Point 변수인 dragonPosition 위치에 생성한 드래곤을 위치시킨다.

코드를 완성했으면 프로젝트를 실행해 본다. 타일맵의 오브젝트 레이어(Object Layer)에서 SpwanPoint라고 지정한 부분에서 드래곤이 나타나는 것이 보일 것이다.

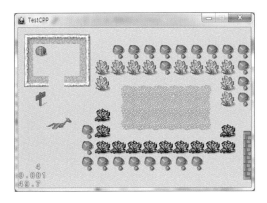

다음은 앞의 예제에서 사용된 TestDesert.tmx 파일이다.

```
<?xml version="1.0" encoding="UTF-8"?>
<map version="1.0" orientation="orthogonal" width="20" height="10" tilewidth="32"
tileheight="32">
 <tileset firstgid="1" name="TestDesert" tilewidth="32" tileheight="32" spacing="1"
margin="1">
  <image source="tmw_desert_spacing.png" width="265" height="199"/>
 </tileset>
 <layer name="Background" width="20" height="10">
  <data encoding="base64" compression="zlib">
    eJylztkKgzAURdGoYBVBrYIjaESwVKH//3k9gSuEcGMiPiwyb9ILIQbNCNMDC8zaeqVRerD1JqO3GaR
lj+t9Yae5Gg+6H8OLkTh6yo/Zy6FglB4908fRu/MvSb0GWkZH5wGEGvU2uui5pMzbzNK7ct5Tvdmj5+sNla
GGP0nVFek=
  </data>
```

```
</layer>
<objectgroup name="Objects" width="20" height="10">
 <object name="SpawnPoint" x="80" y="176"/>
 <object x="-48" y="141"/>
 <object x="-71" y="-86"/>
</objectgroup>
</map>
```

드래곤 이동 만들기

이제 드래곤이 맵 안에서 움직일 수 있게 해보자. 앞의 ParallaxNodeEx5에서 해본 것처럼 화면의 중앙까지는 드래곤이 움직이고 그다음에는 배경이 움직이다가 배경이 더는 움직이지 않는다면 화면 끝까지 드래곤이 움직이게 한다.

새로운 프로젝트를 다음과 같이 만든다.

- 프로젝트명 : TileMapEx3
- 패키지명 : com.study.exam42

그리고 방금 전에 작업한 다음의 파일을 리소스 그룹에 추가한다.

- TestDesert.tmx
- tmw_desert_spacing.png

해당 파일을 찾아 프로젝트의 Resources 디렉터리 아래에 TileMaps 디렉터리를 만들고 복사한다. 그리고 맥에서 개발하는 경우 앞에서 해 본 바와 같이 TileMaps 디렉터리를 프로젝트의 Resources 그룹 아래로 드래그 앤 드롭해서 프로젝트에 포함시킨다.

그리고 다음의 디렉터리에서 다음의 파일을 찾아 리소스 그룹에 추가한다.

cocos2d-x가 설치된 디렉터리/samples/Cpp/TestCpp/Resources/animations

- dragon_animation.png

해당 파일을 찾아 프로젝트의 Resources 디렉터리 아래에 Images 디렉터리를 만들고 복사한다. 그리고 맥에서 개발하는 경우 앞에서 해 본 바와 같이 Images 디렉터리를 프로젝트의 Resources 그룹 아래로 드래그 앤 드롭해서 프로젝트에 포함시킨다.

이제 기본형에 다음과 같이 코드를 입력해 수정한다.

[예제 16-5] HelloWorldScene.h

```cpp
#ifndef __HELLOWORLD_SCENE_H__
#define __HELLOWORLD_SCENE_H__

#include "cocos2d.h"

class HelloWorld : public cocos2d::LayerColor
{
public:
    static cocos2d::Scene* createScene();

    virtual bool init();

    CREATE_FUNC(HelloWorld);
```

```
    cocos2d::Size          winSize;
    cocos2d::Point         dragonPosition;
    cocos2d::Sprite*       dragon;
    cocos2d::TMXTiledMap*  tmap;

①  virtual void onEnter();
    virtual void onExit();
    virtual bool onTouchBegan(cocos2d::Touch *touch, cocos2d::Event * event);
    virtual void onTouchEnded(cocos2d::Touch *touch, cocos2d::Event * event);

    void createDragon();
    void setViewpointCenter(cocos2d::Point position);
};


#endif // __HELLOWORLD_SCENE_H__
```

TileMapEx2 예제에서 터치 처리를 위한 함수와 화면의 중심 위치를 바꿔줄 1번 부분이 추가됐다.

[예제 16-6] HelloWorldScene.cpp

```
bool HelloWorld::init()
{
    if (!CCLayerColor::initWithColor(Color4B(255, 255, 255, 255)))
    {
        return false;
    }

    /////////////////////////////
    // 화면 사이즈 구하기
    winSize = Director::getInstance()->getWinSize();

    // 타일맵 읽어 오기
    tmap = TMXTiledMap::create("TileMaps/TestDesert.tmx");
    this->addChild(tmap, 0, 11);    // z-order를 -1로 지정하면 화면이 나오지 않는다.

    // 타일맵에서 Objects라고 지정한 오브젝트 레이어의 객체들 가져오기
    TMXObjectGroup* objects = tmap->getObjectGroup("Objects");
```

```cpp
    // 오브젝트 레이어어에서 SpawnPoint라고 지정한 속성값 읽어 오기
    ValueMap& spawnPoint = objects->getObject("SpawnPoint");

    int x = spawnPoint["x"].asInt();
    int y = spawnPoint["y"].asInt();

    // SpawnPoint의 위치로 생성할 드래곤의 위치 지정하기
    dragonPosition = Point(x, y);

    // 드래곤을 만든다.
    this->createDragon();
    return true;
}

void HelloWorld::onEnter()
{
    Layer::onEnter();

    // 싱글 터치 모드로 터치리스너 등록
    auto listener = EventListenerTouchOneByOne::create();
    // Swallow touches only available in OneByOne mode.
    // 핸들링된 터치 이벤트를 터치 이벤트 array에서 지우겠다는 의미다.
    listener->setSwallowTouches(true);

    listener->onTouchBegan = CC_CALLBACK_2(HelloWorld::onTouchBegan, this);
    listener->onTouchEnded = CC_CALLBACK_2(HelloWorld::onTouchEnded, this);

    // The priority of the touch listener is based on the draw order of sprite
    // 터치리스너의 우선순위를 (노드가) 화면에 그려진 순서대로 한다.
    _eventDispatcher->addEventListenerWithSceneGraphPriority(listener, this);
}

void HelloWorld::onExit()
{
    _eventDispatcher->removeEventListeners(EventListener::Type::TOUCH_ONE_BY_ONE);

    Layer::onExit();
}
```

```cpp
void HelloWorld::createDragon()
{
    // 움직이는 드래곤 넣기 시작
    auto texture = Director::getInstance()->getTextureCache()->addImage("Images/
dragon_animation.png");

    auto animation = Animation::create();
    animation->setDelayPerUnit(0.1f);

    for (int i = 0; i<6; i++){
        // 첫째 줄에 4개의 프레임이 있고, 5번째부터는 두 번째 줄에 있으므로
        // 5번째(idx==4)부터는 y 좌표의 값을 증가시켜야 한다.
        int index = i % 4;
        int rowIndex = i / 4;

        animation->addSpriteFrameWithTexture(texture, Rect(index * 130, rowIndex *
140, 130, 140));
    }

    // 스프라이트 생성 및 초기화
    dragon = Sprite::createWithTexture(texture, Rect(0, 0, 130, 140));
    dragon->setPosition(Point(240, 160));
    this->addChild(dragon);

    // 드래곤의 방향을 바꿔준다.
    dragon->setFlippedX(true);

    // 드래곤의 사이즈를 줄여준다. 맵에 비해 너무 크다.
    dragon->setScale(0.5);

    // 드래곤 애니메이션
    auto animate = Animate::create(animation);
    auto rep = RepeatForever::create(animate);
    dragon->runAction(rep);
}

bool HelloWorld::onTouchBegan(Touch *touch, Event * event)
{
```

```
        return true;
}


void HelloWorld::onTouchEnded(Touch *touch, Event * event)
{
①   auto touchPoint = touch->getLocation();
②   touchPoint = this->convertToNodeSpace(touchPoint);

    Point playerPos = dragon->getPosition();

    Point diff = touchPoint - playerPos;

    if (abs(diff.x) > abs(diff.y)) {
        if (diff.x > 0) {
            playerPos.x += tmap->getTileSize().width;

            // 드래곤의 방향을 바꿔준다.
            dragon->setFlippedX(true);
        }
        else {
            playerPos.x -= tmap->getTileSize().width;

            // 드래곤의 방향을 바꿔준다.
            dragon->setFlippedX(false);
        }
    }
    else {
        if (diff.y > 0) {
            playerPos.y += tmap->getTileSize().height;
        }
        else {
            playerPos.y -= tmap->getTileSize().height;
        }
    }

    if (playerPos.x <= (tmap->getMapSize().width * tmap->getTileSize().width) &&
        playerPos.y <= (tmap->getMapSize().height * tmap->getTileSize().height) &&
        playerPos.y >= 0 &&
        playerPos.x >= 0)
```

```
    {
        // 드래곤의 새로운 위치 지정
        dragon->setPosition(playerPos);
    }


    // 드래곤의 위치에 맞춰 화면 위치 조정
    this->setViewpointCenter(dragon->getPosition());
}

void HelloWorld::setViewpointCenter(Point position)
{
    // 파라미터로 들어오는 위치에 맞춰 화면을 움직인다.
    int x = MAX(position.x, winSize.width / 2);
    int y = MAX(position.y, winSize.height / 2);

    x = MIN(x, (tmap->getMapSize().width * tmap->getTileSize().width) - winSize.
width / 2);
    y = MIN(y, (tmap->getMapSize().height * tmap->getTileSize().height) - winSize.
height / 2);

    Point actualPosition = Point(x, y);
    Point centerOfView = Point(winSize.width / 2, winSize.height / 2);
    Point viewPoint = centerOfView - actualPosition;

    this->setPosition(viewPoint);
}
```

- createDragon() 함수는 TileMapEx2의 기존 코드에서 약간 수정됐다.

- 나머지 함수는 TileMapEx2 예제에 없던 것이므로 추가하면 된다.

- setViewpointCenter 함수는 드래곤의 위치에 맞춰 화면 위치 조정을 하게 된다. 이 부분은 페럴랙스노
  드 예제에서도 해 본 적이 있을 것이다.

- 코드 1번은 화면에서 터치된 위치를 가져온다.

- 코드 2번은 맵의 크기를 계산해 맵이 이동한 위치를 고려해 터치된 위치를 다시 계산한다. (보통 맵이 화
  면보다 크다. 화면에는 맵의 일부분만 보인다.)

코드를 완성했으면 실행해 보자. 타일맵의 배경 위에서 탭하는 방향으로 드래곤이 이동할 것이다.

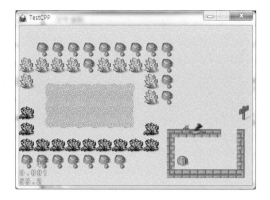

드래곤 이동 시 장애물 만들기

다시 타일드로 돌아가서 조금 전에 작업했던 TestDesert.tmx를 열고 기존에 만든 레이어와 오브젝트와는 별도로 새로운 레이어를 추가한다.

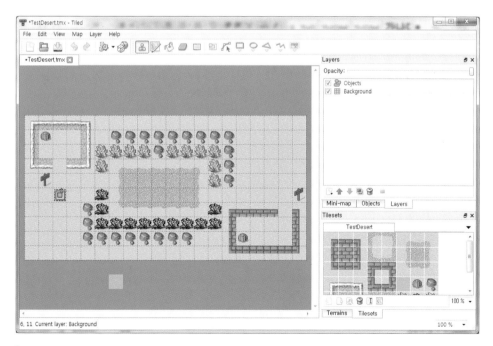

[기존의 TestDesert.tmx의 백그라운드 레이어]

먼저 Background 레이어에서 수박 부분을 다음과 같이 빈 공간으로 덧칠해서 저장한다.

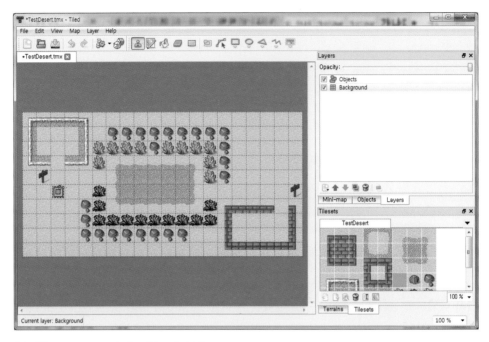

[**수정한 Tes**tDesert.tmx의 백그라운드 레이어]

이제 메뉴에서 [Layer → Add Tile Layer]를 선택해 새 레이어를 추가하고 이름은 Items 라고 지정한다. 그리고 다음 그림에서 볼 수 있듯이 Items를 선택한 후 아까 지웠던 위치에 수박을 다시 그려 넣는다.

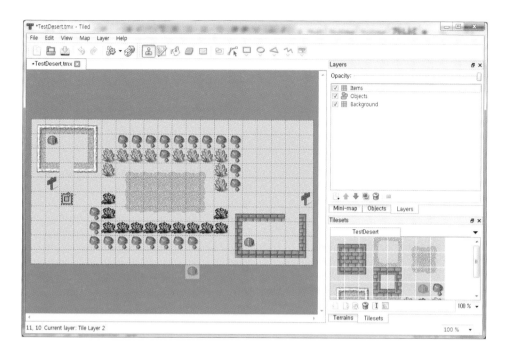

위 그림에서 우측의 Objects와 Background를 선택 해제하면 다음 그림과 같을 것이다.

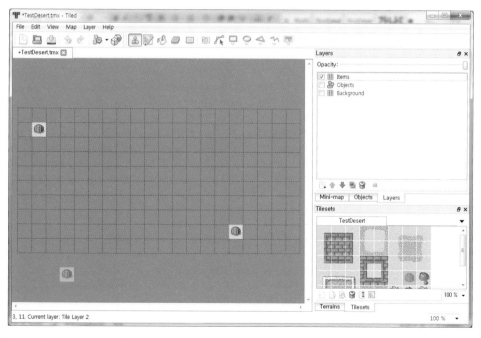

[Items 레이어만 선택한 경우]

메타 정보로 사용할 레이어를 만들어야 하는데, 먼저 사용할 타일세트를 만들어야 한다.

이미지 편집툴(포토샵 등)을 이용해 다음과 같은 타일세트를 하나 만들자. 사이즈는 67×34 픽셀이고, 투명도(Opacity)는 50%로, 이름은 metaset.png로 지정한다.

Margin 1픽셀 + 32픽셀 + Space 1픽셀 + 32픽셀 + Margin 1픽셀 = 67픽셀

Margin 1픽셀 + 32픽셀 + Margin 1픽셀 = 64픽셀

메뉴에서 [Map → New Tileset]을 선택해 조금 전에 작업한 이미지를 새로운 타일세트로 불러 온다. Name에 Meta라고 입력한다.

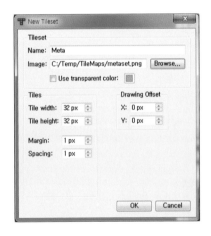

그럼 다음 그림과 같은 상태가 될 것이다.

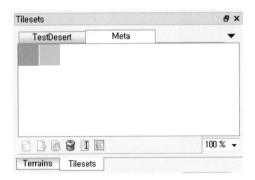

그리고 다음 그림과 같이 해당 Tile을 선택한 후 마우스 오른쪽 버튼을 클릭해 속성값을 넣는다.

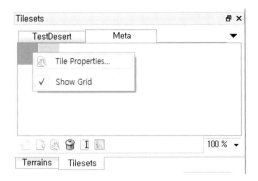

Tile Properties를 선택하면 다음 그림과 같은 창이 나타난다.

붉은색의 타일에는 속성값으로 Name에는 Wall을, Value에는 YES를 지정한다.

초록색의 타일에는 속성값으로 Name에는 Items를, Value에는 YES를 지정한다.

앞의 창에서 〈new property〉를 더블클릭하면 값을 입력할 수 있다.

이제 메뉴에서 [Layer → Add Tile Layer]를 선택해 새 레이어를 추가하고 이름은 Me-taInfo로 지정한다.

그리고 다음 그림에서 볼 수 있듯이 MetaInfo를 선택한 후 드래곤이 지나가면 안 되는 위치에 붉은색 타일을 선택하고 표시해 준다. 또 수박은 아이템으로 사용할 것이므로 초록색 타일을 선택해 표시한다.

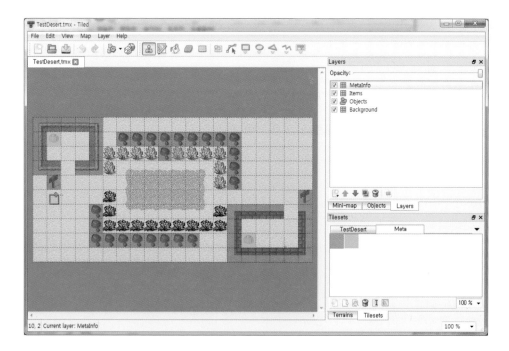

보통의 이미지로 덮어써도 되지만 현재의 배경 그림을 보면서 그 위에 여러 추가 정보도 있음을 한눈에 알아보기 편하게끔 앞에서 제작한 반투명한 이미지를 사용해 추가 레이어를 그린 것이다.

변경사항을 저장한 후 다시 개발툴로 돌아온다.

새로운 프로젝트를 다음과 같이 만든다.

- 프로젝트명 : TileMapEx4
- 패키지명 : com.study.exam43

그리고 방금 전에 작업한 다음의 파일을 리소스 그룹에 추가한다.

- TestDesert.tmx
- tmw_desert_spacing.png
- metaset.png

해당 파일을 찾아 프로젝트의 Resources 디렉터리 아래에 TileMaps 디렉터리를 만들고 복사한다. 그리고 맥에서 개발하는 경우 앞에서 해 본 바와 같이 TileMaps 디렉터리를 프로젝트의 Resources 그룹 아래로 드래그 앤 드롭해서 프로젝트에 포함시킨다.

그리고 다음의 디렉터리에서 다음의 파일을 찾아 리소스 그룹에 추가한다.

cocos2d-x가 설치된 디렉터리/samples/Cpp/TestCpp/Resources/animations

- dragon_animation.png

해당 파일을 찾아 프로젝트의 Resources 디렉터리 아래에 Images 디렉터리를 만들고 복사한다. 그리고 맥에서 개발하는 경우 앞에서 해 본 바와 같이 Images 디렉터리를 프로젝트의 Resources 그룹 아래로 드래그 앤 드롭해서 프로젝트에 포함시킨다.

이제 기본형에 다음과 같이 코드를 입력해 수정한다. TileMapEx3의 소스에 조금의 기능을 더하는 형식으로 새로 만들 테지만 부분부분 바뀌는 소스가 많으니 예제를 유심히 잘 보기 바란다.

[예제 16-7] HelloWorldScene.h

```cpp
#ifndef __HELLOWORLD_SCENE_H__
#define __HELLOWORLD_SCENE_H__

#include "cocos2d.h"

class HelloWorld : public cocos2d::LayerColor
{
public:
    static cocos2d::Scene* createScene();

    virtual bool init();

    CREATE_FUNC(HelloWorld);

    cocos2d::Size          winSize;
    cocos2d::Point         dragonPosition;
    cocos2d::Sprite*       dragon;
    cocos2d::TMXTiledMap*  tmap;
    cocos2d::TMXLayer*     background;
    cocos2d::TMXLayer*     items;
    cocos2d::TMXLayer*     metainfo;

    virtual void onEnter();
    virtual void onExit();
    virtual bool onTouchBegan(cocos2d::Touch *touch, cocos2d::Event * event);
    virtual void onTouchEnded(cocos2d::Touch *touch, cocos2d::Event * event);

    void createDragon();
    void setViewpointCenter(cocos2d::Point position);
    cocos2d::Point tileCoordForPosition(cocos2d::Point position);
```

```
        void setPlayerPosition(cocos2d::Point position);



};

#endif // __HELLOWORLD_SCENE_H__
```

TileMapEx3에서 코드를 복사해서 붙여넣는 식으로 코드를 완성하는 편이 수월할 것이다.

```
bool HelloWorld::init()
{
    if (!CCLayerColor::initWithColor(Color4B(255, 255, 255, 255)))
    {
        return false;
    }

    /////////////////////////////

    // 화면 사이즈 구하기
    winSize = Director::getInstance()->getWinSize();

    // 타일맵 읽어 오기
①   tmap = TMXTiledMap::create("TileMaps/TestDesert.tmx");
    background = tmap->getLayer("Background");
    items = tmap->getLayer("Items");
    metainfo = tmap->getLayer("MetaInfo");
②   metainfo->setVisible(false);
    this->addChild(tmap, 0, 11);   // z-order를 -1로 하면 화면이 나오지 않는다.

    // 타일맵에서 Objects라고 지정한 오브젝트 레이어의 객체들 가져오기
    TMXObjectGroup* objects = tmap->getObjectGroup("Objects");

    // 오브젝트 레이어어에서 SpawnPoint라고 지정한 속성값 읽어 오기
    ValueMap& spawnPoint = objects->getObject("SpawnPoint");
```

```
        int x = spawnPoint["x"].asInt();
        int y = spawnPoint["y"].asInt();

        // SpawnPoint의 위치로 생성할 드래곤의 위치 지정하기
        dragonPosition = Point(x, y);

        // 드래곤을 만든다.
        this->createDragon();
        return true;
}


void HelloWorld::onEnter()
{
        Layer::onEnter();

        // 싱글 터치 모드로 터치리스너 등록
        auto listener = EventListenerTouchOneByOne::create();
        // Swallow touches only available in OneByOne mode.
        // 핸들링된 터치 이벤트를 터치 이벤트 array에서 지우겠다는 의미다.
        listener->setSwallowTouches(true);

        listener->onTouchBegan = CC_CALLBACK_2(HelloWorld::onTouchBegan, this);
        listener->onTouchEnded = CC_CALLBACK_2(HelloWorld::onTouchEnded, this);

        // The priority of the touch listener is based on the draw order of sprite
        // 터치리스너의 우선순위를 (노드가) 화면에 그려진 순서대로 한다.
        _eventDispatcher->addEventListenerWithSceneGraphPriority(listener, this);
}


void HelloWorld::onExit()
{
        _eventDispatcher->removeEventListeners(EventListener::Type::TOUCH_ONE_BY_ONE);

        Layer::onExit();
}


void HelloWorld::createDragon()
{
        ...
```

```
    // 움직이는 드래곤 넣기 : TileMapEx3의 함수와 동일
    ...
}


bool HelloWorld::onTouchBegan(Touch *touch, Event * event)
{
    return true;
}


void HelloWorld::onTouchEnded(Touch *touch, Event * event)
{
    ... 생략 ...

    if (playerPos.x <= (tmap->getMapSize().width * tmap->getTileSize().width) &&
        playerPos.y <= (tmap->getMapSize().height * tmap->getTileSize().height) &&
        playerPos.y >= 0 &&
        playerPos.x >= 0)
    {
        // 드래곤의 새로운 위치 지정
        //dragon->setPosition(playerPos);
③      this->setPlayerPosition(playerPos);
    }

    // 드래곤의 위치에 맞춰 화면 위치 조정
    this->setViewpointCenter(dragon->getPosition());
}

void HelloWorld::setViewpointCenter(Point position)
{
    // 파라미터로 들어오는 위치에 맞춰 화면을 움직인다.
    int x = MAX(position.x, winSize.width / 2);
    int y = MAX(position.y, winSize.height / 2);

    x = MIN(x, (tmap->getMapSize().width * tmap->getTileSize().width) - winSize.
width / 2);
    y = MIN(y, (tmap->getMapSize().height * tmap->getTileSize().height) - winSize.
height / 2);
```

```cpp
    Point actualPosition = Point(x, y);
    Point centerOfView = Point(winSize.width / 2, winSize.height / 2);
    Point viewPoint = centerOfView - actualPosition;

    this->setPosition(viewPoint);
}


// 현재 탭으로 선택된 타일의 위치를 가져온다.
Point HelloWorld::tileCoordForPosition(Point position)
{
    int x = position.x / tmap->getTileSize().width;
    int y = ((tmap->getMapSize().height * tmap->getTileSize().height) - position.y)
                    / tmap->getTileSize().height;
    return Point(x, y);
}


void HelloWorld::setPlayerPosition(Point position)
{
④   // 추가된 부분 시작 ------------------------------------------

    // 탭된 위치 구하기
⑤   Point tileCoord = this->tileCoordForPosition(position);

    // 현재 위치의 Tile GID 구하기
    int tileGid = this->metainfo->getTileGIDAt(tileCoord);

    if (tileGid) {

        // 타일맵에서 GID에 해당하는 부분의 속성 읽어 오기
        Value& properties = tmap->getPropertiesForGID(tileGid);

        if (!properties.isNull()) {

            std::string wall = properties.asValueMap()["Wall"].asString();
            if (wall == "YES") {
                log("Wall...");
                return;
            }
```

```
            // 추가된 부분 시작2 -------------------------------------------

            // 추가된 부분 끝2 ---------------------------------------------
        }
    }

    // 추가된 부분 끝 -----------------------------------------------
    // 파라미터로 들어온 위치에 드래곤 위치 조정하기
    dragon->setPosition(position);
}
```

일단 [예제 16-8]처럼 코드를 완성했으면 프로젝트를 실행해 본다. 타일맵의 배경 위에서 탭
하는 방향으로 드래곤이 이동하지만 이전 예제와는 달리 눈에는 보이지 않지만 아까 벽이라
고 표시했던 부분에서는 드래곤이 이동하지 않을 것이다. 즉, 장애물이 생긴 것이다.

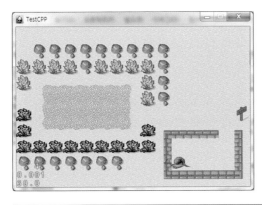

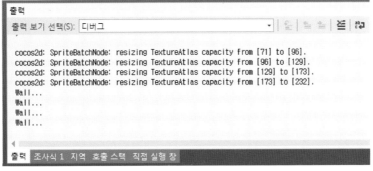

드래곤이 먹을 아이템 만들기

이번에는 앞의 예제에 코드만 추가해 드래곤이 아이템을 지나가면 아이템을 먹는 효과를 만들어 보자. 타일맵에는 이미 앞에서 필요한 처리를 모두 해둔 상태다.

[예제 16-9] HelloWorldScene.cpp

```cpp
void HelloWorld::setPlayerPosition(Point position)
{
    // 추가된 부분 시작 -----------------------------------------

    // 탭된 위치 구하기
    Point tileCoord = this->tileCoordForPosition(position);

    // 현재 위치의 Tile GID 구하기
    int tileGid = this->metainfo->getTileGIDAt(tileCoord);

    if (tileGid) {

        // 타일맵에서 GID에 해당하는 부분의 속성 읽어 오기
        Value& properties = tmap->getPropertiesForGID(tileGid);

        if (!properties.isNull()) {

            std::string wall = properties.asValueMap()["Wall"].asString();
            if (wall == "YES") {
                log("Wall...");
                return;
            }

            // 추가된 부분 시작2 -----------------------------------------
            std::string item1 = properties.asValueMap()["Items"].asString();
            if (item1 == "YES") {

                this->metainfo->removeTileAt(tileCoord);
                items->removeTileAt(tileCoord);

                // 먹은 수만큼 점수를 올려주는 코드가 추가적으로 필요하다.
                log("아이템 획득!!! 이 메시지가 여러 번 출력되는지 확인");
```

① (마진 표시)

```
        }
        // 추가된 부분 끝2 ----------------------------------------
    }
}

    // 추가된 부분 끝 ---------------------------------------------
    // 파라미터로 들어온 위치에 드래곤 위치 조정하기
    dragon->setPosition(position);
}
```

주석에서 추가된 부분 시작2에서 끝2 부분까지만 추가하면 된다.

코드를 완성했으면 프로젝트를 실행해 본다. 드래곤이 수박 부근을 지나가면 로그가 출력되면서 아이템이 맵에서 사라질 것이다. 주석에서 볼 수 있듯이 이 부분에서 점수 처리를 하는 로직을 추가해야 할 것이다.

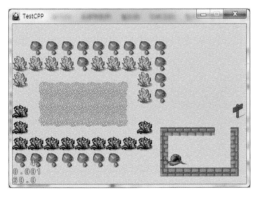

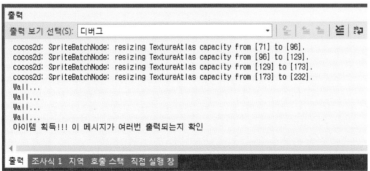

한번 먹은 아이템은 코드에서 볼 수 있듯이 맵에서도 지웠기 때문에 다시 지나가도 아이템을 추가로 먹을 수는 없다. 이처럼 맵의 레이어에서 아이템 같은 것을 직접 지울 수도 있고, 추가할 수도 있다.

파티클 사용하기

파티클 시스템은 작은 그래픽들이 모인 커다란 집합체다. 정확하게 말하자면 이 작은 그래픽들이 파티클이다. 이 집합체를 이용하면 표현하기 매우 어려운 효과를 표현할 수 있다.

파티클 시스템이란?

파티클 시스템은 작은 그래픽들이 모인 커다란 집합체다. 정확하게 말하자면 이 작은 그래픽들이 파티클이다. 이 집합체를 이용하면 표현하기 매우 어려운 효과들을 표현할 수 있다.

연기가 퍼지는 장면, 불타는 효과, 안개가 퍼진 모습, 폭탄이 터지는 장면, 미사일이 날아갈 때의 효과, 비 내리는 장면, 눈 내리는 장면 등등 스프라이트 시트만으로는 불가능한 아주 멋진 그래픽 효과를 낼 수 있다. 파티클은 이처럼 동적이고 변화하는 효과를 표현하는 데 적합하다.

그러나 파티클이 항상 크고 화려할 필요는 없다. 게임에 약간의 즐거움을 더해 주기 위해 간단한 효과를 보여 줄 수도 있다. 이러한 요소들이 게임을 더 재미있게 해주고 생기를 불어넣어 준다는 사실은 틀림없다.

파티클 시스템 사용하기

새로운 프로젝트를 다음과 같이 만든다.

- 프로젝트명 : ParticleEx1
- 패키지명 : com.study.exam44

그리고 다음의 디렉터리에서 파일을 찾아 리소스에 추가한다.

cocos2d-x가 설치된 디렉터리/samples/Cpp/TestCpp/Resources/Images

- fire.png
- stars.png

해당 파일을 찾아 프로젝트의 Resources 디렉터리 아래에 Images 디렉터리를 만들고 복사한다. 그리고 맥에서 개발하는 경우 앞에서 해 본 바와 같이 Images 디렉터리를 프로젝트의 Resources 그룹 아래로 드래그 앤 드롭해서 프로젝트에 포함시킨다.

이제 기본형에 다음과 같이 코드를 입력해 수정한다.

[예제 17-1] HelloWorldScene.h

```
#ifndef __HELLOWORLD_SCENE_H__
#define __HELLOWORLD_SCENE_H__

#include "cocos2d.h"

class HelloWorld : public cocos2d::LayerColor
class HelloWorld : public cocos2d::Layer
{
public:
    static cocos2d::Scene* createScene();

    virtual bool init();

    CREATE_FUNC(HelloWorld);

    void doParticles();
};

#endif // __HELLOWORLD_SCENE_H__
```

파티클은 배경이 어두워야 효과가 확실히 보이므로 기본형에서 배경을 검은색으로 다시 변경한다.

[예제 17-2] HelloWorldScene.cpp

```cpp
bool HelloWorld::init()
{
①   if (!LayerColor::initWithColor(Color4B(255, 255, 255, 255)))
    if ( !Layer::init() )
    {
        return false;
    }

    // 파티클 시스템 적용
②   this->doParticles();

    return true;
}


void HelloWorld::doParticles()
{
③   ParticleSystem* particleTest = ParticleFire::create();      // Images/fire.png

④    auto texture = Director::getInstance()->getTextureCache()->addImage("Images/
fire.png");
    particleTest->setTexture(texture);

⑤   if (particleTest != NULL)
    {
        // 파티클의 크기 조정
        particleTest->setScale(1.0);

        // 파티클의 지속 시간 조정 : -1 means 'forever'
        //particleTest->setDuration(1.0);

        // 파티클의 위치 조정
        particleTest->setPosition(Point(240, 160));
```

```
        this->addChild(particleTest);
    }
}
```

① 바탕색을 검은색으로 변경한다.

② 파티클을 생성하고 구성하는 함수를 호출한다.

③ 기본적으로 제공되는 모닥불 효과 파티클을 만든다.

④ 불길 효과에 사용할 이미지를 지정한다. fire.png, stars.png 파일 중 하나를 선택하면 된다. 바꿔가면서
테스트해 보자.

⑤ 파티클의 세부 사항을 조정한다.

프로젝트를 실행해 보자.

그리고 앞의 예제의 3번 부분을 다음을 보면서 바꿔가면서 어떤 효과인지 확인해 보자.

모닥불 효과

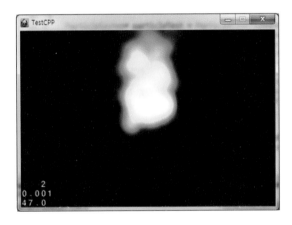

작은 태양 효과

```
ParticleSystem* particleTest = ParticleSun::create();        // Images/fire.png
```

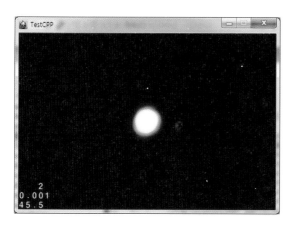

우주 효과

```
ParticleSystem* particleTest = ParticleGalaxy::create();      // Images/fire.png
```

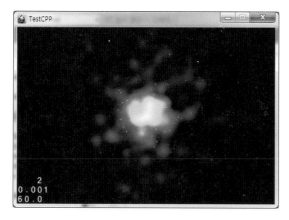

연기 효과

```
ParticleSystem* particleTest = ParticleSmoke::create();    // Images/fire.png
```

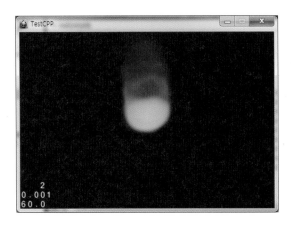

유성 효과

```
ParticleSystem* particleTest = ParticleMeteor::create();    // Images/fire.png
```

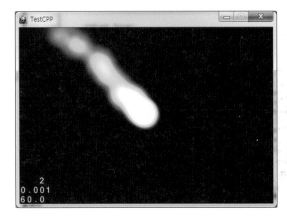

꽃 효과

```
ParticleSystem* particleTest = ParticleFlower::create();      // Images/stars.png
```

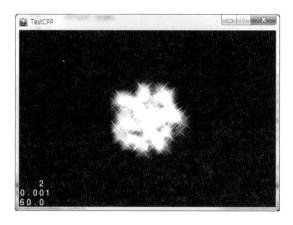

불꽃놀이 효과

```
ParticleSystem* particleTest = ParticleFireworks::create();   // Images/stars.png
```

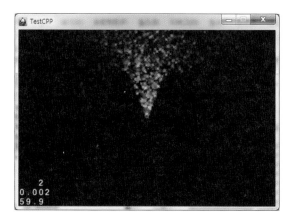

폭발 효과

```
ParticleSystem* particleTest = ParticleExplosion::create();   // Images/stars.png
```

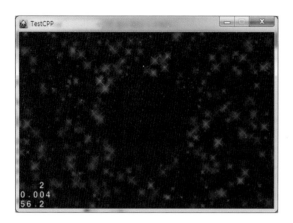

이렇게 해서 갖가지 효과를 살펴봤다. 이런 효과를 응용해서 적에게 총을 쏴서 맞추면 터지는 효과를 줄 수도 있을 것이다. 단순히 충돌 체크를 통해 적이 내가 쏜 총에 맞았으니 적의 스프라이트를 제거하기보다는 이렇게 효과를 주면서 제거하는 편이 훨씬 더 인상적일 것이다.

파티클 시스템 : 눈, 비 내리기

새로운 프로젝트를 다음과 같이 만든다.

- 프로젝트명 : ParticleEx2
- 패키지명 : com.study.exam45

그리고 다음의 디렉터리에서 파일을 찾아 리소스에 추가한다.

> cocos2d-x가 설치된 디렉터리/samples/Cpp/TestCpp/Resources/Images

- fire.png
- snow.png

해당 파일을 찾아 프로젝트의 Resources 디렉터리 아래에 Images 디렉터리를 만들고 복사한다. 그리고 맥에서 개발하는 경우 앞에서 해 본 바와 같이 Images 디렉터리를 프로젝트의 Resources 그룹 아래로 드래그 앤 드롭해서 프로젝트에 포함시킨다.

이제 기본형에 다음과 같이 코드를 입력해 수정한다. cpp에 추가로 구현할 함수가 있으면 헤더 파일에도 선언을 추가하는 것을 잊지 말자.

[예제 17-3] HelloWorldScene.cpp

```cpp
bool HelloWorld::init()
{
    if ( !Layer::init() )
    {
        return false;
    }

     // 파티클 시스템 적용
    // 1.눈 내리기
    this->doSnow();

    // 2.비 내리기
//    this->doRain();

    return true;
}

void HelloWorld::doSnow()
{
    ParticleSystem* m_emitter = ParticleSnow::create();
    m_emitter->retain();
```

```cpp
    Point p = m_emitter->getPosition();

    m_emitter->setTotalParticles(200);  // default : 700

    m_emitter->setPosition(Point(p.x, p.y - 110));
    m_emitter->setLife(5); // 3
    m_emitter->setLifeVar(1);

    // gravity
    m_emitter->setGravity(Point(0, -10));

    // speed of particles
    m_emitter->setSpeed(100);  // 130
    m_emitter->setSpeedVar(30); // 30

    Color4F startColor = m_emitter->getStartColor();
    startColor.r = 0.9f;
    startColor.g = 0.9f;
    startColor.b = 0.9f;
    m_emitter->setStartColor(startColor);

    Color4F endColorVar = m_emitter->getStartColorVar();
    endColorVar.r = 0.0f;
    endColorVar.g = 0.0f;
    endColorVar.b = 0.0f;
    m_emitter->setStartColorVar(endColorVar);

    m_emitter->setEmissionRate(m_emitter->getTotalParticles() / m_emitter->getLife());

    auto texture = Director::getInstance()->getTextureCache()->addImage("Images/snow.png");
    m_emitter->setTexture(texture);

    if (m_emitter != NULL)
    {
```

```
            m_emitter->setPosition(Point(240, 320));

            this->addChild(m_emitter);
        }
    }


    void HelloWorld::doRain()
    {
        ParticleSystem* m_emitter = ParticleRain::create();
        m_emitter->retain();

        Point p = m_emitter->getPosition();
        m_emitter->setPosition(Point(p.x, p.y - 100));
        m_emitter->setLife(4);

          auto texture = Director::getInstance()->getTextureCache()->addImage("Images/
    fire.png");
        m_emitter->setTexture(texture);
        m_emitter->setScaleY(4);

        if (m_emitter != NULL)
        {
            m_emitter->setPosition(Point(240, 320));

            this->addChild(m_emitter);
        }
    }
```

눈 내리는 효과와 비 내리는 효과를 각각 만들어봤다. doSnow와 doRain 함수를 하나씩 실
행해 보기 바란다.

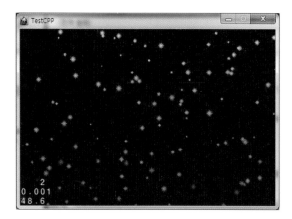

[눈 내리기]

[비 내리기]

파티클 시스템 : 좀 더 복잡한 파티클 효과

이번에는 좀 더 복잡하고 화려한 파티클 효과를 보자.

새로운 프로젝트를 다음과 같이 만든다.

- 프로젝트명 : ParticleEx3
- 패키지명 : com.study.exam46

그리고 다음의 디렉터리를 찾아 리소스에 추가한다.

cocos2d−x가 설치된 디렉터리/samples/Cpp/TestCpp/Resources/Particles

해당 파일을 찾아 프로젝트의 Resources 디렉터리 아래에 Particles 디렉터리를 복사한다. 그리고 맥에서 개발하는 경우 앞에서 해 본 바와 같이 Particles 디렉터리를 프로젝트의 Resources 그룹 아래로 드래그 앤 드롭해서 프로젝트에 포함시킨다.

이제 기본형에 다음과 같이 코드를 입력해 수정한다. cpp에 추가로 구현할 함수가 있으면 헤더 파일에도 선언을 추가하는 것을 잊지 말자.

[예제 17−4] HelloWorldScene.cpp

```cpp
bool HelloWorld::init()
{
    if ( !Layer::init() )
    {
        return false;
    }


    return true;
}
```

```cpp
void HelloWorld::onEnter()
{
    Layer::onEnter();

    // 싱글 터치 모드로 터치리스너 등록
    auto listener = EventListenerTouchOneByOne::create();
    // Swallow touches only available in OneByOne mode.
    // 핸들링된 터치 이벤트를 터치 이벤트 array에서 지우겠다는 의미다.
    listener->setSwallowTouches(true);

    listener->onTouchBegan = CC_CALLBACK_2(HelloWorld::onTouchBegan, this);

    // The priority of the touch listener is based on the draw order of sprite
    // 터치리스너의 우선순위를 (노드가) 화면에 그려진 순서대로 한다.
    _eventDispatcher->addEventListenerWithSceneGraphPriority(listener, this);
}

void HelloWorld::onExit()
{
    _eventDispatcher->removeEventListeners(EventListener::Type::TOUCH_ONE_BY_ONE);

    Layer::onExit();
}

bool HelloWorld::onTouchBegan(Touch *touch, Event * event)
{
    auto touchPoint = touch->getLocation();

    this->showParticle(touchPoint);

    return true;
}

void HelloWorld::showParticle(Point pPoint)
{
    const char* filename1 = "Particles/BoilingFoam.plist";
    const char* filename2 = "Particles/BurstPipe.plist";
    const char* filename3 = "Particles/Comet.plist";
```

```
        const char* filename4 = "Particles/ExplodingRing.plist";
        const char* filename5 = "Particles/Flower.plist";
        const char* filename6 = "Particles/Galaxy.plist";
        const char* filename7 = "Particles/LavaFlow.plist";
        const char* filename8 = "Particles/Phoenix.plist";
        const char* filename9 = "Particles/SmallSun.plist";
        const char* filename10 = "Particles/SpinningPeas.plist";
        const char* filename11 = "Particles/Spiral.plist";
        const char* filename12 = "Particles/SpookyPeas.plist";
        const char* filename13 = "Particles/TestPremultipliedAlpha.plist";
        const char* filename14 = "Particles/Upsidedown.plist";

    ①   ParticleSystem* emitter = ParticleSystemQuad::create(filename1);
        emitter->setPosition(pPoint);
        emitter->setDuration(2.0f);
        emitter->setAutoRemoveOnFinish(true);

        this->addChild(emitter);
    }
```

showParticle 함수는 plist로 제공되는 복잡하고 화려한 파티클 효과를 파일로부터 읽어들여
화면에 보여줄 수 있게 파티클 시스템을 만들고 세팅한다. 1번에서 파티클 디렉터리에 있는
여러 가지 plist를 바꿔가면서 테스트해 보기 바란다.

코드를 완성하고 앱이 실행되면 화면을 터치해 보자. 터치한 위치에서 파티클 효과가 나타날
것이다.

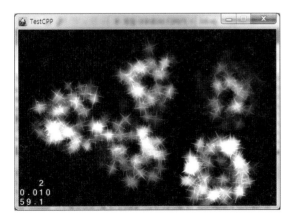

이처럼 기본적으로 제공되는 파티클 시스템 외에 좀 더 화려하고 복잡한 효과를 원한다면 이어서 다룰 파티클 디자이너 등의 외부 툴을 사용하는 방법이 있다.

파티클 디자이너

파티클 디자이너는 파티클을 시각적으로 생성하는 프로그램이다. 파티클 디자이너는 아래의 주소에서 내려받을 수 있다.

http ://www.71squared.com/en/particledesigner

참고로 무료 버전에서는 텍스처를 볼 수만 있고 저장할 수는 없다. 유료 버전은 49.9달러다.

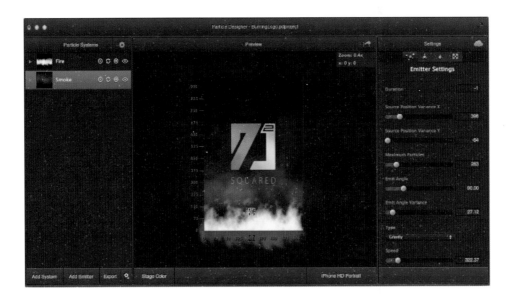

맥 사용자라면 앱스토어에서 파티클크리에이터(ParticleCreator)를 내려받을 수 있다. 한국인 개발자가 만든 것으로 2.99달러짜리 유료 앱이지만 비용 대비 성능은 매우 만족할 만하다. 저자 역시 이 프로그램을 사용하고 있다.

데이터 저장하기

cocos2d-x에서는 데이터를 저장하기 위한 수단으로 UserDefault라는 클래스를 제공한다.

데이터 저장

앱을 실행하다 보면 환경설정이나 사용자의 점수를 기록하는 것처럼 데이터를 기록해야 할 때가 있다. 이때 사용되는 클래스가 UserDefault다. UserDefault는 iOS 개발에 사용되던 NSUserDefault를 본 딴 것으로 iOS 개발자에게는 익숙할 것이다. 안드로이드 개발자라면 SharedPreferences와 같은 기능을 한다고 생각하면 된다.

 UserDefault는 사용법이 매우 간단하지만 내부적으로는 간단하지 않다. 각 플랫폼별로 데이터가 저장되는 방식과 저장되는 장소가 다르기 때문이다. 하지만 개발자는 그런 점을 신경 쓸 필요 없이 이 클래스를 이용해 쉽게 데이터를 저장하고 불러올 수 있다.

UserDefault는 특정한 값을 이름-값 형태로 저장할 수 있는 객체다. 이를 Key-Value Pair 라고 하는데, 그냥 변수명-값으로 봐도 무방하다. 데이터는 앱이 종료돼도 보존되며, 데이터는 앱을 삭제하기 전까지 보존된다.

String 형식의 데이터 저장 및 읽기

[저장]

```
UserDefault::getInstance()->setStringForKey("str_key", "홍길동");
```

[읽기]

```
std::string ret = UserDefault::getInstance()->getStringForKey("str_key");
log("string is %s", ret.c_str());
```

Integer 형식의 데이터 저장 및 읽기

[저장]

```
UserDefault::getInstance()->setIntegerForKey("int_key", 10);
```

[읽기]

```
int i = UserDefault::getInstance()->getIntegerForKey("int_key");
log("integer is %d", i);
```

Float 형식의 데이터 저장 및 읽기

[저장]

```
UserDefault::getInstance()->setFloatForKey("float_key", 2.3f);
```

[읽기]

```
float f = UserDefault::getInstance()->getFloatForKey("float_key");
log("float is %f", f);
```

Double 형식의 데이터 저장 및 읽기

[저장]

```
UserDefault::getInstance()->setDoubleForKey("double_key", 2.4f);
```

[읽기]

```
double d = UserDefault::getInstance()->getDoubleForKey("double_key");
log("double is %f", d);
```

Bool 형식의 데이터 저장 및 읽기

[저장]

```
UserDefault::getInstance()->setBoolForKey("bool_key", false);
```

[읽기]

```
bool b = UserDefault::getInstance()->getBoolForKey("bool_key");
if (b)
{
    log("bool is true");
}
else
{
    log("bool is false");
}
```

UserDefault 클래스의 사용 예

새로운 프로젝트를 다음과 같이 만든다.

- 프로젝트명 : UserDefaultEx
- 패키지명 : com.study.exam47

이제 기본형에 다음과 같이 코드를 입력해 수정한다.

[예제 18-1] HelloWorldScene.cpp

```cpp
bool HelloWorld::init()
{
    if (!LayerColor::initWithColor(Color4B(255, 255, 255, 255)))
    {
        return false;
    }

    log("********************* init value *********************");

    // set default value

    UserDefault::getInstance()->setStringForKey("str_key", "value1");
```

```
UserDefault::getInstance()->setIntegerForKey("int_key", 10);
UserDefault::getInstance()->setFloatForKey("float_key", 2.3f);
UserDefault::getInstance()->setDoubleForKey("double_key", 2.4f);
UserDefault::getInstance()->setBoolForKey("bool_key", true);

// print value

std::string ret = UserDefault::getInstance()->getStringForKey("str_key");
log("string is %s", ret.c_str());

int i = UserDefault::getInstance()->getIntegerForKey("int_key");
log("integer is %d", i);

float f = UserDefault::getInstance()->getFloatForKey("float_key");
log("float is %f", f);

double d = UserDefault::getInstance()->getDoubleForKey("double_key");
log("double is %f", d);

bool b = UserDefault::getInstance()->getBoolForKey("bool_key");
if (b)
{
    log("bool is true");
}
else
{
    log("bool is false");
}

log("********************* after change value ********************");

// change the value

UserDefault::getInstance()->setStringForKey("str_key", "value2");
UserDefault::getInstance()->setIntegerForKey("int_key", 11);
UserDefault::getInstance()->setFloatForKey("float_key", 2.5f);
UserDefault::getInstance()->setDoubleForKey("double_key", 2.6f);
UserDefault::getInstance()->setBoolForKey("bool_key", false);

UserDefault::getInstance()->flush();
```

```
// print value

ret = UserDefault::getInstance()->getStringForKey("str_key");
log("string is %s", ret.c_str());

d = UserDefault::getInstance()->getDoubleForKey("double_key");
log("double is %f", d);

i = UserDefault::getInstance()->getIntegerForKey("int_key");
log("integer is %d", i);

f = UserDefault::getInstance()->getFloatForKey("float_key");
log("float is %f", f);

b = UserDefault::getInstance()->getBoolForKey("bool_key");
if (b)
{
    log("bool is true");
}
else
{
    log("bool is false");
}

return true;
}
```

코드를 완성했으면 프로젝트를 실행해 보자. 화면에는 아무것도 보여지지 않는다. 출력창을
보기 바란다.

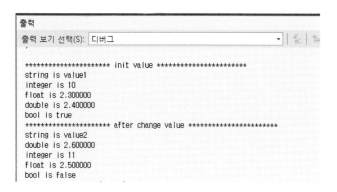

보다시피 손쉽게 데이터를 저장하고 읽을 수 있다.

사용자 입력 사용하기

cocos2d-x에서는 사용자로부터 데이터를 입력받기 위한 수단으로 EditBox라는 클래스를 제공한다.

사용자 입력

앱을 실행하다 보면 사용자에게서 입력을 받아 캐릭터명을 만들거나 하는 경우가 있다. 이때 사용되는 클래스가 EditBox 클래스다. EditBox는 cocos2d-x의 확장 클래스로서, 윈도우에서 개발할 때 사용하려면 조금 복잡한 세팅 과정이 필요하다.

새로운 프로젝트를 다음과 같이 만든다.

· 프로젝트명 : EditBoxEx
· 패키지명 : com.study.exam48

그리고 다음의 디렉터리에서 파일을 찾아 리소스에 추가한다.

cocos2d-x가 설치된 디렉터리/samples/Cpp/TestCpp/Resources/extensions

· green_edit.png
· orange_edit.png
· yellow_edit.png

해당 파일을 찾아 프로젝트의 Resources 디렉터리 아래에 extensions 디렉터리를 만들고 복사한다. 그리고 맥에서 개발하는 경우 앞에서 해 본 바와 같이 extensions 디렉터리를 프로젝트의 Resources 그룹 아래로 드래그 앤 드롭해서 프로젝트에 포함시킨다.

이제 확장 클래스를 사용하기 위한 세팅을 한다. 솔루션 탐색기에서 솔루션을 선택하고 마우스 오른쪽 버튼을 클릭한 후 다음 그림과 같이 팝업 메뉴를 띄우고 [추가 → 기존 프로젝트…]를 선택한다.

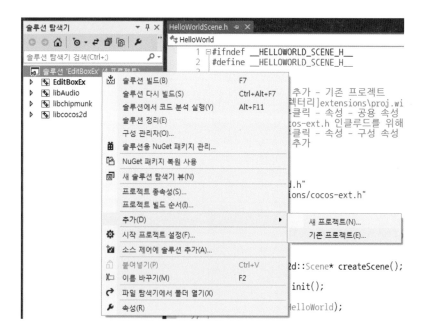

현재 프로젝트의 하위 디렉터리에서 다음과 같이 libExtensions.vcxproj를 찾아 선택한다. [현재 프로젝트 - cocos2d - extensions - proj.win32] 디렉터리에 있다.

다음과 같이 라이브러리가 추가된 것을 확인한다.

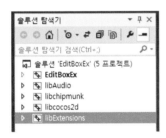

이제 솔루션 탐색기에서 EditBoxEx 프로젝트를 선택한 후 마우스 오른쪽 버튼을 클릭해 팝업 메뉴를 띄우고 [속성]을 선택한다.

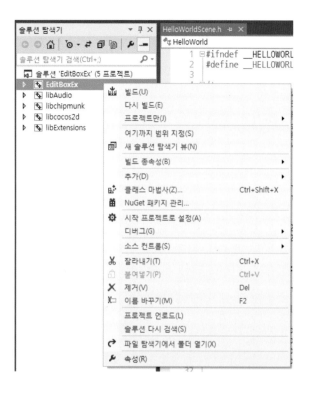

[공용 속성 → 참조 → 새 참조 추가]를 선택한다.

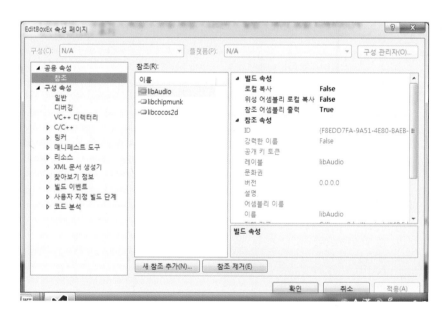

다음 그림과 같이 libExtensions를 체크한 후 하단의 [확인] 버튼을 선택한다.

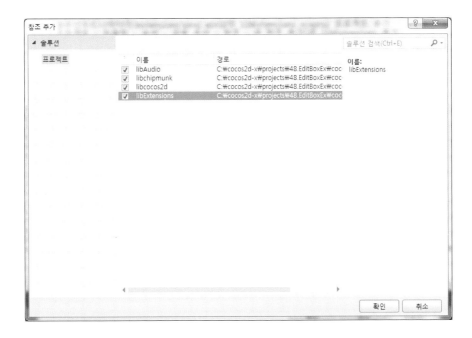

이제 다음 그림과 같이 참조에 libExtensions가 추가된 것을 확인할 수 있다.

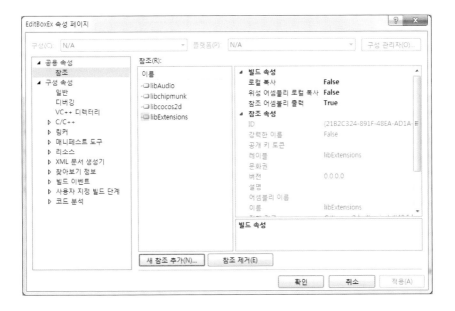

[구성 속성 → C/C++ → 일반 → 추가 포함 디렉터리]를 선택한다.

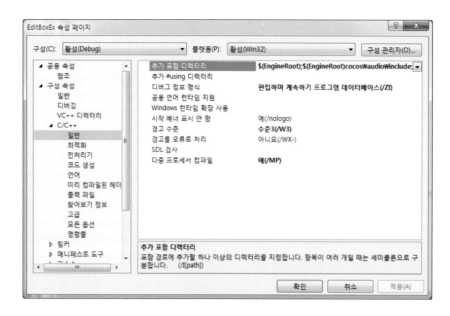

다음 그림에서 화살표 부분을 클릭하면 다음 그림처럼 편집할 수 있는 메뉴가 나온다. 메뉴가
나오면 [편집]을 선택한다.

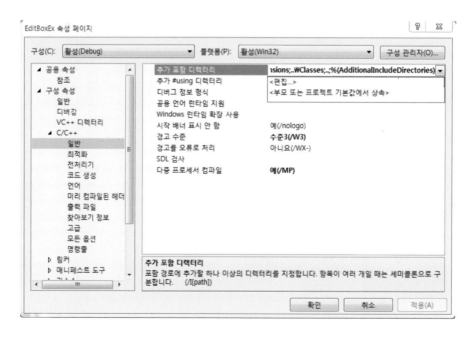

다음과 같은 그림이 나오면 화살표 부분을 클릭해 추가 행을 만들고 $(EngineRoot)라고 입력
한다.

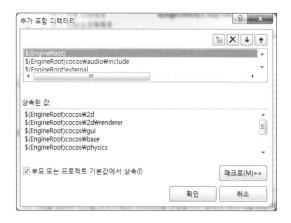

여기까지 설정했다면 이제 코드에서 다음과 같이 헤더 파일을 인클루드해서 사용할 수 있다.

```
#include "extensions/cocos-ext.h"
```

맥의 경우에는 새로운 프로젝트를 만들면 다음과 같이
프로젝트 안에 자연스럽게 포함돼 있으므로 헤더 파일
만 인클루드해서 사용하면 된다. 윈도우처럼 복잡한 세
팅 과정은 필요 없다.

이제 기본형에 다음과 같이 코드를 입력해 수정한다.

[예제 19-1] HelloWorldScene.h

```cpp
#include "cocos2d.h"
#include "extensions/cocos-ext.h"  // ① 추가


class HelloWorld
    : public cocos2d::LayerColor
    , public cocos2d::extension::EditBoxDelegate    // ② 추가
{
public:
    static cocos2d::Scene* createScene();

    virtual bool init();

    CREATE_FUNC(HelloWorld);

③   virtual void editBoxEditingDidBegin(cocos2d::extension::EditBox* editBox);
    virtual void editBoxEditingDidEnd(cocos2d::extension::EditBox* editBox);
    virtual void editBoxTextChanged(cocos2d::extension::EditBox* editBox, const std::string& text);
    virtual void editBoxReturn(cocos2d::extension::EditBox* editBox);

④   cocos2d::extension::EditBox* m_pEditName;
    cocos2d::extension::EditBox* m_pEditPassword;
    cocos2d::extension::EditBox* m_pEditEmail;
};


#endif // __HELLOWORLD_SCENE_H__
```

① 확장 기능을 사용하기 위해 확장 헤더를 인클루드한다.

② 에디트박스를 사용하기 위한 프로토콜을 지정한다.

③ 에디트박스를 사용할 때 사용하는 델리게이트 함수를 선언한다.

④ 에디트박스에 사용될 변수를 선언한다.

```cpp
#include "HelloWorldScene.h"

//USING_NS_CC;
using namespace cocos2d;
using namespace cocos2d::extension;    // ① 추가

Scene* HelloWorld::createScene()
{
    auto scene = Scene::create();

    auto layer = HelloWorld::create();

    scene->addChild(layer);

    return scene;
}

bool HelloWorld::init()
{
    if (!LayerColor::initWithColor(Color4B(255, 255, 255, 255)))
    {
        return false;
    }

    Size editBoxSize = Size(300, 60);

    // top
    m_pEditName = EditBox::create(editBoxSize,
        Scale9Sprite::create("extensions/orange_edit.png"));
    m_pEditName->setPosition(Point(240, 250));
    m_pEditName->setFontColor(Color3B::GREEN);
    m_pEditName->setPlaceHolder("Name:");
    m_pEditName->setMaxLength(8);
    m_pEditName->setReturnType(EditBox::KeyboardReturnType::DONE);
    m_pEditName->setDelegate(this);
    addChild(m_pEditName);
```

```cpp
    // middle
    m_pEditPassword = EditBox::create(editBoxSize,
        Scale9Sprite::create("extensions/green_edit.png"));
    m_pEditPassword->setPosition(Point(240, 150));
    m_pEditPassword->setFontColor(Color3B::RED);
②  m_pEditPassword->setPlaceHolder("Password:");
③  m_pEditPassword->setMaxLength(6);
④  m_pEditPassword->setInputFlag(EditBox::InputFlag::PASSWORD);
    m_pEditPassword->setInputMode(EditBox::InputMode::SINGLE_LINE);
⑤  m_pEditPassword->setDelegate(this);
    addChild(m_pEditPassword);

    // bottom
    m_pEditEmail = EditBox::create(Size(editBoxSize.width, editBoxSize.height),
        Scale9Sprite::create("extensions/yellow_edit.png"));
    m_pEditEmail->setPosition(Point(240, 50));
    m_pEditEmail->setPlaceHolder("Email:");
    m_pEditEmail->setInputMode(EditBox::InputMode::EMAIL_ADDRESS);
    m_pEditEmail->setDelegate(this);
    addChild(m_pEditEmail);

    return true;
}

void HelloWorld::editBoxEditingDidBegin(EditBox* editBox)
{
    log("editBox %p DidBegin !", editBox);
}

void HelloWorld::editBoxEditingDidEnd(EditBox* editBox)
{
    log("editBox %p DidEnd !", editBox);
}

void HelloWorld::editBoxTextChanged(EditBox* editBox, const std::string& text)
{
    log("editBox %p TextChanged, text: %s ", editBox, text.c_str());
```

```
}

void HelloWorld::editBoxReturn(EditBox* editBox)
{
    log("editBox %p was returned !");
}
```

① 확장 기능에 대한 네임스페이스를 지정한다.

② 에디트박스에 입력전 입력값에 대한 힌트를 제공하는 플레이스홀더도 지정할 수 있다.

③ 입력값의 최댓값을 지정할 수 있다.

④ 비밀번호 입력 기능을 제공한다.

⑤ 프로토콜에 정의된 델리게이트 함수를 사용한다고 지정한다.

코드를 완성했으면 프로젝트를 실행해 보자. 다음과 같이 여러분에게 익숙한 입력 화면이 보일 것이다.

그러나 윈도우에서는 약간 문제가 있다. 입력창이 다음과 같이 예쁘지 않게 새창이 떠서 입력 처리를 위해 한다. 게다가 이름 입력란에 한글을 입력하면 제대로 보이지 않고 깨져서 보일 것이다. 프레임워크의 한글 처리를 앞에서 로그를 출력하기 위해 변경했던 것처럼 변경해야 한다. 그러나 같은 코드로 iOS, 안드로이드에서는 정상적으로 처리되니 안심하고 그대로 사용해도 된다(사실 윈도우에서 에디트박스 입력 테스트가 된 지 얼마 되지 않았다).

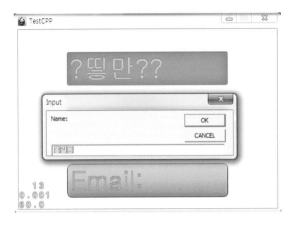

비밀번호도 새창에 입력하는 중에는 그대로 보인다는 문제점이 있다. 그러나 역시 iOS, 안드로이드에서는 정상적으로 처리된다.

HTTP 통신 사용하기

cocos2d-x에서 웹으로 데이터를 주고받기 위해서는 통신을 해야 하는데, 이때 HttpRequest
클래스를 이용한다.

HTTP 통신 사용하기

앱을 실행하다 보면 폰 외부의 서버로부터 데이터를 가져오거나 데이터를 서버로 업로드해야 할 때가 있다. 이때 편하게 사용할 수 있는 네트워크 기능이 바로 http 통신인데, 프로토콜이 간단하고 쉽게 접근할 수 있기 때문이다. cocos2d-x에서는 HttpRequest 클래스를 통해 http 기능을 사용할 수 있다. HttpRequest는 cocos2d-x의 확장 클래스로서, 윈도우에서 개발할 때 사용하려면 조금 복잡한 세팅 과정이 필요하다.

새로운 프로젝트를 다음과 같이 만든다.

- 프로젝트명 : HttpEx
- 패키지명 : com.study.exam49

이 예제에서 사용하는 별도의 리소스는 없다.

이제 확장 클래스를 사용하기 위한 세팅을 한다. 솔루션 탐색기에서 솔루션을 선택한 후 마우스 오른쪽 버튼을 클릭한 후 다음 그림과 같이 팝업 메뉴를 띄우고 [추가 → 기존 프로젝트…]를 선택한다.

현재 프로젝트의 하위 디렉터리에서 다음과 같이 libNetwork.vcxproj를 찾아 선택한다. [현재 프로젝트 – cocos2d – cocos – network – proj.win32] 디렉터리에 있다.

다음과 같이 라이브러리가 추가된 것을 확인한다.

이제 솔루션 탐색기에서 HttpEx 프로젝트를 선택한 후 마우스 오른쪽 버튼을 클릭해 팝업 메
뉴를 띄우고 [속성]을 선택한다.

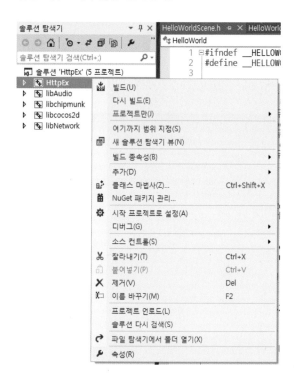

[공용 속성 → 참조 → 새 참조 추가]를 선택한다.

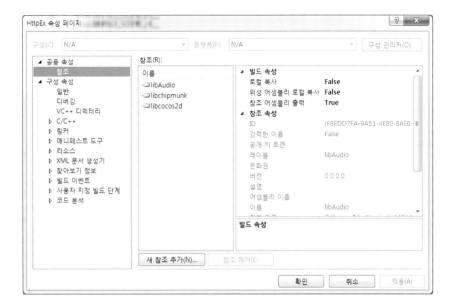

다음 그림과 같이 libNetwork를 체크한 후 하단의 [확인] 버튼을 선택한다.

이제 다음 그림과 같이 참조에 libNetwork가 추가된 것을 확인할 수 있다.

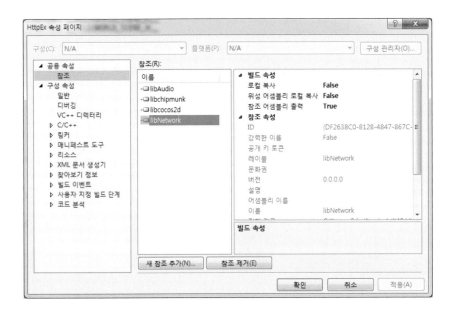

[구성 속성 → C/C++ → 일반 → 추가 포함 디렉터리]를 선택한다.

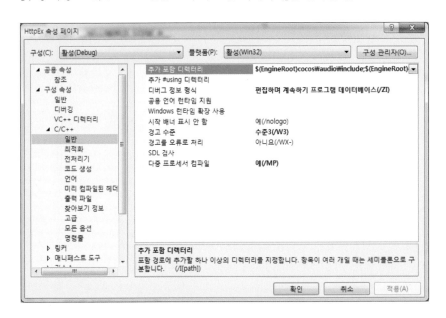

다음 그림에서 화살표 부분을 클릭하면 다음 그림처럼 편집할 수 있는 메뉴가 나온다. 메뉴가 나오면 [편집]을 선택한다.

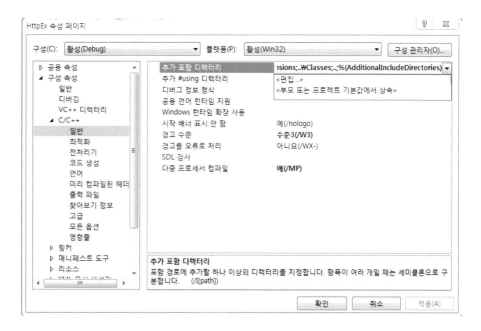

다음과 같은 그림이 나오면 화살표 부분을 클릭해서 추가 행을 만들고 $(EngineRoot)cocos 라고 입력한다.

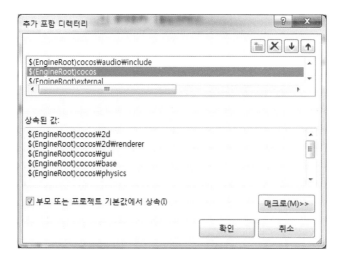

[구성 속성 → 링커 → 입력 → 추가 종속성]을 선택한다.

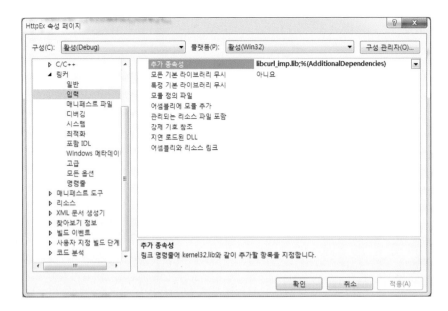

다음 그림에서 추가 종속성에 libcurl_imp.lib를 추가한다.

여기까지 설정했다면 이제 코드에서 다음과 같이 헤더 파일을 인클루드해서 사용할 수 있다.

```
#include "network/HttpClient.h"
```

맥의 경우에는 새로운 프로젝트를 만들면 다음과 같이 프로젝트 안에 자연스럽게 포함돼 있으므로 헤더 파일만 인클루드해서 사용하면 된다. 윈도우처럼 복잡한 세팅 과정은 필요 없다.

이제 기본형에 다음과 같이 코드를 입력해 수정한다.

[예제 20-1] HelloWorldScene.h

```cpp
#include "cocos2d.h"
#include "network/HttpClient.h"  // ① 추가

//USING_NS_CC;
using namespace cocos2d;
using namespace network;    // ② 추가

class HelloWorld : public cocos2d::LayerColor
{
public:
    static cocos2d::Scene* createScene();

    virtual bool init();

    CREATE_FUNC(HelloWorld);

    //Menu Callbacks
③   void onGetTest(Object* sender);
    void onPostTest(Object* sender);
    void onPostBinaryTest(Object* sender);

    //Http Response Callback
    void onHttpRequestCompleted(HttpClient* sender, HttpResponse* response);

    LabelTTF* _labelStatusCode;
};

#endif // __HELLOWORLD_SCENE_H__
```

① 확장 기능을 사용하기 위해 확장 헤더를 인클루드한다.

② 이번 예제는 네임스페이스를 cpp가 아닌 헤더에 선언한다.

③ 이후로 추가된 함수와 변수를 선언한다.

[예제 20-2] HelloWorldScene.cpp

```cpp
bool HelloWorld::init()
{
    if ( !LayerColor::initWithColor(Color4B(255, 255, 255, 255)) )
    {
        return false;
    }

    // 메뉴 아이템 생성 및 초기화

    MenuItemFont::setFontSize(24);
    MenuItemFont::setFontName("Courier New");

    auto pMenuItem1 = MenuItemFont::create(
        " Get ",
        CC_CALLBACK_1(HelloWorld::onGetTest, this));
    pMenuItem1->setColor(Color3B(0, 0, 0));

    auto pMenuItem2 = MenuItemFont::create(
        " Post ",
        CC_CALLBACK_1(HelloWorld::onPostTest, this));
    pMenuItem2->setColor(Color3B(0, 0, 0));

    auto pMenuItem3 = MenuItemFont::create(
        " Post Binary ",
        CC_CALLBACK_1(HelloWorld::onPostBinaryTest, this));
    pMenuItem3->setColor(Color3B(0, 0, 0));

    // 메뉴 생성
    auto pMenu = Menu::create(pMenuItem1, pMenuItem2, pMenuItem3, NULL);
```

```
    // 메뉴 배치
    pMenu->alignItemsVertically();

    // 레이어에 메뉴 객체 추가
    this->addChild(pMenu);

    // Response Code Label
    _labelStatusCode = LabelTTF::create("HTTP Status Code", "Courier New", 20);
    _labelStatusCode->setPosition(Point(240, 260));
    _labelStatusCode->setColor(Color3B::BLUE);
    addChild(_labelStatusCode);

    return true;
}

void HelloWorld::onGetTest(Object* sender)
{
    // test 1
    {
        HttpRequest* request = new HttpRequest();
        request->setUrl("http://just-make-this-request-failed.com");
        request->setRequestType(HttpRequest::Type::GET);
        request->setResponseCallback(this,
            httpresponse_selector(HelloWorld::onHttpRequestCompleted));
        request->setTag("GET test1");
        HttpClient::getInstance()->send(request);
        request->release();
    }

    // test 2
    {
        HttpRequest* request = new HttpRequest();
        // required fields
        request->setUrl("http://httpbin.org/ip");
        request->setRequestType(HttpRequest::Type::GET);
        request->setResponseCallback(this, httpresponse_selector(HelloWorld::onHttp
RequestCompleted));
```

```cpp
        // optional fields
        request->setTag("GET test2");

        HttpClient::getInstance()->send(request);
        // don't forget to release it, pair to new
        request->release();
    }

    // test 3
    {
        HttpRequest* request = new HttpRequest();
        request->setUrl("http://httpbin.org/get");
        request->setRequestType(HttpRequest::Type::GET);
        request->setResponseCallback(this, httpresponse_selector(HelloWorld::onHttp
RequestCompleted));
        request->setTag("GET test3");
        HttpClient::getInstance()->send(request);
        request->release();
    }

    // waiting
    _labelStatusCode->setString("waiting...");
}

void HelloWorld::onPostTest(Object* sender)
{
    // test 1
    {
        HttpRequest* request = new HttpRequest();
        request->setUrl("http://httpbin.org/post");
        request->setRequestType(HttpRequest::Type::POST);
        request->setResponseCallback(this, httpresponse_selector(HelloWorld::onHttp
RequestCompleted));

        // write the post data
        const char* postData = "visitor=cocos2d&TestSuite=Extensions Test/
NetworkTest";
```

```
        request->setRequestData(postData, strlen(postData));

        request->setTag("POST test1");
        HttpClient::getInstance()->send(request);
        request->release();
    }


    // test 2: set Content-Type
    {
        HttpRequest* request = new HttpRequest();
        request->setUrl("http://httpbin.org/post");
        request->setRequestType(HttpRequest::Type::POST);
        std::vector<std::string> headers;
        headers.push_back("Content-Type: application/json; charset=utf-8");
        request->setHeaders(headers);
        request->setResponseCallback(this, httpresponse_selector(HelloWorld::onHttp
RequestCompleted));

        // write the post data
            const char* postData = "visitor=cocos2d&TestSuite=Extensions Test/
NetworkTest";
        request->setRequestData(postData, strlen(postData));

        request->setTag("POST test2");
        HttpClient::getInstance()->send(request);
        request->release();
    }


    // waiting
    _labelStatusCode->setString("waiting...");
}

void HelloWorld::onPostBinaryTest(Object* sender)
{
    HttpRequest* request = new HttpRequest();
    request->setUrl("http://httpbin.org/post");
    request->setRequestType(HttpRequest::Type::POST);
```

```
    request->setResponseCallback(this,
        httpresponse_selector(HelloWorld::onHttpRequestCompleted));

    // write the post data
    // including \0, the strings after \0 should not be cut in response
    char postData[22] = "binary=hello\0\0cocos2d";
    request->setRequestData(postData, 22);

    request->setTag("POST Binary test");
    HttpClient::getInstance()->send(request);
    request->release();

    // waiting
    _labelStatusCode->setString("waiting...");
}


void HelloWorld::onHttpRequestCompleted(HttpClient *sender, HttpResponse *response)
{
    if (!response)
    {
        return;
    }

    // You can get original request type from: response->request->reqType
    if (0 != strlen(response->getHttpRequest()->getTag()))
    {
        log("%s completed", response->getHttpRequest()->getTag());
    }

    int statusCode = response->getResponseCode();
    char statusString[64] = {};
    sprintf(statusString,
            "HTTP Status Code: %d,\n tag = %s",
            statusCode, response->getHttpRequest()->getTag());
    _labelStatusCode->setString(statusString);
    log("response code: %d", statusCode);
```

```
    if (!response->isSucceed())
    {
        log("response failed");
        log("error buffer: %s", response->getErrorBuffer());
        return;
    }


    // dump data
    std::vector<char> *buffer = response->getResponseData();
    printf("Http Test, dump data: ");
    for (unsigned int i = 0; i < buffer->size(); i++)
    {
        printf("%c", (*buffer)[i]);
    }
    printf("\n");
}
```

① doGet 함수에서 서로 다른 GET 요청을 서버로 세 번 보낸다.

② doPost 함수에서 서로 다른 POST 요청을 서버로 두 번 보낸다.

③ onHttpRequestCompleted는 사용자가 요청한 GET이나 POST의 응답이 서버로부터 오면 호출되는 콜백 함수다. 여기서 서버로부터 오는 데이터를 받아 처리한다.

코드를 완성했으면 프로젝트를 실행해 보자.

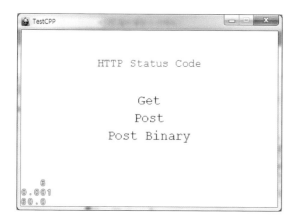

이제 GET 메뉴를 선택하면 화면 상단의 레이블의 값도 변할 것이고 출력창에도 로그가 출력될 것이다.

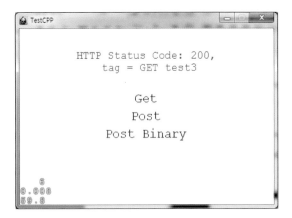

세 번의 GET 요청을 보냈는데, 첫 번째는 에러 메시지를 보기 위해 이상한 주소를 설정한 것이고 나머지는 정상적인 요청이다.

XML 사용하기

cocos2d-x에서 XML을 사용하려면 외부 라이브러리를 이용해야 하는데, 이를 위해 C++에서
사용하기가 가장 무난하고 빠른 속도를 보이는 pugixml을 사용해 보자.

XML 사용하기

앱을 실행하다 보면 폰 외부의 서버로부터 데이터를 가져오거나 내부에서 데이터를 읽어서 처리해야 하는 경우가 있는데, 이때 많이 사용되는 형식이 바로 XML이다. 모바일 개발자라면 전 장에서 배운 http 통신을 통해 서버에서 데이터를 가져오는 경우 XML이나 JSON인 경우가 대부분일 것이다.

cocos2d-x에서는 이러한 XML을 처리하기 위해 자체적으로 제공하는 API, 즉 프레임워크는 없다. 다만 cocos2d-x가 C++을 사용하기에 그동안 개발되어 온 수많은 외부 프레임워크를 사용할 수 있다는 점은 자체 프레임워크가 없다는 점을 상쇄하고도 남는다.

이번 장에서는 XML을 사용하기 위해 pugixml이라는 프레임워크를 사용하겠다. pugixml은 C++로 개발됐으며, 크기도 작고 XML 파싱에 빠른 속도를 보여준다는 장점도 있다.

pugixml은 아래 사이트에서 내려받을 수 있다.

http://pugixml.org

새로운 프로젝트를 다음과 같이 만든다.

- 프로젝트명 : XmlEx
- 패키지명 : com.study.exam50

그리고 내려받은 pugixml의 디렉터리를 보면 src라는 디렉터리에 다음과 같은 파일이 세 개 있을 것이다.

- pugiconfig.hpp
- pugixml.cpp
- pugixml.hpp

해당 파일을 찾아 프로젝트의 Classes 디렉터리 아래에 pugixml 디렉터리를 만들고 복사한다.

윈도우에서 개발하는 경우에는 구분하기 위해 새 필터를 만들고 기존 항목으로 파일들을 추가한다.

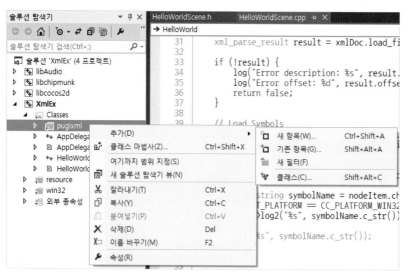

그리고 맥에서 개발하는 경우에는 앞에서 해 본 바와 같이 pugixml 디렉터리를 프로젝트의 Classes 그룹 아래로 드래그 앤 드롭해서 프로젝트에 포함시킨다.

다음 그림과 같은 모습이라면 폴더 옵션을 선택한 것이다. (pugixml 그룹 앞의 아이콘이 파란색이다.) 리소스를 추가할 때 이렇게 했었다. 그러나 소스 파일은 이렇게 추가하면 Xcode에서 컴파일할 때 에러가 난다.

따라서 다음과 같이 폴더 옵션이 아닌 그룹 옵션을 선택하고 추가해야 한다. 이렇게 Classes 디렉터리 아래에는 실제로 디렉터리를 만들고 Xcode에는 그룹으로 추가해야 한다.

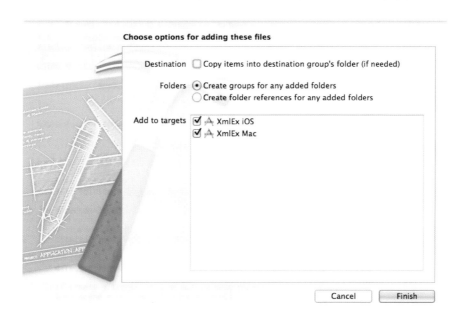

추가된 모습은 다음과 같을 것이다. (pugixml 그룹 앞의 아이콘이 노란색이다.)

이 경우에도 헤더는 코드 상에서 다음과 같이 추가한다.

```
#include "pugixml/pugixml.hpp"
```

이번에는 사용할 XML 데이터를 만들어서 넣는다. XML 데이터는 다음과 같이 만든다.

```xml
<result>
    <total>3</total>
    <page>1</page>
    <per>10</per>
    <items>
        <item>
            <seq>1</seq>
            <subject>안녕하세요?</subject>
            <name>홍길동</name>
            <phone>010-1234-5678</phone>
            <email>test001@naver.com</email>
            <reg_date>2010-12-05 13:30:22</reg_date>
            <answer_yn>N</answer_yn>
        </item>
        <item>
            <seq>2</seq>
            <subject>상담제목2</subject>
            <name>강감찬</name>
            <phone>010-1111-2222</phone>
            <email>test2013@naver.com</email>
            <reg_date>2010-12-05 13:30:22</reg_date>
            <answer_yn>N</answer_yn>
        </item>
        <item>
            <seq>3</seq>
            <subject>상담제목3</subject>
            <name>전우치</name>
            <phone>010-9999-1234</phone>
            <email>testrane@naver.com</email>
            <reg_date>2010-12-05 13:30:22</reg_date>
            <answer_yn>Y</answer_yn>
        </item>
    </items>
</result>
```

프로젝트의 Resources 디렉터리 아래에 data 디렉터리를 만들고 복사한다. 그리고 맥에서 개발하는 경우 앞에서 해 본 바와 같이 data 디렉터리를 프로젝트의 Resources 그룹 아래로 드래그 앤 드롭해서 프로젝트에 포함시킨다.

이제 기본형에 다음과 같이 코드를 입력해 수정한다.

[예제 21-1] HelloWorldScene.cpp

```cpp
#include "HelloWorldScene.h"
#include "pugixml/pugixml.hpp"    // ① 추가

USING_NS_CC;
using namespace pugi;           // ② 추가

Scene* HelloWorld::createScene()
{
    auto scene = Scene::create();

    auto layer = HelloWorld::create();

    scene->addChild(layer);

    return scene;
```

```
}

bool HelloWorld::init()
{
    if ( !LayerColor::initWithColor(Color4B(255, 255, 255, 255)) )
    {
        return false;
    }



③  xml_document xmlDoc;

    // Load XML
④   std::string fileName = FileUtils::getInstance()->fullPathForFilename("data/
test_data.xml");
⑤   xml_parse_result result = xmlDoc.load_file(fileName.c_str());

    if (!result) {
        log("Error description: %s", result.description());
        log("Error offset: %d", result.offset);
        return false;
    }


    // Load Symbols
    xml_node nodeResult = xmlDoc.child("result");
    xml_node nodeItems = nodeResult.child("items");

    // Type 1
    for (xml_node nodeItem = nodeItems.child("item"); nodeItem; nodeItem = nodeItem.
next_sibling("item"))
    {
        std::string symbolName = nodeItem.child("subject").text().get();
#if (CC_TARGET_PLATFORM == CC_PLATFORM_WIN32)
        this->log2("%s", symbolName.c_str());
#else
        log("%s", symbolName.c_str());
#endif
    }
```

```
    // Type 2 ***
    for (xml_node nodeItem : nodeItems.children("item"))
    {
        std::string symbolName = nodeItem.child("subject").text().get();
#if (CC_TARGET_PLATFORM == CC_PLATFORM_WIN32)
        this->log2("%s", symbolName.c_str());
#else
        log("%s", symbolName.c_str());
#endif
    }


    // Type 3
    for (xml_node_iterator it = nodeItems.begin(); it != nodeItems.end(); ++it)
    {
        xpath_node node = *it;
        std::string symbolName = node.node().child("subject").text().get();
#if (CC_TARGET_PLATFORM == CC_PLATFORM_WIN32)
        this->log2("%s", symbolName.c_str());
#else
        log("%s", symbolName.c_str());
#endif
    }

    return true;
}


#if (CC_TARGET_PLATFORM == CC_PLATFORM_WIN32)
void HelloWorld::log2(const char * pszFormat, ...)
{
    static const int kMaxLogLen = 16 * 1024;

    char szBuf[kMaxLogLen];

    va_list ap;
    va_start(ap, pszFormat);
    vsnprintf_s(szBuf, kMaxLogLen, kMaxLogLen, pszFormat, ap);
    va_end(ap);
```

```
    WCHAR wszBuf[kMaxLogLen] = { 0 };
    MultiByteToWideChar(CP_UTF8, 0, szBuf, -1, wszBuf, sizeof(wszBuf));
    OutputDebugStringW(wszBuf);
    OutputDebugStringA("\n");

    WideCharToMultiByte(CP_ACP, 0, wszBuf, sizeof(wszBuf), szBuf, sizeof(szBuf),
NULL, FALSE);
    printf("%s\n", szBuf);
}
#endif
```

① pugixml 기능을 사용하기 위해 헤더를 인클루드한다.

② pugixml의 네임스페이스를 선언한다.

③ XML을 관리할 도큐먼트 객체의 변수를 선언한다.

④ XML 파일의 실제 디렉터리를 구한다. 각 플랫폼마다 서로 다른 디렉터리가 나온다. 걱정할 필요는 없다. 이 함수가 알아서 각 플랫폼별로 실제 디렉터리를 구해 온다.

⑤ 파일을 로딩하면서 XML 파싱을 한다.

이후로 XML의 각 노드 이름으로 XML의 값을 구해서 사용하면 된다.

그리고 이 예제에서는 윈도우에서 정상적으로 한글을 출력하기 위해 프레임워크의 코드를 고치지 않고 이 예제에서만 적용되도록 log2 함수를 프레임워크의 코드를 변경해서 추가했다.

JSON 사용하기

JSON 사용하기

앞 장에서 XML을 사용하는 법을 배웠다. 이번 장에서는 JSON을 사용하는 법을 살펴보자.

cocos2d-x에서는 JSON을 처리하기 위해 자체적으로 제공하는 API를 비롯해 별도의 프레임워크가 없다. 다만 cocos2d-x에서는 C++을 사용하기 때문에 활용할 수 있는 외부 프레임워크가 수없이 많다. 이번 장에서는 JSON 형식의 데이터를 처리하기 위해 rapidjson이라는 프레임워크를 사용할 것이다. rapidjson은 C++로 개발됐으며, JSON 파싱에 빠른 속도를 보여준다.

rapidjson은 아래 사이트에서 내려받을 수 있다.

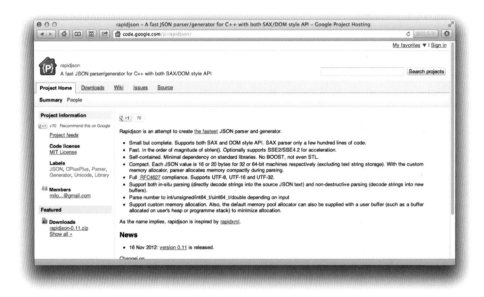

새로운 프로젝트를 다음과 같이 만든다.

- 프로젝트명 : JsonEx
- 패키지명 : com.study.exam51

내려받은 rapidjson의 디렉터리를 보면 다음과 같은 디렉터리가 있을 것이다.

탐색기에서 해당 디렉터리를 찾아 프로젝트의 Classes 디렉터리 아래에 rapidjson 디렉터리를 복사한다. 앞 장에서 해 본 바와 같이 윈도우에서 개발을 하는 경우에는 구분하기 위해 새 필터를 만들고 기존 항목으로 파일들을 추가한다.

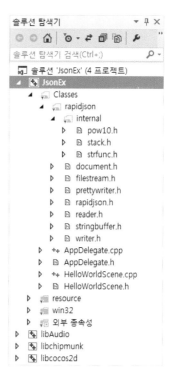

그리고 맥에서 개발하는 경우 앞에서 해 본 바와 같이 rapidjson 디렉터리를 프로젝트의 Classes 그룹 아래로 드래그 앤 드롭해서 프로젝트에 포함시킨다.

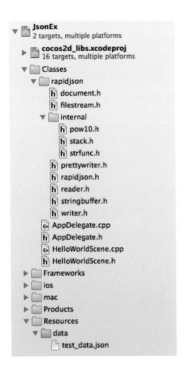

이제 코드 상에서 다음과 같이 헤더를 추가한다.

```
#include "rapidjson/document.h"
#include "rapidjson/reader.h"
```

이번에는 사용할 JSON 데이터를 만들어 넣는다. JSON 데이터는 다음과 같이 줄바꿈 없이 만든다.

```
{ "hello" : "world", "t" : true , "f" : false, "n": null, "i":123, "pi": 3.1416, "a":[1, 2, 3, 4] }
```

프로젝트의 Resources 디렉터리 아래에 data 디렉터리를 만들고 복사한다. 그리고 맥에서 개발하는 경우 앞에서 해 본 바와 같이 data 디렉터리를 프로젝트의 Resources 그룹 아래로 드래그 앤 드롭해서 프로젝트에 포함시킨다.

이제 기본형에 다음과 같이 코드를 입력해 수정한다.

```cpp
#include "HelloWorldScene.h"
#include "rapidjson/document.h"   // ① 추가
#include "rapidjson/reader.h"     // ② 추가

USING_NS_CC;
using namespace rapidjson;        // ③ 추가

Scene* HelloWorld::createScene()
{
    auto scene = Scene::create();
    auto layer = HelloWorld::create();
    scene->addChild(layer);
    return scene;
}

bool HelloWorld::init()
{
    if ( !LayerColor::initWithColor(Color4B(255, 255, 255, 255)) )
    {
        return false;
    }

    // Default template parameter uses UTF8 and MemoryPoolAllocator.
④   Document document;

⑤   std::string fileName = FileUtils::getInstance()->fullPathForFilename("data/
test_data.json");
    log("[%s]", fileName.c_str());

    // 3.0 Beta 이전 버전
    //long bufferSize = 0;
⑥   //unsigned char* json = FileUtils::getInstance()->getFileData(fileName.c_str(),
"rb", &bufferSize);

    //std::string clearData((const char*)json, bufferSize);
```

```cpp
    //log("Original JSON:\n %s\n", clearData.c_str());

    //CC_SAFE_DELETE_ARRAY(json);

    // 3.0 Beta 부터
⑦  std::string clearData = FileUtils::getInstance()->getStringFromFile(fileName);

    if (document.Parse<0>(clearData.c_str()).HasParseError()) {
        log(document.GetParseError());
        return 1;
    }

    std::string str1 = document["hello"].GetString();
#if (CC_TARGET_PLATFORM == CC_PLATFORM_WIN32)
    this->log2("hello = %s\n", str1.c_str());
#else
    log("hello = %s\n", str1.c_str());
#endif

    int n1 = document["i"].GetInt();
    log("i = %d\n", n1);

    bool isT = document["t"].GetBool();
    log("t = %d\n", isT);

    const rapidjson::Value& a = document["a"];
    for (SizeType i = 0; i < a.Size(); i++)
    {
        log("a = %d", a[i].GetInt());
    }

    return true;
}

#if (CC_TARGET_PLATFORM == CC_PLATFORM_WIN32)
void HelloWorld::log2(const char * pszFormat, ...)
{
```

```
    static const int kMaxLogLen = 16 * 1024;

    char szBuf[kMaxLogLen];

    va_list ap;
    va_start(ap, pszFormat);
    vsnprintf_s(szBuf, kMaxLogLen, kMaxLogLen, pszFormat, ap);
    va_end(ap);

    WCHAR wszBuf[kMaxLogLen] = { 0 };
    MultiByteToWideChar(CP_UTF8, 0, szBuf, -1, wszBuf, sizeof(wszBuf));
    OutputDebugStringW(wszBuf);
    OutputDebugStringA("\n");

        WideCharToMultiByte(CP_ACP, 0, wszBuf, sizeof(wszBuf), szBuf, sizeof(szBuf),
NULL, FALSE);
    printf("%s\n", szBuf);
}
#endif
```

① rapidjson 기능을 사용하기 위해 JSON용 객체 변수용 헤더를 인클루드한다.

② rapidjson 기능을 사용하기 위해 JSON용 리더 헤더를 인클루드한다.

③ rapidjson의 네임스페이스를 선언한다.

④ JSON을 관리할 도큐먼트 객체의 변수를 선언한다.

⑤ JSON 파일의 실제 디렉터리를 구한다. 각 플랫폼마다 서로 다른 디렉터리가 나오더라도 걱정할 필요는 없다. 이 함수가 알아서 각 플랫폼별로 실제 디렉터리를 구할 것이다.

⑥ 3.0 Beta 이전 버전에서 파일 데이터를 읽어들이던 함수다.

⑦ 3.0 Beta 버전부터 파일 데이터를 문자열로 읽어들이는 함수로 추가됐다.

이후로 JSON의 각 키로 값을 구해서 사용하면 된다.

참고로 이 예제에서는 윈도우에서 정상적으로 한글을 출력하기 위해 프레임워크의 코드를 고치지 않고 이 예제에서만 적용되도록 log2 함수를 프레임워크의 코드를 변경해서 추가했다.

23

스크롤 사용하기

앞에서 cocos2d-x에서 배경을 움직이는 방법으로 시차 스크롤을 하는 패럴랙스노드를 배웠다. 이번에는 단순한 스크롤 기능을 살펴보자.

스크롤 - ScrollView

동화책과 같은 앱을 구현할 때 보면 썸네일로 페이지를 선택하는 메뉴를 구성해야 할 때가 있다. 이럴 때 사용할 수 있는 방법이 스크롤이다. 이러한 스크롤 기능은 ScrollView 클래스를 이용해 구현할 수 있다. 참고로 cocos2d-x에서 ScrollView 클래스는 확장 클래스다.

일단 코드를 만들기 전에 다음과 같은 매크로를 살펴보자.

```
USING_NS_CC;

using namespace cocos2d;
```

둘 모두 같은 뜻이다. 위의 것은 아래 것을 간단하게 쓰려고 한 cocos2d-x 방식의 매크로다. 마찬가지로 다음의 두 매크로도 같은 의미다.

```
USING_NS_CC_EXT;

using namespace cocos2d::extension;
```

> **NOTE**
> Visual Studio에서 개발하고 있다면 해당 단어를 클릭하고, 마우스 오른쪽 버튼을 클릭한 후 [정의로 이동]을 선택하면 정의돼 있는 모습을 확인할 수 있다.
> Xcode 상에서 개발하고 있다면 Cmd+클릭으로 해당 매크로를 선택하면 정의돼 있는 모습을 확인할 수 있다.

스크롤뷰 사용법

새로운 프로젝트를 다음과 같이 만든다.

- 프로젝트명 : ScrollViewEx
- 패키지명 : com.study.exam52

이번에는 리소스는 별도로 추가할 필요 없이 프로젝트가 생성될 때 기본으로 포함돼 있는 이미지를 사용할 것이다.

이제 확장 클래스를 사용하기 위한 세팅을 한다. 솔루션 탐색기에서 솔루션을 선택한 후 마우스 오른쪽 버튼을 클릭한 후 팝업 메뉴를 띄우고 [추가 → 기존 프로젝트…]를 선택한다. 그리고 현재 프로젝트의 하위 디렉터리에서 libExtensions.vcxproj를 찾아 선택한다. [현재 프로젝트 – cocos2d – extensions – proj.win32] 디렉터리에 있다.

다음과 같이 라이브러리가 추가된 것을 확인한다.

이제 솔루션 탐색기에서 ScrollViewEx 프로젝트를 선택한 후 마우스 오른쪽 버튼을 클릭해 팝업 메뉴를 띄운 다음 [속성]을 선택한다. 그리고 [공용 속성 → 참조 → 새 참조 추가]를 선택한다.

libExtensions를 체크한 후 하단의 [확인] 버튼을 선택해 다음 그림과 같이 추가된 것을 확인한다.

[구성 속성 → C/C++ → 일반 → 추가 포함 디렉터리]를 선택하고 다음과 같은 그림이 나오면 화살표 부분을 클릭해 추가 행을 만들고 $(EngineRoot)라고 입력한다.

여기까지 설정했다면 이제 코드에서 다음과 같이 헤더 파일을 인클루드해서 사용할 수 있다.

```
#include "extensions/cocos-ext.h"
```

맥의 경우에는 새로운 프로젝트를 만들면 프로젝트 안에 자연스럽게 포함돼 있으므로 헤더 파일만 인클루드해서 사용하면 된다. 윈도우처럼 복잡한 세팅 과정은 필요 없다.

이제 기본형에 다음과 같이 코드를 입력해 수정한다.

[예제 23-1] HelloWorldScene.h

```
#ifndef __HELLOWORLD_SCENE_H__
#define __HELLOWORLD_SCENE_H__

#include "cocos2d.h"
#include "extensions/cocos-ext.h"      // ① 추가

using namespace cocos2d;               // ② 추가
using namespace cocos2d::extension;    // ③ 추가
```

```
class HelloWorld
    : public cocos2d::LayerColor
    , public ScrollViewDelegate       // ④ 추가
{
public:
    static cocos2d::Scene* createScene();

    virtual bool init();

    CREATE_FUNC(HelloWorld);


⑤   void scrollViewDidScroll(ScrollView* view);
    void scrollViewDidZoom(ScrollView* view);

    ScrollView* scrollView;
};


#endif // __HELLOWORLD_SCENE_H__
```

① 확장 기능을 사용하기 위해 확장 헤더를 인클루드한다.

② 네임스페이스를 지정한다.

③ 네임스페이스를 지정한다.

④ 스크롤뷰 사용을 위한 프로토콜을 지정한다.

⑤ 스크롤뷰를 사용할 때 사용하는 함수, 델리게이트 함수, 변수를 선언한다.

[예제 23-2] HelloWorldScene.cpp

```
bool HelloWorld::init()
{
    if (!LayerColor::initWithColor(Color4B(255, 255, 255, 255)))
    {
        return false;
    }
```

```cpp
    // 위치 구분용 스프라이트
①  auto sprite1 = Sprite::create("HelloWorld.png");
    auto sprite2 = Sprite::create("HelloWorld.png");

    sprite1->setScale(0.4f);
    sprite2->setScale(0.4f);

    sprite1->setPosition(Point(100, 80));
    sprite2->setPosition(Point(850, 80));

    // 스크롤 뷰를 구분해서 보여주기 위한 레이어
②  auto layer = LayerColor::create(Color4B(255, 0, 255, 255));
    layer->setAnchorPoint(Point::ZERO);
    layer->setPosition(Point(0, 0));
    layer->setContentSize(Size(960, 160));

    layer->addChild(sprite1);
    layer->addChild(sprite2);

    // CCScrollView
③  scrollView = ScrollView::create();
    scrollView->retain();
    scrollView->setDirection(ScrollView::Direction::HORIZONTAL);
    scrollView->setViewSize(Size(480, 160));
    scrollView->setContentSize(layer->getContentSize());
    scrollView->setContentOffset(Point::ZERO, false);
    scrollView->setPosition(Point(0, 100));
    scrollView->setContainer(layer);
    scrollView->setDelegate(this);

    this->addChild(scrollView);
    return true;
}


void HelloWorld::scrollViewDidScroll(ScrollView* view)
{
    log("scrollViewDidScroll....");
```

```
}

void HelloWorld::scrollViewDidZoom(ScrollView* view)
{
    log("scrollViewDidZoom....");
}
```

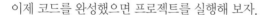

- 먼저 1번에서 스크롤뷰에 맨 좌측과 우측에 들어갈 스프라이트를 생성한다. 실제로는 2번 부분의 레이어에 추가될 것이다. 나중에는 여기에 여러분이 원하는 메뉴를 생성하면 될 것이다.
- 그리고 2번에서 스크롤뷰가 화면 상에서 어디로 추가되는지 확실히 알 수 있게 바탕과 구분되는 색으로 새로운 레이어를 만든다.
- 3번에서 스크롤 뷰를 만든다. 여기서 각종 설정을 할 수 있다. 최종적으로 2번에서 만든 레이어를 이 스크롤 뷰에 추가한다.

이제 코드를 완성했으면 프로젝트를 실행해 보자.

테이블 사용하기

앞에서 살펴본 단순한 스크롤 기능에 여러 가지 기능을 추가한 테이블을 사용하는 방법을 살펴보자.

테이블뷰 사용법

새로운 프로젝트를 다음과 같이 만든다.

- 프로젝트명 : TableEx
- 패키지명 : com.study.exam53

그리고 다음의 디렉터리에서 파일을 찾아 리소스에 추가한다.

cocos2d-x가 설치된 디렉터리/samples/Cpp/TestCpp/Resources/Images

- Icon.png

해당 파일을 찾아 프로젝트의 Resources 디렉터리 아래에 Images 디렉터리를 만들고 복사한다. 그리고 맥에서 개발하는 경우 앞에서 해 본 바와 같이 Images 디렉터리를 프로젝트의 Resources 그룹 아래로 드래그 앤 드롭해서 프로젝트에 포함시킨다.

이제 확장 클래스를 사용하기 위한 세팅을 한다. 솔루션 탐색기에서 솔루션을 선택한 후 마우스 오른쪽 버튼을 클릭해 팝업 메뉴를 띄우고 [추가 → 기존 프로젝트…]를 선택한다. 그리고 현재 프로젝트의 하위 디렉터리에서 libExtensions.vcxproj를 찾아 선택한다. [현재 프로젝트 - cocos2d - extensions - proj.win32] 디렉터리에 있다.

다음과 같이 라이브러리가 추가된 것을 확인한다.

이제 솔루션 탐색기에서 ScrollViewEx 프로젝트를 선택한 후 마우스 오른쪽 버튼을 클릭해 팝업 메뉴를 띄우고 [속성]을 선택한다. 그리고 [공용 속성 → 참조 → 새 참조 추가]를 선택한다.

libExtensions를 체크한 후 하단의 [확인] 버튼을 선택해 다음 그림과 같이 추가된 것을 확인한다.

[구성 속성 → C/C++ → 일반 → 추가 포함 디렉터리]를 선택하고 다음과 같은 그림이 나오면 화살표 부분을 클릭해 추가 행을 만들고 $(EngineRoot)라고 입력한다.

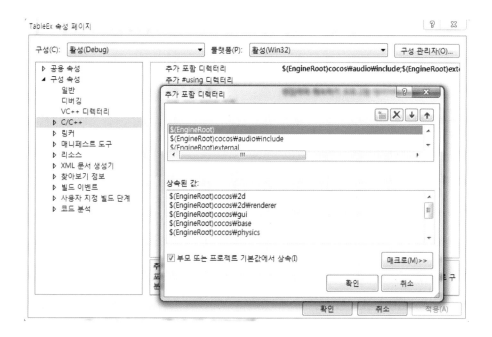

여기까지 설정했다면 이제 코드에서 다음과 같이 헤더 파일을 인클루드해서 사용할 수 있다.

```
#include "extensions/cocos-ext.h"
```

맥의 경우에는 새로운 프로젝트를 만들면 프로젝트 안에 자연스럽게 포함돼 있으므로 헤더 파일만 인클루드해서 사용하면 된다. 윈도우처럼 복잡한 세팅 과정은 필요 없다.

이제 이번 예제에서 필요한 추가 클래스를 추가한다. CustomTableViewCell.h와 Custom-TableViewCell.cpp를 추가한다.

> **NOTE** 프로젝트에 새로운 클래스를 추가하는 방법은 10장에서 TouchEx4 예제를 만들 때 자세하게 설명한 바 있다. 해당 부분을 참고하기 바란다.

추가된 모습은 다음과 같을 것이다.

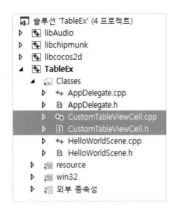

추가된 클래스에는 다음과 같은 코드를 입력해 수정한다. 추가된 클래스의 코드는 그렇게 길지 않다.

[예제 24-1] CustomTableViewCell.h

```
#ifndef __CUSTOMTABELVIEWCELL_H__
#define __CUSTOMTABELVIEWCELL_H__

#include "cocos2d.h"
#include "extensions/cocos-ext.h"

class CustomTableViewCell : public cocos2d::extension::TableViewCell
{
public:
    virtual void draw();
};

#endif /* __CUSTOMTABELVIEWCELL_H__ */
```

다음은 추가한 클래스의 cpp 파일이다.

[예제 24-2] CustomTableViewCell.cpp

```
#include "CustomTableViewCell.h"
```

```
USING_NS_CC;

void CustomTableViewCell::draw()
{
    TableViewCell::draw();
}
```

이제 기본형에 다음과 같이 코드를 입력해 수정한다.

[예제 24-3] HelloWorldScene.h

```
#ifndef __HELLOWORLD_SCENE_H__
#define __HELLOWORLD_SCENE_H__

#include "cocos2d.h"
#include "extensions/cocos-ext.h"     // ① 추가
#include "CustomTableViewCell.h"      // ② 추가

using namespace cocos2d;                    // ③ 추가
using namespace cocos2d::extension;    // ④ 추가

class HelloWorld
    : public cocos2d::LayerColor
    , public cocos2d::extension::TableViewDataSource  // ⑤ 추가
    , public cocos2d::extension::TableViewDelegate     // ⑥ 추가
{
public:
    static cocos2d::Scene* createScene();

    virtual bool init();

    CREATE_FUNC(HelloWorld);

⑦  virtual void scrollViewDidScroll(ScrollView* view) {};
    virtual void scrollViewDidZoom(ScrollView* view) {}
    virtual void tableCellTouched(TableView* table, TableViewCell* cell);
    virtual Size tableCellSizeForIndex(TableView *table, ssize_t idx);
```

```
    virtual TableViewCell* tableCellAtIndex(TableView *table, ssize_t idx);
    virtual ssize_t numberOfCellsInTableView(TableView *table);
};


#endif // __HELLOWORLD_SCENE_H__
```

① 확장 기능을 사용하기 위해 확장 헤더를 인클루드한다.

② 개별 테이블 셀로 사용할 클래스를 만들어 인클루드한다.

③ 네임스페이스를 지정한다.

④ 네임스페이스를 지정한다.

⑤ 테이블뷰 사용을 위한 프로토콜을 지정한다.

⑥ 테이블뷰 사용을 위한 프로토콜을 지정한다.

⑦ 테이블뷰를 사용할 때 사용하는 함수, 델리게이트 함수를 선언한다.

[예제 24-4] HelloWorldScene.cpp

```
bool HelloWorld::init()
{
    if ( !LayerColor::initWithColor(Color4B(255, 255, 255, 255)) )
    {
        return false;
    }


①  TableView* tableView1 = TableView::create(this, Size(250, 60));
    tableView1->setDirection(ScrollView::Direction::HORIZONTAL);
    tableView1->setPosition(Point(20, 130));
    tableView1->setDelegate(this);
    tableView1->setTag(100);
    this->addChild(tableView1);
    tableView1->reloadData();


②  TableView* tableView2 = TableView::create(this, Size(60, 250));
    tableView2->setDirection(ScrollView::Direction::VERTICAL);
    tableView2->setPosition(Point(330, 40));
    tableView2->setTag(200);
```

```
    tableView2->setDelegate(this);
    tableView2->setVerticalFillOrder(TableView::VerticalFillOrder::TOP_DOWN);
    this->addChild(tableView2);
    tableView2->reloadData();

    return true;
}


void HelloWorld::tableCellTouched(TableView* table, TableViewCell* cell)
{
    log("Tag : %d\nCell touched at index: %ld",
        table->getTag(),
        cell->getIdx());
}


Size HelloWorld::tableCellSizeForIndex(TableView *table, ssize_t idx)
{
    if (idx == 2) {
        return Size(100, 100);
    }
    return Size(60, 60);
}


TableViewCell* HelloWorld::tableCellAtIndex(TableView *table, ssize_t idx)
{
    auto string = String::createWithFormat("%ld", idx);
③  TableViewCell *cell = table->dequeueCell();
    if (!cell) {
④      cell = new CustomTableViewCell();
        cell->autorelease();
        auto sprite = Sprite::create("Images/Icon.png");
        sprite->setAnchorPoint(Point::ZERO);
        sprite->setPosition(Point(0, 0));
        cell->addChild(sprite);

        auto label = LabelTTF::create(string->getCString(), "Helvetica", 20.0);
        label->setPosition(Point::ZERO);
        label->setAnchorPoint(Point::ZERO);
```

```
            label->setTag(123);
            cell->addChild(label);
        }
        else
        {
            auto label = (LabelTTF*)cell->getChildByTag(123);
            label->setString(string->getCString());
        }

        return cell;
    }


    ssize_t HelloWorld::numberOfCellsInTableView(TableView *table)
    {
        return 20;
    }
```

- 먼저 1번에서 스크롤뷰에 맨 좌측과 우측에 들어갈 스프라이트를 생성한다. 실제로는 2번 부분의 레이어
  에 추가될 것이다. 나중에는 여기에 여러분이 원하는 메뉴를 생성하면 된다.
- 그리고 2번에서 스크롤뷰가 화면상에서 어디로 추가되는지 확실히 알 수 있게 바탕과 구분되는 색으로
  새로운 레이어를 만든다.
- 3번에서 스크롤 뷰를 만든다. 여기서 각종 설정을 할 수 있다. 최종적으로 2번에서 만든 레이어를 이 스
  크롤 뷰에 추가한다.

이제 코드를 완성했으면 프로젝트를 실행해 보자.

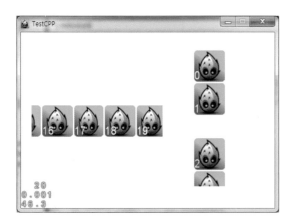

중력 가속도계 사용하기

cocos2d-x에서 제공하는 Acceleration를 이용하면 cocos2d-x에서도 중력 가속도계를 사용
할 수 있다.

중력 가속도계

우리나라 말로는 중력 센서, 가속도 센서 이렇게 두 가지로 나눠서 말하지만, 클래스상에서는 엑셀러로미터(Accelerometer)라는 한 단어가 두 가지를 모두 지칭한다.

cocos2d-x에서도 이러한 중력 가속도계를 사용할 수 있다. Acceleration 클래스를 통해 중력 가속도계를 구현할 수 있다. 중력 가속도계를 이용할 수 있다는 말은 전화기의 기울기를 통해 더 멋진 사용자 인터페이스를 구현할 수 있다는 의미다. 가령 자동차 경주 게임의 경우 핸들 없이 폰을 기울임으로써 자동차의 방향을 조정한다거나 하는 것을 말한다.

중력 가속도계 사용법

새로운 프로젝트를 다음과 같이 만든다.

- 프로젝트명 : AccelerometorEx
- 패키지명 : com.study.exam54

그리고 여기서 사용할 리소스는 별도로 추가할 필요 없이 프로젝트가 생성될 때 기본으로 포함되는 이미지를 사용할 것이다.

이제 기본형에 다음과 같이 코드를 입력해 수정한다.

[예제 25-1] HelloWorldScene.h

```cpp
#ifndef __HELLOWORLD_SCENE_H__
#define __HELLOWORLD_SCENE_H__

#include "cocos2d.h"

USING_NS_CC;

class HelloWorld : public cocos2d::LayerColor
{
public:
    static cocos2d::Scene* createScene();

    virtual bool init();

    CREATE_FUNC(HelloWorld);


①  ~HelloWorld(void);
    virtual void onEnter();
    void onAcceleration(Acceleration* acc, Event* event);

    cocos2d::Sprite* m_pBall;
    cocos2d::Size winSize;
};

#endif // __HELLOWORLD_SCENE_H__
```

중력 가속도계를 사용할 때 사용하는 함수, 델리게이트 함수, 변수를 선언한다.

[예제 25-2] HelloWorldScene.cpp

```cpp
#include "HelloWorldScene.h"
```

```
// ① 매크로 정의 추가
#define FIX_POS(_pos, _min, _max) \
if (_pos < _min)        \
    _pos = _min;        \
else if (_pos > _max)   \
    _pos = _max;        \

Scene* HelloWorld::createScene()
{
    auto scene = Scene::create();

    auto layer = HelloWorld::create();

    scene->addChild(layer);

    return scene;
}

bool HelloWorld::init()
{
    if (!LayerColor::initWithColor(Color4B(255, 255, 255, 255)))
    {
        return false;
    }

    // 윈도우 사이즈 구하기
②  winSize = Director::getInstance()->getVisibleSize();

    // 상단 구분용 레이블 추가
    auto label = LabelTTF::create("Accelerometer Test", "Arial", 32);
    label->setPosition(Point(winSize.width / 2, winSize.height - 50));
    label->setColor(Color3B(0, 0, 0));
    this->addChild(label);

    // 중력값에 의해 굴러다닐 볼(스프라이트) 추가
    m_pBall = Sprite::create("CloseNormal.png");
    m_pBall->setPosition(Point(winSize.width / 2, winSize.height / 2));
    addChild(m_pBall);
```

```cpp
③   m_pBall->retain();

    return true;
}

HelloWorld::~HelloWorld(void)
{
④   m_pBall->release();
    Device::setAccelerometerEnabled(false);
}

void HelloWorld::onEnter()
{
    Layer::onEnter();

⑤   Device::setAccelerometerEnabled(true);

    auto listener = EventListenerAcceleration::create(
        CC_CALLBACK_2(HelloWorld::onAcceleration, this));

    _eventDispatcher->addEventListenerWithSceneGraphPriority(listener, this);
}

⑥
void HelloWorld::onAcceleration(Acceleration* acc, Event* event)
{
    auto pDir = Director::getInstance();

    // 윈도우 사이즈 구하기
    winSize = pDir->getVisibleSize();

    /*FIXME: Testing on the Nexus S sometimes _ball is NULL */
    if (m_pBall == NULL) {
        return;
    }

    auto ballSize = m_pBall->getContentSize();
```

```
    auto ptNow = m_pBall->getPosition();
    auto ptTemp = pDir->convertToUI(ptNow);

    ptTemp.x += acc->x * 9.81f;
    ptTemp.y -= acc->y * 9.81f;

    auto ptNext = pDir->convertToGL(ptTemp);
     FIX_POS(ptNext.x, (ballSize.width / 2.0), (winSize.width - ballSize.width /
    2.0));
     FIX_POS(ptNext.y, (ballSize.height / 2.0), (winSize.height - ballSize.height /
    2.0));
    m_pBall->setPosition(ptNext);
}
```

※ 6번의 주석을 보면 특정 디바이스별로 에러가 나는 부분이 있을 수 있다. 이런 부분은 어쩔 수 없이 개발자들이 기기별로 테스트해서 처리해야 한다. 안드로이드의 경우 디바이스의 종류가 많아 자주 이런 일이 발생한다.

① 매크로를 추가한다. onAcceleration 델리게이트 함수에서 위치를 구분할 때 사용할 것이다.

② 화면의 크기를 구한다. 이 예제의 경우에는 시뮬레이터 상에서 실제 동작을 볼 수 없기 때문에 실제 디바이스를 연결해서 테스트해야 한다. 현재 웬만한 폰은 480x320 사이즈보다 클 것이므로 실제 화면 사이즈를 구해오는 것이다.

③ Retain 개념은 Objective-C의 개념이다. 메모리에서 사라지는 걸 방지한다.

④ Release 역시 Objective-C의 개념이다. 메모리에서 해제시키도록 참조 카운터의 숫자를 뺀다.

⑤ 중력 가속도 기능을 사용한다고 정의한다. 이제 디바이스에서 오는 중력 가속도 센서의 변화의 따른 메시지를 받게 된다.

⑥ 중력 가속도계 센서의 값의 변화에 따른 메시지가 발생하면 처리하는 부분이다. 화면 기울기에 따라 볼(스프라이트)을 이동시키는 로직이다.

코드를 완성했으면 프로젝트를 실행해 보자. 시뮬레이터 상에서는 아무런 동작도 하지 않는다.

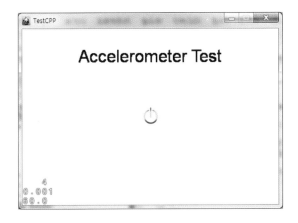

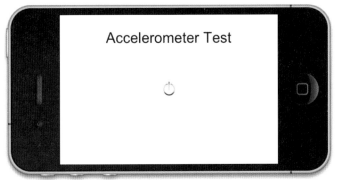

실제 디바이스에 연결해서 테스트하면 폰의 기울기에 따라 화면 안에서 볼이 움직이는 모습을 볼 수 있을 것이다.

Box2D 물리 엔진 사용하기

물리 엔진을 이용하면 오브젝트에 중력이나 힘, 충격 등을 적용하거나 더 정확한 충돌 검사 등의 처리를 할 수 있다. 이 장에서는 cocos2d-x에서 물리 엔진이 어떻게 활용되는지 살펴보겠다.

물리 엔진 소개

물리 엔진을 이용하면 게임에서 현실 세계의 동작을 쉽게 표현(시뮬레이션)할 수 있다. 가령 인기 게임인 "앵그리버드"에서 새가 날아가서 목표물에 부딪쳤을 때 목표물들이 넘어지는 모습을 생각해 보자. 목표물들이 무너질 때 프로그래머가 계산한 방식으로 일률적으로 무너지는 것이 아니고 매번 다르게 무너지는 모습을 볼 수 있다. 어디에 어떻게 부딪치느냐에 따라 가해진 힘이 다르기 때문에 넘어지는 각도나 방향이 매번 다 다른 것이다. 또한 새가 날아올라 포물선을 그리며 자연스럽게 떨어지는 모습을 볼 수 있을 것이다. 예전에는 이런 것을 직접 프로그래머가 수학적으로 계산해야 했지만 물리 엔진을 사용하면 중력값을 주는 것만으로도 힘을 받아 상승한 물체가 힘을 잃으면 중력 값에 의해 자연스럽게 낙하를 시작하게 된다. 이러한 충돌 처리 및 중력 등을 자연스럽게 처리해 주는 것이 물리 엔진이다.

제작하려는 게임이 전형적인 보드 게임이라면 물리 기능까지는 필요하지 않겠지만 그렇지 않고 앞에서 말한 기능이 필요하다면 게임을 만들 때 물리 엔진을 사용하는 것을 고려해 봐야 한다.

cocos2d-x에는 오래전부터 사용돼 온 안정적이고 인기 있는 물리 엔진인 칩멍크 (Chipmunk)와 박스2D(Box2d)가 이미 내장돼 있으므로 별도로 설치할 필요는 없다. 개발할 때 필요하다면 사용하겠다고 체크만 하면 된다.

박스2D

박스2D(Box2D)는 2006년부터 에린 캐토(Erin Catto)가 개발한 물리 엔진이다. 이름에서 알 수 있듯이 이차원 물리엔진이고 C++ 언어를 기반으로 만들어졌다(포터블 C++). 오픈소스이고 2차원 강체(Rigid Body) 시뮬레이션 라이브러리로서 앵그리버드의 기반이 된 엔진이기도 하다.

다음 주소에서 박스2D의 문서를 확인할 수 있다.

http://box2d.org/manual.pdf

칩멍크

칩멍크(Chipmunk)는 스캇 렘커(Scott Lembcke)가 개발한 물리 엔진으로서 오픈소스이고 2차원 강체 시뮬레이션 라이브러리다. C 언어의 일종인 C99로 만들어졌다.

다음 주소에서 칩멍크의 문서를 확인할 수 있다.

http://chipmunk-physics.net/documentation.php

물리 엔진의 선택

Cocos2d를 이용한 아이폰 프로젝트에서는 오브젝티브C에 C나 C++ 코드를 바로 사용할 수 있었고, 둘 다 비슷한 성능의 엔진이기 때문에 어떤 것을 선택할지는 순전히 개발자의 선호 문제였다. 즉, 각자 좀 더 편하고 익숙한 언어의 물리 엔진을 선택하는 경향이 있었다.

이 책에서는 cocos2d-x에서 사용하는 언어가 C++이므로 C++를 사용하는 박스2D에 관해 자세히 알아보겠다.

Box2D 엔진은 공개된 무료 라이브러리이고 상용 제품을 만드는 데 제약이 없다. 하지만 박스2D를 사용할 경우 박스2D를 사용했다고 표시해 달라는 제작자의 유머러스한 일화가 있다.

> 일화 Erin: "Hi Peter, could you tell me which physics engine Angy Birds uses?"
> 　　　 앵그리버드에는 어떤 물리 엔진이 사용됐나요?
>
> 　　　 Peter: "Box2D"
> 　　　 박스2D입니다.
>
> 　　　 Erin: "Great, Would you consider giving credit to Box2D in your game?"
> 　　　 훌륭하군요. 당신이 만든 게임에 박스2D를 사용했다고 표시해 주시겠습니까?
>
> 　　　 Peter: "Yes, of course"
> 　　　 예, 물론이지요.
>
> 　　　 Erin: "Thank you! By the way, I am Erin Catto the creator of Box2D"
> 　　　 감사합니다. 저는 박스2D를 만든 에린 캐토입니다.
>
> 　　　 Peter: "Great! I would like to talk to you after the session"
> 　　　 와우. 이 세션이 끝나면 저랑 이야기 나누시죠. (기다려 주세요)

출처 : http://www.box2d.org/forum/viewtopic.php?f=3&t=6462

박스2D의 기본 개념

박스2D는 기본적으로 최소 하나의 월드를 생성하고 유지한다. 그리고 이 월드는 물리 객체들이 포함되고 물리적인 현상들이 발생하는 공간이 된다.

 여러 개의 월드를 생성할 수는 있지만 권장하지는 않는다. 혹시 프린지라는 미국 드라마를 본 적이 있는가? 여러 개의 월드가 존재하고 그 물리 공간이 겹친다면 예상치 못한 결과가 나타난다는 것을 보여주는 드라마인데, 마찬가지로 우리가 여러 개의 월드를 만든다면 그런 현상을 겪을 수 있다.

박스2D는 가상의 월드(World)를 만들고 그 위에 바디(Body)로 빈 오브젝트를 만들고 모양(Shape, 쉐이프)을 통해 해당 오브젝트의 형체를 구성한다. 바디와 쉐이프를 연결해 형체를 연결하는 방법으로 픽스처(Fixture) 객체를 사용한다. 이 픽스처 객체를 사용해 해당 오브젝트에 마찰력(friction)이나 탄력(restitution) 등을 정해줄 수 있다.

조인트(Joint)는 관절, 팔꿈치 등과 같이 두 오브젝트가 연결되어 움직이는 동작을 정의한다. 팔꿈치를 생각해보면 이해하기 쉽다. 즉, 조인트 리미트(Joint Limit)는 관절 범위의 한계를 지정하고, 조인트 모터(Joint Motor)는 팔꿈치를 중심으로 움직이게 하는 힘을 정한다.

그리고 박스2D는 픽셀(Pixel) 단위를 사용하지 않고 미터(Meter, 거리), 킬로그램(Kilo-gram, 무게), 초(Second, 시간) 등과 같은 실제 현실의 단위를 사용한다.

그리고 나중에 나오겠지만 박스2D가 공간 안에서 각 바디끼리의 충돌이나 조인트, 기타 규칙 간에 가해지는 힘을 알아내려고 확인하는 횟수를 지정하는 것이 있다. 이때 확인하는 횟수가 많을수록 시뮬레이션은 정확해지겠지만 CPU 사용량도 많아져서 시스템적인 비용을 치러야 한다. 즉, 물리 세계의 시뮬레이션이 정확할수록 느려진다는 뜻이다. 정확도와 CPU 사용량 사이에서 균형 잡힌 값을 찾아야 한다.

박스2D 첫 프로젝트 만들기 및 분석

물리 엔진을 이용해 만들어지는 박스2D 예제는 박스2D를 처음 접하는 사람들한테는 너무 복잡해 보일 수 있다. 그래서 박스2D를 이용하는 가장 간단한 형태를 만들고, 그 코드를 살펴보면서 박스2D를 사용하는 데 익숙해지자.

새로운 프로젝트를 다음과 같이 만든다.

- **프로젝트명** : Box2dEx01
- **패키지명** : com.study.box01

그리고 여기서 사용할 리소스는 별도로 추가할 필요 없이 프로젝트가 생성될 때 기본으로 포함되는 이미지를 사용할 것이다.

- CloseNormal.png

이제 박스2D 클래스를 사용하기 위한 세팅을 한다. 솔루션 탐색기에서 솔루션을 선택한 후마우스 오른쪽 버튼을 클릭해 다음 그림과 같이 팝업 메뉴를 띄우고 [추가 → 기존 프로젝트…]를 선택한다.

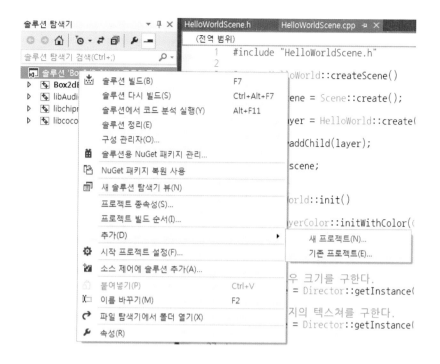

현재 프로젝트의 하위 디렉터리에서 다음과 같이 Box2D.vcxproj를 찾아 선택한다. [현재 프로젝트 – cocos2d – external – Box2D – proj.win32] 디렉터리에 있다.

다음과 같이 라이브러리가 추가된 것을 확인한다.

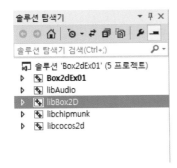

이제 솔루션 탐색기에서 Box2dEx01 프로젝트를 선택한 후 마우스 오른쪽 버튼을 클릭해 팝업 메뉴를 띄우고 [속성]을 선택한다.

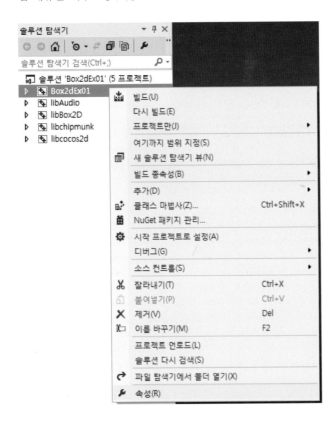

[공용 속성 → 참조 → 새 참조 추가]를 선택한다.

다음 그림과 같이 libBox2D를 체크한 후 하단의 [확인] 버튼을 선택한다.

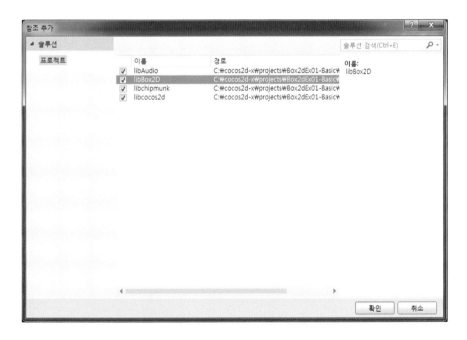

이제 다음 그림과 같이 참조에 libBox2D가 추가된 것을 확인할 수 있다.

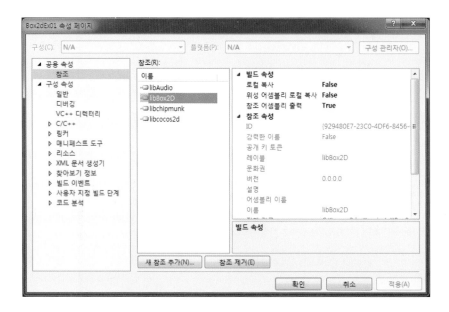

여기까지 설정했다면 이제 코드에서 다음과 같이 헤더 파일을 인클루드해서 사용할 수 있다.

```
#include " Box2D/Box2D.h"
```

이후에 박스2D를 사용하는 모든 프로젝트에서 이 과정을 통해 박스2D 라이브러리를 추가하는 것을 잊지 말자.

맥의 경우에는 새로운 프로젝트를 만들면 다음과 같이 프로젝트 안에 자연스럽게 포함돼 있으므로 헤더 파일만 인클루드해서 사용하면 된다.

기본형에 다음과 같이 코드를 입력해 init를 수정한다. 그런 다음 프로젝트를 실행해 본다.

[예제 26-1] HelloWorldScene.h - 박스2D 베이직

```
#ifndef __HELLOWORLD_SCENE_H__
#define __HELLOWORLD_SCENE_H__

#include "cocos2d.h"
```

```
#include "Box2D/Box2D.h"

#define PTM_RATIO 32

using namespace cocos2d;

class HelloWorld : public cocos2d::LayerColor
{
public:
    static cocos2d::Scene* createScene();

    virtual bool init();

    CREATE_FUNC(HelloWorld);

    ~HelloWorld();

    virtual void onEnter();
    virtual void onExit();
    virtual bool onTouchBegan(Touch *touch, Event * event);
    void tick(float dt);
    void addNewSpriteAtPosition(Point location);


    Size winSize;
    Texture2D* texture;
    b2World* _world;
};
```

박스2D에서 사용하는 물리적인 단위는 미터(m)로서 1이라고 하면 1m를 의미한다. 그러므로 화면상의 1픽셀을 어느 정도의 크기로 계산할 것인지 지정하는 것이 바로 위 코드의 PTM_RATIO다. 위 코드에서는 32픽셀을 1m로 환산해서 계산할 것이라고 값을 정의했다.

그럼 이번에는 CPP를 다음과 같이 만든다. 이번 장에서는 별도로 자세히 설명하기보다 해당 코드의 주석을 통해 주로 설명하겠다. 그러므로 각 코드의 주석을 잘 읽어보기 바란다.

```cpp
#include "HelloWorldScene.h"

Scene* HelloWorld::createScene()
{
    auto scene = Scene::create();

    auto layer = HelloWorld::create();

    scene->addChild(layer);

    return scene;
}

bool HelloWorld::init()
{
    if (!LayerColor::initWithColor(Color4B(255, 255, 255, 255)))
    {
        return false;
    }

    // 윈도우 크기를 구한다.
    winSize = Director::getInstance()->getWinSize();

    // 이미지의 텍스처를 구한다.
    texture = Director::getInstance()->getTextureCache()->addImage("CloseNormal.png");


    // 월드 생성 시작 ---------------------------------------------------------------

    // 중력의 방향을 결정한다.
    b2Vec2 gravity = b2Vec2(0.0f, -30.0f);

    // 월드를 생성한다.
    _world = new b2World(gravity);
```

```
// 휴식 상태일 때 포함된 바디들을 멈추게(sleep)할 것인지 결정한다.
_world->SetAllowSleeping(true);

// 지속적인 물리작용을 할 것인지 결정한다. : 테스트
_world->SetContinuousPhysics(true);

// 가장자리(테두리)를 지정해 공간(Ground Box)을 만든다.

// 바디데프에 좌표를 설정한다.
b2BodyDef groundBodyDef;
groundBodyDef.position.Set(0, 0);

// 월드에 바디데프의 정보(좌표)로 바디를 만든다.
b2Body *groundBody = _world->CreateBody(&groundBodyDef);


// 가장자리(테두리) 경계선을 그릴 수 있는 모양의 객체를 만든다.
b2EdgeShape groundEdge;
b2FixtureDef boxShapeDef;
boxShapeDef.shape = &groundEdge;


// 에지 모양의 객체에 Set( 점1 , 점2 )로 선을 만든다.
// 그리고 바디(groundBody)에 모양(groundEdge)을 고정시킨다.

// 아래쪽
groundEdge.Set(b2Vec2(0, 0), b2Vec2(winSize.width / PTM_RATIO, 0));
groundBody->CreateFixture(&boxShapeDef);

// 왼쪽
groundEdge.Set(b2Vec2(0, 0), b2Vec2(0, winSize.height / PTM_RATIO));
groundBody->CreateFixture(&boxShapeDef);

// 위쪽
groundEdge.Set(b2Vec2(0, winSize.height / PTM_RATIO),
    b2Vec2(winSize.width / PTM_RATIO, winSize.height / PTM_RATIO));
groundBody->CreateFixture(&boxShapeDef);
```

```
    // 오른쪽
    groundEdge.Set(b2Vec2(winSize.width / PTM_RATIO, winSize.height / PTM_RATIO),
        b2Vec2(winSize.width / PTM_RATIO, 0));
    groundBody->CreateFixture(&boxShapeDef);

    // 월드 생성 끝  ------------------------------------------------------------
    this->schedule(schedule_selector(HelloWorld::tick));

    return true;
}


HelloWorld::~HelloWorld()
{
    // 월드를 C++의 new로 생성했으므로 여기서 지워준다.
    delete _world;
    _world = NULL;
}


void HelloWorld::onEnter()
{
    Layer::onEnter();

    // 싱글 터치 모드로 터치리스너 등록
    auto listener = EventListenerTouchOneByOne::create();
    // Swallow touches only available in OneByOne mode.
    // 핸들링된 터치 이벤트를 터치 이벤트 array에서 지우겠다는 의미다.
    listener->setSwallowTouches(true);

    listener->onTouchBegan = CC_CALLBACK_2(HelloWorld::onTouchBegan, this);

    // The priority of the touch listener is based on the draw order of sprite
    // 터치리스너의 우선순위를 (노드가) 화면에 그려진 순서대로 한다.
    _eventDispatcher->addEventListenerWithSceneGraphPriority(listener, this);
}


void HelloWorld::onExit()
{
    _eventDispatcher->removeAllEventListeners();
```

```
    Layer::onExit();
}


void HelloWorld::tick(float dt)
{
    // 물리적 위치를 이용해 그래픽 위치를 갱신한다.

    // velocityIterations : 바디들을 정상적으로 이동시키기 위해 필요한 충돌들을
    // 반복적으로 계산
    // positionIterations : 조인트 분리와 겹침 현상을 줄이기 위해 바디의 위치를
    // 반복적으로 적용
    // 값이 클수록 정확한 연산이 가능하지만 성능이 떨어진다.

    // 프로젝트 생성 시 기본값
//    int velocityIterations = 8;
//    int positionIterations = 1;

    // 매뉴얼 상의 권장값
    int velocityIterations = 8;
    int positionIterations = 3;

    // Step : 물리 세계를 시뮬레이션한다.
    _world->Step(dt, velocityIterations, positionIterations);


    // 모든 물리 객체들은 링크드 리스트에 저장되어 참조해 볼 수 있게 구현돼 있다.
    // 만들어진 객체만큼 루프를 돌리면서 바디에 붙인 스프라이트를 여기서 제어한다.
    for (b2Body *b = _world->GetBodyList(); b; b = b->GetNext())
    {
        if (b->GetUserData() != NULL) {
            Sprite* spriteData = (Sprite *)b->GetUserData();
            spriteData->setPosition(Point(b->GetPosition().x * PTM_RATIO,
                                    b->GetPosition().y * PTM_RATIO));
            spriteData->setRotation(-1 * CC_RADIANS_TO_DEGREES(b->GetAngle()));
        }
    }
}
```

```
bool HelloWorld::onTouchBegan(Touch *touch, Event * event)
{
    auto touchPoint = touch->getLocation();

    // 터치된 지점에 새로운 물리 객체의 바디와 해당 스프라이트를 추가한다.
    addNewSpriteAtPosition(touchPoint);

    return true;
}


void HelloWorld::addNewSpriteAtPosition(Point location)
{
    // 스프라이트를 파라미터로 넘어온 위치에 만든다.
    Sprite* pSprite = Sprite::createWithTexture(texture, Rect(0, 0, 37, 37));
    pSprite->setPosition(Point(location.x, location.y));
    this->addChild(pSprite);

    // 바디데프를 만들고 속성들을 지정한다.
    b2BodyDef bodyDef;
    bodyDef.type = b2_dynamicBody;
    bodyDef.position.Set(location.x / PTM_RATIO, location.y / PTM_RATIO);
    // 유저데이터에 스프라이트를 붙인다.
    bodyDef.userData = pSprite;

    // 월드에 바디데프의 정보로 바디를 만든다.
    b2Body* body = _world->CreateBody(&bodyDef);



    // 바디에 적용할 물리 속성용 바디의 모양을 만든다.
    // 원 형태를 선택해 반지름을 지정한다.
    b2CircleShape circle;
    circle.m_radius = 0.55f;

    // 그리고 바디에 모양(circle)을 고정시킨다.

    b2FixtureDef fixtureDef;
```

```
    // 모양을 지정한다.
    fixtureDef.shape = &circle;
    // 밀도
    fixtureDef.density = 1.0f;
    // 마찰력 - 0 ~ 1
    fixtureDef.friction = 0.2f;
    // 반발력 - 물체가 다른 물체에 닿았을 때 튕기는 값
    fixtureDef.restitution = 0.7f;

    body->CreateFixture(&fixtureDef);

}
```

보다시피 박스2D 프로젝트에서는 일단 월드를 만든다. 그리고 월드의 기본적인 속성을 다음과 같이 지정했다.

```
    // 중력의 방향을 결정한다.
    b2Vec2 gravity = b2Vec2(0.0f, -30.0f);
    // 월드를 생성한다.
    _world = new b2World(gravity);
```

이제 이 월드 안에서는 중력이 작용한다. 이차원 벡터(b2Vec2)의 차이값(0과 −30)이 클수록 중력이 크게 작용한다. 중력은 일반적으로 Y축 방향의 음수로 설정한다.

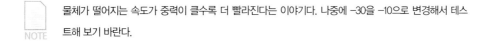

NOTE   물체가 떨어지는 속도가 중력이 클수록 더 빨라진다는 이야기다. 나중에 −30을 −10으로 변경해서 테스트해 보기 바란다.

이때 지구의 땅과 같은 역할을 해 주는 객체를 만들어 주지 않으면 화면에 추가되는 객체들은 모두 무한히 낙하하게 될 것이다. 아래로 떨어지니 화면에서도 사라질 것이다.

그래서 월드 안에 특정 공간을 둘러싸는 가장자리를 설정하고 박스 형태의 강체를 만들어 둘러싸게 하면 그 공간 안에서는 우리가 월드에 추가한 물체가 경계 밖으로 나가지 않게 된다. 물론 중력의 영향을 받아도 더는 떨어지지 않게 된다.

이제 화면 안에 물리 객체인 바디를 만들어 넣는 부분을 살펴보자.

바디를 만들려면 먼저 바디데프를 만들어 속성을 지정해야 한다. 바디데프에는 해당 바디의 위치, 질량, 마찰력, 탄력 그리고 화면에 실제로 그려져서 눈에 보이는 스프라이트를 지정할 수 있다. 이렇게 만들어진 바디는 아직까지 물리 세계에서 모양을 가지고 있지 않다. 다만 만들어졌을 뿐이다.

이제 바디의 모양을 만들어야 한다. 바디는 기본적으로 원 형태(circle), 박스 형태(box), 다각형 형태(polygon)로 만들 수 있다. 다각형이 지원되므로 거의 모든 형태를 만들 수 있다. 바디의 모양을 만들고 픽스처 객체를 통해 바디와 연결하면 앞에서 지정한 바디데프의 속성을 지닌 물체(바디)가 월드 안에서 모양을 갖추게 된다. 이때 화면상으로는 바디데프의 유저 데이터에 들어 있는 스프라이트를 통해 우리 눈에 보이게 된다.

그리고 step 함수를 스케줄링하는 tick 함수를 만든다. 이 tick 함수에서는 다음 코드를 통해 b2World 스텝을 실행한다.

```
int velocityIterations = 8;
int positionIterations = 3;
_world->Step(dt, velocityIterations, positionIterations);
```

박스2D 월드의 스텝 함수는 물리 엔진을 한 스텝 진행시킨다. 한 스텝마다 바디들을 정상적으로 이동시키는 데 필요한 충돌들을 반복적으로 계산하고 조인트 분리와 겹침 현상을 줄이기 위해 바디의 위치를 반복적으로 적용하는데, 위 코드에서 지정한 변수값에 의해 반복된다.

그러므로 이 변수들의 값을 높게 설정하면 속도는 느려지겠지만 정확한 시뮬레이션이 가능해진다.

박스2D 매뉴얼에서는 velocityIterations을 8로 설정하고 positionIterations을 3으로 설정하는 것을 권장한다.

그리고 애플리케이션의 논리적 타이밍과 물리적 타이밍을 맞추기 위해 dt 변수를 사용하는데, 스텝에 과도한 시간이 소요되면 물리 시스템이 이를 보전하기 위해 재빨리 전진(스텝)하게 된다. 이 방식을 가변 타임 스텝(variable time step)이라고 한다. 이 방식의 대안인 고정 타임 스텝(fixed time step)은 1초의 1/60로 설정된다.

이제 프로젝트를 실행해 보자. 아무것도 표시되지 않는 빈 화면이 나오면 화면의 아무 곳이나 마우스로 클릭해 보기 바란다.

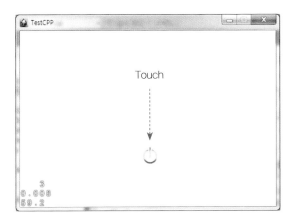

위 그림처럼 그림이 터치된 곳에서 나와 중력의 영향을 받고 화면 아래로 떨어지는 것을 볼 수 있을 것이다. 그리고 바닥에 닿으면 통통 튀는 모습도 볼 수 있을 것이다. 이는 바디를 추가할 때 탄력 속성을 주었기 때문에 바닥과 추가된 바디가 충돌할 때 반발력이 생기는 것이다.

이 예제를 통해 앞에서 설명한 박스2D의 기본 개념이 이해되는가? 혹시라도 이해되지 않는다면 이해될 때까지 예제를 살펴보기 바란다. 이어서 나올 내용과 예제는 이 예제를 바탕으로 내용씩 조금씩 확장되기 때문이다.

> 연습 마찰력(friction)을 0.0~1.0 사이에서 여러 가지 값으로 바꿔서 테스트해본다.
> 반발력(restitution)을 0.0~1.0 사이에서 여러 가지 값으로 바꿔서 테스트해본다.
> 반발력을 1.0으로 설정하면 힘의 손실이 안 생기므로 무한한 운동을 하게 된다. 즉, 튀어오르는 동작이 멈추지 않는다. 자연적으로는 일어날 수 없는 현상의 값이다.

박스2D 디버그 모드 설정하기

월드 안의 물체인 바디는 바디데프에 속성으로 지정된 스프라이트를 통해 우리 눈에 보이긴 하지만 실제 크기나 모양은 정확히 알 수 없다. 여러분이 유저데이터에 넣은 스프라이트를 통해 그 모양과 크기를 상상해보겠지만 유저데이터의 스프라이트는 실제 크기나 모양과는 전혀 상관이 없다.

다음 그림을 보자. 실제 스프라이트의 크기는 안쪽의 글자가 써진 색이 있는 부분까지이지만 우리가 바디로 설정한 부분은 그 스프라이트보다 조금 큰 빨간색 부분까지다. 그래서 다음과 같이 실제 바디의 크기보다 스프라이트가 작다면 이 두 바디의 충돌처리 때 사용자가 보기에 충돌하지 않았음에도 우리 코드는 충돌했다고 판단하게 된다. 또한 반대의 경우에는 충돌할 때까지 스프라이트들이 겹치는 현상이 발생한다.

이런 현상을 줄이기 위해 디버그 모드를 통해 위 그림처럼 바디의 모양과 크기를 보면서 스프라이트와의 크기를 맞춰야 한다. 또한 디버그 모드에서는 눈에 보이지 않던 물리 현상을 볼 수 있으므로 상상만이 아닌 직접 현상을 눈으로 보면서 프로그램을 좀 더 수월하게 작성할 수 있을 것이다.

새로운 프로젝트를 다음과 같이 만든다.

- 프로젝트명 : Box2dEx02
- 패키지명 : com.study.box02

그러고 나서 다음의 디렉터리에서

　　cocos2d-x가 설치된 디렉터리/samples/Cpp/TestCpp/Classes/Box2DTestBed

아래의 파일을 찾아 클래스 그룹에 추가한다.

- GLES-Render.h
- GLES-Render.cpp

윈도우 환경이라면 해당 파일을 찾아 프로젝트의 Classes 디렉터리 아래에 복사한다. 그리고
다음과 같이 프로젝트를 선택하고 마우스 오른쪽 버튼을 클릭해 팝업 메뉴를 띄우고 [추가 →
기존 항목]을 선택해 조금 전에 Classes 디렉터리에 복사해 넣은 파일을 선택하면 된다.

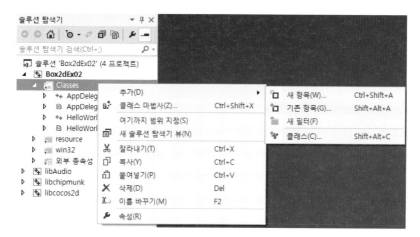

맥 환경이라면 파인더에서 해당 파일을 찾아 프로젝트의 Classes 디렉터리 아래에 복사한다. 그리고 파인더에서 해당 파일을 선택해 프로젝트의 Classes 그룹 아래로 드래그 앤 드롭한다.

그러면 다음과 같은 화면이 나타나는데, 다음 그림과 같이 체크하고 [Finish]를 선택하면 된다. 이때 대체로 Add to targets가 체크되지 않은 경우가 많은데, 꼭 체크한다.

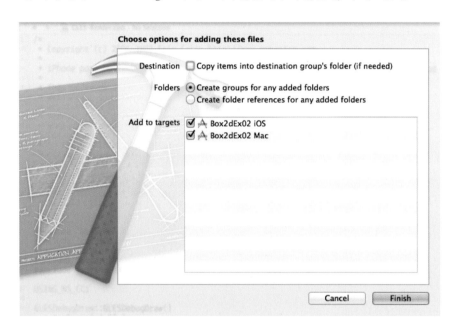

이제 헤더에서는 다음과 같이 색으로 표시된 부분이 디버그 모드를 위해 추가된 부분이므로 이 부분을 기존 코드에 추가하면 된다.

[예제 26-3] HelloWorldScene.h – 박스2D 디버그 모드 적용

```
#ifndef __HELLOWORLD_SCENE_H__
#define __HELLOWORLD_SCENE_H__

#include "cocos2d.h"
#include "Box2D/Box2D.h"
#include <GLES-Render.h>

#define PTM_RATIO 32
```

```cpp
using namespace cocos2d;

class HelloWorld : public cocos2d::Layer
{
public:
    static cocos2d::Scene* createScene();

    virtual bool init();

    CREATE_FUNC(HelloWorld);

    bool createBox2dWorld(bool debug);
    ~HelloWorld();
    virtual void draw();

    virtual void onEnter();
    virtual void onExit();
    virtual bool onTouchBegan(Touch *touch, Event * event);
    void tick(float dt);
    void addNewSpriteAtPosition(Point location);

    Size winSize;
    Texture2D* texture;
    b2World* _world;

    // For debugging
    GLESDebugDraw* m_debugDraw;
};

#endif // __HELLOWORLD_SCENE_H__
```

cpp 파일에서는 변경할 사항이 많다. Box2dEx01에서 작성한 월드를 만드는 부분은 월드를 만들 때마다 아무 변경 없이 계속 사용돼야 하므로 이 부분을 createBox2dWorld라는 함수로 만들어 호출하는 주는 식으로 변경했다. 또한 월드를 생성할 때 디버그 모드를 적용할 것인지 아니면 디버그 모드 없이 그냥 생성할 것인지도 정할 수 있게 했다.

```cpp
#include "HelloWorldScene.h"

Scene* HelloWorld::createScene()
{
    auto scene = Scene::create();

    auto layer = HelloWorld::create();

    scene->addChild(layer);

    return scene;
}


bool HelloWorld::init()
{
    if ( !Layer::init() )
    {
        return false;
    }

    // 윈도우 크기를 구한다.
    winSize = Director::getInstance()->getWinSize();

    // 이미지의 텍스처를 구한다.
    texture = Director::getInstance()->getTextureCache()->addImage("CloseNormal.
png");

    // 월드 생성
    if (this->createBox2dWorld(true))
    {
        this->schedule(schedule_selector(HelloWorld::tick));
    }

    return true;
}
```

```cpp
bool HelloWorld::createBox2dWorld(bool debug)
{
    // 월드 생성 시작 ----------------------------------------------------------

    // 중력의 방향을 결정한다.
    b2Vec2 gravity = b2Vec2(0.0f, -30.0f);

    _world = new b2World(gravity);
    _world->SetAllowSleeping(true);
    _world->SetContinuousPhysics(true);

    // 디버그 드로잉 설정
    if (debug) {
        // 적색 : 현재 물리 운동을 하는 것
        // 회색 : 현재 물리 운동량이 없는 것
        m_debugDraw = new GLESDebugDraw(PTM_RATIO);
        _world->SetDebugDraw(m_debugDraw);

        uint32 flags = 0;
        flags += b2Draw::e_shapeBit;
        //flags += b2Draw::e_jointBit;
        //flags += b2Draw::e_aabbBit;
        //flags += b2Draw::e_pairBit;
        //flags += b2Draw::e_centerOfMassBit;
        m_debugDraw->SetFlags(flags);
    }

    b2BodyDef groundBodyDef;
    groundBodyDef.position.Set(0, 0);
    b2Body *groundBody = _world->CreateBody(&groundBodyDef);

    b2EdgeShape groundEdge;
    b2FixtureDef boxShapeDef;
    boxShapeDef.shape = &groundEdge;

    // 아래쪽
    groundEdge.Set(b2Vec2(0, 0), b2Vec2(winSize.width / PTM_RATIO, 0));
    groundBody->CreateFixture(&boxShapeDef);
```

```
    // 왼쪽
    groundEdge.Set(b2Vec2(0, 0), b2Vec2(0, winSize.height / PTM_RATIO));
    groundBody->CreateFixture(&boxShapeDef);
    // 위쪽
    groundEdge.Set(b2Vec2(0, winSize.height / PTM_RATIO),
        b2Vec2(winSize.width / PTM_RATIO, winSize.height / PTM_RATIO));
    groundBody->CreateFixture(&boxShapeDef);
    // 오른쪽
    groundEdge.Set(b2Vec2(winSize.width / PTM_RATIO, winSize.height / PTM_RATIO),
        b2Vec2(winSize.width / PTM_RATIO, 0));
    groundBody->CreateFixture(&boxShapeDef);

    // 월드 생성 끝  ------------------------------------------------------------------

    return true;
}


HelloWorld::~HelloWorld()
{
    delete _world;
    _world = NULL;
}


void HelloWorld::draw()
{
    //
    // IMPORTANT:
    // This is only for debug purposes
    // It is recommend to disable it
    //
    Layer::draw();

    GL::enableVertexAttribs(GL::VERTEX_ATTRIB_FLAG_POSITION);

    kmGLPushMatrix();

    _world->DrawDebugData();
```

```cpp
    kmGLPopMatrix();
}


void HelloWorld::onEnter()
{
    Layer::onEnter();

    // 싱글 터치 모드로 터치리스너 등록
    auto listener = EventListenerTouchOneByOne::create();
    // Swallow touches only available in OneByOne mode.
    // 핸들링된 터치 이벤트를 터치 이벤트 array에서 지우겠다는 의미다.
    listener->setSwallowTouches(true);

    listener->onTouchBegan = CC_CALLBACK_2(HelloWorld::onTouchBegan, this);

    // The priority of the touch listener is based on the draw order of sprite
    // 터치리스너의 우선순위를 (노드가) 화면에 그려진 순서대로 한다.
    _eventDispatcher->addEventListenerWithSceneGraphPriority(listener, this);
}


void HelloWorld::onExit()
{
    _eventDispatcher->removeAllEventListeners();

    Layer::onExit();
}


void HelloWorld::tick(float dt)
{
    int velocityIterations = 8;
    int positionIterations = 3;

    // Step : 물리 세계를 시뮬레이션한다.
    _world->Step(dt, velocityIterations, positionIterations);

    // 만들어진 객체만큼 루프를 돌리면서 바디에 붙인 스프라이트를 여기서 제어한다.
    for (b2Body *b = _world->GetBodyList(); b; b = b->GetNext())
```

```
    {
        if (b->GetUserData() != NULL) {
            Sprite* spriteData = (Sprite *)b->GetUserData();

            spriteData->setPosition(Point(b->GetPosition().x * PTM_RATIO,
                                    b->GetPosition().y * PTM_RATIO));
            spriteData->setRotation(-1 * CC_RADIANS_TO_DEGREES(b->GetAngle()));
        }
    }
}


bool HelloWorld::onTouchBegan(Touch *touch, Event * event)
{
    auto touchPoint = touch->getLocation();

    // 터치된 지점에 새로운 물리 객체의 바디와 해당 스프라이트를 추가한다.
    addNewSpriteAtPosition(touchPoint);

    return true;
}


void HelloWorld::addNewSpriteAtPosition(Point location)
{
    // 스프라이트를 파라미터로 넘어온 위치에 만든다.
//    Sprite* pSprite = Sprite::createWithTexture(texture, Rect(0, 0, 37, 37));
//    pSprite->setPosition(Point(location.x, location.y));
//    this->addChild(pSprite);

    // 바디데프를 만들고 속성들을 지정한다.
    b2BodyDef bodyDef;
    bodyDef.type = b2_dynamicBody;
    bodyDef.position.Set(location.x / PTM_RATIO, location.y / PTM_RATIO);

    // 보통은 유저데이터에 스프라이트를 붙이는데
    // 여기서는 아무 데이타를 넣지 않고 디버그 드로잉만 수행한다.
//    bodyDef.userData = pSprite;
    bodyDef.userData = NULL;
```

```
    // 월드에 바디데프의 정보로 바디를 만든다.
    b2Body* body = _world->CreateBody(&bodyDef);

    // 바디에 적용할 물리 속성용 바디의 모양을 만든다. 여기서는 원을 만든다.
    b2CircleShape circle;
    // 바디의 크기 지정 - 원의 경우에는 반지름
    circle.m_radius = 0.45f;

    b2FixtureDef fixtureDef;
    // 모양
    fixtureDef.shape = &circle;
    // 밀도
    fixtureDef.density = 1.0f;
    // 마찰력
    fixtureDef.friction = 0.2f;
    // 반발력
    fixtureDef.restitution = 0.6f;

    body->CreateFixture(&fixtureDef);

}
```

디버그 모드는 다음 코드에서 지정한다. init에서 호출된 createBox2dWorld 함수의 파라미터로 들어온 debug 변수의 값이 true이면 디버그 모드를 시작하고 지정한 값에 의해 화면에 물리 객체의 다양한 디버깅 화면을 그려준다. 다음은 물리 객체의 모양만 그리도록 값을 지정한 것이다.

```
    // 디버그 드로잉 설정
    if (debug) {
        // 적색 : 현재 물리 운동을 하는 것
        // 회색 : 현재 물리 운동량이 없는 것
        m_debugDraw = new GLESDebugDraw(PTM_RATIO);
        _world->SetDebugDraw(m_debugDraw);

        uint32 flags = 0;
        flags += b2Draw::e_shapeBit;
```

```
        //flags += b2Draw::e_jointBit;
        //flags += b2Draw::e_aabbBit;
        //flags += b2Draw::e_pairBit;
        //flags += b2Draw::e_centerOfMassBit;
        m_debugDraw->SetFlags(flags);
    }
```

위와 같이 설정하면 물리 객체에 대한 실제 그림은 다음 함수에서 그려진다.

```
    void HelloWorld::draw()
    {
        Layer::draw();

        GL::enableVertexAttribs(GL::VERTEX_ATTRIB_FLAG_POSITION);

        kmGLPushMatrix();

        _world->DrawDebugData();

        kmGLPopMatrix();
    }
```

이제 주석에 적혀 있듯이 해당 바디에 물리적인 운동량이 남아 있으면 붉은 색으로 바디를 표시하고, 해당 바디에 더 이상의 물리적인 운동량이 없다면 회색으로 바디를 그려준다.

이번 예제는 일부러 바디데프의 유저속성에 스프라이트를 넣지 않고 만들었기 때문에 예제를 실행하면 다음과 같이 바디의 모양만 보일 것이다. 그리고 멈춰선 바디는 운동량이 없기 때문에 회색으로 표시되고, 현재 탄성 반발력에 의해 통통 튕기고 있는 바디는 붉은 색으로 표시된다.

디버그 모드가 적용되면 화면의 배경색을 우리가 작성한 코드처럼 하얀색으로 지정해도 위의 결과 화면처럼 자동으로 검정색으로 표시된다. 이는 디버그 모드가 더 잘 보이게 해 주려는 의도라고 본다.

복잡한 모양의 바디 추가

기본적으로 원(circle), 박스(box), 다각형(polygon) 형태의 모양(Shape, 쉐이프)을 픽스처를 통해 바디의 모양으로 만들 수 있다. 원이나 박스 형태는 간단하게 만들어 볼 수 있겠지만 사람이나 동물의 모양 등 복잡한 형태의 바디 모양을 만들려면 해당 모양을 촘촘한 다각형 형태의 좌표값 배열로 저장해 모두 연결해서 사용해야 한다. 이것은 보통 힘든 일이 아니다.

그래서 이런 경우에는 외부 툴을 이용한다. 저자는 보통 PhysicsEditor를 사용한다. PhysicsEditor는 아래 사이트에서 내려받을 수 있다.

http ://www.codeandweb.com/physicseditor

유료이긴 하지만 무료 버전으로도 사용해 볼 수 있다.

우측 상단의 다운로드를 선택한다.

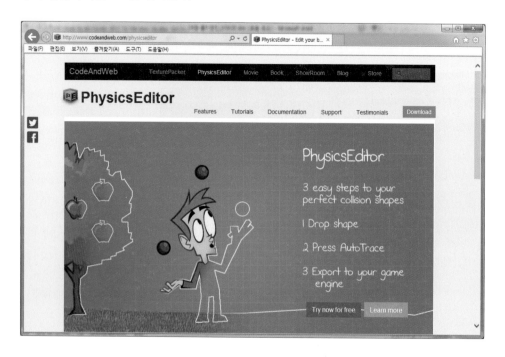

그런 다음 OS에 해당하는 버전을 선택한다.

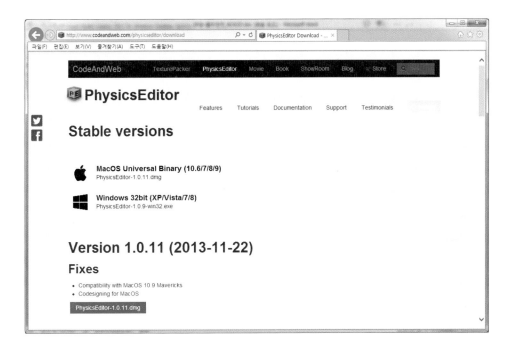

이제 다음 화면이 나오면서 프로그램이 다운로드되는데, 이 화면에서 해당 개발 툴의 예제를 내려받을 수 있다. 예제를 내려받자. 여기서는 이 예제의 리소스를 이용해 예제를 만들어 볼 것이다.

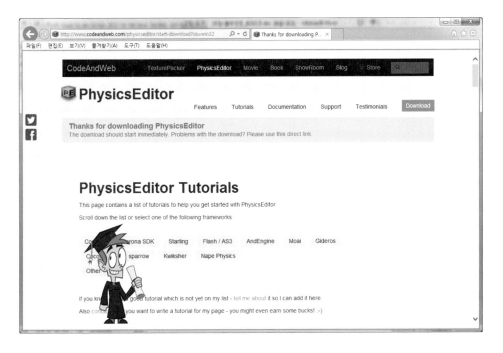

이번 예제에서 사용할 그림을 PhysicsEditor로 열어본 화면은 다음과 같다.

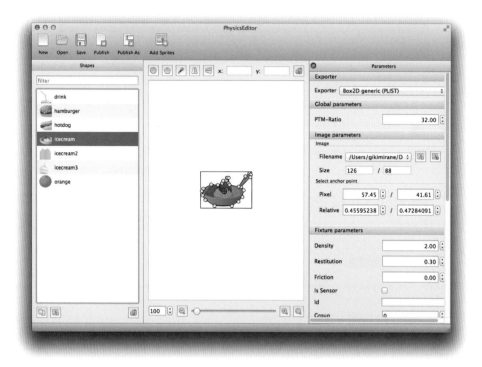

그림의 외곽선을 위 그림처럼 여러 번 클릭해서 연결하고 우측의 인스펙터에서 프로그램에서 사용할 값을 설정하면 깔끔하게 cocos2d-x에서 사용할 수 있는 plist 파일이 만들어진다.

이제 이 리소스를 이용해 프로젝트를 구성해 보자. 새로운 프로젝트를 다음과 같이 만든다.

- 프로젝트명 : Box2dEx03
- 패키지명 : com.study.box03

아래의 파일을 클래스 그룹에 추가한다.

- GLES-Render.h
- GLES-Render.cpp

그러고 나서 다음의 디렉터리에서

PhysicsEditor의 예제가 있는 디렉터리/Demo/generic-box2d-plist

아래의 파일을 찾아 클래스 그룹에 PhysicsEditorLoader 디렉터리를 만들고 추가한다.

- GB2ShapeCache-x.h
- GB2ShapeCache-x.cpp

역시 같은 방법으로 클래스를 추가한다.

이제 다음의 디렉터리에서

PhysicsEditor의 예제가 있는 디렉터리/Demo/Resources

아래의 파일을 찾아 리소스 그룹에 Images 디렉터리를 만들고 추가한다.

- drink.png

- hamburger.png

- hotdog.png

- icecream.png

- icecream2.png

- icecream3.png

- orange.png

- shapedefs.plist

앞에서 해 본 바와 같이 해당 파일을 찾아 프로젝트의 Resources 디렉터리 아래에 Images 디렉터리를 만들고 복사한다. 그리고 맥에서 개발하는 경우 앞에서 해 본 바와 같이 Images 디렉터리를 프로젝트의 Resources 그룹 아래로 드래그 앤 드롭해서 프로젝트에 포함시킨다.

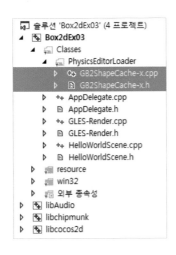

헤더 부분은 Box2dEx02와 다른 부분이 없고 다음과 같이 cpp 부분만 추가로 코드를 작성하면 된다. 색으로 칠한 부분이 새로 추가된 코드다. 또한 addNewSpriteAtPosition 함수는 Box2dEx02와 같은 이름을 사용했지만 내용이 많이 바뀌었으므로 자세히 보고 코드를 수정해야 한다.

```cpp
#include "HelloWorldScene.h"
#include "PhysicsEditorLoader/GB2ShapeCache-x.h"

using namespace std;

std::string names[] = {
    "hotdog",
    "drink",
    "icecream",
    "icecream2",
    "icecream3",
    "hamburger",
    "orange"
};

Scene* HelloWorld::createScene()
{
    auto scene = Scene::create();

    auto layer = HelloWorld::create();

    scene->addChild(layer);

    return scene;
}

bool HelloWorld::init()
{
    if ( !Layer::init() )
    {
        return false;
    }

    srand((int)time(NULL));
```

```cpp
    // 윈도우 크기를 구한다.
    winSize = Director::getInstance()->getWinSize();

    // 이미지의 텍스처를 구한다.
     //texture = Director::getInstance()->getTextureCache()->addImage("CloseNormal.
png");

    // load physics shapes
    GB2ShapeCache::sharedGB2ShapeCache()->addShapesWithFile("Images/shapedefs.
plist");

    // 월드 생성
    if (this->createBox2dWorld(true))
    {
        this->schedule(schedule_selector(HelloWorld::tick));
    }

    return true;
}


bool HelloWorld::createBox2dWorld(bool debug)
{
    // 월드 생성 시작 ------------------------------------------------------------

    // 중력의 방향을 결정한다.
    b2Vec2 gravity = b2Vec2(0.0f, -30.0f);

    _world = new b2World(gravity);
    _world->SetAllowSleeping(true);
    _world->SetContinuousPhysics(true);

    // 디버그 드로잉 설정
    if (debug) {
        // 적색 : 현재 물리 운동을 하는 것
        // 회색 : 현재 물리 운동량이 없는 것
        m_debugDraw = new GLESDebugDraw(PTM_RATIO);
        _world->SetDebugDraw(m_debugDraw);
```

```
        uint32 flags = 0;
        flags += b2Draw::e_shapeBit;
        //flags += b2Draw::e_jointBit;
        //flags += b2Draw::e_aabbBit;
        //flags += b2Draw::e_pairBit;
        //flags += b2Draw::e_centerOfMassBit;
        m_debugDraw->SetFlags(flags);
    }


    b2BodyDef groundBodyDef;
    groundBodyDef.position.Set(0, 0);
    b2Body *groundBody = _world->CreateBody(&groundBodyDef);


    b2EdgeShape groundEdge;
    b2FixtureDef boxShapeDef;
    boxShapeDef.shape = &groundEdge;


    // 아래쪽
    groundEdge.Set(b2Vec2(0, 0), b2Vec2(winSize.width / PTM_RATIO, 0));
    groundBody->CreateFixture(&boxShapeDef);
    // 왼쪽
    groundEdge.Set(b2Vec2(0, 0), b2Vec2(0, winSize.height / PTM_RATIO));
    groundBody->CreateFixture(&boxShapeDef);
    // 위쪽
    groundEdge.Set(b2Vec2(0, winSize.height / PTM_RATIO),
        b2Vec2(winSize.width / PTM_RATIO, winSize.height / PTM_RATIO));
    groundBody->CreateFixture(&boxShapeDef);
    // 오른쪽
    groundEdge.Set(b2Vec2(winSize.width / PTM_RATIO, winSize.height / PTM_RATIO),
        b2Vec2(winSize.width / PTM_RATIO, 0));
    groundBody->CreateFixture(&boxShapeDef);


    // 월드 생성 끝  -----------------------------------------------------------------


    return true;
}
```

```
HelloWorld::~HelloWorld()
{
    delete _world;
    _world = NULL;
}


void HelloWorld::draw()
{
    //
    // IMPORTANT:
    // This is only for debug purposes
    // It is recommend to disable it
    //
    Layer::draw();

    GL::enableVertexAttribs(GL::VERTEX_ATTRIB_FLAG_POSITION);

    kmGLPushMatrix();

    _world->DrawDebugData();

    kmGLPopMatrix();
}


void HelloWorld::onEnter()
{
    Layer::onEnter();

    // 싱글 터치 모드로 터치리스너 등록
    auto listener = EventListenerTouchOneByOne::create();
    // Swallow touches only available in OneByOne mode.
    // 핸들링된 터치 이벤트를 터치 이벤트 array에서 지우겠다는 의미다.
    listener->setSwallowTouches(true);

    listener->onTouchBegan = CC_CALLBACK_2(HelloWorld::onTouchBegan, this);

    // The priority of the touch listener is based on the draw order of sprite
    // 터치리스너의 우선순위를 (노드가) 화면에 그려진 순서대로 한다.
```

```
    _eventDispatcher->addEventListenerWithSceneGraphPriority(listener, this);
}

void HelloWorld::onExit()
{
    _eventDispatcher->removeAllEventListeners();

    Layer::onExit();
}

void HelloWorld::tick(float dt)
{
    int velocityIterations = 8;
    int positionIterations = 3;

    // Step : 물리 세계를 시뮬레이션한다.
    _world->Step(dt, velocityIterations, positionIterations);

    // 만들어진 객체만큼 루프를 돌리면서 바디에 붙인 스프라이트를 여기서 제어한다.
    for (b2Body *b = _world->GetBodyList(); b; b = b->GetNext())
    {
        if (b->GetUserData() != NULL) {
            Sprite* spriteData = (Sprite *)b->GetUserData();

            spriteData->setPosition(Point(b->GetPosition().x * PTM_RATIO,
                b->GetPosition().y * PTM_RATIO));
            spriteData->setRotation(-1 * CC_RADIANS_TO_DEGREES(b->GetAngle()));
        }
    }
}

bool HelloWorld::onTouchBegan(Touch *touch, Event * event)
{
    auto touchPoint = touch->getLocation();

    // 터치된 지점에 새로운 물리 객체의 바디와 해당 스프라이트를 추가한다.
    addNewSpriteAtPosition(touchPoint);
```

```
        return true;
    }


    // Box2dEx02의 코드와 같은 이름의 함수지만 내용을 다음과 같이 수정한다.
    void HelloWorld::addNewSpriteAtPosition(Point location)
    {
        std::string name = names[rand() % 7];

        char img_name[256] = { 0 };
        sprintf(img_name, "Images/%s.png", name.c_str());
        log("%s", img_name);

        Sprite* pSprite = Sprite::create(img_name);
        pSprite->setPosition(location);
        this->addChild(pSprite);

        // 바디데프를 만들고 속성들을 지정한다.
        b2BodyDef bodyDef;
        bodyDef.type = b2_dynamicBody;
        bodyDef.position.Set(location.x / PTM_RATIO, location.y / PTM_RATIO);
        bodyDef.userData = pSprite;

        // 월드에 바디데프의 정보로 바디를 만든다.
        b2Body* body = _world->CreateBody(&bodyDef);


        // 바디에 적용할 물리 속성용 바디의 모양을 만든다.
        GB2ShapeCache *sc = GB2ShapeCache::sharedGB2ShapeCache();
        sc->addFixturesToBody(body, name);
        pSprite->setAnchorPoint(sc->anchorPointForShape(name));
    }
```

이제 다음과 같이 GB2ShapeCache-x.cpp에서 코드를 수정한다. 기존의 코드에서 사용되지 않는 헤더 하나를 주석으로 처리하는 것이다.

```
#include "GB2ShapeCache-x.h"
#include "Box2D/Box2D.h" // 수정 : Box2D 추가
#include "CCNS.h"          // 삭제 또는 주석 처리
//#include "CCNS.h"

using namespace cocos2d;

… 생략 …
```

이제 코드를 완성했으면 실행해 보자. 다음과 같이 복잡한 모양의 바디에 물리 현상이 자연스럽게 적용돼 있음을 확인할 수 있을 것이다.

바디의 종류

박스2D에서 사용하는 바디는 다음과 같이 세 종류로 구분할 수 있다.

종류	설명
정적 바디 (Static Body)	특정 위치에 고정돼 있는 바디다. 다른 강체와의 충돌에도 고정된 위치와 각도는 변하지 않는다. 충돌 시 물리 계산을 하지 않는다.
키네마틱 바디 (Kinematic Body)	정적 바디와 같은 정적 객체이지만 속도와 방향을 지정해 이동시킬 수 있다. 충돌 시 물리 계산을 하지 않는다.
동적 바디 (Dynamic Body)	중력의 힘을 받는 동적 객체로서 이동과 회전이 가능하다. 다른 강체와 충돌하면 마찰력, 반발력에 의해 충돌 반응을 일으킨다.

그리고 모든 바디는 충돌을 체크하기 위한 형태와 물리적인 특성인 밀도, 마찰력, 반발력을 가지고 있다.

새로운 프로젝트를 다음과 같이 만든다.

- 프로젝트명 : Box2dEx04
- 패키지명 : com.study.box04

아래의 파일을 클래스 그룹에 추가한다.

- GLES–Render.h
- GLES–Render.cpp

그리고 나서 다음의 디렉터리에서

cocos2d–x가 설치된 디렉터리/samples/Cpp/TestCpp/Resources/Images

아래의 파일을 찾아 리소스 그룹에 추가한다.

- blocks.png

그리고 기본형에 Box2dEx02에서 작성한 부분까지 코드를 작성한다. Box2dEx02는 디버그 모드까지 적용된 코드다.

헤더 부분은 Box2dEx02와 다른 부분이 없다. cpp 부분은 색으로 칠해진 부분이 새로 추가 된 코드이며, 특히 createBox2dWorld의 끝부분에 Static Body와 Kinematic Body를 생성 하는 코드 부분을 추가하고, 역시 addNewSpriteAtPosition 함수는 Box2dEx02와 같은 이 름을 사용했지만 내용이 많이 바뀌었으므로 자세히 보고 코드를 수정해야 한다.

[예제 26-7] HelloWorldScene.cpp – 바디의 종류

```cpp
#include "HelloWorldScene.h"

Scene* HelloWorld::createScene()
{
    … 생략 …
}

bool HelloWorld::init()
{
    if ( !Layer::init() )
    {
        return false;
    }
```

```
    srand((int)time(NULL));

    // 윈도우 크기를 구한다.
    winSize = Director::getInstance()->getWinSize();

    // 이미지의 텍스처를 구한다.
    texture = Director::getInstance()->getTextureCache()->addImage("blocks.png");

    // 월드 생성
    if (this->createBox2dWorld(true))
    {
        this->schedule(schedule_selector(HelloWorld::tick));
    }

    return true;
}


bool HelloWorld::createBox2dWorld(bool debug)
{
    // 월드 생성 시작 ------------------------------------------------------------

    … 생략 …

    // 월드 생성 끝    ------------------------------------------------------------

    // 추가 ......................................

    // staticBody 스프라이트를 추가한다.
    Sprite* pSprite1 = Sprite::createWithTexture(texture, Rect(0, 0, 64, 64));
    pSprite1->setPosition(Point(winSize.width / 2, winSize.height / 2));
    this->addChild(pSprite1);

    // 바디데프를 만들고 속성들을 지정한다.
    b2BodyDef bodyDef1;
    bodyDef1.type = b2_staticBody;
    bodyDef1.position.Set(winSize.width / 2 / PTM_RATIO,
                          winSize.height / 2 / PTM_RATIO);
```

```
bodyDef1.userData = pSprite1;

b2Body* body1 = _world->CreateBody(&bodyDef1);

// 바디에 적용할 물리 속성용 바디의 모양을 만든다.
b2PolygonShape staticBox;
// 바디의 크기 지정 - 상자의 크기에서 가운데 위치를 지정한다.
staticBox.SetAsBox((pSprite1->getContentSize().width / 2) / PTM_RATIO,
                   (pSprite1->getContentSize().height / 2) / PTM_RATIO);

b2FixtureDef fixtureDef1;
fixtureDef1.shape = &staticBox;
fixtureDef1.density = 1.0f;

body1->CreateFixture(&fixtureDef1);

// kinematicBody 스프라이트를 추가한다.
Sprite* pSprite2 = Sprite::createWithTexture(texture, Rect(0, 0, 64, 32));
pSprite2->setPosition(Point(0, 100));
this->addChild(pSprite2);

// 바디데프를 만들고 속성들을 지정한다.
b2BodyDef bodyDef2;
bodyDef2.type = b2_kinematicBody;
bodyDef2.position.Set(0, 100.0f / PTM_RATIO);
bodyDef2.linearVelocity = b2Vec2(1.0f, 0);
bodyDef2.userData = pSprite2;

b2Body* body2 = _world->CreateBody(&bodyDef2);

// 바디에 적용할 물리 속성용 바디의 모양을 만든다.
b2PolygonShape kinematicBox;
// 바디의 크기 지정 - 상자의 크기에서 가운데 위치를 지정한다.
kinematicBox.SetAsBox((pSprite2->getContentSize().width / 2) / PTM_RATIO,
                      (pSprite2->getContentSize().height / 2) / PTM_RATIO);

b2FixtureDef fixtureDef2;
fixtureDef2.shape = &kinematicBox;
```

```
        fixtureDef2.density = 1.0f;

        body2->CreateFixture(&fixtureDef2);

        return true;
    }


HelloWorld::~HelloWorld()
{
    … 생략 …
}


void HelloWorld::draw()
{
    … 생략 …
}


void HelloWorld::onEnter()
{
    … 생략 …
}


void HelloWorld::onExit()
{
    … 생략 …
}


void HelloWorld::tick(float dt)
{
    … 생략 …
}


bool HelloWorld::onTouchBegan(Touch *touch, Event * event)
{
    … 생략 …
}
```

// Box2dEx02의 코드와 같은 이름의 함수지만 내용을 다음과 같이 수정한다.

```
void HelloWorld::addNewSpriteAtPosition(Point location)
{
    int nNum = rand() % 3;

    // 바디데프를 만들고 속성들을 지정한다.
    b2BodyDef bodyDef;
    bodyDef.type = b2_dynamicBody;
    bodyDef.position.Set(location.x / PTM_RATIO, location.y / PTM_RATIO);
    bodyDef.userData = NULL;

    // 월드에 바디데프의 정보로 바디를 만든다.
    b2Body* body = _world->CreateBody(&bodyDef);

    // 바디에 적용할 물리 속성용 바디의 모양을 만든다.
    if (nNum == 0) {
        b2PolygonShape dynamicBox;
        dynamicBox.SetAsBox(0.8f, 0.8f);

        b2FixtureDef fixtureDef;
        fixtureDef.shape = &dynamicBox;
        fixtureDef.density = 1.0f;
        fixtureDef.friction = 0.3f;
        fixtureDef.restitution = 0.0f;

        body->CreateFixture(&fixtureDef);
    }
    else if (nNum == 1) {
        b2PolygonShape dynamicBox;
        b2Vec2 tri[3];

        tri[0].x = -.5;
        tri[0].y = 0.0;

        tri[1].x = .5;
        tri[1].y = 0.0;
```

```
            tri[2].x = 0;
            tri[2].y = 1.0;

            dynamicBox.Set(tri, 3);

            b2FixtureDef fixtureDef;
            fixtureDef.shape = &dynamicBox;
            fixtureDef.density = 1.0f;
            fixtureDef.friction = 0.3f;
            fixtureDef.restitution = 1.0f;

            body->CreateFixture(&fixtureDef);
        }
        else {
            b2CircleShape dynamicCircle;
            dynamicCircle.m_radius = 1.0;

            b2FixtureDef fixtureDef;
            fixtureDef.shape = &dynamicCircle;
            fixtureDef.density = 1.0f;
            fixtureDef.friction = 0.2f;
            fixtureDef.restitution = 1.0f;

            body->CreateFixture(&fixtureDef);
        }
    }
```

위 코드에서 보면 바디를 다음과 같이 세 가지 타입으로 생성했다.

[정적 바디 만들기]

```
// 바디데프를 만들고 속성들을 지정한다.
b2BodyDef bodyDef1;
bodyDef1.type = b2_staticBody;
bodyDef1.position.Set(winSize.width / 2 / PTM_RATIO,
                      winSize.height / 2 / PTM_RATIO);
bodyDef1.userData = pSprite1;

b2Body* body1 = _world->CreateBody(&bodyDef1);
```

[키네마틱 바디 만들기]

```
// 바디데프를 만들고 속성들을 지정한다.
b2BodyDef bodyDef2;
bodyDef2.type = b2_kinematicBody;
bodyDef2.position.Set(0, 100.0f / PTM_RATIO);
bodyDef2.linearVelocity = b2Vec2(1.0f, 0);
bodyDef2.userData = pSprite2;

b2Body* body2 = _world->CreateBody(&bodyDef2);
```

키네마틱 바디는 앞의 정적 바디를 만들 때와는 다르게 선형 속도값을 벡터값으로 추가 지정했다. 위의 코드는 X축으로 1.0의 힘을 받는다는 표현이다. Y축으로 힘을 주지 않았기 때문에 프로그램이 실행되면 X축으로만 이동하게 될 것이다.

[동적 바디 만들기]

```
// 바디데프를 만들고 속성들을 지정한다.
b2BodyDef bodyDef;
bodyDef.type = b2_dynamicBody;
bodyDef.position.Set(location.x / PTM_RATIO, location.y / PTM_RATIO);
bodyDef.userData = NULL;

// 월드에 바디데프의 정보로 바디를 만든다.
b2Body* body = _world->CreateBody(&bodyDef);
```

자, 이제 코드를 완성했으면 예제를 실행해 본다.

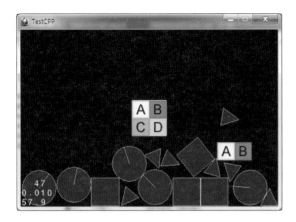

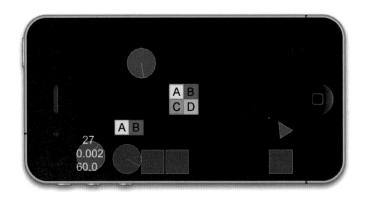

정적 바디는 화면의 한가운데에 고정돼 있고, 그 바로 아래에서 키네마틱 바디가 좌우로 이동하고 있다. 그리고 화면에 마우스를 클릭해서 동적 객체를 만들어내면 바디들끼리 부딪치면서 동적 객체는 충돌 반응을 일으키지만 정적 객체는 충돌 반응에 의한 값의 변화가 없다. 즉, 화면 상에서 위치의 변경이나 회전을 하지 않는다는 뜻이다. 마우스 클릭으로 동적 객체를 여러 개 만들어보면서 확인해 보기 바란다.

NOTE 정적 객체와 키네마틱 객체의 위치가 겹치면 어떻게 될까?

궁금하면 위의 코드에서 키네마틱 바디가 생성되는 위치를 조금 위로 만들어서 테스트해 볼 수 있을 것이다. 물리 엔진을 사용할 때는 많은 값들을 조정해보고 실제로 눈으로 보면서 값의 변화에 따른 시뮬레이션의 결과가 어떻게 되는지 확인해 보는 작업이 중요하다.

조인트

조인트(joint)란 두 바디 사이를 연결하는 객체다. 연결하는 방식에 따라 다양한 종류의 조인트가 있는데, 박스2D에서는 다음과 같이 10개의 조인트를 제공한다.

종류	설명
마우스 조인트 (Mouse Joint)	마우스로 화면을 클릭했을 때 클릭한 위치와 바디를 연결하는 조인트다. 박스2D에서 바디를 드래그 앤 드롭할 때 주로 사용된다.
리볼루트 조인트 (Revoute Joint)	두 바디 사이를 볼트 형태로 연결한다. 괘종시계의 시계 추와 같은 진자 운동을 표현할 수 있다.
웰드 조인트 (Weld Joint)	두 바디 사이를 용접하듯이 붙인다.

종류	설명
프리스마틱 조인트 (Prismatic Joint)	두 바디 사이를 주어진 직선 방향으로만 이동할 수 있도록 연결한다. 피스톤 운동이나 엘리베이터처럼 주어진 방향으로만 이동할 수 있다.
디스턴스 조인트 (Distance Joint)	두 바디 사이의 거리를 일정하게 유지하는 연결이다. 두 바디 사이의 연결에 단단한 철봉을 사용한 것이라고 생 각하자.
로프 조인트 (Rope Joint)	디스턴스 조인트와 유사하게 서로 거리를 유지하는 용도이지만 두 바디 사이의 연결에 고무줄을 사용한 것이라 고 생각할 수 있다. 두 연결 사이의 거리가 줄어든다.
프릭션 조인트 (Friction Joint)	디스턴스 조인트와 유사하게 서로 거리를 유지하는 용도이지만 두 바디 사이의 연결에 고무줄을 사용한 것이라 고 생각할 수 있다. 두 연결 사이의 거리가 늘어난다.
풀리 조인트 (Pulley Joint)	도르래 조인트로 두 바디 사이의 힘의 균형에 따라 움직인다.
기어 조인트 (Gear Joint)	톱니바퀴가 서로 연결돼 있는 것처럼 동작한다.
휠 조인트 (Wheel Joint)	자동차 바퀴처럼 원 운동을 하는 것처럼 동작한다.

마우스 조인트

새로운 프로젝트를 다음과 같이 만든다.

- 프로젝트명 : Box2dEx05
- 패키지명 : com.study.box05

아래의 파일을 클래스 그룹에 추가한다.

- GLES-Render.h
- GLES-Render.cpp

그리고 나서 다음의 디렉터리에서

cocos2d-x가 설치된 디렉터리/samples/Cpp/TestCpp/Resources/Images

아래의 파일을 찾아 리소스 그룹에 추가한다.

- blocks.png

그리고 기본형에 Box2dEx02에서 작성한 부분까지 코드를 작성한다. Box2dEx02는 디버그 모드까지 적용된 코드다.

다음은 마우스 조인트 프로젝트의 HelloWorldScene 클래스 헤더의 전체 코드다.

[예제 26-9] HelloWorldScene.h - 마우스 조인트

```cpp
#ifndef __HELLOWORLD_SCENE_H__
#define __HELLOWORLD_SCENE_H__

#include "cocos2d.h"
#include "Box2D/Box2D.h"
#include <GLES-Render.h>

#define PTM_RATIO 32

using namespace cocos2d;

class HelloWorld : public cocos2d::Layer
{
public:
    static cocos2d::Scene* createScene();

    virtual bool init();
```

```
        CREATE_FUNC(HelloWorld);

        bool createBox2dWorld(bool debug);
        ~HelloWorld();
        virtual void draw();

        virtual void onEnter();
        virtual void onExit();
        void tick(float dt);
        b2Body* addNewSprite(Point point, Size size, b2BodyType bodytype,
                             const char* spriteName, int type);

        b2Body* getBodyAtTab(Point p);
        virtual bool onTouchBegan(Touch *touch, Event * event);
        virtual void onTouchMoved(Touch *touch, Event * event);
        virtual void onTouchEnded(Touch *touch, Event * event);

        Size winSize;
        Texture2D* texture;
        b2World* _world;
        GLESDebugDraw* m_debugDraw;

        bool bDrag;
        b2Body *dragBody;
        b2MouseJoint *mouseJoint;
        b2Body *gbody;
    };


    #endif // __HELLOWORLD_SCENE_H__
```

다음은 마우스 조인트 프로젝트의 HelloWorldScene 클래스의 전체 코드다.

[예제 26-10] HelloWorldScene.cpp – 마우스 조인트

```
    #include "HelloWorldScene.h"

    Scene* HelloWorld::createScene()
```

```cpp
{
    … 생략 …
}

bool HelloWorld::init()
{
    … 생략 …
}

bool HelloWorld::createBox2dWorld(bool debug)
{
    // 월드 생성 시작 -----------------------------------------------------------------
    // 중력의 방향을 결정한다.
    b2Vec2 gravity = b2Vec2(0.0f, -30.0f);

    _world = new b2World(gravity);
    _world->SetAllowSleeping(true);
    _world->SetContinuousPhysics(true);

    // 디버그 드로잉 설정
    if (debug) {
        // 적색 : 현재 물리 운동을 하는 것
        // 회색 : 현재 물리 운동량이 없는 것
        m_debugDraw = new GLESDebugDraw(PTM_RATIO);
        _world->SetDebugDraw(m_debugDraw);

        uint32 flags = 0;
        flags += b2Draw::e_shapeBit;
        flags += b2Draw::e_jointBit;
        //flags += b2Draw::e_aabbBit;
        //flags += b2Draw::e_pairBit;
        //flags += b2Draw::e_centerOfMassBit;
        m_debugDraw->SetFlags(flags);
    }

    b2BodyDef groundBodyDef;
    groundBodyDef.position.Set(0, 0);
    b2Body *groundBody = _world->CreateBody(&groundBodyDef);
```

```
b2EdgeShape groundEdge;
b2FixtureDef boxShapeDef;
boxShapeDef.shape = &groundEdge;

// 아래쪽
groundEdge.Set(b2Vec2(0, 0), b2Vec2(winSize.width / PTM_RATIO, 0));
groundBody->CreateFixture(&boxShapeDef);
// 왼쪽
groundEdge.Set(b2Vec2(0, 0), b2Vec2(0, winSize.height / PTM_RATIO));
groundBody->CreateFixture(&boxShapeDef);
// 위쪽
groundEdge.Set(b2Vec2(0, winSize.height / PTM_RATIO),
    b2Vec2(winSize.width / PTM_RATIO, winSize.height / PTM_RATIO));
groundBody->CreateFixture(&boxShapeDef);
// 오른쪽
groundEdge.Set(b2Vec2(winSize.width / PTM_RATIO, winSize.height / PTM_RATIO),
    b2Vec2(winSize.width / PTM_RATIO, 0));
groundBody->CreateFixture(&boxShapeDef);

// 월드 생성 끝  -------------------------------------------------------------
bDrag = false;

// 마우스 조인트 바디를 생성해서 월드에 추가한다.
gbody = this->addNewSprite(Point(0, 0), Size(0, 0), b2_staticBody, NULL, 0);

// 바디를 생성해서 월드에 추가한다.
this->addNewSprite(Point(240, 160), Size(32, 32), b2_dynamicBody, "test", 0);
return true;
}


HelloWorld::~HelloWorld()
{
    … 생략 …
}


void HelloWorld::draw()
{
    … 생략 …
```

```
}

void HelloWorld::onEnter()
{
    … 생략 …
}

void HelloWorld::onExit()
{
    … 생략 …
}

void HelloWorld::tick(float dt)
{
    … 생략 …
}

b2Body* HelloWorld::addNewSprite(Point point, Size size, b2BodyType bodytype,
                        const char* spriteName, int type)
{
    // 바디데프를 만들고 속성들을 지정한다.
    b2BodyDef bodyDef;
    bodyDef.type = bodytype;
    bodyDef.position.Set(point.x / PTM_RATIO, point.y / PTM_RATIO);

    if (spriteName){
        if (strcmp(spriteName, "test") == 0) {
            int idx = (CCRANDOM_0_1() > .5 ? 0 : 1);
            int idy = (CCRANDOM_0_1() > .5 ? 0 : 1);
            Sprite* sprite = Sprite::createWithTexture(texture,
                            Rect(32 * idx, 32 * idy, 32, 32));
            sprite->setPosition(point);
            this->addChild(sprite);

            bodyDef.userData = sprite;
        }
        else {
            Sprite* sprite = Sprite::create(spriteName);
```

```
            sprite->setPosition(point);
            this->addChild(sprite);

            bodyDef.userData = sprite;
        }
    }

    // 월드에 바디데프의 정보로 바디를 만든다.
    b2Body *body = _world->CreateBody(&bodyDef);

    // 바디에 적용할 물리 속성용 바디의 모양을 만든다.
    b2FixtureDef fixtureDef;
    b2PolygonShape dynamicBox;
    b2CircleShape circle;

    if (type == 0) {
        dynamicBox.SetAsBox(size.width / 2 / PTM_RATIO, size.height / 2 / PTM_RATIO);

        fixtureDef.shape = &dynamicBox;
    }
    else {
        circle.m_radius = (size.width / 2) / PTM_RATIO;

        fixtureDef.shape = &circle;
    }

    // Define the dynamic body fixture.
    fixtureDef.density = 1.0f;
    fixtureDef.friction = 0.3f;
    fixtureDef.restitution = 0.0f;

    body->CreateFixture(&fixtureDef);

    return body;
}

b2Body* HelloWorld::getBodyAtTab(Point p)
{
```

```
        b2Fixture *fix;
        for (b2Body *b = _world->GetBodyList(); b; b = b->GetNext())
        {
            if (b->GetUserData() != NULL) {
                if (b->GetType() == b2_staticBody) continue;
                fix = b->GetFixtureList();
                if (fix->TestPoint(b2Vec2(p.x / PTM_RATIO, p.y / PTM_RATIO))) {
                    return b;
                }
            }
        }
        return NULL;
}


bool HelloWorld::onTouchBegan(Touch *touch, Event * event)
{
    Point touchPoint = touch->getLocation();

    if (b2Body *b = this->getBodyAtTab(touchPoint))
    {
        dragBody = b;
        bDrag = true;

        b2MouseJointDef md;
        md.bodyA = gbody;
        md.bodyB = dragBody;
        md.target.Set(dragBody->GetPosition().x, dragBody->GetPosition().y);
        md.maxForce = 300.0 * dragBody->GetMass();

        mouseJoint = (b2MouseJoint *)_world->CreateJoint(&md);
    }

    return true;
}

void HelloWorld::onTouchMoved(Touch *touch, Event * event)
{
    Point touchPoint = touch->getLocation();
```

```
    if (bDrag) {
        mouseJoint->SetTarget(b2Vec2(touchPoint.x / PTM_RATIO, touchPoint.y / PTM_
RATIO));
    }
}

void HelloWorld::onTouchEnded(Touch *touch, Event * event)
{
    if (bDrag) {
        _world->DestroyJoint(mouseJoint);
        mouseJoint = NULL;

        dragBody->SetAwake(true);
    }
    bDrag = false;
}
```

보다시피 마우스 조인트의 기능은 대부분 터치 델리게이트 함수에서 구현된다. 다만 조인트
가 두 바디 사이의 연결을 만드는 것이라고 했기 때문에 Point(0,0)에 아무것도 없는 gbody
라고 하는 형태와 속성이 없는 빈 바디를 하나 만들어 넣는다. 그리고 탭이 발생한 지점에 바
디가 있는지 확인하고 그 바디와 gbody를 서로 마우스 조인트로 연결한다. 탭이 된 위치의
바디B는 해당 탭이 된 위치에 마우스 조인트로 연결되고, 이후 onTouchMoved 함수에서 터
치가 이동함에 따라 위치를 바꿔줄 수 있게 된다.

```
b2MouseJointDef md;
md.bodyA = gbody;
md.bodyB = dragBody;
md.target.Set(dragBody->GetPosition().x, dragBody->GetPosition().y);
md.maxForce = 300.0 * dragBody->GetMass();

mouseJoint = (b2MouseJoint *)_world->CreateJoint(&md);
```

이후 사용자가 화면에서 터치된 손을 떼면 onTouchEnded 함수에서 이를 감지해 조인트 마
우스를 해제시킨다.

```
_world->DestroyJoint(mouseJoint);
mouseJoint = NULL;
```

그리고 addNewSprite 함수는 앞으로 스프라이트를 추가할 때 사용할 함수인데, 파라미터로 위치, 크기, 바디의 형태, 이미지 이름, 타입을 사용한다.

```
b2Body* addNewSprite(Point point,
                     Size size,
                     b2BodyType bodytype,
                     const char* spriteName,
                     int type);
```

파라미터의 이미지 이름을 "test"라고 지정하면 임의의 사각형 그림이 그려지도록 처리했다. 또한 NULL로 지정하면 바디의 유저데이터에 스프라이트를 사용하지 않고 디버그 모드에서만 볼 수 있는 바디의 형태로 나오게 처리했다. 그리고 타입으로 0을 입력하면 박스 형태를 그리고, 0이 아니면 원 형태의 바디를 그린다.

이제 코드를 완성했으면 예제를 실행해 보자. 화면에 보이는 바디를 마우스를 이용해 이리저리 끌어 놓을 수 있을 것이다. 위로 끌어 올리고 마우스를 놓는다면 중력에 의해 바디는 아래로 떨어져 내릴 것이다. 또한 힘껏 던지는 동작도 할 수 있을 것이다.

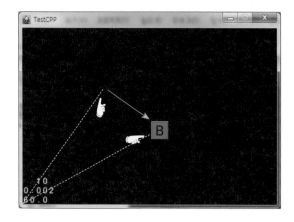

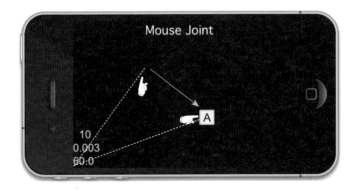

앞으로 만들게 될 조인트 관련 예제는 모두 마우스 조인트를 포함한다. 그러므로 이후의 예제는 Box2dEx05번 코드에 추가로 코드를 작성하면 된다.

리볼루트 조인트

새로운 프로젝트를 다음과 같이 만든다.

- 프로젝트명 : Box2dEx06
- 패키지명 : com.study.box06

아래의 파일을 클래스 그룹에 추가한다.

- GLES–Render.h
- GLES–Render.cpp

그러고 나서 다음의 디렉터리에서

cocos2d–x가 설치된 디렉터리/samples/Cpp/TestCpp/Resources/Images

아래의 파일을 찾아 리소스 그룹에 추가한다.

- blocks.png

그리고 기본형에 Box2dEx05에서 작성한 부분까지 코드를 작성한다. Box2dEx05는 디버그 모드에 마우스 조인트까지 적용된 코드다.

다음은 리볼루트 조인트 프로젝트에서 Box2dEx05와 달라진 부분이다.

[예제 26–11] HelloWorldScene.cpp – 리볼루트 조인트

```
… 생략 …

bool HelloWorld::createBox2dWorld(bool debug)
{
    // 월드 생성 시작 ------------------------------------------------------------

    … 생략 …

    // 월드 생성 끝  ------------------------------------------------------------

    bDrag = false;

    // 마우스 조인트 바디를 생성해서 월드에 추가한다.
    gbody = this->addNewSprite(Point(0, 0), Size(0, 0), b2_staticBody, NULL, 0);

    // ********************************************************************************
```

```
// 바디를 생성해서 월드에 추가한다.
b2Body* body1 = this->addNewSprite(Point(240, 160), Size(32, 32),
                                   b2_staticBody, "test", 0);

b2Body* body2 = this->addNewSprite(Point(140, 160), Size(32, 32),
                                   b2_dynamicBody, "test", 0);


// **************************************************************************

b2RevoluteJointDef revJointDef;

b2RevoluteJoint *revJoint;

revJointDef.Initialize(body1, body2, body1->GetPosition());

revJoint = (b2RevoluteJoint *)_world->CreateJoint(&revJointDef);
return true;
}

… 생략 …
```

body1과 body2 사이를 조인트로 연결하는데, body1의 위치에 리볼루트 조인트 위치를 지정한 것이다. 즉, body1의 위치가 축이 되는 것이다.

이제 코드를 실행하면 다음과 같은 화면을 볼 수 있다. 아래쪽에 흔들리는 바디를 마우스로 잡아 세게 휘둘러 보면 고정돼 있는 바디의 위치를 축으로 원 운동을 한다.

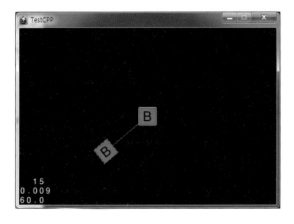

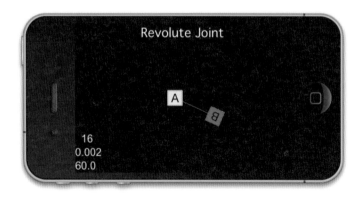

또한 다음과 같이 모터를 지정해 자동으로 원 운동을 하게 만들 수도 있다.

```
b2RevoluteJointDef revJointDef;
b2RevoluteJoint *revJoint;

revJointDef.Initialize(body1, body2, body1->GetPosition());

revJointDef.enableMotor = true;
revJointDef.motorSpeed = 5; // radians per second. 1 radian = 180/pi degrees
revJointDef.maxMotorTorque = 20; // 회전력

revJoint = (b2RevoluteJoint *)_world->CreateJoint(&revJointDef);
```

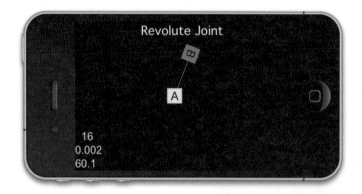

모터의 스피드와 회전력에 의해 돌아가는 속도가 달라지므로 여러 가지 값으로 바꿔보면서
테스트해 보기 바란다.

웰드 조인트

새로운 프로젝트를 다음과 같이 만든다.

- 프로젝트명 : Box2dEx07
- 패키지명 : com.study.box07

아래의 파일을 클래스 그룹에 추가한다.

- GLES−Render.h
- GLES−Render.cpp

그러고 나서 다음의 디렉터리에서

> cocos2d−x가 설치된 디렉터리/samples/Cpp/TestCpp/Resources/Images

아래의 파일을 찾아 리소스 그룹에 추가한다.

- blocks.png

그리고 프로젝트가 생성될 때 기본으로 포함되는 다음의 이미지를 사용한다.

- CloseNormal.png

그리고 기본형에 Box2dEx05에서 작성한 부분까지 코드를 작성한다. Box2dEx05는 디버그 모드에 마우스 조인트까지 적용된 코드다.

다음은 웰드 조인트 프로젝트에서 Box2dEx05와 달라진 코드 부분이다.

[예제 26–12] HelloWorldScene.cpp – 웰드 조인트

```
… 생략 …

bool HelloWorld::createBox2dWorld(bool debug)
{
    // 월드 생성 시작 ------------------------------------------------------------

    … 생략 …

    // 월드 생성 끝   ------------------------------------------------------------
bDrag = false;

    // 마우스 조인트 바디를 생성해서 월드에 추가한다.
    gbody = this->addNewSprite(Point(0, 0), Size(0, 0), b2_staticBody, NULL, 0);

    // ********************************************************************

    // 바디를 생성해서 월드에 추가한다.
    b2Body *body1, *body2, *body3, *body4;
    b2RevoluteJointDef revJointDef;
    b2WeldJointDef weldJointDef;

    body1 = this->addNewSprite(Point(100, winSize.height / 2), Size(60, 60),
                               b2_dynamicBody, "test", 0);
    body2 = this->addNewSprite(Point(100 + 2, winSize.height / 2 + 2), Size(40, 40),
                               b2_dynamicBody, "CloseNormal.png", 0);

    revJointDef.Initialize(body1, body2, body1->GetPosition());
    _world->CreateJoint(&revJointDef);
```

```
        body3 = this->addNewSprite(Point(200, winSize.height / 2), Size(60, 60),
                            b2_dynamicBody, "test", 0);
        body4 = this->addNewSprite(Point(200 + 2, winSize.height / 2 + 2), Size(40, 40),
                            b2_dynamicBody, "CloseNormal.png", 0);

        weldJointDef.Initialize(body3, body4, body3->GetPosition());
        _world->CreateJoint(&weldJointDef);

        // *************************************************************************

        return true;
    }
```

… 생략 …

body3과 body4 사이를 조인트로 연결하는데, body3의 위치에 웰드 조인트 위치를 지정한 것이다. 즉, body3의 위치에 body4가 용접된 것이다.

이제 코드를 실행하면 다음과 같은 화면을 볼 수 있다.

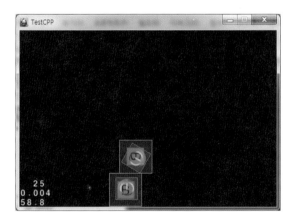

하나는 앞에서 만든 리볼루트 조인트가 적용된 바디이고, 다른 하나는 이번에 만들어본 웰드 조인트가 적용된 바디다. 리볼루트 조인트가 적용된 바디는 한가운데에 축을 설정하지 않았기 때문에 마우스로 잡아 이동시켜 보면 고정돼 있는 바디의 위치를 축으로 원 운동을 하기 때문에 각자 회전을 한다. 그러나 웰드 조인트가 적용된 바디는 용접한 것처럼 붙어 있으므로 두 개의 바디가 함께 붙어서 회전한다.

프리스마틱 조인트

새로운 프로젝트를 다음과 같이 만든다.

- 프로젝트명 : Box2dEx08
- 패키지명 : com.study.box08

아래의 파일을 클래스 그룹에 추가한다.

- GLES-Render.h
- GLES-Render.cpp

그리고 나서 다음의 디렉터리에서

    cocos2d-x가 설치된 디렉터리/samples/Cpp/TestCpp/Resources/Images

아래의 파일을 찾아 리소스 그룹에 추가한다.

- blocks.png

그리고 프로젝트가 생성될 때 기본으로 포함되는 다음의 이미지를 사용한다.

- CloseNormal.png

그리고 기본형에 Box2dEx05에서 작성한 부분까지 코드를 작성한다. Box2dEx05는 디버그
모드에 마우스 조인트까지 적용된 코드다.

다음은 프리스마틱 조인트 프로젝트에서 Box2dEx05와 달라진 부분이다.

[예제 26-13] HelloWorldScene.cpp - 프리스마틱 조인트

```
… 생략 …

bool HelloWorld::createBox2dWorld(bool debug)
{
    // 월드 생성 시작 ------------------------------------------------------------

    … 생략 …

    // 월드 생성 끝    ------------------------------------------------------------
    bDrag = false;

    // 마우스 조인트 바디를 생성해서 월드에 추가한다.
    gbody = this->addNewSprite(Point(0, 0), Size(0, 0), b2_staticBody, NULL, 0);

    // *******************************************************************

    this->addNewSprite(Point(240, 300), Size(50, 50),
                        b2_dynamicBody, "CloseNormal.png", 0);

    // 바디를 생성해서 월드에 추가한다.
    for (int i = 0; i < 10; i++) {
        createSpring(Point(24 + 48 * i, 10), Size(44, 20));
    }

    return true;
}

// 추가
void HelloWorld::createSpring(Point point, Size size)
{
```

```
    b2Body *body1, *body2;
    b2PrismaticJointDef priJointDef;
    b2PrismaticJoint *priJoint;

    body1 = this->addNewSprite(Point(point.x, point.y), Size(4, 20), b2_staticBody,
NULL, 0);
    body2 = this->addNewSprite(Point(point.x, point.y), size, b2_dynamicBody, NULL, 0);

    priJointDef.Initialize(body1, body2, body1->GetPosition(), b2Vec2(0.0, 1.0));
    priJointDef.collideConnected = false;
    priJointDef.lowerTranslation = 0;
    priJointDef.upperTranslation = 0.8;
    priJointDef.enableLimit = true;

    priJointDef.enableMotor = true;
    priJointDef.motorSpeed = 3;
    priJointDef.maxMotorForce = 2900;

    priJoint = (b2PrismaticJoint *)_world->CreateJoint(&priJointDef);
}

… 생략 …

b2Body* HelloWorld::addNewSprite(Point point, Size size, b2BodyType bodytype,
    const char* spriteName, int type)
{
    … 생략 …

    // Define the dynamic body fixture.
//    fixtureDef.density = 1.0f;
    if (spriteName){
        fixtureDef.density = 20.0f;
    }
    else {
        fixtureDef.density = 1.0f;
    }
    fixtureDef.friction = 0.3f;
```

```
        fixtureDef.restitution = 0.0f;

        body->CreateFixture(&fixtureDef);

        return body;
    }
```

… 생략 …

프리스마틱 조인트는 피스톤 운동이나 엘리베이터처럼 지정된 직선 운동만 한다고 앞에서 설명한 바 있다. 위 코드는 그것을 응용해 프리스마틱 조인트를 이용한 침대 같은 효과를 만들어 본 것이다.

위 코드에서 다음의 코드를 생략하면 중력값에 의해 다이내믹으로 설정된 body2는 아래로 떨어진다. 모터 기능을 켜놓고 계속해서 힘을 주기 때문에 중력의 영향에도 불구하고 body2가 위로 올라가 있는 것이다.

```
    priJointDef.enableMotor = true;
    priJointDef.motorSpeed = 3;
    priJointDef.maxMotorForce = 2900;
```

그리고 다음의 코드 때문에 모터값에 의해 힘을 받더라도 지정된 범위 이상은 올라가지 않고, 모터 기능을 꺼서 중력의 영향을 받게 되더라도 지정된 범위 이상은 떨어지지 않게 된다.

```
    priJointDef.lowerTranslation = 0;
    priJointDef.upperTranslation = 0.8f;
    priJointDef.enableLimit = true;
```

다음 코드는 자신들끼리의 충돌 처리를 할 것인지를 결정한다. 여기서는 false로 설정함으로써 자신들끼리의 충돌 처리는 하지 않았다.

```
    priJointDef.collideConnected = false;
```

완성된 코드를 실행해보자. 마치 광고의 침대 선전처럼 옆의 바디에는 영향을 주지 않고 충돌이 일어난 바디들만 침대 스프링처럼 동작하는 모습을 볼 수 있다.

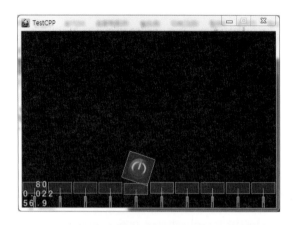

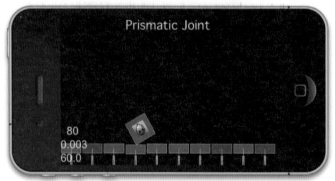

디스턴스 조인트

새로운 프로젝트를 다음과 같이 만든다.

- 프로젝트명 : Box2dEx09
- 패키지명 : com.study.box09

아래의 파일을 클래스 그룹에 추가한다.

- GLES-Render.h
- GLES-Render.cpp

그러고 나서 다음의 디렉터리에서

> cocos2d-x가 설치된 디렉터리/samples/Cpp/TestCpp/Resources/Images

아래의 파일을 찾아 리소스 그룹에 추가한다.

- blocks.png

그리고 기본형에 Box2dEx05에서 작성한 부분까지 코드를 작성한다. Box2dEx05는 디버그 모드에 마우스 조인트까지 적용된 코드다.

다음은 디스턴스 조인트 프로젝트에서 Box2dEx05와 달라진 부분이다.

```
… 생략 …

bool HelloWorld::createBox2dWorld(bool debug)
{
    // 월드 생성 시작 ----------------------------------------------------------------

    … 생략 …

    // 월드 생성 끝  ----------------------------------------------------------------
    bDrag = false;

    // 마우스 조인트 바디를 생성해서 월드에 추가한다.
    gbody = this->addNewSprite(Point(0, 0), Size(0, 0), b2_staticBody, NULL, 0);


    // *********************************************************************************


    b2DistanceJointDef distJointDef;

    b2Body *body1 = this->addNewSprite(Point(240, 280), Size(40, 40),
                                       b2_dynamicBody, "test", 0);
    b2Body *body2 = this->addNewSprite(Point(340, 280), Size(40, 40),
                                       b2_dynamicBody, "test", 0);


    distJointDef.Initialize(body1,
        body2,
        b2Vec2(body1->GetPosition().x, body1->GetPosition().y),
        b2Vec2(body2->GetPosition().x, body2->GetPosition().y));
    _world->CreateJoint(&distJointDef);

    return true;
}

… 생략 …
```

디스턴스 조인트는 두 바디 사이의 거리를 일정하게 유지하는 연결이고, 두 바디 사이의 연결에 단단한 철봉을 사용한 것과 같다고 설명한 바 있다.

위 코드처럼 디스턴스 조인트는 단순하게 두 바디의 위치만을 연결했다.

코드를 완성했으면 실행해서 결과를 확인해 보자.

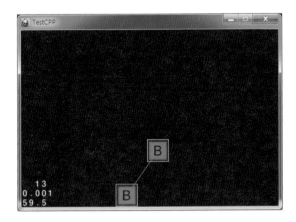

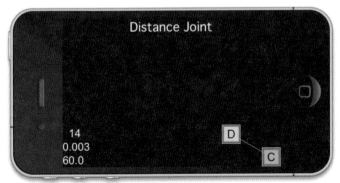

디버그 모드의 flags += b2Draw::e_jointBit; 부분의 주석을 풀어 놓았다면 두 바디 사이에 연결된 선이 보일 것이다. 이제 마우스로 바디를 잡고 이동시킬 때 두 바디 사이에 연결된 선을 보면 마치 철봉으로 연결해 놓은 듯한 효과를 눈으로 확인할 수 있을 것이다. 특히 벽에다 끌어서 던져 보면 두 바디 사이의 연결 효과를 더욱 잘 파악할 수 있을 것이다.

로프 조인트

새로운 프로젝트를 다음과 같이 만든다.

- **프로젝트명** : Box2dEx10
- **패키지명** : com.study.box10

아래의 파일을 클래스 그룹에 추가한다.

- GLES-Render.h
- GLES-Render.cpp

그러고 나서 다음의 디렉터리에서

cocos2d-x가 설치된 디렉터리/samples/Cpp/TestCpp/Resources/Images

아래의 파일을 찾아 리소스 그룹에 추가한다.

- blocks.png

그리고 기본형에 Box2dEx05에서 작성한 부분까지 코드를 작성한다. Box2dEx05는 디버그 모드에 마우스 조인트까지 적용된 코드다.

다음은 로프 조인트 프로젝트에서 Box2dEx05와 달라진 부분이다.

```cpp
… 생략 …

bool HelloWorld::createBox2dWorld(bool debug)
{
    // 월드 생성 시작 ----------------------------------------------------------------

    … 생략 …

    // 월드 생성 끝  ----------------------------------------------------------------
    bDrag = false;

    // 마우스 조인트 바디를 생성해서 월드에 추가한다.
    gbody = this->addNewSprite(Point(0, 0), Size(0, 0), b2_staticBody, NULL, 0);

    // ***********************************************************************

    b2RopeJointDef ropeJointDef;

    b2Body *body1 = this->addNewSprite(Point(240, 280), Size(40, 40),
                                       b2_dynamicBody, "test", 0);

    b2Body *body2 = this->addNewSprite(Point(340, 280), Size(40, 40),
                                       b2_dynamicBody, "test", 0);

    ropeJointDef.bodyA = body1;
    ropeJointDef.bodyB = body2;
    ropeJointDef.localAnchorA = b2Vec2(1.0f, 0.0f);
    ropeJointDef.localAnchorB = b2Vec2(-1.0f, 0.0f);    // -1 ~ 1
    ropeJointDef.maxLength = 1.5;    // 0.5  2.5  5.5
    ropeJointDef.collideConnected = true;
    _world->CreateJoint(&ropeJointDef);
```

```
    return true;
}
```

… 생략 …

로프 조인트는 디스턴스 조인트와 유사하게 서로 거리를 유지하는 용도지만 두 바디 사이의
연결에 고무줄을 사용한 것이라고 설명한 바 있다. 아래의 두 그림을 보면 꺾이는 부분이 보
이고 그 사이가 줄어들고 있음을 확인할 수 있다. 늘어나는 게 아니고 꺾이거나 줄어드는 것
이다.

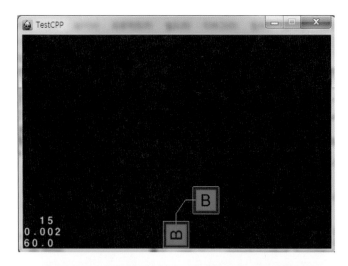

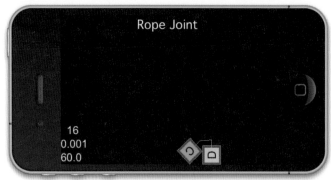

정확한 효과를 보려면 바닥에 붙인 채로 밀고 당기고 하면 두 바디가 늘어난 고무줄이 줄어들 듯 자연스럽게 서로 붙는 모습을 볼 수 있다.

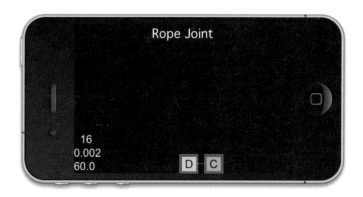

프릭션 조인트

새로운 프로젝트를 다음과 같이 만든다.

- 프로젝트명 : Box2dEx11
- 패키지명 : com.study.box11

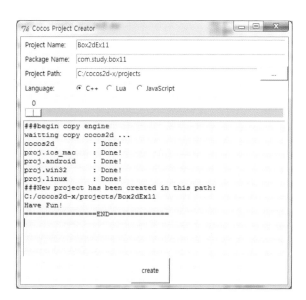

아래의 파일을 클래스 그룹에 추가한다.

- GLES-Render.h
- GLES-Render.cpp

그리고 나서 다음의 디렉터리에서

cocos2d-x가 설치된 디렉터리/samples/Cpp/TestCpp/Resources/Images

아래의 파일을 찾아 리소스 그룹에 추가한다.

- blocks.png

그리고 기본형에 Box2dEx05에서 작성한 부분까지 코드를 작성한다. Box2dEx05는 디버그 모드에 마우스 조인트까지 적용된 코드다.

다음은 프릭션 조인트 프로젝트에서 Box2dEx05와 달라진 부분이다.

[예제 26-16] HelloWorldScene.cpp - 프릭션 조인트

```
… 생략 …

bool HelloWorld::createBox2dWorld(bool debug)
{
    // 월드 생성 시작 --------------------------------------------------------------

    … 생략 …

    // 월드 생성 끝    --------------------------------------------------------------
    bDrag = false;

    // 마우스 조인트 바디를 생성해서 월드에 추가한다.
    gbody = this->addNewSprite(Point(0, 0), Size(0, 0), b2_staticBody, NULL, 0);

    // ****************************************************************************

    b2FrictionJointDef frictionJointDef;
```

```
    b2Body *body1 = this->addNewSprite(Point(240, 280), Size(40, 40),
                                       b2_dynamicBody, "test", 0);
    b2Body *body2 = this->addNewSprite(Point(340, 280), Size(40, 40),
                                       b2_dynamicBody, "test", 0);

    frictionJointDef.Initialize(body1, body2, body1->GetPosition());
    frictionJointDef.maxForce = 20;
    frictionJointDef.maxTorque = 10;

    _world->CreateJoint(&frictionJointDef);

    return true;
}
```

… 생략 …

프릭션 조인트는 디스턴스 조인트와 유사하게 서로 거리를 유지하는 용도지만 두 바디 사이
의 연결에 고무줄을 사용한 것이라고 생각할 수 있는데, 조인트데프에 정의한 힘이나 회전력
에 의해 늘어나는 효과가 있다.

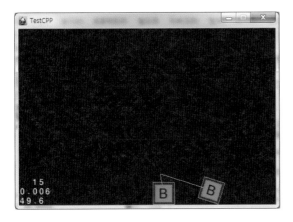

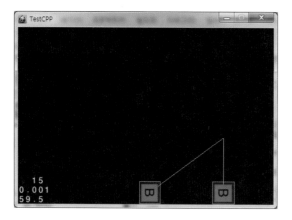

풀리 조인트

새로운 프로젝트를 다음과 같이 만든다.

- 프로젝트명 : Box2dEx12
- 패키지명 : com.study.box12

아래의 파일을 클래스 그룹에 추가한다.

- GLES-Render.h
- GLES-Render.cpp

그리고 나서 다음의 디렉터리에서

cocos2d-x가 설치된 디렉터리/samples/Cpp/TestCpp/Resources/Images

아래의 파일을 찾아 리소스 그룹에 추가한다.

- blocks.png

그리고 기본형에 Box2dEx05에서 작성한 부분까지 코드를 작성한다. Box2dEx05는 디버그 모드에 마우스 조인트까지 적용된 코드다.

다음은 풀리 조인트 프로젝트에서 Box2dEx05와 달라진 부분이다.

[예제 26-17] HelloWorldScene.cpp - 풀리 조인트

```
… 생략 …

bool HelloWorld::createBox2dWorld(bool debug)
{
    // 월드 생성 시작 ---------------------------------------------------------

    … 생략 …

    // 월드 생성 끝    ---------------------------------------------------------
    bDrag = false;

    // 마우스 조인트 바디를 생성해서 월드에 추가한다.
    gbody = this->addNewSprite(Point(0, 0), Size(0, 0), b2_staticBody, NULL, 0);

    // ***********************************************************************

    b2PulleyJointDef pulleyJointDef;
```

```
        b2Body *body1 = this->addNewSprite(Point(200, 150), Size(40, 40),
                                    b2_dynamicBody, "test", 0);
        b2Body *body2 = this->addNewSprite(Point(300, 150), Size(40, 40),
                                    b2_dynamicBody, "test", 0);

//      b2Body *bodyA = this->addNewSprite(Point(200,300), Size(40, 40),
//                                      b2_staticBody, NULL, 0);
//      b2Body *bodyB = this->addNewSprite(Point(300,300), CCSSizeizeMake(40, 40),
//                                      b2_staticBody, NULL, 0);

    pulleyJointDef.Initialize(body1,
                            body2,
                            b2Vec2(200 / PTM_RATIO, 300 / PTM_RATIO),
                            b2Vec2(300 / PTM_RATIO, 300 / PTM_RATIO),
                            body1->GetPosition(),
                            body2->GetPosition(),
                            1);
        pulleyJointDef.lengthA = 160 / PTM_RATIO;    // 약 160 .. 200이라 중력의 영향으로
아래로 떨어졌다.
        pulleyJointDef.lengthB = 160 / PTM_RATIO;
        pulleyJointDef.collideConnected = true;

    _world->CreateJoint(&pulleyJointDef);

    return true;
}

… 생략 …
```

풀리 조인트는 도르래 조인트로서 두 바디 사이의 힘의 균형에 따라 움직인다.

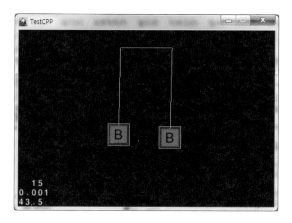

기어 조인트

새로운 프로젝트를 다음과 같이 만든다.

- 프로젝트명 : Box2dEx13
- 패키지명 : com.study.box13

아래의 파일을 클래스 그룹에 추가한다.

- GLES-Render.h
- GLES-Render.cpp

그리고 나서 다음의 디렉터리에서

cocos2d-x가 설치된 디렉터리/samples/Cpp/TestCpp/Resources/Images

아래의 파일을 찾아 리소스 그룹에 추가한다.

- blocks.png

그리고 기본형에 Box2dEx05에서 작성한 부분까지 코드를 작성한다. Box2dEx05는 디버그 모드에 마우스 조인트까지 적용된 코드다.

먼저 헤더를 다음과 같이 작성한다. Box2dEx05 코드에서 몇 가지를 주석 처리한 것이다.

[예제 26-18] HelloWorldScene.h - 기어 조인트

```
#ifndef __HELLOWORLD_SCENE_H__
#define __HELLOWORLD_SCENE_H__

#include "cocos2d.h"
#include "Box2D/Box2D.h"
#include <GLES-Render.h>

#define PTM_RATIO 32

using namespace cocos2d;

class HelloWorld : public cocos2d::Layer
{
public:
    static cocos2d::Scene* createScene();

    virtual bool init();

    CREATE_FUNC(HelloWorld);
```

```
      bool createBox2dWorld(bool debug);
      ~HelloWorld();
      virtual void draw();

      //virtual void onEnter();
      //virtual void onExit();
      void tick(float dt);
       b2Body* addNewSprite(Point point, Size size, b2BodyType bodytype, const char*
  spriteName, int type);

      //b2Body* getBodyAtTab(Point p);
      //virtual bool onTouchBegan(Touch *touch, Event * event);
      //virtual void onTouchMoved(Touch *touch, Event * event);
      //virtual void onTouchEnded(Touch *touch, Event * event);

      Size winSize;
      Texture2D* texture;
      b2World* _world;
      GLESDebugDraw* m_debugDraw;

      //bool bDrag;
      //b2Body *dragBody;
      //b2MouseJoint *mouseJoint;
      //b2Body *gbody;
  };


  #endif // __HELLOWORLD_SCENE_H__
```

다음은 기어 조인트 프로젝트의 cpp 코드다. createBox2dWorld 함수의 코드를 수정하고
헤더에서 주석 처리한 함수도 함께 주석 처리하면 된다.

[예제 26-19] HelloWorldScene.cpp – 기어 조인트

```
  … 생략 …

  bool HelloWorld::createBox2dWorld(bool debug)
  {
```

```
// 월드 생성 시작 -------------------------------------------------------------------

… 생략 …

// 월드 생성 끝    -------------------------------------------------------------------

b2GearJointDef gearJointDef;
b2RevoluteJointDef jointDef1;
b2RevoluteJointDef jointDef2;
b2RevoluteJoint *joint1;
b2RevoluteJoint *joint2;

b2Body *body0 = this->addNewSprite(Point(240, 160), Size(160, 60),
                                   b2_staticBody, NULL, 0);
b2Body *body1 = this->addNewSprite(Point(240 - 22, 160), Size(40, 40),
                                   b2_dynamicBody, NULL, 1);
b2Body *body2 = this->addNewSprite(Point(240 + 22, 160), Size(40, 40),
                                   b2_dynamicBody, NULL, 1);

jointDef1.Initialize(body0, body1, body1->GetPosition());
jointDef2.Initialize(body0, body2, body2->GetPosition());

jointDef1.enableMotor = true;
jointDef1.motorSpeed = 1;
jointDef1.maxMotorTorque = 10;

// joint1를 생성하기 전에 위 모터의 속성들을 정의해야 한다.
joint1 = (b2RevoluteJoint *)_world->CreateJoint(&jointDef1);
joint2 = (b2RevoluteJoint *)_world->CreateJoint(&jointDef2);

gearJointDef.bodyA = body1;
gearJointDef.bodyB = body2;
gearJointDef.joint1 = (b2Joint *)joint1;
gearJointDef.joint2 = (b2Joint *)joint2;
gearJointDef.ratio = 2.0f;

_world->CreateJoint(&gearJointDef);
```

```
    return true;
}
```

… 생략 …

기어 조인트는 톱니바퀴가 서로 연결돼 있는 것처럼 동작한다고 설명한 바 있다. 시계 부품의 톱니바퀴를 생각하면 된다. 두 바디의 크기가 서로 같을 필요는 없다. 다만 바디데프의 유저 데이터에 넣을 스프라이트의 크기를 상식적으로 맞춰 줄 필요는 있다.

위 코드는 일단 정적인 바디를 만들어 화면에 고정시키고 그 정적인 바디에 동적인 바디 둘을 붙여서 기어를 구성했다. body1을 body0에 리볼루트 조인트로 연결하고 자동으로 회전되도록 모터를 켜고 힘을 줬다. body2는 body0에 리볼루트 조인트로 연결만 했다. 그리고 body1과 body2를 기어 조인트로 연결하고 body1이 body2의 2배로 회전하도록 구성했다.

이제 예제를 실행하면 다음과 같이 body1이 body2에 비해 2배로 빨리 도는 것을 확인할 수 있는데, 시작부터 바로 되는 것은 아니고 자세히 보면 한바퀴 돌고 나서부터인 것을 알 수 있다. 자동차의 가속페달을 밟아도 바로 시속 100km가 나오지 않듯이 어느 정도 시간이 지나야 한다.

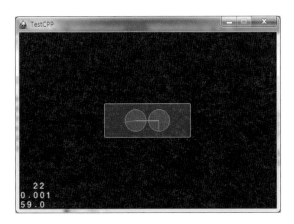

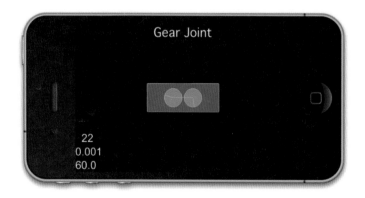

휠 조인트

새로운 프로젝트를 다음과 같이 만든다.

- 프로젝트명 : Box2dEx14
- 패키지명 : com.study.box14

아래의 파일을 클래스 그룹에 추가한다.

- GLES-Render.h
- GLES-Render.cpp

그리고 나서 다음의 디렉터리에서

    cocos2d-x가 설치된 디렉터리/samples/Cpp/TestCpp/Resources/Images

아래의 파일을 찾아 리소스 그룹에 추가한다.

- blocks.png

그리고 기본형에 Box2dEx13에서 작성한 부분까지 코드를 작성한다. 그리고 마지막에 변수 세 개를 추가했다.

[예제 26-20] HelloWorldScene.h - 휠 조인트

```
#ifndef __HELLOWORLD_SCENE_H__
#define __HELLOWORLD_SCENE_H__

#include "cocos2d.h"
#include "Box2D/Box2D.h"
#include <GLES-Render.h>

#define PTM_RATIO 32

using namespace cocos2d;

class HelloWorld : public cocos2d::Layer
{
public:
    static cocos2d::Scene* createScene();

    virtual bool init();

    CREATE_FUNC(HelloWorld);
```

```
    bool createBox2dWorld(bool debug);
    ~HelloWorld();
    virtual void draw();

    void tick(float dt);
     b2Body* addNewSprite(Point point, Size size, b2BodyType bodytype, const char*
spriteName, int type);

    Size winSize;
    Texture2D* texture;
    b2World* _world;
    GLESDebugDraw* m_debugDraw;

    b2Body *body0;
    b2WheelJoint* m_spring1;
    b2WheelJoint* m_spring2;
};


#endif // __HELLOWORLD_SCENE_H__
```

다음은 휠 조인트 프로젝트의 cpp 코드다. 그리고 역시 Box2dEx13의 코드에서 다음 부분의 코드를 수정한다.

[예제 26-21] HelloWorldScene.cpp - 휠 조인트

```
… 생략 …

bool HelloWorld::createBox2dWorld(bool debug)
{
    // 월드 생성 시작 ----------------------------------------------------------

    … 생략 …

    // 월드 생성 끝     ----------------------------------------------------------

    b2WheelJointDef jd1;
    b2WheelJointDef jd2;
```

```
    body0 = this->addNewSprite(Point(340, 70), Size(100, 40),
                               b2_dynamicBody, NULL, 0);
    b2Body *body1 = this->addNewSprite(Point(310, 50), Size(30, 30),
                                       b2_dynamicBody, NULL, 1);
    b2Body *body2 = this->addNewSprite(Point(370, 50), Size(30, 30),
                                       b2_dynamicBody, NULL, 1);

    b2Vec2 axis(0.0f, 1.0f);

    jd1.Initialize(body0, body1, body1->GetPosition(), axis);
    jd1.motorSpeed = 30.0f;
    jd1.maxMotorTorque = 20.0f;
    jd1.enableMotor = true;
    jd1.frequencyHz = 4.0f;
    //jd1.dampingRatio = 0.7f;

    jd2.Initialize(body0, body2, body2->GetPosition(), axis);
    jd2.motorSpeed = 30.0f;
    jd2.maxMotorTorque = 20.0f;
    jd2.enableMotor = true;
    jd2.frequencyHz = 4.0f;
    //jd2.dampingRatio = 1.0f;

    m_spring1 = (b2WheelJoint*)_world->CreateJoint(&jd1);
    m_spring2 = (b2WheelJoint*)_world->CreateJoint(&jd2);

    return true;
}
```

… 생략 …

휠 조인트는 모터 기능을 활성화하고 여러 가지 속성을 지정하면 자동차 바퀴처럼 원 운동을
하면서 동작한다. 서서히 가속이 되고 서서히 속도가 줄어드는 제동력(dampingRatio) 등도
속성으로 추가돼 있다.

프로젝트를 실행해 보면 바닥보다 조금 위에 바디를 만들었기 때문에 아래로 떨어지는데, 바
닥에 닿자마자 자동차처럼 좌우로 계속해서 움직인다.

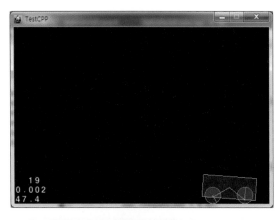

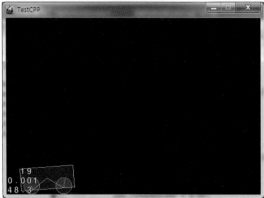

충돌 처리

박스2D는 두 바디 사이의 충돌을 처리하기 위해 b2ContactListener를 제공한다. 충돌이 시작하면 충돌에 관한 진행 상황을 b2ContactListener에서 모니터링하게 되고 다음의 네 가지 이벤트가 순서대로 호출된다. 참고로 콜백 함수를 모두 정의할 필요는 없다.

종류	설명
Begin	물리 시뮬레이션의 스텝에서 두 형태가 처음으로 접촉을 시작했을 때 호출된다. 해당 콜백 함수에서 FALSE를 리턴하면 뒤이어 발생하는 이벤트를 무시할 수도 있다. 그렇게 하면 preSolve, postSolve 콜백 함수는 호출되지 않으며, 발생한 힘(충돌)을 계산하지 않는다. 그렇지만 end 콜백 함수는 여전히 호출된다.
preSolve	두 형태가 접촉을 계속하는 동안 호출된다. FALSE를 리턴하면 해당 시뮬레이션 스텝에서 무시되며, TRUE를 리턴하면 정상 처리된다.
postSolve	두 형태가 접촉했으며, 충돌을 이미 처리했을 때 호출된다. 이 콜백 함수로 충돌력을 계산할 수 있는데, Impulse에 충돌의 충격량이 전달되어 온다.
End	충돌 상황이 이번 스텝에서 해제됐을 때, 즉 두 바디의 접촉이 떨어졌을 때 호출된다.

새로운 프로젝트를 다음과 같이 만든다.

- 프로젝트명 : Box2dEx15
- 패키지명 : com.study.box15

아래의 파일을 클래스 그룹에 추가한다.

- GLES-Render.h
- GLES-Render.cpp

그리고 나서 다음의 디렉터리에서

cocos2d-x가 설치된 디렉터리/samples/Cpp/TestCpp/Resources/Images

아래의 파일을 찾아 리소스 그룹에 추가한다.

- blocks.png

그리고 b2ContactListener는 별도의 클래스로 작성해 우리 프로젝트에 포함시키겠다. ContactListener.h와 ContactListener.cpp를 새로 만들어 프로젝트에 추가한다.

프로젝트에 새로운 클래스를 추가하는 방법은 10장의 TouchEx4 예제를 만들 때 자세하게 설명한 바 있다. 해당 부분을 참고하기 바란다.

이후에 충돌 처리 클래스를 원하는 프로젝트에서 같은 방법으로 사용하면 될 것이다.

다음은 리스너 부분의 헤더 부분이다. 아무것도 생략하지 않은 전체 코드다.

[예제 26-22] ContactListener.h – 충돌 처리

```
#ifndef __Box2dEx18__ContactListener__
#define __Box2dEx18__ContactListener__

#include "cocos2d.h"
#include "Box2D/Box2D.h"

using namespace cocos2d;

class ContactListener : public b2ContactListener {
public:
    ContactListener();
    ~ContactListener();

    virtual void BeginContact(b2Contact *contact);
    virtual void EndContact(b2Contact *contact);
    virtual void PreSolve(b2Contact *contact, const b2Manifold *oldManifold);
    virtual void PostSolve(b2Contact *contact, const b2ContactImpulse *impulse);
};

#endif /* defined(__Box2dEx18__ContactListener__) */
```

다음은 리스너 부분의 cpp 부분이다. 아무것도 생략하지 않은 전체 코드다.

[예제 26-23] ContactListener.cpp – 충돌 처리

```
#include "ContactListener.h"

ContactListener::ContactListener() {
```

```cpp
}

ContactListener::~ContactListener() {
}

void ContactListener::BeginContact(b2Contact *contact)
{
    log("Contact:Begin");
}

void ContactListener::EndContact(b2Contact *contact)
{
    log("Contact:End");
}

void ContactListener::PreSolve(b2Contact *contact, const b2Manifold *oldManifold)
{
    log("Contact:PreSolve");
}

void ContactListener::PostSolve(b2Contact *contact, const b2ContactImpulse
*impulse)
{
    log("Contact:PostSolve .. 1");

    b2Fixture *fixA = contact->GetFixtureA();
    b2Fixture *fixB = contact->GetFixtureB();

    b2Body *bodyA =  fixA->GetBody();
    b2Body *bodyB =  fixB->GetBody();

    if(bodyA->GetType() == b2_dynamicBody || bodyB->GetType() == b2_dynamicBody ){
        log("Contact:impulse .. %f",impulse->normalImpulses[0]);
    }
}
```

프로젝트의 전체적인 모습은 다음과 같을 것이다.

맥 환경이라면 다음과 같은 모양이 되도록 구성하면 된다.

그리고 HelloWorldScene 클래스 기본형에 Box2dEx05에서 작성한 부분까지 코드를 작성한다. Box2dEx05는 디버그 모드에 마우스 조인트까지 적용된 코드다.

먼저 헤더를 다음과 같이 작성한다. Box2dEx05 코드에서 몇 가지를 주석 처리하고, 앞에서 작성한 리스너를 처리하기 위한 헤더와 변수를 추가한다.

```cpp
#ifndef __HELLOWORLD_SCENE_H__
#define __HELLOWORLD_SCENE_H__

#include "cocos2d.h"
#include "Box2D/Box2D.h"
#include <GLES-Render.h>
#include "ContactListener.h"

#define PTM_RATIO 32

using namespace cocos2d;

class HelloWorld : public cocos2d::Layer
{
public:
    static cocos2d::Scene* createScene();

    virtual bool init();

    CREATE_FUNC(HelloWorld);

    bool createBox2dWorld(bool debug);
    ~HelloWorld();
    virtual void draw();

    virtual void onEnter();
    virtual void onExit();
    void tick(float dt);
     b2Body* addNewSprite(Point point, Size size, b2BodyType bodytype, const char*
spriteName, int type);

//    b2Body* getBodyAtTab(Point p);
    virtual bool onTouchBegan(Touch *touch, Event * event);
//    virtual void onTouchMoved(Touch *touch, Event * event);
//    virtual void onTouchEnded(Touch *touch, Event * event);
```

```
    Size winSize;
    Texture2D* texture;
    b2World* _world;
    GLESDebugDraw* m_debugDraw;

    ContactListener* myContactListener;
};


#endif // __HELLOWORLD_SCENE_H__
```

그리고 구현부인 cpp는 다음과 같이 작성한다. 헤더에서 주석 처리한 부분은 여기서도 주석 처리하거나 삭제한다.

[예제 26-25] HelloWorldScene.cpp – 충돌 처리

```
… 생략 …

bool HelloWorld::createBox2dWorld(bool debug)
{
    // 월드 생성 시작 ---------------------------------------------------------

    … 생략 …

    // 월드 생성 끝  ---------------------------------------------------------

    myContactListener = new ContactListener();

    _world->SetContactListener((b2ContactListener*)myContactListener);

    return true;
}

HelloWorld::~HelloWorld()
{
    delete myContactListener;
    delete _world;
```

```
        _world = NULL;
    }

    … 생략 …

void HelloWorld::onEnter()
{
    Layer::onEnter();

    // 싱글 터치 모드로 터치리스너 등록
    auto listener = EventListenerTouchOneByOne::create();

    listener->setSwallowTouches(true);

    listener->onTouchBegan = CC_CALLBACK_2(HelloWorld::onTouchBegan, this);
//    listener->onTouchMoved = CC_CALLBACK_2(HelloWorld::onTouchMoved, this);
//    listener->onTouchEnded = CC_CALLBACK_2(HelloWorld::onTouchEnded, this);

    _eventDispatcher->addEventListenerWithSceneGraphPriority(listener, this);
}

    … 생략 …
```

코드를 완성하고 예제를 실행하면 화면에 아무것도 나오지 않는다. 이전 예제처럼 화면에 클릭
을 하면 해당 위치에서 바디가 하나 만들어져서 중력의 영향을 받아 바닥으로 떨어질 것이다.

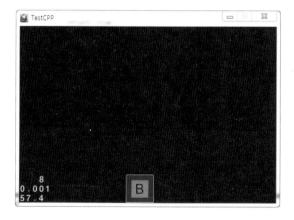

이때 출력창의 로그를 보면 다음과 같다. 처음에는 아무리 찾아봐도 End가 없을 것이다. 바닥과의 충돌인데 반발력을 주지 않아서 계속 바닥과 맞닿아 있기 때문에 end 이벤트는 발생하지 않는다.

그리고 계속해서 preSolve와 postSolve 이벤트가 반복적으로 발생한다는 사실을 알 수 있다. 이는 물리적인 운동량이 없어질 때까지 반복된다.

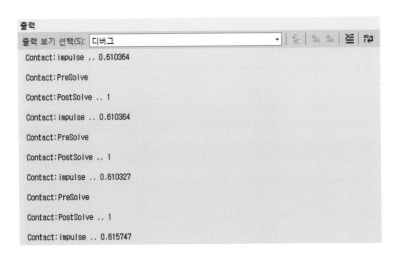

이제 화면을 클릭해서 바디를 하나 더 생성해 기존의 바디 위쪽에서 약간 빗나가게 생성한다. 그러면 내려오면서 기존 바디에 부딪히고 옆으로 굴러떨어질 것이다. 이때 end 이벤트가 발생하는 것을 볼 수 있다.

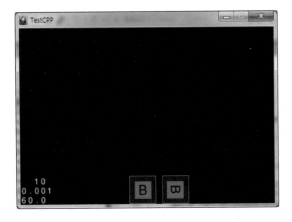

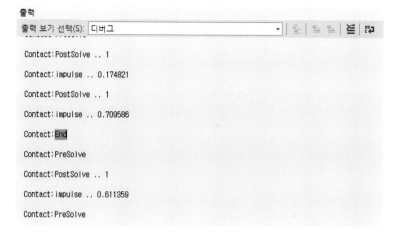

충돌 주기

임의로 바디에 충격을 줘서(힘을 줘서) 해당 바디를 충격의 방향과 힘에 따라 이동시키거나 회전시킬 수 있는데, 박스2D에서는 이렇게 충격을 주기 위한 함수를 다음과 같이 제공한다. 이런 함수를 이용하면 앵그리버드 같은 게임이나 당구 게임, 볼링 게임 등을 마우스 조인트를 이용하는 것보다 정밀하게 만들 수 있다.

※ 이전 버전의 함수와 비교하면 bool 타입의 wake 파라미터가 모든 함수에 추가됐다.

함수	inline void b2Body::ApplyForce(const b2Vec2& force, const b2Vec2& point, bool wake);
설명	force만큼의 힘으로 point에 힘을 가한다. 주어진 단위 시간인 1초 동안 force만큼 힘을 가한다.

함수	inline void b2Body::ApplyForceToCenter(const b2Vec2& force, bool wake);
설명	force만큼의 힘을 정중앙에 가한다.

함수	inline void b2Body::ApplyTorque(float32 torque, bool wake);
설명	파라미터로 들어온 값만큼의 회전력을 준다. 주어진 단위 시간인 1초 동안 파라미터로 들어온 회전력을 가한다.

함수	inline void b2Body::ApplyLinearImpulse(const b2Vec2& impulse, const b2Vec2& point, bool wake);
설명	impulse만큼의 힘을 point에 가한다. ApplyForce와의 차이점은 주어진 시간에 나눠서 힘을 주는 것이 아니고 한꺼번에 힘을 준다는 것이다.

함수	`inline void b2Body::ApplyAngularImpulse(float32 impulse, bool wake);`
설명	파라미터로 들어온 값만큼의 회전력을 주는데, 주어진 단위 시간인 1초 동안 파라미터로 들어온 회전력을 가하는 것이 아니고 한 번에 회전력을 가한다.

이번에는 앵그리버드처럼 하나의 바디를 던져 쌓여 있는 바디를 무너뜨리는 예제를 만들어 보겠다. 화면도 앵그리버드처럼 좀 더 넓게 구성해서 오른쪽의 안 보이는 공간에 무너뜨릴 바디들을 쌓아 놓겠다. 마우스 조인트를 이용해서도 바디를 던질 수 있지만 앵그리버드처럼 사용자가 힘을 임의로 조절할 수 있게 하려면 이번 절에서 배운 함수를 이용해 바디에 힘을 가해야 한다.

새로운 프로젝트를 다음과 같이 만든다.

- 프로젝트명 : Box2dEx16
- 패키지명 : com.study.box16

아래의 파일을 클래스 그룹에 추가한다.

- GLES—Render.h
- GLES—Render.cpp

그러고 나서 다음의 디렉터리에서

cocos2d-x가 설치된 디렉터리/samples/Cpp/TestCpp/Resources/Images

아래의 파일을 찾아 리소스 그룹에 추가한다.

- blocks.png

그리고 다음은 ParallaxNodeEx3 예제에서 사용하기 위해 만든 이미지다.

- background1.png
- background1.png

해당 파일을 찾아 프로젝트의 Resources 디렉터리 아래에 Images 디렉터리를 만들고 복사한다. 그리고 맥에서 개발하는 경우 앞에서 해 본 바와 같이 Images 디렉터리를 프로젝트의 Resources 그룹 아래로 드래그 앤 드롭해서 프로젝트에 포함시킨다.

그리고 HelloWorldScene 클래스 기본형에 Box2dEx05에서 작성한 부분까지 코드를 작성한다. Box2dEx05는 디버그 모드에 마우스 조인트까지 적용된 코드다.

먼저 헤더를 다음과 같이 작성한다. Box2dEx05 코드에서 몇 가지를 주석 처리하고, 앞에서 작성한 리스너를 처리하기 위한 헤더와 변수를 추가한다.

[예제 26-26] HelloWorldScene.h - 충격 주기

```
#ifndef __HELLOWORLD_SCENE_H__
#define __HELLOWORLD_SCENE_H__

#include "cocos2d.h"
#include "Box2D/Box2D.h"
#include <GLES-Render.h>

#define PTM_RATIO 32

using namespace cocos2d;

class HelloWorld : public cocos2d::Layer
```

```cpp
{
public:
    static cocos2d::Scene* createScene();

    virtual bool init();

    CREATE_FUNC(HelloWorld);

    ~HelloWorld();
    bool createBox2dWorld(bool debug);
    virtual void draw();
    void setBlocks();

    virtual void onEnter();
    virtual void onExit();
    void tick(float dt);
    b2Body* addNewSprite(Point point, Size size, b2BodyType bodytype, const char*
spriteName, int type);

    b2Body* getBodyAtTab(Point p);
    virtual bool onTouchBegan(Touch *touch, Event * event);
    virtual void onTouchEnded(Touch *touch, Event * event);

    Size            winSize;
    Texture2D*      texture;
    b2World*        _world;
    GLESDebugDraw*  m_debugDraw;

    b2Vec2          startPoint;
    b2Vec2          endPoint;
    b2Body*         myBall;
    bool            bBallTouch;
};


#endif // __HELLOWORLD_SCENE_H__
```

다음으로 구현부인 cpp 부분을 다음과 같이 작성한다. 기존의 코드와 비슷하지만 월드를 생성하는 부분과 터치 처리된 부분은 많이 다르므로 유심히 코드를 보기 바란다. 특별히 유심히 봐야 할 곳은 색으로 구분해뒀다.

[예제 26-27] HelloWorldScene.cpp - 충격 주기

```cpp
… 생략 …

bool HelloWorld::createBox2dWorld(bool debug)
{
    // 월드 생성 시작 ------------------------------------------------------

    … 생략 …

    // 아래쪽.
    groundEdge.Set(b2Vec2(0, 0), b2Vec2(winSize.width * 2 / PTM_RATIO, 0));
    groundBody->CreateFixture(&boxShapeDef);
    // 왼쪽
    groundEdge.Set(b2Vec2(0, 0), b2Vec2(0, winSize.height / PTM_RATIO));
    groundBody->CreateFixture(&boxShapeDef);
    // 위쪽
    groundEdge.Set(b2Vec2(0, winSize.height / PTM_RATIO),
        b2Vec2(winSize.width * 2 / PTM_RATIO, winSize.height / PTM_RATIO));
    groundBody->CreateFixture(&boxShapeDef);
    // 오른쪽
     groundEdge.Set(b2Vec2(winSize.width * 2 / PTM_RATIO, winSize.height / PTM_RA-
TIO),
        b2Vec2(winSize.width * 2 / PTM_RATIO, 0));
    groundBody->CreateFixture(&boxShapeDef);

    // 월드 생성 끝  -----------------------------------------------------------

    Sprite* bg1 = Sprite::create("Images/background1.png");
    bg1->setPosition(Point(0, 0));
    bg1->setAnchorPoint(Point(0, 0));
    this->addChild(bg1);
```

```
//    Sprite* bg2 = Sprite::create("Images/background2.png");
//    bg2->setPosition( Point(512,0) );
//    bg2->setAnchorPoint( Point(0,0) );
//    this->addChild(bg2);

    myBall = this->addNewSprite(Point(25, 50), Size(50, 50), b2_dynamicBody,
"test2", 0);
    Sprite* myBallSprite = (Sprite *)myBall->GetUserData();
    Rect myBoundary = Rect(0, 0, winSize.width * 2, winSize.height);
    // 손쉬운 화면 스크롤링 기법인 Follow 액션을 사용해 넓은 화면을 이동시킨다.
    // 바디를 던지면 해당 바디에 카메라가 붙어 있으므로 자동으로 화면이 스크롤된다.
    this->runAction(Follow::create(myBallSprite, myBoundary));

    this->setBlocks();

    return true;
}


// 오른쪽 구석에 쌓아 놓을 바디들의 벡터값을 구성하고 스프라이트를 추가한다.
void HelloWorld::setBlocks()
{
    float start = winSize.width * 2 - 130;

    struct BLOCK{
        Point point;
        Size  size;
    };

    int const numBlocks = 6;
    struct BLOCK blocks[numBlocks] =
    {
        { Point(start, 50), Size(10, 100) },
        { Point(start + 50, 50), Size(10, 100) },
        { Point(start + 25, 100 + 5), Size(200, 10) },
        { Point(start, 120 + 50), Size(10, 100) },
        { Point(start + 50, 120 + 50), Size(10, 100) },
        { Point(start + 25, 220 + 5), Size(200, 10) }
    };
```

```
    for (int i = 0; i<numBlocks; i++)
    {
        this->addNewSprite(blocks[i].point, blocks[i].size, b2_dynamicBody, "test",
0);
    }
}

… 생략 …

b2Body* HelloWorld::addNewSprite(Point point, Size size, b2BodyType bodytype,
                                 const char* spriteName, int type)
{
    // 바디데프를 만들고 속성들을 지정한다.
    b2BodyDef bodyDef;
    bodyDef.type = bodytype;
    bodyDef.position.Set(point.x / PTM_RATIO, point.y / PTM_RATIO);

    if (spriteName){
        if (strcmp(spriteName, "test") == 0 || strcmp(spriteName, "test2") == 0) {
            int idx = (CCRANDOM_0_1() > .5 ? 0 : 1);
            int idy = (CCRANDOM_0_1() > .5 ? 0 : 1);
            Sprite* sprite = Sprite::createWithTexture(texture,
                Rect(32 * idx, 32 * idy, 32, 32));
            sprite->setPosition(point);
            this->addChild(sprite);

            bodyDef.userData = sprite;
        }
        else {
            Sprite* sprite = Sprite::create(spriteName);
            sprite->setPosition(point);
            this->addChild(sprite);

            bodyDef.userData = sprite;
        }
    }
```

```
    // 월드에 바디데프의 정보로 바디를 만든다.
    b2Body *body = _world->CreateBody(&bodyDef);

    // 바디에 적용할 물리 속성용 바디의 모양을 만든다.
    b2FixtureDef fixtureDef;
    b2PolygonShape dynamicBox;
    b2CircleShape circle;

    if (type == 0) {
        dynamicBox.SetAsBox(size.width / 2 / PTM_RATIO, size.height / 2 / PTM_RATIO);

        fixtureDef.shape = &dynamicBox;
    }
    else {
        circle.m_radius = (size.width / 2) / PTM_RATIO;

        fixtureDef.shape = &circle;
    }

    // Define the dynamic body fixture.
    if (strcmp(spriteName, "test2") == 0) {
        fixtureDef.density = 20.0f;
    }
    else {
        fixtureDef.density = 1.0f;
    }
    fixtureDef.friction = 0.3f;
//    fixtureDef.restitution = 0.0f;

    body->CreateFixture(&fixtureDef);


    return body;
}

… 생략 …


bool HelloWorld::onTouchBegan(Touch *touch, Event * event)
```

```
{
    Point touchPoint = touch->getLocation();

    Point touchPoint2 = Node::convertToNodeSpace(touchPoint);
    //log("nodeSpace..%f", touchPoint2.x);

    b2Body *tBall = this->getBodyAtTab(touchPoint2);

    bBallTouch = false;

    if (tBall == myBall)
    {
        log("touch start..");
        bBallTouch = true;
        startPoint = b2Vec2(touchPoint.x / PTM_RATIO, touchPoint.y / PTM_RATIO);
    }

    return true;
}

void HelloWorld::onTouchEnded(Touch *touch, Event * event)
{
    Point touchPoint = touch->getLocation();

    if (myBall && bBallTouch)
    {
        log("touch end..");
        endPoint = b2Vec2(touchPoint.x / PTM_RATIO, touchPoint.y / PTM_RATIO);
        b2Vec2 force = endPoint - startPoint;

        force.x *= 150.0f;
        force.y *= 150.0f;

        b2Vec2 startVec = b2Vec2(startPoint.x, startPoint.y);
        myBall->ApplyLinearImpulse(force, startVec, true);

        bBallTouch = false;
    }
}
```

코드를 완성했으면 예제를 실행해 본다.

화면을 크게 만들었기 때문에 처음에는 오른쪽에 쌓아 놓은 바디들이 보이지 않는다. 조심스럽게 바디를 마우스로 잡아서 힘을 주어 옮겨 보면 다음과 같이 오른쪽에 쌓아 놓은 바디들을 볼 수 있다.

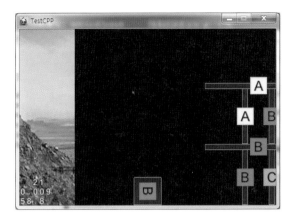

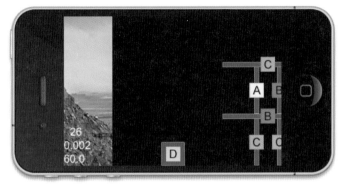

 디버그 모드가 적용됐지만 배경그림이 있을 경우에는 디버그 모드의 모양이 보이지 않는다. 그래서 시작할 때 그림에서는 디버그 모드의 그림이 보이지 않지만, 배경그림이 없는 부분으로 바디를 이동하면 디버그 모드의 그림이 보이게 된다.

이제 최초 위치에서 마우스를 이용해 바디를 집어 던지듯이 힘을 주면 앵그리버드의 한 장면처럼 오른쪽 구석에 쌓아 놓은 바디들에 부딪쳐서 무너뜨리는 모습을 볼 수 있다.

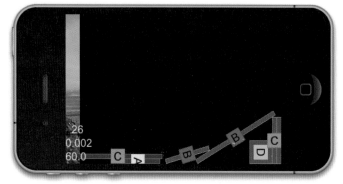

자연스럽게 던져지고 무너지는 모습을 구현하기 위한 적당한 질량과 힘을 찾는 것은 독자의 몫으로 남겨 둔다.

중력 가속도계

박스2D를 사용하면서도 cocos2d-x의 Acceleration 클래스를 함께 사용할 수 있다. 두 가지 기능을 함께 이용하면 간단한 코드만으로도 앞의 25장의 예제에서 살펴본 것보다 더욱 멋진 기능을 만들 수 있다.

새로운 프로젝트를 다음과 같이 만든다.

- 프로젝트명 : Box2dEx17
- 패키지명 : com.study.box17

아래의 파일을 클래스 그룹에 추가한다.

- GLES-Render.h
- GLES-Render.cpp

그러고 나서 다음의 디렉터리에서

  cocos2d-x가 설치된 디렉터리/samples/Cpp/TestCpp/Resources/Images

아래의 파일을 찾아 리소스 그룹에 추가한다.

- blocks.png

먼저 헤더를 다음과 같이 작성한다. Box2dEx05 코드와 가장 유사하니 참조하면서 작성하면 될 것이다.

[예제 26-28] HelloWorldScene.h - 중력 가속도계

```cpp
#ifndef __HELLOWORLD_SCENE_H__
#define __HELLOWORLD_SCENE_H__

#include "cocos2d.h"
```

```cpp
#include "Box2D/Box2D.h"
#include <GLES-Render.h>

#define PTM_RATIO 32

using namespace cocos2d;

class HelloWorld : public cocos2d::Layer
{
public:
    static cocos2d::Scene* createScene();

    virtual bool init();

    CREATE_FUNC(HelloWorld);

    bool createBox2dWorld(bool debug);
    ~HelloWorld();
    virtual void draw();

    virtual void onEnter();
    virtual void onExit();
    void tick(float dt);
    b2Body* addNewSprite(Point point, Size size, b2BodyType bodytype, const char*
spriteName, int type);
    void onAcceleration(Acceleration* acc, Event* event);

    Size winSize;
    Texture2D* texture;
    b2World* _world;
    GLESDebugDraw* m_debugDraw;
};

#endif // __HELLOWORLD_SCENE_H__
```

다음으로 구현부인 cpp 부분을 다음과 같이 작성한다. 기존의 코드와 비슷하지만 onEnter, onExit 부분에 중력가속도계를 사용하기 위해 변경한 부분을 비롯해 onAcceleration 함수를 추가했다.

[예제 26-29] HelloWorldScene.cpp - 중력 가속도계

```
… 생략 …

bool HelloWorld::createBox2dWorld(bool debug)
{
    // 월드 생성 시작 ------------------------------------------------------------

    … 생략 …

    // 월드 생성 끝  ------------------------------------------------------------

    this->addNewSprite(Point(240, 280), Size(40, 40), b2_dynamicBody, "test", 0);

    return true;
}

… 생략 …

void HelloWorld::onEnter()
{
    Layer::onEnter();

    Device::setAccelerometerEnabled(true);

    auto listener = EventListenerAcceleration::create(CC_CALLBACK_2(HelloWorld::on-
Acceleration, this));
    _eventDispatcher->addEventListenerWithSceneGraphPriority(listener, this);

}

void HelloWorld::onExit()
{
```

```
        _eventDispatcher->removeEventListeners(EventListener::Type::TOUCH_ONE_BY_ONE);

        Device::setAccelerometerEnabled(false);

        Layer::onExit();
    }

    void HelloWorld::onAcceleration(Acceleration* acc, Event* event)
    {
        float accelX = (float)acc->x;
        float accelY = (float)acc->y;

        b2Vec2 gravity( accelX * 10, accelY * 10);

        _world->SetGravity( gravity );
    }
```

… 생략 …

코드를 완성했으면 프로젝트를 실행해 보자. 시뮬레이터 상에서는 아무런 동작도 하지 않는다.

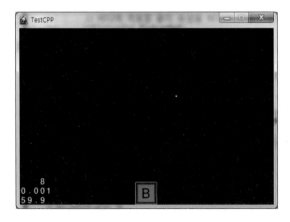

실제 디바이스에 연결해서 테스트하면 폰의 기울기에 따라 화면 안에서 볼이 움직이는 모습을 볼 수 있을 것이다.

바디의 제거

여태까지는 바디를 추가하기만 했는데, 실제 게임을 만들면 바디를 제거해야 할 때도 많다. 총알이 발사되어 적에게 맞는 과정을 예로 보면, 총알이 발사될 때 바디가 생성되어 힘을 받아 날아가서 적에게 맞고 충돌 처리를 하고 총알이 사라지는, 즉 바디가 제거되는 일련의 과정을 거치게 된다.

이번 예제에서는 간단하게 바디를 제거하는 방법을 보기로 살펴보자.

새로운 프로젝트를 다음과 같이 만든다.

- 프로젝트명 : Box2dEx18
- 패키지명 : com.study.box18

아래의 파일을 클래스 그룹에 추가한다.

- GLES-Render.h
- GLES-Render.cpp

그리고 나서 다음의 디렉터리에서

cocos2d-x가 설치된 디렉터리/samples/Cpp/TestCpp/Resources/Images

아래의 파일을 찾아 리소스 그룹에 추가한다.

- blocks.png

그리고 기본형에 Box2dEx05에서 작성한 부분까지 코드를 작성한다. Box2dEx05는 디버그 모드에 마우스 조인트까지 적용된 코드다.

먼저 헤더를 다음과 같이 작성한다. Box2dEx05 코드에서 몇 가지를 주석 처리한 것이다.

[예제 26-30] HelloWorldScene.h - 바디 제거

```cpp
#ifndef __HELLOWORLD_SCENE_H__
#define __HELLOWORLD_SCENE_H__

#include "cocos2d.h"
#include "Box2D/Box2D.h"
#include <GLES-Render.h>

#define PTM_RATIO 32

using namespace cocos2d;

class HelloWorld : public cocos2d::Layer
{
public:
    static cocos2d::Scene* createScene();

    virtual bool init();

    CREATE_FUNC(HelloWorld);

    bool createBox2dWorld(bool debug);
    ~HelloWorld();
    virtual void draw();

    virtual void onEnter();
    virtual void onExit();
```

```
        void tick(float dt);
        b2Body* addNewSprite(Point point, Size size, b2BodyType bodytype, const char*
spriteName, int type);

        //b2Body* getBodyAtTab(Point p);
        virtual bool onTouchBegan(Touch *touch, Event * event);
        //virtual void onTouchMoved(Touch *touch, Event * event);
        //virtual void onTouchEnded(Touch *touch, Event * event);

        Size winSize;
        Texture2D* texture;
        b2World* _world;
        GLESDebugDraw* m_debugDraw;

        //bool bDrag;
        //b2Body *dragBody;
        //b2MouseJoint *mouseJoint;
        //b2Body *gbody;
};

#endif // __HELLOWORLD_SCENE_H__
```

다음은 cpp 코드다. createBox2dWorld 함수의 코드를 수정하고 헤더에서 주석 처리한 함수도 함께 주석 처리하면 된다.

[예제 26-31] HelloWorldScene.cpp - 바디 제거

```
#include "HelloWorldScene.h"

USING_NS_CC;

Scene* HelloWorld::createScene()
{
    ⋯ 생략 ⋯
}


bool HelloWorld::init()
```

```
{
    if ( !Layer::init() )
    {
        return false;
    }

    // 윈도우 크기를 구한다.
    winSize = Director::getInstance()->getWinSize();

    // 이미지의 텍스처를 구한다.
    texture = Director::getInstance()->getTextureCache()->addImage("blocks.png");

    // 월드 생성
    if (this->createBox2dWorld(true))
    {
        this->schedule(schedule_selector(HelloWorld::tick));

        // 물리 객체의 바디와 해당 스프라이트를 추가한다.
        this->addNewSprite(Point( 80, 160), Size(32, 32), b2_dynamicBody, "test", 0);
        this->addNewSprite(Point(160, 160), Size(32, 32), b2_dynamicBody, "test", 0);
        this->addNewSprite(Point(240, 160), Size(32, 32), b2_dynamicBody, "test", 0);
        this->addNewSprite(Point(320, 160), Size(32, 32), b2_dynamicBody, "test", 0);
        this->addNewSprite(Point(400, 160), Size(32, 32), b2_dynamicBody, "test", 0);
    }

    return true;
}

bool HelloWorld::createBox2dWorld(bool debug)
{
    … 생략 …

    // 월드 생성 끝  ------------------------------------------------------------

    bDrag = false;

    // 마우스 조인트 바디를 생성해서 월드에 추가한다.
    gbody = this->addNewSprite(Point(0, 0), Size(0, 0), b2_staticBody, NULL, 0);
```

```
    // 바디를 생성해서 월드에 추가한다.
    this->addNewSprite(Point(240, 160), Size(32, 32), b2_dynamicBody, "test", 0);

    return true;
}


HelloWorld::~HelloWorld()
{
    … 생략 …
}


void HelloWorld::draw()
{
    … 생략 …
}


void HelloWorld::onEnter()
{
    … 생략 …
}


void HelloWorld::onExit()
{
    … 생략 …
}


void HelloWorld::tick(float dt)
{
    … 생략 …
}


b2Body* HelloWorld::addNewSprite(Point point, Size size, b2BodyType bodytype,
    const char* spriteName, int type)
{
    … 생략 …
}


bool HelloWorld::onTouchBegan(Touch *touch, Event * event)
```

```
    {
        Point touchPoint = touch->getLocation();

        for (b2Body *b = _world->GetBodyList(); b; b = b->GetNext())
        {
            if (b->GetUserData() != NULL) {

                auto spriteData = (Sprite *)b->GetUserData();

                Rect rect = spriteData->getBoundingBox();
                if (rect.containsPoint(touchPoint)) {
                    // 스프라이트 삭제
                    this->removeChild(spriteData, true);

                    // 물리객체 삭제
                    _world->DestroyBody(b);

                    break;
                }
            }
        }
    }

    return true;
}
```

코드를 완성했으면 프로젝트를 실행해 보자.

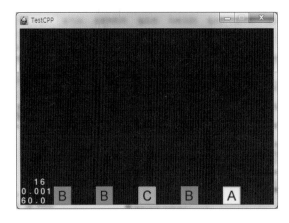

이제 바디를 하나씩 터치해 보자. onTouchBegan에서 작성한 코드에 의해 바디에 터치가 감지되면 바디를 제거하게 된다. 코드에서 볼 수 있듯이 바디를 제거할 때는 해당 바디의 유저 데이터인 스프라이트도 함께 제거해야 한다.

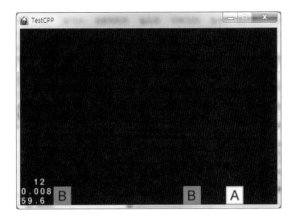

조인트의 제거

이번 예제에서는 간단하게 조인트를 제거하는 방법을 보기로 살펴보자.

새로운 프로젝트를 다음과 같이 만든다.

- 프로젝트명 : Box2dEx19
- 패키지명 : com.study.box19

아래의 파일을 클래스 그룹에 추가한다.

- GLES-Render.h
- GLES-Render.cpp

그리고 나서 다음의 디렉터리에서

cocos2d-x가 설치된 디렉터리/samples/Cpp/TestCpp/Resources/Images

아래의 파일을 찾아 리소스 그룹에 추가한다.

- blocks.png

그리고 프로젝트가 생성될 때 기본으로 포함되는 다음의 이미지를 사용한다.

- CloseNormal.png

그리고 기본형에 Box2dEx05에서 작성한 부분까지 코드를 작성한다. Box2dEx05는 디버그 모드에 마우스 조인트까지 적용된 코드다.

먼저 헤더를 다음과 같이 작성한다. Box2dEx05 코드에서 몇 가지를 주석 처리한 것이다.

[예제 26-32] HelloWorldScene.h - 조인트 제거

```
#ifndef __HELLOWORLD_SCENE_H__
#define __HELLOWORLD_SCENE_H__

#include "cocos2d.h"
#include "Box2D/Box2D.h"
#include <GLES-Render.h>

#define PTM_RATIO 32

using namespace cocos2d;

class HelloWorld : public cocos2d::Layer
{
```

```cpp
public:
    static cocos2d::Scene* createScene();

    virtual bool init();

    CREATE_FUNC(HelloWorld);

    bool createBox2dWorld(bool debug);
    ~HelloWorld();
    virtual void draw();

    virtual void onEnter();
    virtual void onExit();
    void tick(float dt);
     b2Body* addNewSprite(Point point, Size size, b2BodyType bodytype, const char*
spriteName, int type);

    b2Body* getBodyAtTab(Point p);
    virtual bool onTouchBegan(Touch *touch, Event * event);
    //virtual void onTouchMoved(Touch *touch, Event * event);
    //virtual void onTouchEnded(Touch *touch, Event * event);

    Size winSize;
    Texture2D* texture;
    b2World* _world;
    GLESDebugDraw* m_debugDraw;

    //bool bDrag;
    //b2Body *dragBody;
    //b2MouseJoint *mouseJoint;
    //b2Body *gbody;
};

#endif // __HELLOWORLD_SCENE_H__
```

다음은 cpp 코드다. 코드를 수정하고 헤더에서 주석 처리한 함수도 함께 주석 처리하면 된다.

[예제 26-33] HelloWorldScene.cpp - 조인트 제거

```cpp
… 생략 …

bool HelloWorld::createBox2dWorld(bool debug)
{
    // 월드 생성 시작 ----------------------------------------------------------

    … 생략 …

    // 월드 생성 끝 -----------------------------------------------------------

    b2RopeJointDef ropeJointDef1;
    b2RopeJointDef ropeJointDef2;
    b2RopeJointDef ropeJointDef3;
    b2RopeJointDef ropeJointDef4;

    b2Body *body1 = this->addNewSprite(Point(100, 260), Size(20, 20),
                                    b2_staticBody, "test", 0);
    b2Body *body2 = this->addNewSprite(Point(160, 260), Size(20, 20),
                                    b2_dynamicBody, "test", 0);
    b2Body *body3 = this->addNewSprite(Point(220, 260), Size(20, 20),
                                    b2_dynamicBody, "test", 0);
    b2Body *body4 = this->addNewSprite(Point(280, 260), Size(20, 20),
                                    b2_dynamicBody, "test", 0);
    b2Body *body5 = this->addNewSprite(Point(340, 260), Size(20, 20),
                                    b2_staticBody, "test", 0);

    ropeJointDef1.bodyA = body1;
    ropeJointDef1.bodyB = body2;
    ropeJointDef1.localAnchorA = b2Vec2(1.0f, 0.0f);
    ropeJointDef1.localAnchorB = b2Vec2(-1.0f, 0.0f);    // -1 ~ 1
    ropeJointDef1.maxLength = 1.0f;
    ropeJointDef1.collideConnected = false;
    _world->CreateJoint(&ropeJointDef1);
```

```
        ropeJointDef2.bodyA = body2;
        ropeJointDef2.bodyB = body3;
        ropeJointDef2.localAnchorA = b2Vec2(1.0f, 0.0f);
        ropeJointDef2.localAnchorB = b2Vec2(-1.0f, 0.0f);
        ropeJointDef2.maxLength = 1.0f;
        ropeJointDef2.collideConnected = false;
        _world->CreateJoint(&ropeJointDef2);

        ropeJointDef3.bodyA = body3;
        ropeJointDef3.bodyB = body4;
        ropeJointDef3.localAnchorA = b2Vec2(1.0f, 0.0f);
        ropeJointDef3.localAnchorB = b2Vec2(-1.0f, 0.0f);
        ropeJointDef3.maxLength = 1.0f;
        ropeJointDef3.collideConnected = false;
        _world->CreateJoint(&ropeJointDef3);

        ropeJointDef4.bodyA = body5;
        ropeJointDef4.bodyB = body4;
        ropeJointDef4.localAnchorA = b2Vec2(-1.0f, 0.0f);
        ropeJointDef4.localAnchorB = b2Vec2(1.0f, 0.0f);
        ropeJointDef4.maxLength = 1.0f;
        ropeJointDef4.collideConnected = false;
        _world->CreateJoint(&ropeJointDef4);

        return true;
}

… 생략 …

bool HelloWorld::onTouchBegan(Touch *touch, Event * event)
{
        Point touchPoint = touch->getLocation();

        log("touch .. %f ..%f", touchPoint.x, touchPoint.y);

        if (b2Body *b = this->getBodyAtTab(touchPoint))
        {
                log("ccc");
```

```
        b2JointEdge* joints = b->GetJointList();
        while (joints)
        {
            b2Joint *joint = joints->joint;

            joints = joints->next;
            _world->DestroyJoint(joint);
        }
    }


    return true;
}
```

… 생략 …

코드를 완성했으면 프로젝트를 실행해 보자.

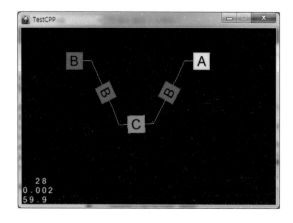

실행된 예제를 보면 알겠지만, 유명 게임인 "Cut the Rope"와 많이 닮았다. 실제 개념적인 부분도 많이 닮았으니 나중에 실제로 게임을 만들 때 참고가 될 것이다.

아무 바디나 터치 해보면 바디에 연결돼 있는 조인트를 onTouchBegan에서 제거한다.

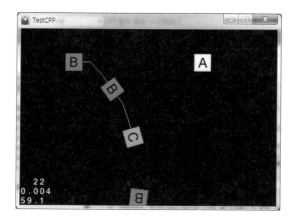

조인트가 제거됐으므로 연결이 끊어지면 나머지 바디들은 물리 운동을 하면서 흔들리게 된다. 이런 바디들이 촘촘히 이어져 있다면 "Cut the Rope" 같은 게임이 되는 것이다.

 "Cut the Rope"에 사용된 밧줄 기능은 vrope라는 외부 라이브러리 클래스에 구현돼 있다. vrope 라이브러리는 인터넷에서 검색해서 구할 수 있으니 참고한다.

벽돌 격파 게임

이번 장에서는 지금까지 배운 모든 내용을 종합적으로 활용해서 실제로 동작하는 벽돌 격파 게임을 만들어 보겠다.

충돌 검사

게임에서 충돌 검사는 가장 흔히 사용되는 용어다. 충돌 검사는 간단하게 정의하면 두 개의 스프라이트가 겹쳤는지 살펴보는 것이다. 이는 여러 많은 예제에서 이미 처리해봤다.

이번 장에서는 지금까지 배운 모든 내용을 종합적으로 활용해 실제로 동작하는 벽돌 격파 게임을 만들어 보겠다. 벽돌 격파 게임에서 처리하는 대표적인 충돌 검사는 다음과 같다.

- 공과 벽돌의 충돌 검사 및 처리
- 공과 패들의 충돌 검사 및 처리
- 공과 벽의 충돌 검사 및 처리

여기서 만들 게임의 실행 화면은 다음과 같다. 다른 예제와는 달리 화면의 방향이 다르다. 화면의 방향을 바꾸는 방법은 바로 다음에 설명하겠다.

먼저 구성 요소를 살펴보자. 화면 상단에는 벽돌을 4줄로 만들고 한 줄당 5개의 벽돌로 구성한다. 그리고 벽돌은 각각 다른 4가지의 색으로 구성할 것이다. 그리고 화면 하단에는 얇은 패들을 배치해 내려오는 공을 부딪쳐 다시 위로 올려 보내는 역할을 하게 할 것이다. 그리고 중간에 움직이는 공을 하나 배치할 것이다.

충돌 검사를 주제로 하는 게임이므로 보통 게임에서 갖게 되는 3개에서 5개 정도의 생명, 점수 처리 및 사운드 처리 등은 하지 않을 것이다.

화면 세로로 사용하기

여태까지 모든 예제는 모두 화면이 가로(Landscape)로 돼 있었다. 이번 예제는 특별하게 세로(Portrait)로 돼 있다. 그래서 화면의 방향을 바꾸는 방법을 알아보자.

윈도우의 경우

다음의 main.m에서 화면의 해상도를 직접 입력한다.

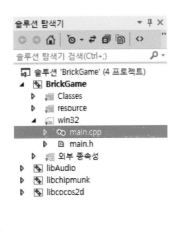

```
eglView.init("TestCPP",480,320);
```

```
eglView.init("TestCPP",320,480);
```

iOS의 경우

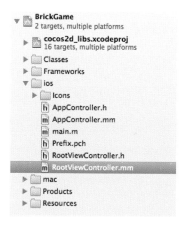

app_name/ios/RootViewController.mm에서

1. shouldAutorotateToInterfaceOrientation,

2. supportedInterfaceOrientations,

3. shouldAutorotate

을 변경하면 된다.

```
- (BOOL)shouldAutorotateToInterfaceOrientation: (UIInterfaceOrientation)
interfaceOrientation {
    //return UIInterfaceOrientationIsLandscape( interfaceOrientation );
    return UIInterfaceOrientationIsPortrait( interfaceOrientation );
}


- (NSUInteger) supportedInterfaceOrientations{
#ifdef __IPHONE_6_0
    //return UIInterfaceOrientationMaskAllButUpsideDown;
    return UIInterfaceOrientationMaskPortraitUpsideDown;
#endif
}


- (BOOL) shouldAutorotate {
    return YES;
}
```

그리고 다음 그림의 화살표 부분의 체크를 변경한다.

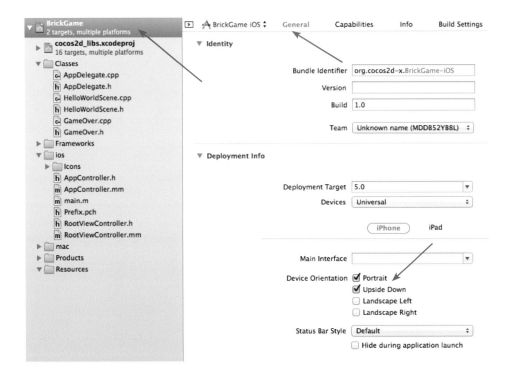

안드로이드의 경우

AndroidManifest.xml 파일에서 main activity에 android:screenOrientation 속성을 변경한다.

```
<activity android:name="org.cocos2dx.cpp.Cocos2dxActivity"
            android:label="@string/app_name"
            android:screenOrientation="portrait"
            android:theme="@android:style/Theme.NoTitleBar.Fullscreen"
            android:configChanges=" orientation|screenSize|smallestScreenSize ">
```

벽돌 격파 게임

새로운 프로젝트를 다음과 같이 만든다.

- 프로젝트명 : BrickGame
- 패키지명 : com.study.game02

그리고 다음의 디렉터리에서 파일을 찾아 리소스에 추가한다.

cocos2d-x가 설치된 디렉터리/samples/Cpp/TestCpp/Resources/Images

- white-512x512.png

해당 파일을 찾아 프로젝트의 Resources 디렉터리 아래에 Images 디렉터리를 만들고 복사한다. 그리고 맥에서 개발하는 경우 앞에서 해 본 바와 같이 Images 디렉터리를 프로젝트의 Resources 그룹 아래로 드래그 앤 드롭해서 프로젝트에 포함시킨다.

그리고 이번 프로젝트는 지금까지 봐왔던 가로형이 아니고 세로형이므로 바로 앞에서 살펴본 것처럼 수정해서 화면이 가로로 기울지 않게 한다.

이제 다음과 같이 입력해 코드를 완성한다.

[예제 27-1] HelloWorldScene.h - 벽돌 격파 게임

```
#ifndef __HELLOWORLD_SCENE_H__
#define __HELLOWORLD_SCENE_H__

#include "cocos2d.h"

USING_NS_CC;

class HelloWorld : public cocos2d::Layer
{
public:
    static cocos2d::Scene* createScene();

    virtual bool init();

    CREATE_FUNC(HelloWorld);

    // 스프라이트용 객체 변수들
    Texture2D*  texture;
    Sprite*     ball;
    Sprite*     paddle;
    Vector<Sprite*> targets;

    // 벽돌 숫자 조정용
    int         BRICKS_HEIGHT;
    int         BRICKS_WIDTH;

    // 게임이 진행 중인지 체크하기 위한 변수
    bool        isPlaying;
    // 패들이 터치됐는지 체크하기 위한 변수
    bool        isPaddleTouched;
    // 공의 움직임을 저장하기 위한 변수
    Point       ballMovement;
```

```
        ~HelloWorld();
        virtual void onEnter();
        virtual void onExit();
        virtual bool onTouchBegan(cocos2d::Touch* touch, cocos2d::Event* event);
        virtual void onTouchMoved(cocos2d::Touch* touch, cocos2d::Event* event);

        void initializeBricks();
        void initializeBall();
        void initializePaddle();
        void startGame(float dt);
        void gameLogic(float dt);
        void processCollision(Sprite* brick);
    };

    #endif // __HELLOWORLD_SCENE_H__
```

이제는 HelloWorldLayer.cpp에 다음과 같이 코드를 작성한다.

[예제 27-2] HelloWorldScene.cpp - 벽돌 격파 게임

```
    bool HelloWorld::init()
    {
        if ( !Layer::init() )
        {
            return false;
        }

        srand((int)time(NULL));

        // 터치 활성화 : 앞의 예제들처럼 onEnter, onExit에서 처리

        // 벽돌 개수 지정
①      BRICKS_HEIGHT = 4;
        BRICKS_WIDTH = 5;
```

```
    // 벽돌에 사용될 텍스처 로딩
②   texture = Director::getInstance()->getTextureCache()->addImage("Images/white-
512x512.png");

③   // 벽돌 초기화

④   // 공 초기화

⑤   // 패들 초기화

⑥   // 2초후 게임 시작

    return true;
}
```

① 사용할 벽돌의 개수를 지정하고 초기화한다. 한 줄에 5개씩, 총 4줄을 만들 것이다.

② 벽돌의 색을 바꿔 가면서 만들 때 바탕이 되는 흰색 텍스처를 미리 만들어 놓은 것이다.

③ 3번, 4번, 5번 기능은 이제부터 만들어 나갈 기능이다.

④ 6번은 스케줄러 기능을 이용해 사용자가 화면을 보고 잠시 대기할 수 있는 시간을 준다. 역시 이후에 구현할 것이다.

자, 먼저 3번부터 만들어 보자. 먼저 헤더 파일에는 이미 앞에서 모든 변수 및 함수를 추가했다. 구현부 파일인 cpp 파일만 작성하면 된다. 우선 벽돌 초기화를 위한 함수를 구현한다.

[예제 27-3] HelloWorldScene.cpp – 벽돌 초기화

```
bool HelloWorld::init()
{
    … 생략 …

    // 벽돌 초기화
③   this->initializeBricks();

    … 생략 …

    return true;
```

```
}

void HelloWorld::initializeBricks()
{
    int count = 0;

    for (int y = 0; y < BRICKS_HEIGHT; y++)
    {
        for (int x = 0; x < BRICKS_WIDTH; x++)
        {
            Sprite* bricks = Sprite::createWithTexture(texture, Rect(0, 0, 64, 40));

            // 색 지정
            switch (count++ % 4) {
            case 0:
                bricks->setColor(Color3B(255, 255, 255));
                break;
            case 1:
                bricks->setColor(Color3B(255, 0, 0));
                break;
            case 2:
                bricks->setColor(Color3B(255, 255, 0));
                break;
            case 3:
                bricks->setColor(Color3B(75, 255, 0));
                break;

            default:
                break;
            }

            // 좌표 지정
            bricks->setPosition(Point(x * 64 + 32, (y * 40) + 280));

            // 화면에 추가
            this->addChild(bricks);
```

```
            // 벡터에 추가
            targets.pushBack(bricks);
        }
    }
}
```

여기까지 코드를 작성하고 실행하면 다음 그림과 같은 화면이
나온다. 위 코드는 벽돌을 만들 때마다 count 변수를 증가시키
고 count 변수를 4로 나눠서 나머지의 숫자에 따라 색을 4가지
로 지정하는 코드다.

이번에는 공을 초기화하는 작업을 한다.

[예제 27-4] HelloWorldScene.cpp - 공 초기화

```
bool HelloWorld::init()
{
    … 생략 …

    // 공 초기화
④  this->initializeBall();

    … 생략 …

    return true;
}

void HelloWorld::initializeBall()
{
    ball = Sprite::createWithTexture(texture, Rect(0, 0, 16, 16));
```

```
        ball->setColor(Color3B(0, 255, 255));
        ball->setPosition(Point(160, 240));
        this->addChild(ball);
    }
```

여기까지 코드를 작성하고 실행하면 다음 그림과 같은 화면이 나온다.

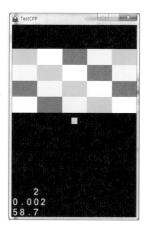

이번에는 패들을 초기화하는 작업을 한다.

[예제 27-5] HelloWorldScene.cpp - 패들 초기화

```
    bool HelloWorld::init()
    {
        … 생략 …

        // 패들 초기화
⑤      this->initializePaddle();

        … 생략 …

        return true;
    }


    void HelloWorld::initializePaddle()
    {
```

```
    paddle = Sprite::createWithTexture(texture, Rect(0, 0, 80, 10));
    paddle->setColor(Color3B(255, 255, 0));
    paddle->setPosition(Point(160, 50));
    this->addChild(paddle);
}
```

여기까지 코드를 작성하고 실행하면 다음 그림과 같은 화면이 나온다. 이제 기본적인 구성 요소는 모두 배치했다.

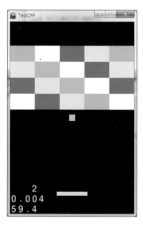

이번에는 패들을 터치하고 움직이면 패들의 위치를 바꾸는 로직을 넣어 본다. 다음과 같이 코드를 추가하자.

[예제 27-6] HelloWorldScene.cpp – 패들 터치 이동

```
bool HelloWorld::onTouchBegan(Touch* touch, Event* event)
{
    if (!isPlaying) {
        return true;
    }

    // 하나의 터치이벤트만 가져온다.
    auto touchPoint = touch->getLocation();

    // 패들을 터치했는지 체크한다.
    Rect rect = paddle->getBoundingBox();
    if (rect.containsPoint(touchPoint)) {
        // 패들이 터치됐음을 체크
        isPaddleTouched = true;
```

```
        }
        else {
            isPaddleTouched = false;
        }

        return true;
    }


    void HelloWorld::onTouchMoved(Touch* touch, Event* event)
    {
        if (isPaddleTouched)
        {
            auto touchPoint = touch->getLocation();

            // 패들이 좌우로만 움직이게 y값은 바꾸지 않는다.
            // 또한 패들이 화면 바깥으로 나가지 않게 한다.
            if (touchPoint.x < 40) {
                touchPoint.x = 40;
            }
            if (touchPoint.x > 280) {
                touchPoint.x = 280;
            }

            Point newLocation = Point(touchPoint.x, paddle->getPosition().y);
            paddle->setPosition(newLocation);
        }
    }
```

여기까지 코드를 작성하고 실행하면 [예제 27-5]와 같은 화면이 나온다. 위의 코드가 추가됐기 때문에 이제는 패들을 터치하고 움직이면 패들이 좌우로 움직일 것이다.

이제부터 공이 움직이면서 벽과 패들과 충돌하면 방향을 바꾸고 벽돌과 부딪히면 벽돌을 없애면서 공의 방향을 바꾸는 코드를 추가할 것이다. 다음과 같이 코드를 추가한다.

```
bool HelloWorld::init()
{
    … 생략 …

    // 2초 후 게임 시작
⑥   this->scheduleOnce(schedule_selector(HelloWorld::startGame), 2.0f);

    return true;
}


void HelloWorld::startGame(float dt)
{
    ball->setPosition(Point(160, 240));

    ballMovement = Point(4, 4);
    if (rand() % 100 < 50) {
        ballMovement.x = -ballMovement.x;
    }
    ballMovement.y = -ballMovement.y;

    isPlaying = true;

    this->schedule(schedule_selector(HelloWorld::gameLogic), 2.0f / 60.0f);
}


void HelloWorld::gameLogic(float dt)
{
    // ballMovement.y가 음수이면 볼이 내려오고 있는 것.
    // ballMovement.y가 양수이면 볼이 올라가고 있는 것.
    //log("tick..%f",ballMovement.y);


    // 볼의 현재 위치
    ball->setPosition(Point(ball->getPosition().x + ballMovement.x,
                            ball->getPosition().y + ballMovement.y));
```

```cpp
// 볼과 패들 충돌 여부
bool paddleCollision =
    ball->getPosition().y <= paddle->getPosition().y + 13 &&
    ball->getPosition().x >= paddle->getPosition().x - 48 &&
    ball->getPosition().x <= paddle->getPosition().x + 48;

// 패들과 충돌 시 처리
if (paddleCollision)
{
    if (ball->getPosition().y <= paddle->getPosition().y + 13 && ballMovement.y < 0)
    {
        ball->setPosition(Point(ball->getPosition().x, paddle->getPosition().y + 13));
    }

    // 내려오던 것을 위로 올라가도록 공의 상하 진행 방향 바꾸기
    ballMovement.y = -ballMovement.y;
}

// 블록과 충돌 파악
bool there_are_solid_bricks = false;

for (auto &item : targets)
{
    Sprite* brick = item;

    if (255 == brick->getOpacity())
    {
        there_are_solid_bricks = true;

        Rect rectA = ball->getBoundingBox();
        Rect rectB = brick->getBoundingBox();
        if (rectA.intersectsRect(rectB)) {
            // 블록과 충돌 처리
            this->processCollision(brick);
        }
    }
}
```

```
// 블록이 없을 때 - 게임 종료 상태
if (!there_are_solid_bricks) {
    isPlaying = false;
    ball->setOpacity(0);

    // 모든 스케줄 제거
    this->unscheduleAllSelectors();

    log("You win !!!");

    // 게임에 이겼다. 새로운 게임 대기 화면...
    // 이후 구현
}

// 벽면 충돌 체크
if (ball->getPosition().x > 312 || ball->getPosition().x < 8)
    ballMovement.x = -ballMovement.x;

if (ball->getPosition().y > 450)
    ballMovement.y = -ballMovement.y;

//if (ball.position.y < 10) {
//    ballMovement.y = -ballMovement.y;
//}

// 패들을 빠져 나갈 때
if (ball->getPosition().y < (50 + 5 + 8)) {
    isPlaying = false;
    ball->setOpacity(0);

    // 모든 스케줄 제거
    this->unscheduleAllSelectors();

    log("You lose..");

    // 게임에서 졌다. 새로운 게임 대기 화면은
    // 이후 구현
```

```
        }
    }

    void HelloWorld::processCollision(Sprite *brick)
    {
        Point brickPos = brick->getPosition();
        Point ballPos = ball->getPosition();

        if (ballMovement.x > 0 && brick->getPosition().x < ball->getPosition().x)
        {
            ballMovement.x = -ballMovement.x;
        }
        else if (ballMovement.x < 0 && brick->getPosition().x < ball->getPosition().x)
        {
            ballMovement.x = -ballMovement.x;
        }

        if (ballMovement.y > 0 && brick->getPosition().y > ball->getPosition().y)
        {
            ballMovement.y = -ballMovement.y;
        }
        else if (ballMovement.y < 0 && brick->getPosition().y < ball->getPosition().y)
        {
            ballMovement.y = -ballMovement.y;
        }

        brick->setOpacity(0);
    }
```

gameLogic 함수 안에서 볼과 벽면과의 충돌 검사 및 처리, 볼
과 패들의 충돌 검사 및 처리 등을 볼 수 있다. 볼과 벽돌과의 충
돌 검사 및 처리는 processCollision이라는 별도의 함수로 분리
했다. 지금까지 작성한 코드를 실행해보면 다음과 같은 화면을
볼 수 있다. 패들을 움직여서 볼을 위로 올려 보내면 블록이 하
나씩 없어지는 것을 볼 수 있다.

이제 게임에 지거나 벽돌을 다 없애서 이기게 되면 로그 출력만 했던 부분을 새로운 장면으로 전환하도록 처리하면 완성이다. 새로운 장면을 추가하기 위해 예전에 9장 "트랜지션 사용하기"에서 공부한 내용을 떠올리면서 다음과 같이 새로운 파일을 만들어 추가한다.

새로운 클래스를 추가한다. GameOver.h, GameOver.cpp를 만들어서 추가하면 된다.

프로젝트에 새로운 클래스를 추가하는 방법은 10장 TouchEx4 예제를 만들 때 자세하게 설명했다. 해당 부분을 참고하기 바란다.

이제 코드를 작성할 차례다. GameOver.h와 GameOver.cpp를 다음과 같이 만든다.

[예제 27-8] GameOver.h - GameOver 화면 추가

```cpp
#ifndef __BrickEx__GameOver__
#define __BrickEx__GameOver__

#include "cocos2d.h"

using namespace cocos2d;

class GameOver : public cocos2d::Layer
{
public:
    static cocos2d::Scene* createScene();

    virtual bool init();

    CREATE_FUNC(GameOver);

    void doClose(Object* pSender);
};

#endif /* defined(__BrickEx__GameOver__) */
```

```cpp
#include "GameOver.h"
#include "HelloWorldScene.h"        // ① 화면 전환을 위해 추가

Scene* GameOver::createScene()
{
    auto scene = Scene::create();

    auto layer = GameOver::create();

    scene->addChild(layer);

    return scene;
}

bool GameOver::init()
{
    if ( !Layer::init() )
    {
        return false;
    }

    // 메뉴 아이템 생성 및 초기화
    auto item1 = MenuItemFont::create("New Game",
                                      CC_CALLBACK_1(GameOver::doClose, this)
                                      );
    item1->setColor(Color3B(255, 255, 255));

    // 메뉴 생성
    auto pMenu = Menu::create( item1, NULL );

    // 메뉴 위치
    pMenu->setPosition(Point(160, 240));

    // 레이어에 메뉴 객체 추가
    this->addChild(pMenu);
```

```
        return true;
    }


    void GameOver::doClose(Object* pSender)
    {
        // 새로운 게임을 시작하도록 처음 신으로 이동
        Scene* pScene = HelloWorld::createScene();
        Director::getInstance()->replaceScene( pScene );
    }
```

새로운 게임을 시작하기 위한 메뉴 하나만을 갖춘 간단한 화면을 만들었다.

이제 새로 작성한 GameOver 장면을 사용할 수 있게 HelloWorldLayer.cpp를 수정한다. 다음의 코드를 추가해 게임에 이기거나 졌을 때 장면 전환을 위한 처리를 한다. 앞에 로그만 출력하던 코드의 다음 줄에 아래의 코드를 추가한다.

[예제 27-10] HelloWorldScene.cpp - 화면 전환

```
    void HelloWorld::gameLogic(float dt)
    {
        … 생략 …

        // 블록이 없을 때 - 게임 종료 상태
    if (!there_are_solid_bricks) {

            … 생략 …

            log("You win !!!");

            // 게임에 이겼다. 새로운 게임 대기 화면
            Scene* pScene = GameOver::createScene();
            Director::getInstance()->replaceScene(TransitionProgressRadialCCW::cre-
    ate(1, pScene));

        }
```

```
    … 생략 …

    // 패들을 빠져 나갈 때
    if (ball->getPosition().y < (50 + 5 + 8)) {

        … 생략 …

        log("You lose..");

        // 게임에 졌다. 새로운 게임 대기 화면...
        Scene* pScene = GameOver::createScene();
            Director::getInstance()->replaceScene(TransitionProgressRadialCCW::cre-
    ate(1, pScene));

    }
}
```

코드를 완성하고 프로젝트를 실행해 보면 게임에 이기거나 졌을 때 다음과 같은 화면이 나타
날 것이다.

INDEX

INDEX

INDEX